公共法哲學

轉型中國的法治與正義

孙国东◎著

中国法制出版社
CHINA LEGAL PUBLISHING HOUSE

献 给 晓 畅

目录
Contents

代序：迈向作为“转型法哲学”的“公共法哲学”

“夫道公而我独私之，不仁也。风尚所趋，循环往复，不可力胜，乃我不能持道之平，亦入循环往复之中，而思以力胜，不智也。不仁不智，不足以言学也。不足言学，而嚣嚣言学者乃纷纷也。”

——章学诚*

* 章学诚：《文史通义·卷四·内篇四》

呈现在读者面前的这本书，是我继《合法律性与合道德性之间：哈贝马斯商谈合法化理论研究》（复旦大学出版社2012年版）之后，出版的第二本学术专著。借用冯友兰和张立文的说法，如果说第一本是“照着讲”的著作，那么眼前的这本则是力图“接着讲”乃至“自己讲”的著作。激励我坚定这种研究旨趣转向的，其实是我在第一本专著“后记”中曾援引过的康德的一段名言。这段话记录了康德何以依循卢梭的教诲和示范，从自己曾念兹在兹的纯粹形而上学迷梦中惊醒的缘由。请允许我再次摘引如下：

“我的本性是研究者。我感到一种对知识的贪婪渴求，醉心于推动知识的进展，并对它的每个进步感到满足。我一度认为，这一切知识足以给人类带来荣光，由此我鄙夷那班一无所知的芸芸众生。卢梭纠正了我，盲目的偏见消失了；我学会了尊重人，而且如若我不能相信这种见解助益于确立人类之权利，我便应把自己看得比普通劳工还不如。”[1]

诚哉斯言！作为实践哲学的从业者，身处也许是人类现代史上社会最遒变、文化最激荡、政治最复杂的现时中国，若不能为社会的自我反思、文化的自我超越和政治的自我转圜，做出自己的思想贡献，我们确应“把自己看得比普通劳工还不如”。

初看起来，“照着讲”的评判标准是准确性，即对研究对象之思想的把握是否准确；“接着讲”和“自己讲”的评判标准则是解释力，即所建构之概念框架、理论模式甚或研究范式，是否对研究对象具有更充分的解释力。然而，无论是“照着讲”之准确性，还是“接着讲”和“自己讲”之解释力，其实均凭赖于研究者独一无二的洞察力——无论是对于研究对象本身的洞察力，还是对于问题意识（研究对象之选择）的洞察力。正如章实斋先生所言，“学问文章，聪明才辩，不足以持世，所以持世者，存乎识也”[2]。我不敢妄言自己有多么别具一格的洞察力和识见，但为了便于读者的了解，把我的问题意识和研究取向略作介绍却是必要的。

---

[1] 康德的德文原文是：*Ich bin selbst aus Neigung ein Forscher. Ich fühle den gantzen Durst nach Erkentnis u. die begierige Unruhe darin weiter zu kommen oder auch die Zufriedenheit bey jedem Erwerb. Es war eine Zeit da ich glaubte dieses allein könnte die Ehre der Menschheit machen u. ich verachtete den Pöbel der von nichts weis. Rousseau hat mich zurecht gebracht. Dieser verblendende Vorzug verschwindet, ich lerne die Menschen ehren u. ich würde mich unnützer finden wie den gemeinen Arbeiter wenn ich nicht glaubete daß die Betrachtung allen übrigen einen Werth ertheilen könne, die rechte der Menschheit herzustellen*。见 Kant, *Gesammelte Schriften*, Vol. XX, (Berlin: Walter de Gruyter,1942), p.44。此处译文，综合参考了如下文献：[德] 恩斯特·卡希尔：《卢梭·康德·歌德》，刘东译，生活·读书·新知三联书店 1992 年版，第 2 页；Dieter Henrich, *Between Kant and Hegel: Lectures on German Idealism*, (Cambridge, MA.: Harvard University Press, 2009), p.55.

[2] 章学诚：《文史通义·卷四·内篇四》。

简言之，我要追问的根本问题是：在全球化和现代转型的背景下，如何基于中国情境推进现代法律秩序的建构？换言之，中国现代法律秩序的建构应遵循怎样切己的法哲学原理？很多人或许会认为，这个问题固然重要，但却是空悬到几乎无法把握的问题。或者说，它是任何关心中国法律实践的论者均会直接或间接触及的问题，只不过他们采用了更为既有学科体系乃至学术评价体系接纳的方式。我个人充分尊重各种专科化和技术化的学术努力，但我却不愿采取这种学术视角和研究取径（approach）。事实上，正是为了超越各种专科化的视野，恢复中国现代法律秩序之建构的公共属性，同时又具备相对厚实的学理基础，我在本书中试图阐发并呈现一种有别于“专业法哲学”及“政策法哲学”“批判法哲学”的“公共法哲学”，并力图以“转型法哲学”的理论模式承载“公共法哲学”的思想立场——我称其为“作为转型法哲学的公共法哲学”（public philosophy of law as a legal philosophy on transitional China）。

一、“公共法哲学”是什么？[1]

所谓“公共法哲学”，即一种以“公共哲学”的思想立场看待法律问题的视角。更确切地说，它是一种以公共法哲学为思想立场、以转型法哲学为理论模式的法哲学主张，也即是一种以中国的“现代转型”为基本问题意识和理论担当、旨在恢复现代法律秩序作为公共治理秩序之面目的法哲学主张。它认为，现代法律秩序作为一种公共治理秩序，应

[1] 此处的阐述，仅是为了便于读者整体了解“公共法哲学”的学术主张，更为系统的阐述见本书正文。

是依循康德特别是哈贝马斯（Jürgen Habermas）意义上的“理性之公共运用”（public use of reason）原则而获得“公共证成”（public justification）的秩序；同时，它主张法哲学研究者应当为这种“公共证成”的规范性依据提供认知前提和学理基础。

从总体上看，本书对“作为转型法哲学的公共法哲学”的阐发，建立在如下四个核心理论主张基础之上：

第一，由于现代社会的社会政治秩序以法律秩序为基础，法哲学堪称中国现代转型的“第一哲学”——这意味着关于“中国现代性”的理论知识应以“法哲学”为核心呈现出来（至少法哲学应是其重要组成部分）；

第二，鉴于中国现代法律秩序的建构（中国的现代转型）仍是“进行时”，我们更应关注“前司法”（pre-judicatory）甚或“前法律”（pre-legal）的立国，特别是立宪、立教、立法和立人等发展议程——这意味着“转型法哲学”必然导向综合运用法哲学、政治哲学、社会理论、法律社会学和法律文化等理论知识的“跨学科”视野；

第三，考虑到中国的现代转型历程对兼具现代性和“中国性”（Chineseness）的“另类现代性”（alternative modernity）道路之历史嵌含和前景承诺，同时顺应现代政治作为“公意政治”（遵循“同意”模式）的合法化逻辑，我们应当把公共参与和公共证成纳入中国现代法律秩序的建构中——这意味着：我们应优先秉持一种程序主义的人民主权观，以回应中国现代转型事业的艰巨性和复杂性；

第四，为了建设性地探讨中国现代法律秩序的建构，我们必须把“政治 / 法律价值”（政治 / 法治文明）与“政治 / 法律价值观”（政治 / 法治文化）区分开来，即要把属于普适性政治文明范畴的现代性之价值形态（自由、平等、民主、法治、正义等现代性价值）与特定政治文化关于现代性价值的观点（即关于自由、平等、民主、法治、正义等现代性价值之规范性要求的观点及与之相适应的制度和实践模式）区分开来——这意味着：我们须否弃各种形式的文化本质主义，并代之以在促进现代政治文明所承诺的政治理想（价值理想）与中国政治文化所依托的实践约束条件之间“反思性平衡”（reflective equilibrium）的基础上，围绕“中国的现代价值观”（特别是关于自由、平等、民主、法治、正义等现代性价值之规范性要求的观点），推进介入性学理分析和实体性理论建构。[1]

为深入探究中国现代法律秩序的建构，本书主张把它置于晚清（乃至宋明）以来中国现代转型的历史视野中进行把握。

（一）历史视野与问题意识

从实践哲学与历史社会学相结合的视角出发，我们可以把中国自晚清（乃至宋明）以来现代转型的历史逻辑，解读为一种世界观的转型，即从“天理世界观”转向“法理世界观”。其要义有二：其一，指向了法治的观念，即实在法具有“不可随意支配性”（*unverfügbaren*, indisponibility；借自于哈贝马斯的一个术语）的观念，也即是要确认“规则之治”（the rule of rules）在国家与社会治理中的正当性（rightness）；其二，指向了民主的观念，即形成一种“后习俗的道德意识”（post-conventional moral consciousness），即基于原则的、普遍主义的道德意识，并以最低限的公共参与、公共证成确保社会规范（法律规范和道德规范）的正当性与社会政治秩序及法律秩序的合法性

[1] 事实上，本书“上篇”在很大程度上就是把邓正来意义上的“中国（法律）理想图景”从学理上阐发为“中国的现代价值观”，“中篇”和“下篇”则分别力图对作为“中国现代价值观”（构成要素）的法治与正义之具体规范性要求及相应的制度和实践模式进行介入性学理分析或实体性理论建构。

(legitimacy)。这种世界观的根本转向，实乃哲学界或史学界所谓“中国文化的近代转型”之命题的实践哲学性质之所在。借用魏敦友的话来说，这种现代转型指向了中国文化继“子学”“经学”“理学”之后有待实现的新的“哲学突破”。[1]事实上，它亦确立了法哲学作为中国现代转型之“第一哲学”的核心地位。可为此提供理据的，是现代社会政治秩序历史转型的逻辑：基于“公意”的法律已取代超越人世的“上帝”或“天”，成为人间秩序（社会政治秩序）的主宰和枢机。

从历史视角来看，中国的现代转型蕴含着一大根本的历史使命，即形成现代条件下的“永续国家”(eternal state)。换言之，建构永续国家，是中国现代转型的根本政治理想。所谓“永续国家”，是指不存在政体危机（政权统治危机）、只存在政府危机（政府治理危机）的国家，即通过法律保障的公民权利和民主制度（政体架构）将政府更迭限制在和平的框架内，从而有效避免通过暴力革命、政变等实现“王朝更替”之命运的“后传统国家”。无论是历史学家唐德刚所谓的“历史三峡”(即从帝制到民治的“政治社会制度大转型”)，还是毛泽东以民主超越“兴亡周期率”的政治构想，抑或邓小平“使民主制度化、法律化，使这种制度和法律不因领导人的改变而改变，不因领导人的看法和注意力的改变而改变”的政治理想，均在实质上指涉永续国家之建构。如果说，确保“人民的出场”是现代社会政治秩序（现代法律秩序）合法性的根本，那么“永续国家”就是通过以选举民主确保人民的“周期性出场”、以商谈民主（discursive democracy）或审议民主（deliberative democracy）确保人民的“常态性出场”，从而制度化地避免传统的“自然国家”（natural state）——因欠缺“人民出场”的制度化机制而陷入

[1] 参见魏敦友：《当代中国法哲学的基本问题：新道统论及其语境》，法律出版社 2014 年版，第 8—14 页。

由人民的“历史性出场”所导致的——治乱循环的国家形态。从根本上看，所谓国家治理体系和治理能力的现代化，其实就是建构中国式的永续国家。

从运行机理上看，永续国家包括四大实质性要素：国家能力、法治、民主问责制政府和社会正义。一个具有强大国家能力的国家，只要全面厉行法治，并在法治框架内实现政府更迭的民主化及社会正义，即可建成远离政治统治危机的永续国家。中国式永续国家所蕴含的政治统一（对应于国家能力）、法治、民主、正义及自由、平等等政治 / 法律价值，即构成了中国现代转型所承诺的价值理想。在这个意义上，邓正来所谓“中国（法律）理想图景”，即是基于现代中国文化认同，对这些价值理想进行学理上的“格义”而形成的相互兼容、互为倚重的价值结构。如何结合中国现代转型的价值理想与转型中国的实践约束条件，对这些价值在转型中国的具体规范性要求进行学理阐释，并形成学理融贯的规范性体系，即是中国法哲学和政治哲学研究者的使命之所在。

相应地，中国现代转型包括“立国”“立宪”“立教”“立人”“立法”五位一体的历史使命和发展议程。所谓“立国”，即建立主权独立、政治统一的现代民族国家（此一任务已于 1949 年完成）；所谓“立宪”，即形成遵循现代政治文明运行逻辑的民主立宪政体和民主问责制政府；所谓“立教”，即形成现代中国的文化认同（及相应的核心价值体系）；所谓“立人”，即培育具有公共精神和规则意识的公职人员（政治家、公务员、法官和检察官等）、培育具有公民美德且积极参与社会合作的公民；所谓“立法”，即建构功能完善、结构合理、运行良好的现代法律系统。在这五位一体的发展议程中，“立法”是一个全局性的基础工作：它集建构性（变革性）与保障性（保守性）于一身，既可以以自身的建构性、生成性作用（主动）推进“立国”“立宪”“立教”“立人”事业的进行，亦可以为已经取得的“立国”“立宪”“立教”“立人”成果提供（被动的）法律保障。就其保障性角色而言，“立国”“立宪”“立教”“立人”分别构成了“立法”的国家前提、宪制基础、文化依托和社会基础。在成文法国家，“立国”所确立的国家性质、“立宪”所确立的政体架构和国家形式、“立教”所确立的文化认同，乃至“立人”所形成的政治风气和国民素质，常常以法律的形式表现出来，亦会直接影响着法律秩序的运行，譬如，立宪所确立的司法制度便会直接影响司法的运行、“立人”的成效会直接影响法律的现实有效性等。

基于上述历史视野，我们很容易判定：中国的现代转型仍是“进行时”，远未臻至“完成时”。所谓“公共法哲学”，即是要关注“前司法”甚或“前法律”的公共要素，并把中国现代法律秩序的建构置于立国特别是立宪、立教、立人、立法之视野中，探究其法哲学原理。正是源于现代转型的问题意识和理论担当，本书主张的公共法哲学以“转型法哲学”的理论模式呈现出来。

（二）“结构化情境”与转型中国（法律）问题的性质

本书主张的“公共法哲学”，以“转型法哲学”的形态表现出来。它旨在恢复中国现代转型的历史使命，并主张把它置于现时中国由历史凝结而成的实践约束条件（政治与社会—历史情境）中进行把握。关于这些实践约束条件，本书尤为关切其中的“结构化情境”（structural-contexts），即经由历史的积淀、社会的演化和政治的博弈而形成的某些相对固化的情境。

这种“结构化情境”，大致可分为两个层次：

第一，“元结构化情境”（meta-structural-contexts），即对中国现代

转型构成整全性制约的“结构化情境”。“元结构化情境”，又可区分出两种不同类型：（1）历时性的“元结构化情境”，即依循历时性脉络形成的“元结构化情境”。此类“元结构化情境”，概有三端：“文明型国家”（civilization-state）的文化/历史遗产、超大规模型国家的社会结构及政党—国家（party-state）的政治架构。它们在性质上均属具有不同时间性和属性的“传统”，可以比较具象地呈现在研究者面前，并直接制约着所有（特别是西方）既有法哲学和政治哲学理论模式之于中国问题的可适用性和解释力。（2）共时性的“元结构化情境”，即依循共时性逻辑形成的“元结构化情境”。此种类型的“元结构化情境”，大致体现为互相关联的两个方面：中国现代性问题的共时性与整体性。其“共时性”，一方面是指西方在不同历史时期面对和回应的现代性问题，在当下中国是共时性地存在的；另一方面是指前述不同时间性和性质的“传统”，在现时中国也是共存互嵌而产生影响的。与之相适应，中国现代性问题亦具有整体性：一方面，由现代性问题的共时性存在所带来的现代性问题的整体性；另一方面，由不同时间性和性质的“传统”之共存互嵌所带来的现代性问题的整体性；更为重要的是，这两种不同渊源的整体性又是相互交缠在一起的，由此为我们带来了中国现代性问题的高度复杂性——在很大程度上可以说，中国现代性问题这种相互交缠的整体性，既是其真正的特质和复杂性之所在，亦是其面临的最大挑战。相比而言，这种共时性的“元结构化情境”更为抽象，亦更难以把握。惟有保有高度的理论自觉和情境自觉，并兼具历史感和比较视野，始能洞察到这种“元结构化情境”。

上述“元结构化情境”的存在，其实决定着中国的现代转型只能走一条兼具现代性和“中国性”（Chineseness）的“另类现代性”（alternative modernity）道路；而20世纪中国以社会主义政党—国家推进中国现代转型的道路，正是这样一条“另类现代性”道路：它既顺应了上述“元结构化情境”（特别是超大规模型国家、文明型国家及现代性问题的共时性和整体性），而且政党—国家的政治架构本身已成为现时中国新的结构化情境。

第二，具体的结构化情境，即受上述两个层次的“元结构化情境”制约，对具体法律（社会、政治）问题的认识和把握产生直接影响的结构化情境。譬如，本书第五章中探讨的“差序格局”，就与前述三个历时性的结构化情境有关，但却是法治中国必须回应的实践困境；第六章中探讨的“反正义的公平观”，则是我识别和建构的一种结构化情境，它严重制约着转型中国社会正义的实现。如何把握具体的结构化情境，常常直接影响着中国情境中法哲学和政治哲学建构的解释力。

由于前述结构化情境特别是“元结构化情境”的制约，转型中国（法律）问题常常具有如下性质：“合理但不正当或善”（rational but not right or good），即既有制度安排虽具有（相对于政治统一、政治稳定、社会和谐等的）目的合理性，但却既不符合我们对法律秩序（社会政治秩序）正当性的道德期许，亦不符合我们对（共享）伦理生活的本真性想象。这种性质，使得论者极易形成直觉主义（intuitionistic）的论说模式或研究取向，形成立场先行、“主义表态”式的政治理想主义、政治现实主义或政治温情主义——自由主义基于“正当性”道德直觉的政治理想主义，新左派基于“目的合理性”政治直觉的政治现实主义，新儒家基于“可欲性（desirablity）/ 本真性（authenticity）”伦理直觉的政治温情主义。然而，这种直觉主义的论说模式或研究取向，要么放弃了中国现代转型的政治理想（政治现实主义），要么遮蔽了中国现代转型的结构化情境（政治理想主义），要么忽视了中国现代转型所赖以为基的社会政治秩序机理（政治温情主义）。

（三）反思性的情境主义：政治理想与结构化情境的“反思性平衡”

本书对待这些结构化情境的基本态度，是借鉴于艾森斯塔特、吉登斯等阐发的“反思性现代性”（reflective modernity）立场，即从“反思性”这一现代性的内在精神出发，把现代性视为一种能动且反思性地创造未来理想社会政治秩序的谋划。基于此，本书形成了一种“反思性的情境主义”（reflective contextualism）立场：那些具有不同时间性和属性的“传统”，既是我们反思特定现代性模式（特别是西方现代性模式）的凭借，其本身亦是反思的对象。

为此，本书主张通过结构化情境（实践约束条件）与现代转型所承诺的政治理想或价值理想（中国式永续国家及其承诺的价值理想）之间的交互比勘，推进转型法哲学的“介入性学理分析”和“实体性理论建构”，从而为廓清实现这种政治理想或价值理想的制度依托和发展路径提供学理依据。这种交互比勘的方法，可借鉴罗尔斯所谓的“反思性平衡”法，力图在政治理想或价值理想与结构化情境之间达致某种“反思性平衡”，即把自由、平等、民主、法治、正义等现代性价值的核心内涵作为“暂时的定点”，然后再以相应的结构化情境与之交互比勘达到“学理格义”的效果，从而拓清这些现代性价值在转型中国情境中的独特规范性要求及相应的制度和实践模式乃至发展路径。

（四）理论依据、研究对象与研究取径

转型法哲学的基本理论依据，是法律秩序建构的非自主性（heteronomy）——更准确地说，对中国这样现代法律秩序正在建构的国家来

说，我们更应在立法阶段强调法律的非自主性，即要积极回应法律秩序的政治哲学承诺及其所依托的政治与社会—历史条件（我主张把立国、立宪、立教、立人连同立法一起纳入转型法哲学的视野，正源于此）。对法律非自主性的认识，本书综合借鉴了马克思关于法律的“经济基础决定论”、科勒—庞德法律与特定时空之文明条件相适应等思想，并主张把这种非自主性限定为法律的政治哲学承诺、政治制约性和社会—历史制约性。换言之，通过凸显法律的政治与社会—历史之维，我试图基于转型中国的政治哲学承诺及其依托的政治与社会—历史情境，推进关于“邓正来问题”[基于中国文化认同的（法律）理想图景问题]的介入性学理分析和实体性理论建构，从而探究转型中国的法哲学原理。

转型法哲学主张，我们要在现代法律秩序的运行机理中把握其建构原理。在现代法律秩序的运行机理中，合法化（legitimation）原理是最为根本和基础的机理。借鉴韦伯、哈贝马斯、列奥·施特劳斯等的相关论述，可以把合法化原理的现代转型概括为从超越于人世的“自然/天理”转向本原于个人的“理性意志”。借鉴卢梭、康德特别是哈贝马斯的相关思想，我们可以把法律承受者（addresses）作为法律创制者（authors）的公共商谈和公共证成（即“受到影响者”与“商谈参与者”的同一及“受到影响者”作为“商谈参与者”的“同意”），视为中国现代法律秩序合法化的根本途径。把公共商谈和公共证成纳入中国现代法律秩序的建构中，是转型法哲学之为公共法哲学的根本表征。此种意义上的公共法哲学，预设了一种程序主义的人民主权观。这种民主观，既符合现代政治作为“公意政治”的合法化原理，亦积极回应了现代社会所依托的现代意识结构（“后习俗的”道德意识结构），更契合于当下中国政党—国家的政治架构，从而有助于立宪、立教、立人、立法等中国现代法律秩序之实体性内容，在具有合法性的基础上不断填实。

在现代法律秩序的运行机理中，法律系统本身的运行逻辑是其基本机理所在。对此，我们须区分立法和司法。在现代法律秩序有待建构的成文法国家，立法不但在时序上优先于司法，抑且在功能上优位于司法。为深入把握这一点，我们可以借鉴卢曼—托依布纳法的自创生理论（autopoietic theory of law），把法律视为“认知开放但运行闭合”（cognitively open but operationally closed）的系统，同时结合中国情境将其明确阐发为：在立法过程中，我们应强调法律的“认知开放”；在司法过程中，则应强调法律的“运行闭合”。惟其如此，我们始能在遵循法律系统运行逻辑的基础上，化解法律的合法性与法律的自主性之间的张力。换言之，在法律秩序的建构过程中，我们应优先强调法律的“认知开放”（法律的非自主性），以确保法律秩序的合法性；在法律适用的环节，我们应优先确保法律的“运行闭合”，以实现法律运行的自主性。

遵循现代法律秩序的合法化原理与法律系统的运行机理，作为转型法哲学的公共法哲学主张：现代司法固然具有职业性，但现代法律秩序的建构却是政治共同体的公共事务；不经过政治共同体内部具有最大限度开放性和包容性的立宪、立教和立法过程，法律不可能最大限度地体现政治共同体的“公意”，公民也就不可能将其专门委诸职业化的法律人共同体看护。

基于上述定位，转型法哲学的研究对象是关涉中国现代法律秩序建构的那些问题。现代法律秩序的建构，包括两方面的历史课题：其一，确保法律秩序的合法性。从语言哲学的视角看，法律秩序的合法性包括两大要素：（1）“语义学的合法性”（semantic legitimacy），即法律规范之内容的合法性，也即是要确保法律秩序的正当性（合道德性）与可欲性（合伦理性）；（2）“语用学的合法性”（pragmatic legitimacy），即立法的程序普遍性，也即是要确保法律“承受者”与法律“创制者”的同一性。其中，前者涉及立教问题，后者关涉立宪问题；由于“后习俗”的现代意识结构下（法律）规范之语义合法性（正当性和可欲性）是主体间“非强制性共识”的产物，立法的程序普遍性具有更为基础的地位。其二，确保法律运行的自主性，即国家与社会治理的“合法律性”（legality）。从法社会学的视角看，它涉及现代条件下的立人问题。从政治哲学的视角看，法律秩序建构的上述两大课题分别具有不同的政治功能：确保法律秩序的合法性，有助于法治发挥建构基于“共识政治”的“公意政治”之功能；确保法律运行的自主性，助益于法治发挥形成基于“规则政治”的“常态政治”之功能（正是基于这种认识，本书第四章建构了一种新的法治观：“功能主义法治观”）。

因此，转型法哲学的研究对象，其实是关涉中国现代治理秩序基本构成的那些方面，即法律秩序中与社会秩序、政治秩序相互交叠且深度关联的部分。这种交叠和关联，大致分为三种情况：（1）大致对应于罗尔斯意义上的“社会基本结构”（the basic structure of society），即整个社会中具有政治意义并具有法律形式的根本秩序结构及其价值理想（理想图景、宪制秩序、国家和社会组织原则等）；（2）直接影响法律秩序运行成效的社会“基础秩序”（infrastructural order）（如普惠性的社会保障体系、社会组织机制、现代信用体系等）；（3）直接影响法律秩序运行成效的政治“基础秩序”（如合宪性审查制度、财政法定制度等）。由于现代社会秩序特别是政治秩序是在法律秩序基础上组织起来的，所谓的转型法哲学，其实亦是一种“转型政治哲学”。

正是源于对研究对象的这种定位，转型法哲学顺其自然地达致了一种“问题导向的”（issue-oriented）跨学科视野。但这种“跨学科”不是“为了跨学科而跨学科”，而是根源于研究对象的内在要求。具体来说，本书的跨学科视野，主要是通过对中国现代法律秩序建构之“一进一退”的理解而获致的。所谓“一进”，是指要进一步看到“法律的政治之维”。由于现代社会政治秩序是以法律秩序为基础的［法律系统是现代社会“全社会整合”（societal integration）的媒介，是作为支撑现代社会政治秩序运行的功能系统而存在的］，因此，要深入把握现代法律秩序的建构，必须进一步把握法律秩序中具有政治意义的那一部分——特别是立宪和立教[1]——是如何建构和运行的。换言之，“法律的政治之维”包括两个维度：法律的政治制约性（立宪）与法律的政治理想/政治哲学承诺（立教）。这样，那些与中国现代法律秩序建构有关的社会理论、政治哲学、政治学等思想资源，自然就进入了本书的视野。所谓“一退”，是指要退一步看到“法律的社会—历史之维”。现代法律秩序的建构，仍需要社会文化方面的积极配合（立人）。因此，我们须为制约现代法律秩序建构的各种社会现象和文化现象之正向调适性变迁，创造良好的结构化情境。这样，那些与中国现代法律秩序建构有关的法社会学、法史学（法制史和法律思想史）、法律文化等思想资源，亦进入了本书的视野。

为了实现其研究旨趣，作为转型法哲学的公共法哲学采取了“政治哲学建构与社会—历史分析相结合”的研究取径。它主张通过“问题化的理论处理”与“理论化的问题处理”的结合，特别是通过价值理想与结构化情境的“反思性平衡”，实现政治哲学建构与社会—历史分析的深度结合，从而把转型中国现代法律秩序建构的政治哲学承诺与各种实践约束条件紧密结合起来，建构转型中国的法哲学原理。

[1]“立教”关涉政治共同体的集体文化认同，我们理应把它视为一个政治问题，而不是文化问题。换言之，我们需要在现代政治秩序的运行机理中把握文化认同的建构，而不只是从一种文化情怀、文化立场或价值偏好入手。这其实意味着：我们对集体文化认同的建构应采取“认知性”（cognitive）态度，而不是“信念性”（faithful）立场。

二、“公共法哲学”不是什么？

以上简要勾画了公共法哲学的基本轮廓。下面，我拟与既有的理论模式相比勘，以进一步呈现公共法哲学的面目。大致说来，它与如下言说转型中国法律问题的研究取径或研究取向[1]形成了鲜明对照。

一曰“知识—法学”取径。此处特指邓正来的法学研究取径。正如本书“上篇”揭示的，这种研究取径试图以知识具有“正当性赋予”力量这一知识社会学洞见为依据，对1978年以来以“权利本位论”“法条主义”“本土资源论”“法律文化论”等为代表的知识生产系统共同遵奉的“现代化范式”进行反思，从而提出了我所谓的“邓正来问题”，即“基于中国文化认同的（法律）理想图景问题”。然而，由于忽视了法律本身的文本双重性（法学知识生产文本 *vs.* 立法文本）及相应的法律实践之两重性（立法实践 *vs.* 法律实施实践），“知识—法学”取径无力对现实的法律实践是否遵奉“现代化范式”进行评判，从而未能充分地论证“邓正来问题”的出场——这使得其知识社会学取径沦为一种“跛足”的知识社会学，即“有知识但无社会”的知识社会学，同时亦使其基于“知识—法学”取径的学术批判，具有王小波所说的“批判人而不是批判社会”之倾向。

作为转型法哲学的公共法哲学，至少在如下三个方面不同于“知

[1] 此处的区分是从言说中国法律问题的研究取向或研究取径入手的，不同于本书“导言”对法哲学知识形态的分类。这些研究取向或研究取径，均属于理论法学，其中有的属于法社会学（如“社会—法学”取径或“社科法学”）、有的属于法律史或法律文化研究（文化/历史—法律论）。属于法哲学知识形态的，则大致分属于“专业法哲学”（法教义学）、“政策法哲学”（政治—法学取径）、“批判法哲学”（知识—法学取径）和“公共法哲学”（道德—历史主义取径、人文—法学取径）。

识—法学”取径：第一，如前所述，公共法哲学不是把法学仅仅视为用于呼吁“基于中国文化认同的（法律）理想图景问题”之历史性出场的可替代个案，而是把法律秩序视为现代社会政治秩序的基础，把法哲学视为中国现代转型的“第一哲学”。第二，公共法哲学放弃了“知识—法学”取径明确主张的精英主义（法律职业主义）取向[1]，主张把现代法律秩序的建构视为政治共同体的公共事务，从而将中国现代法律秩序视为需依循“理性之公共运用”而获得公共证成的公共治理秩序。第三，更为重要的是，公共法哲学旨在推进介入性的学理分析和实体性的理论建构。其中，前者旨在推进法哲学研究之于中国情境的相关性、之于中国问题的介入性；后者旨在综合运用法哲学、政治哲学、社会理论、法社会学、法律文化等思想资源，切实推进“以中国为思想根据”

[1] 邓正来对他主张的法哲学立场进行了五个方面的阐述，其中第三个方面明确指出：要“努力阐明法律是一种政治工具，进而要求法律人就如何使用这种政治工具的问题进行选择、做出决断，使中国人共享一种更有德性、更有品格和更令人满意的生活服务，为中国法制发展服务。”由此可见，在邓正来看来，所谓“基于中国文化认同的（法律）理想图景”，固然不是政治权威自上而下的政治决断的产物，但亦不是社会成员自下而上的集体共识的产物，而是法律人政治决断的产物。正如我曾指出的，这种论述既具有显见的法律工具主义取向，亦具有明显的精英主义（特别是法律职业主义）倾向，甚至还带有潜在的极权主义危险。更为重要的是，他对关涉法哲学和政治哲学理论的更深入问题未进行任何阐述，譬如：要求“法律人就如何使用这种政治工具的问题进行选择、做出决断”，其法哲学或政治哲学的理论依据何在？法律人何以做出政治决断？是何种法律人（学术法律人，还是实务法律人）做出政治决断？如果是实务法律人做出政治决断，是从事立法工作的实务法律人做出政治决断吗？从事执法和司法工作的实务法律人可以做出政治决断吗？他们依靠何种政治机制和法律机制做出政治决断？可以对他们做出的政治决断进行评判吗？谁来评判？怎么评判……前文关于现代法律秩序运行机理的论述表明：诸如此类的问题，不但涉及法律系统本身的运行机理，抑且关涉与法律系统具有构成性关联的政治系统的运行机理（特别是合法化机理）。惟有从现代法律秩序的运行机理出发，我们始能真正推进我所谓的介入性的学理分析，特别是实体性的理论建构，而不只是停留在立场宣示的层面。邓正来的相关论述，见氏著：《中国法学向何处去：建构“中国法律理想图景”的时代论纲》（第二版），商务印书馆 2011 年版，第 15 页；我对他的批评意见，请参见邓正来、孙国东：《全球化、文化政治与法律哲学：与邓正来先生谈中国法学的“全球化论辩”》，载《东方法学》2008 年第 1 期；另见邓正来：《谁之全球化？何种法哲学？——开放性全球化观与中国法律哲学建构论纲》，商务印书馆 2009 年版，第 272—273 页。

（邓正来语）的法哲学和政治哲学理论的实体性建构。本书对“现代转型”之历史视野的引入，对“邓正来问题”出场之社会—历史背景的阐述，对作为“邓正来问题”要素的法治、正义及文化认同所依托之结构化情境的识别和定位，乃至以公共法哲学的思想立场更主动地介入到当下中国主流思想争论的尝试等，都是自觉推进介入性学理分析的体现。本书对法律之政治性的学理阐发，对正当与善之关系以及这种关系与现代法律秩序建构之相关性的阐述，对现代转型之政治理想和价值理想的论述，对“永续国家”之性质和要素、功能主义法治观、转型中国“底线正义”诸原则、“关联性正义”、“共同政治文化范导下的国家中立性原则”等的理论建构，则是我力图推进实体性理论建构的学术努力。正是依凭这种学术努力，我力图以更具学理性的公共关怀，填实并扩充邓正来所开辟的法哲学思想空间。

二曰“政治—法学”取径、“社会—法学”取径及“历史／文化—法学”取径。我把三者并置，主要是考虑到它们分别排他性地强调了法律的政治制约性、社会制约性及历史制约性。换言之，它们在表面上歧异的背后，其实共享了一种决定论的研究取向。体制内各种知识规划项目资助的研究课题，多有意无意地采用了“政治—法学”取径；所谓“社科法学”或各种法社会学研究，则自觉地采用了“社会—法学”取径；各种法律文化研究，特别是梁治平的“法律文化论”采用了“历史／文化—法学”取径，试图从中国的法律文化传统出发捍卫法律秩序的中国性[1]。以上三种研究路向（特别社科法学和“历史／文化—法学”取径），对于把握中国现代法律秩序建构的实践约束条件（政治和

[1] 黄宗智的“社会历史法学”，试图同时凸显法律的社会制约性及历史制约性，并主要从相对于表达历史的“实践历史”（practical history）入手，探究中国法制近代化／现代化进程中的有益经验。不过，总体来看，它其实是一种将历史学社会科学化的努力，在很大程度上可视为“社科法学”在法律史领域的运用，因此，它几乎具有“社科法学”的所有优缺点。

社会—历史条件）做出了突出的贡献，但其缺陷同样明显。正如邓正来指出的，“政治—法学”取径预设了法律对政治意识形态的依附，甚至预设了这种依附的可欲性。[1]这种依附，不但把法律视为政治的附庸，抑且无力对中国法律问题进行自主性的思考。关于社科法学所预设的经验主义取向的缺陷，正如吉登斯告诫的：

> “如果社会学家仅仅将他们学科的范围局限在易于用经验事实进行验证的那些领域，那一定是错误的。这是一条通往毫无结果的形式主义之路，使社会学与真实的生命和生活疏离化，使它与那些原本最能有所贡献的课题变得毫不相关。”[2]

只要重温一下马克思对德国“历史法学派”刻薄而不乏深刻的嘲讽，我们便可以洞察到“历史／文化—法学”取径的缺陷：

> “有个学派以昨天的卑鄙行为来为今天的卑鄙行为进行辩护，把农奴反抗鞭子——只要它是陈旧的、祖传的、历史性的鞭子——的每个呼声宣布为叛乱；历史对这一学派，正像以色列上帝对他的奴仆摩西一样，只是表明了自己的过去，因此，这个法的历史学派本身如果不是德国历史的产物，那它就是杜撰了德国的历史。这个夏洛克，奴仆式的夏洛克，发誓要凭他的期票、历史的期票、基督教德意志的期票来索取从人民心上剜下来的每一磅肉。”[3]

---

[1] 参见邓正来：《中国法学向何处去》，第61页。值得注意的是，邓正来所谓的“政治—法学”取径，是指论者对中国法学进行总结和反思时采取的取径，而不是研究中国法律问题时采取的取径；但他的批评意见同样适用于后者。

[2] [英] 安东尼·吉登斯：《资本主义与现代社会理论：对马克思、涂尔干和韦伯著作的分析》，郭忠华等译，上海译文出版社2007年版，第4页（序言）。

[3]《马克思恩格斯选集》第1卷，人民出版社1972年版，第3页。

马克思的嘲讽尽管尖刻，但对那些将中国历史（包括法制史和法律思想史）浪漫化的论者而言，尤其值得警醒。

作为转型法哲学的公共法哲学，不但同时凸显法律的政治制约性、社会制约性和历史制约性，抑且主张捍卫中国现代转型的政治理想和价值理想，特别是"永续国家"所蕴含的各种政治哲学承诺。换言之，与它们多隐含地预设了"政治决定论""社会决定论"和"文化决定论"不同，我主张以一种基于"反思性现代性"的"反思性情境主义"立场，对待所有这些实践约束条件：它们本身既是反思的凭借，亦是反思的对象。为此，我建议通过政治理想或价值理想与实践约束条件的交互比勘所达致的"反思性平衡"，对于中国现代法律秩序建构有关的各种问题，进行介入性的学理分析和实体性的理论建构。我对政治和社会—历史条件的关注，力图超越任何单一的学科化视角，从而把现实的政治架构、社会结构、历史 / 文化的延续性与现代转型的共通演化逻辑深度结合起来。为此，我尤为强调社会理论视角、法哲学 / 政治哲学视角与历史 / 文化视角的结合，从而在充分把握现代化所蕴含之普适性社会演化逻辑的基础上，在现代社会政治秩序和法律秩序的运行机理中，深入（而不是直觉主义地）把握文化传承的运作空间与促进文化变迁的社会机制，特别是对某种文化传统具有"功能替代"作用的社会和政治"基础秩序"——本书第五章对"差序格局"的探究、第六章对"反正义的公平观"的分析等，便充分展现了我经由"问题导向"的跨学科研究所形成的这种学术立场。

三曰"法学历史主义"（道德—历史主义）。在此，我特指许章润的"汉语法学论"。汉语法学论，尽管采用了法学历史主义的研究取径，但不同于排他性地捍卫法律文化传统之延续性的"历史—法学"取径，其对"历史"的理解更具有开放性和反思性。在许章润的视野中，"历史”不等于“死的传统”，即黄宗智所说的“博物馆化”的传统，而是把传统本身在历史中的“转进新生”视为“历史”的一部分。因此，所谓的法学历史主义，包含着“思考过去并有选择地遗忘的可能性”。这里的关键是，他赋予了“历史”本身以理性品格和道德内涵。这种理性品格和道德内涵，主要通过他关于历史之三个不同向度的独特观念凸现出来：（1）以“法度高于法律”的法律观，阐释（hermeneute）关于历史的过往向度；（2）以“生活世界、规范世界与意义世界相统一”的社会观，解读（interpret）关于历史的当下向度；（3）以“期待人性趋善”的人性观，展望（expect）关于历史的未来向度。经由对关于历史的三个不同向度的这种理论把握，许章润既赋予了历史以理性品格，又以道德蕴含来填实这种理性品格，从而具有显见的“道德—历史主义”取向。从许章润的内在理路来看，对历史之过往向度的阐释、对历史之当下向度的解读，是其对未来的“社会想象”（social imaginary）是否可欲且可行的认知性前提。然而，他对历史的阐释采取的却是“信念性”态度，而不是追求可分享性（shareability）的“认知性”态度。其历史阐释主要是一种思想史的把握，部分与制度史有关，但基本与社会史无涉。因此，其所建构的中国文化认同——基于儒家义理形成的“汉语法学”文明品格——便只能是我所谓的“典籍性的中国认同”（Chinese identity in classics）。它只能保有与历史典籍的一致性，但却无法确保与传统中国的历史现实的一致性、与当下中国人的文化记忆的相关性。进而言之，由于未能积极回应现时中国所面临的各种“正当化压力”，他所建构的中国文化认同无法通过“情境化正义”的正当化检验，从而无法通过公共证成确保文化认同的“本真性”。就他所主张的“自由民族主义共和法理”来说，如果不能妥善措置社会正义与文化认同的关系，它便不可能处理好“自由”“共和”与“民族主义”的关系，进而也就不可能形成具有学理融贯性的“法理”。由于未能妥善处理社会正义与文化认同的关系，许章润势必会在其学理论说中陷入文化情怀凌驾于政治担当之上的困局之中。而他作为公共知识分子（韦伯所说的“群众性政治家”）的公共论说，又以针砭时弊的政治担当著称。因此，如何将其深浓的文化情怀与果敢的政治担当整合为学理融贯的思想体系，仍是许章润的未竟之业。[1]

作为转型法哲学的公共法哲学，主张建构“基于中国文化认同的（法律）理想图景问题”，但是它把这种有待建构的文化认同视为哈贝马斯意义上的“未赋值的占位符”（unsaturated placeholders）。我不认为学者或知识分子可以无视现代社会“公意政治”的合法化原理，因而可以替代公共选择和公共证成而对文化认同的实体性内容进行“独白式的”（monological）理论建构。毋宁说，我们应根据转型中国文化认同建构的结构化情境，并结合现代社会政治秩序和法律秩序的运行机理，对有助于中国现代文化认同形成的理念（政治哲学法则）和程序性机制进行理论建构。本书第八章（《共同政治文化范导下的国家中立性：转型中国文化认同建构的正当法则》）既是对中国情境中的文化正义的论述，亦是根据“中华民族的多元一体格局”及社会主义在当下作为“共同政治文化”等结构化情境，并结合现代社会政治秩序和法律秩序的运行机理，对促进中国现代文化认同形成之政治哲学原理所进行的理论建构。本书在多处阐述了公共商谈和公共证成机制在转型中国建制化的必要性，这便指向了有助于中国现代文化认同形成的程序性机制。可以说，我为许章润深陷其中的“自由”“共和”与“民族主义”之间的张力，找到的出路是走向一种哈贝马斯意义上的程序主义民主观，即程序主义的人民主权论。此种民主观，既顺应了现代社会政治秩序和法律秩

[1] 许章润的论述，可参见其《汉语法学论纲》（广西师范大学出版社 2014 年版）。对此的详细讨论，参见拙文：《“道德—历史主义”的困境：评许章润〈汉语法学论纲〉》，载《清华法学》2016 年第 3 期。

序的合法化机理，亦为中国宪法（如人民当家作主的政治地位、言论自由的基本权利等）所确认、为中国现代转型的政治理想所承诺，还符合现时中国政党—国家的政治架构，甚至还可以制度化地消解因公共自主实践之历史性缺位所导致的民粹主义顽疾，可以说是一举多得的建设性举措。更一般地看，把法律和政治问题置于由现代转型的政治理想（现代社会政治秩序和法律秩序的运行机理）与实践约束条件（转型中国的结构化情境）之交互比勘所形成的反思性空间中予以深度把握，既可以增强理论建构的情境相关性与学理自洽性，亦可避免儒家人文主义式的政治理想主义常犯的毛病，即基于文化保守主义的政治激进主义。由于儒家的部分观念（特别是仁爱 / 仁义观念、王道政治等）具有“接榫、吸纳、转化乃至超越”现代性价值 / 理念的规范性空间，而现实的社会政治秩序和法律秩序则与之多有扞格不入之处，因此以回归儒家道统为名，使社会政治秩序和法律秩序朝着更为正当和可欲的方向发展，便成为儒家人文主义者念兹在兹的政治哲学或法哲学立场。然而，如果我们的学理言说或公共论说，只是从自己信奉的某种理念、价值甚或偏好出发，而把现代社会政治秩序和法律秩序的运行机理与转型中国的结构化情境均置之不顾，那么我们不但会因对后者的忽视而导向政治激进主义，抑且会因对前者的无视而产生直觉主义、情感主义（emotionalism）甚或独断主义（dogmaticism）倾向。

四曰“法教义学”。“法教义学”（Rechtsdogmatik，legal doctrinal analysis/legal dogmatics；或称教义法学）原本是德国法学界盛行的法哲学理论，但近年来随着有德国学习和研究背景之学人的大力推介，已在当下中国蔚为与社科法学分庭抗礼的理论模式。法教义学，其实是更为彻底和精致的法律实证主义。正如诺依曼（Ulfrid Neumann）所言，“法教义学要以对一国现行实在法秩序保持确定的信奉为基本前提，这也是所谓的‘教义’的核心要义所在”[1]。阿列克西（Robert Alexy）进一步指出，法教义学大致包括三个层面的研究：（1）描述—经验的维度，即对现行有效法律的描述；（2）逻辑—分析的维度，即对法律之概念—体系的研究；（3）规范—实践的维度，即提出解决疑难的法律案件的建议。[2]可以说，法教义学是以法律规范、法律体系及其运行过程为中心的分析实证主义研究，因此，它具有实证主义法学的所有缺陷。我并不一般性地否认法教义学研究（特别是对法教义学理论本身的学究化研究）的学术价值，但我尤为怀疑以法教义学取径研究中国法律问题的思想价值。必须看到，以法律规范、法律体系及其运行过程为中心的法教义学研究，惟有在法律规范相对完善且基本得到遵循、法律体系健全、现代司法体制已经确立起来的国家——质言之，现代法律秩序已然确立即现代条件下的立宪、立教、立人和立法事业已告完成的国家——方始具有更大的学术意义。如果一个国家的现代法律秩序仍亟待历史性的突破，我们何以对其法律规范、法律体系及其运行过程进行法教义学研究？梁任公先生逝世后，常燕生曾做出了如下评价：

> “在整理国学方面，梁先生的功力、成绩未必胜于王国维、陈垣诸人，然而在社会所得的效益和影响方面讲，梁先生的成绩却远非诸学者所可及。在一切未上轨道的国家里，社会需要思想家更甚于学者。一千个王国维的出现，抵不住一个梁启超的死亡的损失。”[3]

---

[1]［德］乌尔弗里德·诺依曼：《法律教义学在德国法文化中的意义》，郑永流译，载郑永流主编：《法哲学与法社会论丛》（第5辑），中国政法大学出版社2002年版，第17页。

[2]参见［德］罗伯特·阿列克西：《法律论证理论》，舒国滢译，中国法制出版社2002年版，第311页。

[3]常燕生：《悼梁任公先生》，载夏晓虹编：《追忆梁启超》，生活·读书·新知三联书店2009年版，第91页。

在现代转型仍待收束、现代法律秩序仍待建构和定型的转型中国，社会更需要的其实是法理思想家，而非擅长“螺蛳壳里做道场”“在针尖儿上跳舞”的法理专家。固然，我们没有多少人有机会成为思想家；但保有思想者直面现实、引领时代、范导实践的情怀和品格，却是每个有担当的学人应当、而且可以做到的。

作为转型法哲学的公共法哲学，其实秉承了马克思的一个教诲：“权利永远不能超过社会的经济结构以及由经济结构所制约的文化发展。”[1] 如果一个社会的经济结构及相应的社会文化，仍处于现代转型的特殊历史时期，相较于对实在法体系的教义学研究，构建现代法权体系并促使整个社会进入黑格尔意义上的‘法权状态’，当成为更为优先的历史课题。因此，公共法哲学主张把我们的视角转向“前司法”甚或“前法律”的立国、立宪、立教、立人和立法诸课题，把转型中国的法律现象视为“前法律”的政治与社会—历史现象，从而为转型中国现代法律秩序的建构做出自己的思想贡献。

五曰“人文—法学”取径。我这里特指魏敦友所谓的“新道统论法哲学”采取的研究取径。在《当代中国法哲学的反思与建构》《当代中国法哲学的使命：魏敦友教授法哲学讲演录》《当代中国法哲学的基本问题：新道统论及其语境》“法哲学三部曲”中，魏敦友集中阐述了其法哲学立场。依我个人鄙见，将其法哲学立场贯穿起来的，可谓之“人文—法学”取径，即利用历史学、中国文化、中国哲学等人文思想资源，把握中国现代法律秩序的建构。魏敦友的法哲学论说，是在邓正来“理想图景论”的激励下形成的。他对“中国法律理想图景”的阐发，主要借用余英时、钱穆等的论说，把它置于中国道统之重建、中国

[1]《马克思恩格斯选集》第3卷，人民出版社1995年版，第305页。

文化之演进的大历史视野中进行把握——他把法哲学视为中国文化继子学、经学、理学之后有待实现的新“哲学突破”。这种阐发既在中国文化的演进逻辑中，颇具匠心地定位了中国现代法律秩序所倚赖的文化母体，亦赋予中国现代法律秩序以深厚的人文精神和历史底蕴，是对我所谓的“邓正来问题”的建设性推进。但其学理缺陷同样明显。从现代法律秩序运行的角度来看，魏敦友视野中的“人文—法律”知识，仅仅是作为生活世界之伦理共识（而非道德共识）的备选［或罗尔斯意义上的“背景文化”（background culture）］而存在的，尽管其内容对于部分社会成员而言是可欲的，但它们能否真正成为政治共同体的文化认同（“道统”），有待于以立法机关为核心的“合法化系统”的反思性过滤——质言之，有待于社会成员作为公民的公共证成。再者，作为集“知识 / 符号系统”与“行动系统”于一身的社会功能系统，现代法律既与社会的文化再生产成就相联系，亦是“全社会整合”的核心媒介。换言之，作为知识 / 符号系统，法律与社会成员在生活世界中的道德共识和伦理共识相关联；但作为行动系统，法律亦是现代社会以金钱为媒介的经济系统、以权力为媒介的行政系统之组织手段。正如哈贝马斯指出的，“不像后习俗道德，法律不但代表着一种文化知识，抑且构成了制度化秩序的一个重要核心”[1]。显然，魏敦友式的“人文—法学”取径，只关注了法律作为“知识 / 符号系统”之维度，但却遗忘了法律作为“行动系统”之维度，而后者则是现代法律具有“不可随意支配性”之关键所在。由于未能把法律作为行动系统对待，并视之为全社会整合的核心，它不可能基于现代社会政治和法律秩序的运行机理，对转型中国“道统重建”之实体性内容或程序

[1] J. Habermas, *Between Facts and Norms: Contributions to a Discourse Theory of Law and Democracy*, trans. Williiam Rehg (Cambridge, Mass.: MIT Press, 1996), p.79.

化机制，进行介入性的学理分析和实体性的理论建构。与此相适应，其所采用的核心概念，诸如政统、道统和学统云云，本身是含义指向十分模糊的概念，且无法指涉具体甚或宏观的法律现象，若非经过概念转换，无法真正进入法哲学的论域之中。

作为转型法哲学的公共法哲学，在诸多方面借鉴、吸纳了魏敦友秉持“人文—法学”取径所获得的认识成果，诸如“中国思想的四次突破”“邓正来—邓晓芒律令”等概念框架，已成为本书把握相关论题的学理参照。但不同于“人文—法学”取径，作为转型法哲学的公共法哲学，采取政治哲学建构与社会—历史分析相结合的研究取径。因此，它既可以避免其将法学“人文学科化”的缺陷，亦可以把中国现代法律秩序的建构，置于中国现代转型的政治哲学承诺与转型中国独特的政治和社会—历史情境中，推进介入性的学理分析和实体性的理论建构。

三、在“溺爱”与“棒喝”之外

本书不但提倡一种作为转型法哲学的公共法哲学，抑且力图以介入性的学理分析和实体性理论建构把它呈现出来。介入性的学理分析，是公共法哲学区别于其他法哲学知识形态的重要特征。“介入性”（Engagement）本身，既体现了公共法哲学的实践导向，亦试图恢复法律秩序作为公共治理秩序的特质。介入性的学理分析，使公共法哲学首先与学院派的各种专业法哲学研究区分开来，并进入公共讨论和思想对话的空间。实体性的理论建构，则意味着：本书不只是进行“批判法哲学”式的批判工作，更试图以自己的理论建构提供一种替代性的法哲学理论形态——质言之，不但指出错的，抑且还试图指出对的。[1]而且，这种实体性理论建构，是在特定的问题意识、理论关怀、思想立场和研究取径下形成的。简言之，它力图兼顾公共担当、学术审慎、思辨理性和学理逻辑。

对学术研究来说，“指出错的”是容易的，但要“说出对的”却殊为不易。任何具有一定学术研究经验的人，大抵都会同意我的这个判断：只要具有一定的理论知识，甚或仅仅是简要了解或排他性地信奉某种宗教教义或哲学、道德整全性学说，我们便很容易指出既有理论模式的所谓“缺陷”；但要提供一种替代性的理论模式，却十分考验研究者的学术洞察力和思想创造力。推进实体性理论建构，其实蕴含着我对某类批判性研究的拒斥，即用他人提出的理论模式（多为学科内获得较广泛认可的某种理论）去批判另一种理论模式。这种做法也许可以增进研究者个人的智识愉悦，甚且可以澄清某些实践问题或理论问题，但却无益于产生真正的“学术增量”[2]。不客气地说，它在很大程度上不啻为表演性的“理论秀”或意识形态化的“理论游戏”。余英时曾转借金岳霖的话说：以一种“义理”去评判另一种“义理”，只能变成“以一种成见去形容其他的成见”。[3]翻检学术史，任何能在学术史上留名的学者，几乎都有自己的一套概念体系、认知框架、研究视角、理论模式乃至研

[1] 赵汀阳曾说：“指出错的，却说不出对的，这种流行的批评模式深刻地影响了人们的正确思维。”见氏著：《天下体系：世界制度哲学导论》，江苏教育出版社2005年版，第5页。

[2] 此处“学术增量”的概念，借自于邓正来的“知识增量”。前者的丰富含义，似乎更能准确把握实践哲学和社会科学学术发展的逻辑，故稍改之。

[3] 参见余英时：《中国近代思想史上的胡适》，载沈志佳编：《余英时文集第五卷：现代学人与学术》，广西师范大学出版社2006年版，第243页。金岳霖的原话为：“哲学要成见，而哲学史不要成见。哲学史既离不了成见，若再以一种哲学主张去写哲学史，等于以一种成见去形容其他的成见，所写出来的哲学史无论从别的观点看起来价值如何，总不会是一本好的哲学史。”金岳霖：《冯友兰〈中国哲学史〉审查报告》，载《金岳霖学术论文选》，中国社会科学出版社1990年版，第281页。

究范式。即使那些以“批判”见长的思想家，譬如马克思和福柯，亦都提供了替代性的理论模式或研究范式，至少形成了自己独特的概念体系、认知模式或研究视角。他们的批判，不在于批判本身，而毋宁是为了证明自己的概念体系、认知框架、研究视角、理论模式或研究范式的优越性。在这个意义上，没有实体性的理论建构，就不可能产生真正的学术增量。

然则，面对中国这样后发的文明型国家、超大规模型国家和社会主义政党—国家，任何从事实践哲学和社会科学工作的学者，若想从事创造性的学术研究工作，都面临着极大的挑战。只要对中国独特的政治和社会—历史条件稍有感知，任何学人便不难发现：几乎所有西方实践哲学和社会科学理论，未经反思或不经转化地径直适用于现时中国的道德、政治、法律和社会等问题时，都不免有方枘圆凿之感。不惟如此，中国现代转型的“进行时”，亦为我们进行自主的实践哲学和社会科学理论建构提出了特殊挑战。这种挑战大致体现在两个层面。

其一，遵循现代化（现代转型）基本逻辑进行学理分析和理论建构时，我们会面临着较大的挑战。如果把自由、平等、民主、正义、法治诸现代性价值，与这些价值在当下西方的特定规范性要求及相应的制度和实践形式剥离开来，并将它们视为中国现代转型之“理想图景”的一部分，那么我们就须厘清在转型中国实现这些价值的实践约束条件（政治与社会—历史条件），并基于此建构这些现代性价值在转型中国的独特规范性要求及相应的制度和实践模式。换言之，如果可以确定中国现代转型的大致目标，我们即需从实践哲学和社会科学层面探究实现这个目标的“路线图”，即从转型中国独特的政治与社会—历史条件出发，找到“接榫、吸纳和转化”现代性价值的方向和路径。

其二，基于对现代化（现代转型）本身的反思立场进行理论建构时，会面临更大的挑战。如果我们对现代化本身采取反思立场，并认定中国独特的文明遗产有可能为超越西方现代性理念（当然也包括其制度和实践形态）提供想象空间，那么我们即需从中国的文明遗产中寻找思想资源，探寻可“超越”西方现代性价值的理论模式。我个人愿意为这种“超越”保留想象空间，因此，一直认为“接榫、吸纳、转化乃至超越”现代文明秩序，是中国现代转型的愿景之所系。然而，本书尽管把“接榫、吸纳、转化乃至超越”并提，但实际做的工作主要是第一个层面的工作，即在遵循现代化基本逻辑的前提下，从转型中国独特的政治与社会—历史条件出发，进行介入性的学理分析和实体性的理论建构。这么做，当然受限于我目前的认知能力，但亦包含了我个人对目前某种研究取向的疑虑——我指的是目前很流行的那种中国研究取向，即罔顾实践困境和外界接受力而盲目进行所谓的“理论创新”。依我个人拙见，如果对某种文化或政治认同的理论建构，不能回应现时中国所面临的各种“正当化压力”，那么尽管它们对于特定个体是可欲的，但它终究不可能成为对所有国人而言具有本真性的文化认同。正如我在本书中指出的，认同特别是文化认同，无论是在个体层面还是在共同体层面，其在根本上指向的是个体对“何为善生活”的本真性想象。把上述取向的研究工作做到极致的，便是前述许章润式的“道德—历史主义”。它们多从各种古典思想典籍中寻找资源，因而建构了一种“典籍性的中国认同”，但它们与现时中国现代转型面临的各种“正当化压力”乃至现时中国人的文化记忆、传统中国的历史现实等均无涉。[1]而如果不能建立

[1] 以近些年广为讨论的“天下观”“天下体系”为例，葛兆光已从历史实证主义的视角证明：那种把“天下”与“王道”相联系形成的“王天下”观，“充其量只是古代学者的思想著作，却不是历史中的政治现实”。参见葛兆光：《对“天下的想象”：一个乌托邦想象背后的政治、思想与学术》，载钱永祥主编：《思想 第29辑：动物与社会》，（台湾）联经出版事业股份有限公司2015年版，第92页。

起“典籍性的中国认同”与转型中国的政治与社会—历史情境的可靠关联，我们毋宁更应建设性地厘清我们目前所存在的问题及未来（可能）的发展方向——依我个人鄙见，这才是探究中国作为“旧邦”之“新命”的前提所在。维特根斯坦说：凡无法言说者，应保持沉默。对一切未知保持敬畏，是学术审慎的基本要求。

本书采取的正是这种建设性的研究立场。一方面，它尊重中国在20世纪的实践历史中已然形成的那种“既非复古、亦非西化同时超越苏联模式”的自主现代化道路，即意识形态话语中的中国特色社会主义道路。用学术话语表达，这条道路，即是以社会主义政党—国家的政治架构、文明型国家的历史—文化遗产和超大规模型国家的社会结构，建构兼具现代性和“中国性”的“另类现代性”道路。但另一方面，它还旨在恢复这条道路的现代转型特质，捍卫其现代转型的政治理想和价值理想，并试图为此提供法哲学和政治哲学层面的规范性范导。在这个意义上，它是一种“内在批判”（immanent critique）的研究取径。它同情“新儒家”旨在捍卫中华文化的不可替代性之文化立场，甚至也在一定程度上同情“新左派”旨在捍卫中国道路独特性之政治立场。但它并不直接把这种文化或政治立场作为论说对象，而是主张在隐含或预设这种文化和政治立场的前提下，把它们及相关的研究论题，共同放在现代转型的历史视野与现代社会—政治秩序和法律秩序的运行机理中，予以深度把握。正如我在阐述中国社会科学的自主性时曾指出的，“社会科学自主性的确立绝不仅仅是‘学术为本’的自省自律或自得其乐就可以实现的，亦不仅仅是对‘主体性中国’的自尊自觉或自我宣称即告完成的”；毋宁说，我们更应该站在构建中国现代文教制度、乃至中国现代转型的高度，看待中国社会科学的自主性问题，并以自己实体性的理论建构为这种自主性的确立创造智识条件。[1]

本书的这种建设性立场，与思想界占主导的两种思想立场区分了开来。我们不妨把正处于现代转型中的中国，类比为正处于成长期的叛逆少年。两者的共同特质是，它们都偏离了所谓的主流成长道路或发展模式，但由于仍处于未定型的成长状态，未来发展空间其实具有无限的可能性。这样，我们便可以把家长面对孩子的教育模式，与学者面对转型中国的思想立场进行对照。鲁迅曾揭示了“溺爱型”和“棒喝型”教育模式导致的后果：

> “中国中流的家庭，教孩子大抵只有两种法。其一，是任其跋扈，一点也不管，骂人固可，打人亦无不可，在门内或门前是暴主，是霸王，但到外面，便如失了网的蜘蛛一般，立刻毫无能力。其二，是终日给以冷遇或呵斥，甚而至于打扑，使他畏葸退缩，仿佛一个奴才，一个傀儡，然而父母却美其名曰‘听话’，自以为是教育的成功，待到放他到外面来，则如暂出樊笼的小禽，他决不会飞鸣，也不会跳跃。”[2]

事实上，面对正处于现代转型的中国，论者亦极易形成“溺爱型”和“棒喝型”的思想立场。所谓新左派和自由主义的对峙，大致即为这种立场的分野：如果说，前者的“溺爱”在根本上放弃了理论对实践的规范性范导，那么后者的“棒喝”则以特定的理论视野限定了未来中国发展的探索空间。换言之，如果说前者在很大程度上使我们遗忘了自我

[1] 参见拙文：《中国社会科学的自主性：邓正来先生的终身关怀及其思想与实践》，载《中国农业大学学报》（社会科学版）2013 年第 2 期。

[2] 鲁迅：《上海的儿童》，载《鲁迅杂文精选集》，云南人民出版社 2013 年版，第 137—138 页。

转圜的反思性，那么后者则在很大程度上使我们丧失了自我创造的想象力——而开创兼具现代性与中国性的‘另类现代性’道路之关键，恰恰是要兼具反思性和想象力。显然，它们要么因秉持一种封闭的“中国特殊论”（Chinese exceptionalism）而放弃了中国现代转型的政治理想和价值理想，要么因采取一种去情境化的普遍主义（decontextualized universalism）立场而遮蔽了中国现代转型的结构化情境（实践约束条件）及赖此为基的想象空间，都不是面对转型中国的稳健立场。就像“溺爱型”和“棒喝型”的教育模式，不能成就一个健全的个体人格一样，“溺爱型”和“棒喝型”的思想立场，亦不会成就一个独立且受人尊重的国家人格，从而势必会严重制约中国以自己的“理想图景”贡献世界的可能性。

那么，我们有没有第三条道路？就像在“溺爱”和“棒喝”的教育模式之外，还有更为稳健和谦卑的“劝导”模式一样，面对正处于现代转型的中国，我们同样可采取一种中道而不失建设性的思想立场。这种立场，就是“公共法哲学”采取的“劝导性的中道理性立场”：充分意识到中国现代转型的实践约束条件（结构化情境），同时又坚定地捍卫其现代转型的未竟理想，即贯穿于百年中国的现代化进程中，为建国者所承诺并为《宪法》《党章》及政治纲领（如社会主义核心价值观）所确认的那些“仍待兑现的承诺”。[1] 我们既不必为既存的实践困境做无谓的理论辩护，甚至也不必预先设定任何达致目标的特定发展模式，但通过实践约束条件与政治理想 / 价值理想之间交互比勘所达致的“反思性平衡”，却可以大致廓清我们实现理想的独特路径。如果说，听任实

[1] 我的这种学术立场，受到了晚年霍克海默及哈贝马斯“内在批判”立场的启发。我曾把这种立场概括为有别于激进左派的“理性左派”——此处的“左派”取西方语境中的“左派”含义。请参见拙著：《合法律性与合道德性之间：哈贝马斯商谈合法化理论研究》，复旦大学出版社 2012 年版，第 11 页（注②）、第 16 页（序言）。

践病态肆虐的“溺爱”，是一种放弃德性追求的“德性的自宫”，那么以有限的经验面对无限成长（发展）可能性的“棒喝”，则是一种僭越理性界限的“理性的自负”（借用哈耶克的一个书名）——它们在实质上都是一种智性的懒惰。“德性即知识”（苏格拉底语），因此，无论是面对个体的成长还是国家的发展，要想培育其向善的潜能，必须秉承道德立场，运用智性发掘并据有导向“良序社会”（well-ordered society）甚或“良善社会”（good society）的各种知识。智性意味着有节制而能动地运用人的理性，既需对哈耶克意义上“理性不及的”（non-rational）知识保持必要的敬畏，亦要对理性范围的知识具备能动的创造性。显然，惟有秉持“劝导性的中道理性”立场，我们始能在保持德性追求、持守理性界限的前提下，积极而又能动地运用人的智性。换言之，它可以把我们对德性的信念感、对理性的界限感与智性的能动性恰当结合起来，因而是一种中道而不失建设性的学术立场。这种学术立场所预设的，既不是自由主义论者惯于采用的“向假定处思考”的思路，亦不是新左派实际上采用的“向给定处妥协”的思路，而是一种“在给定处着力”[1]的建设性思路。它主张把中国现代转型承诺的政治理想和价值理想作为范导实践的规范性空间，从转型中国政治与社会—历史的给定条件入手，探索其实现现代转型的发展路径。因此，它既可以避免“向假定处思考”势必带来的“理性的自负”，亦可以避免“向给定处妥协”必然导致的“德性的自宫”。如果说，李泽厚所倡导的“不泥国粹，不做洋奴，努力原创”[2]，彰显了一种于“中西古今”之间砥砺前行的学术品格，那么公共法哲学不但力图践习这种品格，抑且追求一种于左右对

[1] 此处“在给定处着力”的表述，借自于范仄。参见范仄：《政治性重建与陌生社会熟人化》，http://www.dtsxw.org/2013/0731/2131.shtml，最后访问时间：2018 年 3 月 10 日。

[2] 参见李泽厚：《实用理性与乐感文化》（修订本），生活 · 读书 · 新知三联书店 2008 年版，第 296 页。

峙中独立探索的思想立场——我们姑且称之为“不师新左，不法老右，自主求索”[1]。

四、超越犬儒主义与直觉主义

如果我的观察不错，继20世纪90年代的“思想退隐，学问凸显”之后，我们似乎已进入“学问退隐，策论凸显”之颓势愈发显明的时代。这种颓势在很大程度上是“犬儒主义”在学术界的表现。很多论者对政治的关心是将政治问题“治理化”，进而再将“治理”问题技术化。然则，我们不仅要关心政治治理术意义的政治，更要关切大写的政治，即作为政治共同体集体目标的政治理想和价值理想。余英时先生曾说，他对政治只有“遥远的兴趣”。如果此处的“政治”是指“权力—政治”逻辑下的政治治理术，我亦复仅有“遥远的兴趣”；但如果它是指“伦理—政治”特别是“道德—政治”意义上的政治理想，我则抱有深切的兴趣。依我个人鄙见，我们尤应将所有针对社会世界的言说，视为康德意义上“理性之公共运用”的典型方式。不同于“理性之私人运用”，“理性之公共运用”既需守护政治共同体的价值理想，亦需遵循公共性和可证成性——即公共证成——的运行法则。借用康德的话说，其言说其实是学者“作为整个共同体的、乃至作为世界公民社会的成员”面向无限时空的读者言说，其理性之运用是“任何人作为学者在全部听众面前所能做出的

[1] 此处“新左”“老右”的表达，仅出于对仗工整之考虑，而不包含任何显分轩轾的价值判断。

那种运用”。[1]

如果说，犬儒主义是笼罩在学术场域（学术界）的一片乌云，那么直觉主义则是飘荡在公共领域（思想界）的一个幽灵。直觉主义原本是道德或伦理规范的证成方式，并最终体现为一种道德哲学理论模式；它认为，道德直觉对道德规范和道德原则的把握，较之人的理性更可靠，亦更基础。但此处所谓的直觉主义，具有更为宽泛的含义：它是指排他性地诉诸某种类型的直觉言说公共事务的取向。因此，它既包括基于道德直觉的直觉主义，亦包括基于伦理直觉和政治（或实用性）直觉的直觉主义。如果借用哈贝马斯的“实践理性多态论”，它们大致与现代社会实践理性的三种表现形式——道德理性（实践理性的道德运用）、伦理理性（实践理性的伦理运用）和实用理性（实践理性的实用运用）[2]——一一对应起来。换言之，它们分别把实践理性排他性地还原为道德理性、伦理理性和实用理性。以自由主义为代表的规范性政治哲学（特别是将康德式的道德哲学径直转化为政治哲学论说的自由主义，很大程度上包括罗尔斯、德沃金、诺奇克等的自由主义学说），以古典政治哲学为依托的施特劳斯主义、以黑格尔法权学说为理论渊源的共同体主义 / 社群主义，与以功利主义、实用主义等为底色的政治现实主义［包括功利主义或后果主义的政治哲学、卡尔·施米特的政治法学、合理选择理论（theory of rational choice）等］，即大致分别将实践理性排他性地还原为道德理性、伦理理性和实用理性——由于在很大程度上放弃了对任何形式（语义学或语用学上的）道德普遍主义的追求，伦理理性和实用理性常常会相安无事地形成相互倚重、互为支援的关

[1] 参见［德］康德：《答复这个问题：“什么是启蒙运动？”》，载氏著：《历史理性批判文集》，何兆武译，商务印书馆 1990 年版，第 26 页。

[2] J. Habermas, *Justification and Application: Remarks on Discourse Ethics*, trans. Ciaran Cronin (Cambrige, Mass: MIT Press, 1993), pp.1-17.

系，这在施米特主义本身及其与施特劳斯主义的暧昧关系中，特别是现时中国新左派、新儒家、施特劳斯学派互相支援、相互转化中，表现得尤为突出。然而，正如哈贝马斯明确指出的，政治社会不能被排他性地还原为道德世界、伦理世界或实用世界。毋宁说，三者的结合加上受实践理性制约的必要妥协，才符合与现代复杂社会相适应的政治世界的运行机理。[1]

前文已指出，自由主义、新左派和新儒家，即分别立基于社会政治秩序（法律秩序）具有正当性的道德直觉、具有目的合理性的政治直觉和具有可欲性的伦理直觉之上。事实上，它们之所以成为当下思想界最主要的三种思潮，与当下中国存在的民粹主义之风有着内在关联——我把当下盛行的民粹主义称为“基于直觉主义的民粹主义”（populism based on intuitionalism）。那些将西方浪漫化的社会成员，将当下存在的各种社会问题从道德直觉上归结为对世界主流文明秩序的背离，从而为自由主义提供了思想市场；那些把“前三十年”浪漫化的社会成员，将当下严重的社会正义等问题从政治直觉上归谬为对社会主义传统的偏离，从而为新左派提供了社会心理基础；那些将古典传统浪漫化的社会成员，将当下严重的道德和信仰危机从伦理直觉上归咎为对古典传统的背弃，从而为新儒家提供了社会舆论环境。这种“基于直觉主义的民粹主义”，与思想界盛行的文化思潮交相辉映、互为支援，不但使直觉主义和非理性主义蔚为公共言说中的主流取向，抑且因斗争哲学的根深蒂固而使不同的立场彼此攻讦、寸步不让，从而显现出把中国社会（包括思想界）完全撕裂的危险。

从学理上看，当下“基于直觉主义的民粹主义”的形成，与意识结构的现代转型带来的“后习俗的道德意识结构”有着根本的关联。由于

[1] 详见本书第七章的相关论述。

个体获得了生活世界的自主地位，加之自由、平等、民主等各种普遍主义道德原则已进入社会成员的道德意识中，人们事实上获得了在以生活世界为背景的公共领域中的“自我立法”地位，因此不但对自己的道德直觉，抑且对自己的政治直觉和伦理直觉，有了前所未有的信心，乃至基于这种自信的偏执。而这种民粹主义之所以能演化为席卷全社会的非理性风气，则与我们仍未能建构起“后革命时代”的常态化政治秩序有着内在关联：斗争观念的积重难返，及相应的公共理性的历史性缺失和制度化缺位，使得人们仍习惯于依靠简单粗暴的强力支配而非温良恭让的理性对话，来解决彼此间的认识分歧。哈贝马斯的“康德式共和主义”及其他诸多共和主义论者的研究已表明：不经由公共自主实践形成的“学习过程”，社会成员不可能以公民角色习得主体间性的“共享”视角，也就不可能不断调整和限制自己自我中心的视角。换言之，公共自主的实践，可以使公民不断践习康德—哈贝马斯意义上的“理性之公共运用”，从而培育与良序社会甚或良善社会相适应的理性品质、换位思考、对话精神、寻求共识、规则意识等公民美德。“志忍私然后能公，行忍情性然后能修。”[1]在现代条件下，惟有公共自主之实践，始能确保人们“忍私”“忍情性”，从而培养与良序社会乃至良善社会相适应的公民美德。

可见，无论是超越犬儒主义，还是克服直觉主义，其实都需要诉诸“理性之公共运用”。不过，前者指向了学者的自律；后者对学者而言是一种自律，但对普通社会成员而言，则指向了社会的建制化需要。在这个意义上，我们可以把实践哲学（乃至社会科学）的学术研究视为某种个人修为过程，其核心在于要使之成为“言公之学”。要达到这一点，借用朱熹乐于采用的术语，我们既要以具有公共性和普遍性的

[1]《荀子·儒效第八》。

“道心”超克源于个体自然欲望的“人心”，又要在现代条件下“居敬穷理”“格物致知”，获取对实践秩序所蕴含之“法理”的理性认识。所谓“人心惟危，道心惟微；惟精惟一，允执厥中”的古训，我们更应在现代条件下重新体会朱子的诠释和教诲：“人心则危而易陷，道心则微而难著。”“惟精是致知，惟一是力行，不可偏废。”如此，“从道心而不从人心”，始能“允执厥中”。[1]

公共法哲学之为公共法哲学，正因为它不但在学术研究中以“理性之公共运用”自我期许和自我要求，抑且把“理性之公共运用”视为顺应“公意政治”合法化机理、回应实践困境的建制化要求。换言之，公共法哲学同意朱子“以理制欲”（或康德以“意志”克服“任意”）所体现的道德认知主义取向，但主张借鉴哈贝马斯等关于现代意识结构之特质、现代政治和法律合法化之原理的认识，认为据以“制欲”之“理”应由公共证成——而非独白式的“道德唯我论”——确立起来：在现代条件下，“以公证理”应成为“以理制欲”的前提。

* * *

关于“公共法哲学”的研究，无疑是一项颇具挑战性的工作，但却包含着我个人近乎“明知不可为而为之”的信念。在向一些学友讲述我的研究构想时，他们几乎无一不投来怀疑的目光，并善意地规劝我放弃这种“宏大”“空玄”的理论抱负，而转向那些更易获得体制内各种知识规划项目支持的社会科学研究工作。我相信，这也会

[1]《朱子语类卷·七十八·尚书一》。

是部分读者的感觉。且不论这种“知识规划”的是与非，是谁规定只能采用社会科学的方法言说社会世界的问题？若有人认为诸如定量、定性之类的社会科学方法，可以充分把握现代社会世界的复杂性，甚且认为只能采用这种方法来把握，恕敝人愚执，期期以为不可。哈贝马斯曾指出：

“对政治理论采取的显明规范主义（及隐蔽的观念论）立场，认为应当优先进行概念分析；而从社会学视角对这种立场提出的有节制之保留意见，则提供了有益的矫正。但若是在淑世主义的（melioristic）意义上理解这种矫正，就不必定会将这种保留意见扩展为如下的原则性拒斥意见：由于社会的复杂性，规范性理论归于失败。只要同意复杂社会自身仍然能够通过法律和政治的途径反思性地运行，纯粹的规范性考量仍大有可为。”[1]

虽然现代社会已变得愈发复杂，但它仍需本着“淑世主义”的精神使自己不断趋近于良序社会甚或良善社会，其关键便是要通过法律和政治变革举措使社会始终保有反思性，而各种规范性理论正是践行和扩展这种反思性的主要理论依据和思想资源。而且，公共法哲学的研究，并不追求那种“去情境化的”规范性。相反，它寄望通过政治哲学建构与社会—历史分析的深度结合，使规范性理论更具有中国情境的切己性、相关性和介入性。可以说，正是这种基于中国情境的规范性理论之建

[1] J. Habermas, Equal Treatment of Cultures and the Limits of Postmodern Liberalism, Trans. Jeffrey Flynn, *The Journal of Political Philosophy*, Vol. 13, No. 1, 2005: 4.

构，为我们拓展兼具正当性和可欲性的反思性发展空间[1]提供了学理依据。

或许，有人不同意我的上述观点。但学术研究，作为耗费自然生命的智性活动，其实与研究者的价值观或自我认同密不可分，与学者自我建构的那个“意义世界”不可分割。既如此，缘何不能有“虽千万人，吾往矣”的孤往精神？熊十力先生曾语曰：“凡有志于根本学术者，当有孤往精神。”[2]钱钟书先生亦云：“大抵学问是荒江野老屋中二三素心人商量培养之事，朝市之显学必成俗学。”[3]也许，在这个物质主义和消费主义主导的世俗化时代，标榜“素心”“孤往”未免太过于古典和自矜了。但如果它们是特定情境下安守学人本分的必要前提，那么就是值得追求的。事实上，就拙著来说，无论是提倡公共法哲学也好，倡导转型法哲学也罢，抑或对中国语境中法治和正义的结构化情境、规范性基础及反思性空间等进行学理探究，都不是多么高深的理论追求，也不具有多么高尚的学术品格。它们本应是任何关心中国现代性问题且具有思想能力的学人，都极易触及的主张。但认同知识规划逻辑的学人会认为从事“规划外”的学术是一种病，正如“在笼子里出生的鸟认为飞翔是一种病”（佐杜洛夫斯基语）。就像飞翔是鸟的天性一样，追求“独立之精神，自由之思

[1]之所以在“反思性发展空间”前，加上“兼具正当性和可欲性”这样的限定，是因为既有论者要么否弃了这种反思性空间，要么所建构的反思性空间不能兼顾正当性和可欲性。如果说，新左派取向的论者很大程度上放弃了这种反思性空间，那么自由主义取向的论者提供的反思性空间大都弃可欲性而只求正当性，文化保守主义（新儒家）取向的论者则多重可欲性而轻正当性。关于“正当性”和“可欲性”的含义区别以及与法律秩序的关系，详见本书第三章的论述。

[2]熊十力：《尊闻录》，载氏著：《熊十力全集》第一卷，湖北人民出版社2001年版，第579页。

[3]《编委笔谈》，载《钱钟书研究》（第一辑），文学艺术出版社1989年版，第1页。转引自田建民：《诗兴智慧：钱钟书作品风格论》，河北教育出版社1997年版，第140页。

想”（陈寅恪语）亦是学人的本分。因对湮灭本性、泯灭本分的结构化情境已无抵御和反思能力，便把他人的安守本分视为病态；因不事本分成为常态，安本守分始成美德——转型中国关乎道德的诸种乱象，似均可作如是观。

两个多世纪以前，清儒章实斋先生曾尖锐地批判了当时学界的“言私”之风：“呜呼！世教之衰也，道不足而争于文，则言可得而私矣；实不充而争于名，则文可得而矜矣。言可得而私，文可得而矜，则争心起而道术裂矣。”[1]比照时下的知识界，不但“道不足而争于文”“实不充而争于名”之风已然兴起，“言可得而私”之“私”似乎亦已为“著书都为稻粱谋”（龚自珍语）之“私”全面渗透：“君看随阳雁，各有稻粱谋”（杜甫语），乃至“不偏不倚的研究让位于豢养的文丐的争斗，公正无私的科学探讨让位于辩护士的坏心恶意”（马克思语），似可谓当下学界“言私”之风的生动写照。由是观之，无论是“学问淡出，策论凸显”之颓势的显现，抑或更严重的学术惨遭政治、市场和传媒之三重裹挟，均可视为“言私”之风沉渣泛起的表征。本书所提倡的公共法哲学，不但意在抗衡各种“言私”之风，抑且旨在倡导真正的“言公”之学——其之为“公”，既呈现为研究对象上对公共论题的关切，亦体现为价值取向上对公共价值目标的坚定守护、对理性之公共运用的自觉践履。学问本为精神流浪者之志业，是文化具有生命力之表征。作为对实践秩序的哲学思考，实践哲学是社会具有反思性、政治具有想象力的学理基础。在“言私”之风盛行的当下，要坚守学术本分，倡导“言公”之学，素心孤往尤应成为学人自持的首要品格。

我不敢说，拙著一定能发人所未发之高见，但它至少见证了我在学

[1] 章学诚：《文史通义 · 言公篇（中）》。

问道路上砥砺前行之轨迹。现在，我把它呈献给读者诸君，如果它能对您理解转型中国的法律/政治问题有些许助益，我便心满意足了。如果它还能进一步引发您的学思共鸣，那我就更加愉悦了——

苟如此，吾道不孤矣！

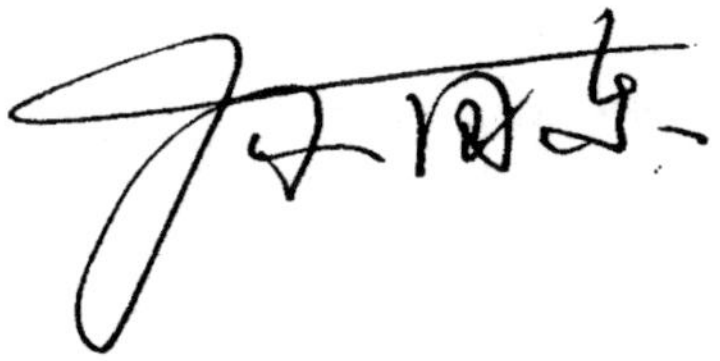

2015年12月30日初稿于美国圣路易斯大学

2016年5月26日二稿于沪北寓所

2017年4月1日三稿于复旦光华楼

2017年6月7日四稿于复旦光华楼

2018年3月5日改定于沪北寓所

导言：公共法哲学与法哲学的“公共转向”*

“法学家并非同时（按道德来说）也是哲学家，他们在这方面受到极大的诱惑，因为他们的职务就是要运用现成的法律，而不是要研究它本身是否需要改良。”

——康德**

本书的研究，其实源于我个人在过去十余年来从事法哲学研究而生的学术疑惑。这些疑惑，大致沿着两个不同方向展开：一方面，是对现实的法律实践的忧虑；另一方面，则是对各种西方理论之于中国情境之可适用性的疑问。

中国为何在建构法治国家和法治社会的道路上面对如此大的挑战？国人为何普遍缺乏规则意识？政府与民间共吁多年的司法改革为何难以取得历史性的突破，甚至还“一步三徘徊”？此类问题的瓶颈，在于法律制度（司法体制）本身吗？还是更具有政治性的立宪体制？抑或某种已然制度化且具有宪制意义的政治惯例？甚或是如某些论者所言的“文化基因”或文化传统使然？如果

**［德］康德：《历史理性批判文集》，何兆武译，商务印书馆1990年版，第133页。

* 本导言的核心部分，首发于《法学评论》2017年第4期；另收入李林、齐延平主编：《中国法理》第3辑，法律出版社2017年版。

瓶颈在法律制度（司法体制）本身，我们应如何完善我们的法律制度（司法体制）？如果瓶颈在立宪体制，我们应如何进一步完善我们的立宪体制？如果瓶颈在某些具有宪制意义的政治惯例，那么我们何以将此类惯例引向助益于法治建构的方向？如果瓶颈在文化基因或文化传统，是何种基因或传统在制约着我们？此类基因可能发生突发性或演化性的变异吗？此类传统可以发生调适性变化吗？何以促进它们的变异或变化？我们究竟应如何从理论上看待上述诸问题？……

为何西方的自然法理念听起来激动人心，但却几乎与我们的法律实践无涉？如果一个国家的现代法律秩序仍待建构，西方在现代法律秩序建构过程中厥功甚伟的自然法理论，是否更具有情境相关性？在现时中国可以开展以实在法为对象的分析实证主义法学研究吗？如果一个国家的实在法体系是高度不完善的，如何开展分析实证主义法学研究？哈特—德沃金关于法律的要素、法律与道德的关系等问题的论战，对我们有何启示和借鉴意义？法律方法论研究对于中国有多大的情境相关性？在中国针对现有法律实践开展社会学法学或法律社会学研究时，如何保有米尔斯（C. Wright Mills）所说的“社会学的想象力”？如何为法律秩序正向的提升保有对整个政治共同体而言兼具正当性和可欲性的反思性发展空间？对中国这样现代法律秩序仍待构建的国家而言，后现代主义法学、“法教义学”乃至“认知法学”等各种时髦的法学理论有多大的情境切己性？社会理论法学特别是卢曼式的（法律）系统理论，对中国这样仍未充分实现社会子系统功能分化的国家适用吗？对中国这样亟待推进“社会基本结构”之正义的国家，我们应如何看待罗尔斯与诺奇克等自由至上主义、桑德尔等社群主义（共同体主义）、德沃金等自由主义左翼内部，关于正义之规范性基础的争论？我们应如何基于中国情境看待哈贝马斯—罗尔斯关于“公共理性 / 理性之公共运用”（如何回归康德传统）的争论？对中国这种亟待凝聚社会共识以收束现代转型的国家而言，哈贝马斯程序主义的法律与民主商谈理论是否更具有情境的切己性？为何中国难以实行罗尔斯式的“政治自由主义”？我们应从罗尔斯正义理论（特别是自由优先性）的建构理据中获得何种启示？为何施米特主义在中国会有那么多学术知音？为何施特劳斯学派在中国拥有全球最大的学术市场？当我们诉求施米特主义和施特劳斯主义时，我们是否仍要确保政治和法律秩序的道德承诺？应当如何确保？新左派、新儒家和自由主义分别仰借的政治现实主义、政治温情主义和政治理想主义等思想资源和理论立场，对于转型中国具有多大的切己性和相关性？我们能否如西方法哲学家和政治哲学家般，自主建构可回应中国情境的法哲学和政治哲学理论？……

一边是枝蔓丛生的实践，一边是眼花缭乱的理论。在理想与现实两端，我们应如何持守？在理念与实存两界，我们当如何栖守？在理论与实践之间，我们该如何关联？

诸如此类的问题，是我十余年来一直苦苦思索的问题，对其中某些问题的思考，甚至到了夜不能寐的程度。业师邓正来先生，在中国知识界率先把对中国法律问题的思考，引向了中国现代性问题——“中西古今问题”——这样的方向，提出了我所谓的“邓正来问题”，即“基于中国文化认同的（法律）理想图景问题”。无疑，他的研究极大地拓展了我的视野，其实亦更加坚定了我对早在硕士阶段即曾拟作为硕士论文论题——“中国法的现代性问题”——的进一步思考。

本书可谓对这一思考成果的阶段性总结。于我而言，如果说对西方理论之可适用性的疑闷，最后转变为了对它们之于中国问题之情境错位的体认，那么对法律实践的忧虑，则转化为了以自主的学理分析和理论建构予以建设性回应的学术自觉。尽管尚有积疑未泮，但我已找到了纾疑解惑的基本立场和思路：守护理想且直面现实，“格义”理念而照应实存，构建理论以范导实践。沿着邓正来开启的思想空间，我试图通过价值理想与实践约束条件之间的“反思性平衡”，依凭更具介入性的学理分析和更有实体性的理论建构，以期把对“邓正来问题”的阐发建立在更为厚实的学理基础之上。本书所谓的“作为转型法哲学的公共法哲学”，便是我目前主张的思想立场和理论模式。如果说，“公共法哲学”表明了我直面（作为公共问题的）中国法律问题、乞援公共参与和公共证成以建构中国现代法律秩序的思想立场，那么，“转型法哲学”则是我把中国现代法律秩序之建构，置于中国现代转型的历史逻辑和时代情境中，推进介入性学理分析和实体性理论建构的理论模式。

在这篇导言中，我拟澄清如下三个问题：公共法哲学与其他法哲学知识形态的关系；推进法哲学之“公共转向”的结构化情境及其学理依据；“作为转型法哲学的公共法哲学”的思想立场和主要研究论题。最后，我将交代本书的结构安排。

一、“公共哲学”与法哲学的四种知识形态

本书试图阐发并呈现一种新的法哲学理论模式，即“作为转型法哲学的公共法哲学”，也即是以“公共哲学”（public philosophy）来定位中国现代转型情境中的法哲学。

在《公共哲学》（1956年）一书中，美国学者李普曼（Walter Lippman）最早提出了“公共哲学”的概念。自那以后，这一概念便很快成为哲学界广为使用的概念。大体来说，论者多在两种不同意义上使用这一概念。狭义上，将其界定为“关于公共性的哲学”（the philosophy *about* publicity），即对“公共性”“公共生活”等给予哲学关怀的哲学取向。在《公共哲学：政治中的道德问题》《民主的不满：美国在寻求一种公共哲学》等论著中，桑德尔（Michael Sandel）正是

在此种意义上使用这一概念的。他把自由主义政治哲学视为“公共哲学”的对立面，认为其缺乏“公共性”或“公共生活”关怀。广义上，将其理解为“具有公共性的哲学”（the philosophy *with* publicity），即把对公共事务（特别是政治事务）进行哲学思考的哲学门类均视为“公共哲学”，实践哲学尤其是政治哲学，是为典型。本书主要在后一种意义上使用。

自从“公共哲学”的概念出现以后，不仅在哲学界产生了较大影响，在社会科学领域亦激发了类似的主张。以社会学为例，《心灵的习性》（*Habits of Heart*）一书主要作者罗伯特·贝拉（Robert · N. Bellah），即明确提出了“作为公共哲学的社会科学”的命题。这一命题的提出，旨在突破社会科学与人文科学之间画地为牢的“铁幕”，“使社会的传统、理想和抱负与当前的现实协调起来”；同时，确保社会科学研究的公共性，即认为社会科学“不只是说它的研究结果是对众人普遍适用的，或者说是对学者圈以外的团体、机构有用处的”，它还“从一开始就把我们的研究设想成同公民朋友进行的有关共同利益问题的交谈、对话”[1]。麦克·布洛维（Michael Burawoy）则系统阐发了“公共社会学”的研究范式、研究取向和研究论题。在此，我拟参照布洛维的分析框架，阐述“公共法哲学”相对于其他法哲学知识形态的特点和优势。

依我个人鄙见，布洛维关于社会学知识形态的“四分法”（专业社会学、政策社会学、批判社会学和公共社会学），同样适用于法哲学。换言之，我们可把“法哲学”区分为四种知识类型：专业法哲学、政策

[1] 参见［美］罗伯特 · N. 贝拉等：《心灵的习性：美国人生活中的个人主义和公共责任》，周穗明等译，中国社会科学出版社 2011 年版，第 400、403 页。

法哲学、批判法哲学和公共法哲学。[1]

所谓“专业法哲学”，主要表现为对法哲学思想或理论的学究化研究，包括对中外法哲学思想史或法哲学原理的研究。在时下的中国法学界，对西方法哲学或中国法律思想史的研究，特别是对法律（法学）方法论、法教义学等的研究，堪称专业法哲学的典型形态。由舒国滢领衔的中国政法大学法理学团队，围绕法律论证理论（法教义学）、法律实证主义和法学方法论的研究，以及由谢晖、葛洪义、陈金钊等所开启的法律方法研究，可谓专业法哲学的典型形态。

所谓“政策法哲学”，乃“为某个目标服务的”法哲学，“它的目标是由一个委托人（client）定义的”。其“存在理由是提供我们所面临的问题的解决方案，或者使我们已经达成的解决方案得以合法化”。在时下的中国法学界，为现存的政法体制或法律实践提供学理论证的法哲学研究，尤其是由各种知识规划项目资助的法哲学研究，堪称政策法哲学的典型。

所谓“批判法哲学”，是对“专业法哲学”的研究基础或理论预设进行批判性检视的法哲学取向。其意在使“专业法哲学”“认识到自身的偏见、（对某些现象的）沉默，从而在替代性的基础上建立新的研究纲领”。在当下的中国法学界，邓正来对“中国法律理想图景”的追问，尤其是对四种法学理论模式（权利本位论、本土资源论、法律文化论和法条主义）的批判，堪为批判法哲学的典范。此处所谓的“批判法哲学”，是就其知识形态来说的，不可与“二战”后在美国兴起的“批判法学”视同一律——后者虽然在知识形态上亦属“批判法哲学”，但其

[1] 下文关于四种法哲学知识形态的阐述，借鉴了布洛维的相关表述和图表。下文的相关引证，参见［美］麦克·布洛维：《麦克·布洛维论文精选：公共社会学》，沈原等译，社会科学文献出版社 2007 年版，第 15—19、30—31 页。此处的引证，根据英文原文对个别翻译进行了调整，见 Michael Burawoy, For Public Sociology, *American Sociological Review*, 2005, Vol. 70 (February) : 4–28。

通常包含着特定的理论旨向，特别是对法律的诸种现代性要素的反思和批判。

所谓“公共法哲学”，则力图恢复法律作为公共治理秩序之本色，且将公共参与和公共证成纳入法律秩序建构过程的法哲学形态。它试图在法哲学家“与公众之间建立起一种对话关系，其中双方的议程都被拿到桌面上来互相调适”。在时下的中国法学界，季卫东的“新程序主义论”、许章润的“汉语法学论”、魏敦友“新三统论法哲学”乃至高全喜的“政治宪法学”等相竞出现，蔚为大观，大致可视为广义上的公共法哲学开始登场的标志。

以上四种法哲学形态，并非互相排拒，而是互为支援、相互转化的。大体来说，政策法哲学、批判法哲学和公共法哲学，均以专业法哲学为基础：后者的理论知识、所定向的问题和概念框架诸方面，构成了前三者的知识前提。每一种法哲学，又都有发展为其他法哲学形态的可能性。譬如，当专业法哲学为更广阔的法律实践进行法哲学辩护时，如对司法改革的政策导向提供法哲学论证，它即具有政策性的维度；当其进行研究论题内部或研究论题之间的学术争鸣时，它即具有批判性的面目；当其将研究发现以一种可接近的方式，呈现于非法律职业的公众面前时，他则具有公共性的维度。专业法哲学和政策法哲学提供的是“工具性知识”（instrumental knowledge），它们或者直面法哲学的知识谜团（专业法哲学），或者解决法律实践问题（政策法哲学）。批判法哲学和公共法哲学提供的则是“反思性知识”（reflective knowledge），其质疑法律实践或法律学术职业的价值前提，关注的是关于目标的对话。这种对话或者发生在学术共同体内部，就某项研究的基础或预设进行对话（批判法哲学）；或者发见于学者与各种公众之间，就法律发展方向进行对话（公共法哲学）。因此，公共法哲学表征着政策法哲学的良知，正如批判法哲学代表着专业法哲学的良知。

我们可以用简明的图表（见表1），来标示四种法哲学知识形态的区别：

表1：四种法哲学知识形态的区别

	学究性的	**非学究性的**
工具性的	专业法哲学	政策法哲学
知识	理论性的	具体的
真理性	一致性	实用性
合法性	科学的规范	有效性
可说明性对象	同行	委托人
政治	专业性的自利	政策干预
病理学	自我指涉 / 封闭性	扈从性
反思性的	批判法哲学	公共法哲学
知识	基础性的	沟通性的
真理性	规范性的	共识
合法性	道德视角	相关性
可说明性对象	批判性知识分子	特定的公众
政治	内部辩论	公共对话
病理学	独断论 / 宗派主义	附庸风尚

就知识基础来说，公共法哲学依赖的知识，是法哲学家与公众很大程度上共享的沟通性知识，这不同于专业法哲学依赖的法哲学理论性知识，政策法哲学应客户期待或要求的具体知识，批判法哲学所依赖的基础性知识。就真理性（truth）来说，公共法哲学的真理倚赖于法哲学家与公众之间的共识，这区别于专业法哲学要谋求相对于学术传统或法律实践的一致性，政策法哲学追求的实用性，批判法哲学诉

诸的规范性基础。就合法性（legitimacy）来说，公共法哲学基于其与公共议题的相关性使自身得以合法化，这迥异于专业法哲学、政策法哲学和批判法哲学的合法化基础，分别是科学规范、政策有效性和特定道德视角。就可说明性（accountability）来说，公共法哲学对具有现代意识的特定公众是可说明的，这区分于专业法哲学、政策法哲学和批判法哲学的可说明对象分别是同行、委托人和超越学科边界的批判性知识分子共同体。每一种法哲学类型，都有自身的“政治”（politics）：公共法哲学将政治理解为民主的对话，专业法哲学试图维护学术的边界和条件，政策法哲学诉诸政策干预，批判法哲学则致力于法哲学学科内部的辩论。

当然，每一种法哲学都要承受各自特有的“病理学”(pathology)：公共法哲学易滋生“附庸风尚”（faddishness）的倾向，即在追求理论普及的过程中，“易于迎合和取悦大众，从而牺牲专业性和批判性的承诺”；它还易于形成某种“智识上的先驱姿态”（intellectual vanguardism），即以居高临下的口吻对公众言说。专业法哲学“在解决那些由我们的研究计划所界定的问题时，很易变得只对一些看似无甚紧要的问题感兴趣。当我们努力捍卫在科学世界中的一席之地时，往往倾向于垄断那些无法理解的知识，从而会导致晦涩的宏大理论或者狭隘的‘方法论主义’的产生。”政策法哲学具有扈从性（servility）倾向，即常常受制于委托人的要求和期待，从而丧失学术的自主性。批判法哲学则易产生独断论（dogmatism）或宗派主义（sectarianism）倾向，即沦为墨守教条的共同体，不再能为专业法哲学提供严肃的学术评鉴，或者不再能为公共法哲学注入任何价值观。

二、法哲学的“公共转向”

本书提倡一种“公共法哲学”，也就是说，它试图倡导法哲学的“公共转向”（public turn）。

一般来说，人文社会科学学术史或思想史上的学术“转向”多有两大特征：[1]

一是非革命性。不同于自然科学领域的“科学革命”，即“范式转移”（paradigm shift），人文社会科学的理论推进或理论创新，多以认知模式的转向体现出来。这种认知模式的转向，一般不具有自然科学领域的革命性。譬如，爱因斯坦的“相对论”对牛顿经典力学的革命，是对整体认知框架或认知平台的全面革新。相形之下，人文社会科学的学术转向多是非革命性的，只提供另一种替代性的认知模式。因此，所谓法哲学的“公共转向”，只是从“公共哲学”视角重新定位法哲学的一种法哲学模式，并不绝然否定其他法哲学认知模式的认知价值。

二是诸领域的聚合推进。人文社会科学领域的学术“转向”，多为诸学科领域共同推进的结果。譬如，全球化话语兴起以后，经济学、社会学、法学、世界史诸领域的协力推进，遂使“全球转向”（global turn）或“国际转向”（the international turn）开始兴起。此处谈及的“公共转向”，目前已发生在哲学、社会学、政治学、经济学诸领域。前述公共哲学在政治哲学中的兴起，公共社会学在社会学中的发轫，都是这种“公共转向”的表征。政治学（尤其是民主理论）中的“审议

[1] 参见章可：《论阿米蒂奇与思想史研究的“国际转向”》，载《史林》2015 年第 3 期。

转向”（deliberative turn）或“论证转向”（argumentative turn），[1]在实质上亦是一种“公共转向”：它们倡导相对于选举民主的“审议民主”（deliberative democracy），即强调公共审议、公共证成在民主决策中的重要性。法国经济学家皮凯蒂（Thomas Piketty）的《21世纪资本论》，之所以在全球范围内轰动一时，亦在很大程度上体现了人们对经济学中“公共转向”的某种期待。有评论认为，皮凯蒂的努力意在“使经济学重返19世纪的‘政治经济学’传统：一个关于权力、正义和财富（含于其中但并非居首位）的学科。政治经济学所关心的问题是政治性的：我们应如何自由组织我们相互依存的经济生活？”[2]因此，皮凯蒂不过是想使经济学摆脱各种“专业经济学”乐此不疲的数理模型，从而恢复经济学服务于公共福祉和社会正义的公共关怀。[3]明乎此，便知法哲学之“公共转向”，并非我闭门造车的臆想，乃是顺应人文社会科学领域已然出现的“公共转向”之时趋的一种理论自觉。

我们至少可以把法哲学的“公共转向”，放在如下与现代性有关的三个“结构化情境”中进行观照。

第一，现代社会“后习俗道德意识结构”的确立，既使社会规范的有效性和正当性开始建立在非强制性共识基础之上，亦为公共参与和公共证成提供了基本的文化条件。

---

[1] See Robert E. *Goodin, Innovating Democracy: Democratic Theory and Practice After the Deliberative Turn* , (New York: Oxford University Press), 2008； Frank Fischer & Herbert Gottweis (eds), *The Argumentative Turn Revisited: Public Policy as Communicative Practice*, (Durham, NC and London: Duke University Press) , 2012.

[2] See Jedediah Purdy on Capital in the Twenty-First Century: To Have and Have Not, *Los Angeles Review of Books*, https://lareviewofbooks.org/review/to-have-and-have-not, 最后访问时间：2018年3月10日。

[3] 皮凯蒂本人对欧美（特别是美国）经济学研究的不满，正体现在“对数理模型的过度沉迷，以及由此引发的和现实世界的脱节”。参见［法］托马斯·皮凯蒂：《21世纪资本论》，巴曙松等译，中信出版社2014年版，第Ⅶ页（译者序）。

所谓“意识结构”，按照哈贝马斯的理解，它大致归属于帕森斯所谓的“文化”和“个性”领域，即某个社会中对其文化再生产和个体社会化具有基础性的直接影响的观念结构；由于社会的整合以文化再生产和个体社会化为中介，这种观念结构又对社会整合有着间接的影响。换言之，它对生活世界三个领域社会功能（文化再生产、社会整合和个体社会化）的实现均有显著的影响。就现代社会的意识结构来说，主体间以语言为媒介形成的互动是其主要的结构方式，而由于法律与道德是协调人际互动之可能冲突的主要手段，“法律和道德标志着互动的主要领域”[1]。同时，由于现代法律的实证化，不但使得理性自然法的诸（普遍主义）原则成为现代法律的一部分，抑且使得现代法律所依凭的诸（普遍主义）原则本身亦开始具有反思性，而这意味着：现代法律不仅是可以人为改变的，其证成方式亦转向了以公共参与达成公共证成的模式：“那些被法律规范影响之人，以原则上自由且平等的契约当事人角色，达成某种非强制性一致。”[2]质言之，它使得现代法律与现代道德分享着同样的意识结构——这种意识结构，即哈贝马斯（通过对科尔伯格个体道德发展理论的“社会进化论转译”）所指称的“后习俗的道德意识结构”[3]，也即是基于原则的、普遍主义的道德意识结构。正如哈贝马斯所言，正因“后习俗道德意识结构”的确立，下列现象成为必要且可能：

[1] J. Habermas, *Communication and Social Evolution of Society*, trans. Thomas McCarthy (Cambridge: Polity Press, 1991), p.99.

[2] See J. Habermas, *The Theory of Communicative Action, Vol.1: Reason and the Rationalization of Society*, trans. Thomas McCarthy (Boston: Beacon Press, 1984), p.261.

[3] 关于哈贝马斯对科尔伯格个体道德发展理论的“社会进化论转译”，可参见拙著：《合法律性与合道德性之间：哈贝马斯商谈合法化理论研究》，复旦大学出版社 2012 年版，第 58—68 页。

> “法律规范在原则上对批判开放且需要证成的观念；行动的规范与行动的原则之间的区别；依据原则创制规范的观念；基于具有规范性约束力的规则达成合理一致的观念（以及第一次使得契约关系之产生具有可能性的契约观）；对法律规范的普遍性与可证成性（justifiability）之间关系的洞察……。”[1]

对现代社会来说，践行上述观念的方式，便是由公共参与达致的公共证成。

第二，从“自然/天理到（理性）意志”政治合法化模式的古今之变，为公共参与和公共证成提供了基本的政治条件。

与意识结构的现代转型相适应，政治秩序的合法化模式，亦经历了从古典时代的“自然/天理”到现代社会的“（理性）意志”的范式转型——其实质含义是：政治统治及其所依凭的社会规范（法律规范和道德规范），其合法性不再能溯源于“基于传统共识的有效性”，而只能乞援“基于合理共识的有效性”，即它是非强制性共识的产物。[2]从政治思想史上看，社会契约论所蕴含的“同意”模式的出现及其全球扩展，使得政治的合法化不再能溯源于自然本体论中的“自然/天理”，而开始转移至个体的“（理性）意志”。[3]

从社会史的角度来看，对西方来说，合法化模式的古今之变，是伴随着“后神学时代”的来临而出现的，即是韦伯—哈贝马斯意义上由文

---

[1] J. Habermas, *The Theory of Communicative Action*, pp.260-261.

[2] 哈贝马斯指出：“法律的实证化、法条化和形式化意味着法律不再可以依靠道德传统的想当然的权威性，而是需要自主的基础”，这一自主的基础则要求“——采用韦伯的术语——基于传统共识的有效性为基于合理共识的有效性所替代”。See J. Habermas, *The Theory of Communicative Action, Vol.1*, pp.260, 261.

[3] 正如哈贝马斯指出的，在现代社会，主要由于卢梭、康德等思想家的贡献，“理性的形式化原则在实践问题中取代了诸如自然或上帝这样的实质性原则”。See J. Habermas, *Communication and Social Evolution of Society*, pp.183-184.

化合理化（rationalization）到社会合理化进程的产物，实质上伴随着文艺复兴、宗教改革、启蒙运动（特别是卢梭、康德等理性自然法论者的历史性贡献）、资产阶级革命等一系列文化、社会和政治事件确立起来。对中国来说，合法化模式的历史转向，是伴随着清季民初“后经学时代”的来临而出现的，即是以“天理”为核心的世界观、以定于一尊的经学为基础的共享价值观开始崩塌的产物——它在实质上是西方合理化进程在中国的变异性表现。从晚清以来的历史趋向来看，尽管它曾经一度呈现为汪晖所谓的从“天理世界观”到“公理世界观”的文化转型[1]，但随着中国式“反思性现代化”道路（即可谓之“既非复古、亦非西化同时超越苏联模式”的自主现代化道路）的确立，它在实质上体现为我所谓的从“天理世界观”到“法理世界观”的文化转型。与“天理世界观”相比，“法理世界观”的要义至少在于如下两点：其一，实在法具有“不可随意支配性”的观念，也即是确认“规则之治”在现代中国的正当性；其二，逐渐形成某种“后习俗的道德意识”，也即是基于原则的、普遍主义的道德，并以最低限的公共参与、公共证成确保社会规范（法律规范和道德规范）的正当性与社会—政治秩序的合法性。

无论是在西方还是中国，经由从“自然／天理到（理性）意志”的

[1] 汪晖曾以“从天理世界观到公理世界观”的文化转型，把握清季民初的文化转向，并试图以此批判“公理世界观”所预设的科学主义取向。他认为，“作为一个道德／政治共同体的普遍价值观，天理构成了‘前西方’时代中国的道德实践、文化认同和政治合法性的关键概念，而以此为核心的世界观的解体意味着在漫长时代里形成的道德／政治共同体及其认同感正在面临危机；作为这一解体的结果的公理／科学世界观的产生标志着原有的认同形态已经难以为继”。（参见汪晖：《现代中国思想的兴起 上卷 第一部 理与物》，生活·读书·新知三联书店2008年版，第47页）。依我个人鄙见，“公理”其实预设了一种不受文化范导的普遍主义现代化观念，特别是将西方现代性的制度和实践（而不单是现代性价值）视为放之四海而皆准之“公理”的所谓“普世价值论”，既不符合中国作为“文明型国家”和“超大规模型国家”的社会—历史情境，亦在实际上为中国后来在实践中确立的自主现代化道路所超越。

古今之变，个体意义上的人获得了空前的自主地位，其理性意志的聚合（即基于共识的公意）成为政治合法化的根本来源——换言之，形成了“公意政治”的合法化模式。福山对这种合法化模式有过较为深入的论述：

> “国家的权威不是源自古老的传统或阴暗深沉的宗教信仰，而是公共辩论的结果，在这种公共辩论中，国家公民彼此同意在某些明确的条款下共同生活。因此，这种国家权威代表着理性的自我意识，因为人类作为一个社会第一次意识到他们自己的真正本性，并且能够型塑一个符合这些本性的政治共同体。”[1]

最能体现这种政治合法化模式的，便是发源于卢梭社会契约论的“公意政治”模式。尽管卢梭本人的公意思想（特别是以公意为据强迫个人自由的思想）聚讼纷纭，但公意政治作为现代民主政治的基本范型，却构成了现代国家的政治合法化基础。如果我们把形成公意视为民主政治可无限接近的政治理想，而不是视为对现实的民主政治实践的描绘，那么现代国家的政治合法化所依赖的正是“公意政治”。

第三，大众（文化）时代的到来，为公共参与和公共证成提供了基本的社会条件。

现代社会在20世纪最大的演化趋向之一，是“大众社会”（mass society）的历史性出现。自德国社会学家卡尔·曼海姆（Karl Mannheim）1935年率先提出“大众社会”的概念以来，论者常常赋予它负面的含义，即社会成员拥有闲暇，但彼此隔绝、对政治冷漠的社会——法国社会心理学家勒庞（Gustave Le Bon）所谓的“乌合之众”，便是对现代

[1]［美］福山：《历史的终结与最后的人》，陈高华译，广西师范大学出版社2014年版，第216页。

大众社会群体状况的描绘。然而，现代法律秩序及赖此为基的社会政治秩序之运行（特别是其合法化），却内在地要求大众作为公众或公民的公共参与——借用哈贝马斯的说法，大众不能仅仅是“文化消费的公众”，还应成为“文化批判的公众”。

上文关于意识结构和合法化模式历史转型的论述，已从纵向的历史视角表明了公共参与和公共证成的必要性。在此，我拟再从横向的政治视角，即从现代复杂社会法律秩序（政治秩序）的合法化机理入手，稍作申论。正如哈贝马斯指出的，现代法律要求法律的普遍性和真理性，即正当性（Richtigkeit）；但在现代法律秩序的运行中，两者（特别是后者）的获致端赖于公众的公共参与。

> “一方面，从严格意义上说，惟有当社会作为私人领域完好无损的自主，有可能将特殊的利益从立法质料（the legislative material）中排除出去，并将规范性规章限制在利益妥协的一般性条件时，法律的普遍性始能获得保障。另一方面，惟有当（在议会中被提升为国家机关的）公共领域，有可能通过公共讨论从一般利益中发现何者在实践中必要时，法律的‘真理性’始能获得保障。”[1]

从政治哲学和法哲学上看，如果说社会成员作为公民的“同意”所达致的“人民出场”，是现代法律秩序和政治秩序合法性的基础，那么由选举民主形成的人民的“周期性出场”，并不能充分确保这种合法性：它不能解决阿伦特所说的“持续同意”（ever-renewed consent）问题，

[1] J. Habermas, *The Structural Transformation of the Public Sphere*, trans. T. Burger & F. Lawrence, (Cambridge, MA: MIT Press, 1989), p.178. 此处“(在议会中被提升为国家机关的）公共领域”，系对原文的直译。从哈贝马斯思想成熟时期关于“围攻论”商谈民主理论的论述来看，此处表述有不确之嫌。更准确的说法，应该是“(在议会中影响政治审议的）公共领域”。

即在两次选举周期之间国家权力常规运行时的合法化问题，特别是不能解决哈贝马斯所说的“合法化延搁”（deferment of legitimation）问题，即由现代行政系统及时、自主、高效运行所导致的“合法化赤字”。惟有人民的“常态性出场”，即阿伦特—哈贝马斯意义上由公共领域的公共讨论或公共商谈所形成的“沟通权力”（communicative power），始能积极且有效地回应“持续同意”问题，特别是“合法化延搁”问题，从而使现代法律秩序和政治秩序具备深厚的合法性基础。

与“大众社会”相伴而生的，是大众（文化）时代的到来。20世纪以来，特别是“二战”以后，至少有如下三个社会条件的结构性变化，推动着我们迈入大众（文化）时代。其一，教育特别是高等教育的普及，使得携带文化资本的劳动者逐渐成为社会成员的主体；其二，发生在西方的“六十年代革命”及同期的中国“文化大革命”，尽管基于两种不同的世界体系和意识形态基础，但却极大地促进了中西方社会结构的扁平化[1]；其三，信息时代（特别是互联网时代）的到来，既极大地促进了信息/知识的个体化、分散化，又使得个体化、分散化的信息/知识具有了协作、共享的必要性和可能性。这种社会条件的结构性变化，从根本上消解了知识阶层对知识的垄断。如果说，哈耶克所说的“分立的个人知识”主要具有规范性的意义，那么随着大众（文化）时代特别是互联网时代的到来，它已成为活生生的现实。从利奥塔对“元话语”解体的阐释及“知识分子已死”命题，到鲍曼对知识分子角色转变（从“立法者”到“阐释者”）的把握，再到贝克对（相对于“科学理性”的）“社会理性”的凸显，诸如此类的社会理论洞见均指涉了大众（文化）时代知识的个体化、分散化趋向，及知识阶层作为知识权威

[1] 参见刘小枫：《西方现代性中的“文化革命”》，载氏著：《拣尽寒枝》，华夏出版社2007年版，第37—52页。

的式微甚或解体。相应地，这种社会条件的结构性变化，亦为公共参与和公共证成的现实进行，提供了基本的社会条件：知识水平的提高、社会结构的扁平化（知识阶层权威地位的消解）和社会协作的现实需要，分别为社会成员作为公民的公共参与和公共证成，提供了能力前提、社会结构条件和动机基础。

如果说意识结构和合法化模式的历史转型，为公共参与和公共证成提供了必要性，那么大众（文化）时代的到来，则为其提供了现实的可能性。三者一道，使得公共参与和公共证成，对于现代社会规范性共识的获致来说，不但具有了不可或缺的紧迫性，抑且具备了施之可行的现实条件。毋庸讳言，以上三个历史转型和社会演化趋势，均体现了现代化的普适性逻辑，是任何全面推进现代化建设的社会都会形成且固化的结构化情境。

对转型中国来说，我们还面临着独特的情境。这尤其体现在：现代法律秩序的确立在中国现代转型中居于核心地位，而它尤其需要公共参与和公共证成始能确保其合法性。

现代社会的治理有一个基本的特征：现代社会形成了一个德沃金意义上的“法律帝国”，社会—政治秩序是以法律秩序为基础而形成的。在现代社会，不仅政治秩序建立在法律秩序中最具政治性的宪制秩序基础之上，包括社会组织秩序（社会交往秩序）、企业组织秩序（经济交往秩序）乃至家庭秩序等在内的广义社会秩序，亦主要受到了民法、刑法、经济法、婚姻家庭法等部门法的调整和规范，以相应的法律秩序为基础而建立起来。从另一方面来看，国家能力的建设、民主政治的发展和社会正义的推进等中国现代国家建设的根本议程，均应建立在法治基础上：法治是国家能力建设、民主政治建设和推进社会正义的托底性的制度安排。在这个意义上，以法治为基础，推进国家能力建设、民主政治发展和社会正义，是中国现代国家建设的主要课题；换言之，实现法治、进行国家能力建设、促进民主政治、推进社会正义，堪称中国现代国家建设的四大根本议程。

正如我在本书第四章指出的，中国现代法律秩序的建构，有两大共时性的历史课题：确保法律秩序的合法性和法律运行的自主性。然而，由于法律秩序合法性的取得，关涉法律秩序从无到有的确立和自下而上的认同（自上而下的实施效果），它在时序和功能上均具有优先性。进而言之，法律秩序的合法性，既包括法律的“语义合法性”，即法律规范之内容的合法性，也即是要确保法律内容的合道德性与合伦理性；亦包括其“语用合法性”，即立法的程序普遍性，也即是要确保法律“承受者”与法律“创制者”的同一性——它指向了程序性的合道德性（程序性的道德普遍主义）。其中，前者涉及“立教”问题，即建构何种文化认同及相应的核心价值体系的问题；后者关涉“立宪”问题，即以何种宪制架构凝聚社会共识（包括道德共识和伦理共识）的问题。由于现代意识结构下法律规范之语义合法性（合道德性和合伦理性）是主体间“非强制性共识”的产物，立法的程序普遍性具有更为基础的地位。在现代社会，立法的程序普遍性主要是通过社会成员作为公民的公共参与和公共证成获致的。是故，公共参与和公共证成对于确保中国现代法律秩序的合法性，至关紧要、不可或缺。[1]

---

[1] 如果考虑到中国有“私”的传统，那么公共参与和公共证成对于确保中国现代法律秩序的合法性来说，更显迫切。自梁启超“新民说”提出以来，中国人“一涉公字，其事立败”“公共心之缺乏”“自治力之欠阙”等毛病，已为陈独秀、晏阳初、梁漱溟、陈寅恪、林语堂、鲁迅、潘光旦、费孝通等诸多论者广为讨论和阐发。与之相关的问题是：为什么中国有“崇公抑私”的人文传统，社会上还会“缺乏公德”？较具代表性的解释，是刘泽华、刘中建、金耀基等论者所持的“公私两无论”：公与私之间本应该是既有区分又有联系，既对立又互相依存的关系；但中国传统公私观念，却没有注意到两者之间的辩证关系，绝对化地肯定了“公”，排斥了“私”，最终导致“公私两无”。梁漱溟的“伦理本位说”，提供了更为情境化的解释：中国“崇公抑私”的传统，是与传统中国伦理本位的社会结构相适应的；（转下页）

三、“作为转型法哲学的公共法哲学”：思想立场与研究论题

“公共法哲学”秉持怎样的思想立场？对此，我们可以通过“公共法哲学”对“公共”的理解，来展现其思想立场。“公共法哲学”之为“公共”，主要体现在如下两个方面：

其一，它把法律秩序理解为特定时空的公共治理秩序。就法律来说，其公共性不但是相对整个世界而言的，抑且是相对特定时空的法律共同体来说的。它是普遍主义与情境主义的结合，既在一定程度上体现了法律秩序的世界“公理”，亦体现了承载着特定时空之文化认同的“法理”话语。换言之，其“公共性”既指涉超越政治共同体的“（道德）公共性”，亦指向政治共同体内部的“（文化）共同性”。正是这种“（道德）公共性”和“（文化）共同性”的合二为一，使得法律秩序具有了深厚的政治哲学基础：它既具有道德担当，体现了对政治共同体乃至人类共同体正义事业（社会正义乃至全球正义）的承诺；亦具有伦理担当，体现了对政治共同体共同善（文化认同）的追求。

（接上页）所谓“缺乏公德”，不是中国人的固有毛病，只是难以适应近代以来民族之间竞争亟需凝聚公德之时代要求的表现，即所谓“逢到今天急切需要国家意识团体行动，而他（中国人）偏偏不会，且狃于积习，惰性难改而已。”（相关分析，可参见廉如鉴：《“崇公抑私”与“缺乏公德”：中国人行为文化的一个悖论》，载《江苏社会科学》2015 年第 2 期）。陈弱水关于中西文化中“公”之含义的辨析，则从另一个视角解释了“崇公抑私”的中国文化为何还“缺乏公德”：与西方乃至日本相比，尽管传统中国有道德意味很强的公共生活观，但缺乏清晰可辨的领域观念。“相对而言，西方和日本历史上的‘公’，都颇有场域的涵义，虽然两者在实质内容上有差别。缺乏明确的公共领域意识的一个后果是，社会上对何事为公，何事为私，认识相当模糊，即使法律上作了规定，也常得不到严肃对待。”（陈弱水：《公共意识与中国文化》，新星出版社 2006 年版，第 29 页）。

其二，更为重要的是，它主张法律秩序的建构（立法过程）应为公共参与和公共证成保留充分的程序化空间——换言之，它主张以政治共同体内部的公共参与和公共证成，实现法律秩序的道德担当（合道德性）和伦理担当（合伦理性）。把公共参与和公共证成纳入法哲学的研究视野，是公共法哲学区别于各种专业法哲学和政策法哲学的主要标志。一般来说，专业法哲学多以法律的自主性为基本预设，认为“法律职业共同体”自主的法律理性是法律秩序建构的（排他性）依托。相反，政策法哲学则多超越了基于法律职业化的法律自主性逻辑，但（至少在客观上）将法律视为政治统治的工具。公共法哲学反对法律秩序的建构过程为“法律人共同体”所垄断，而主张这一建构过程要向公民的公共参与和公共证成开放；它同时主张法律秩序的运行应遵循法律自主性的逻辑，尊重法律职业化运行的规范。换言之，它认可卢曼式法律系统理论和托依布纳式法律自创生理论的一个著名命题：法律是“运行闭合但认知开放的”系统，但明确主张将法律的“认知开放”适用于立法过程，同时将其“运行闭合”运用于司法过程。

然而，如果没有与之相适应的介入性学理分析和实体性理论建构，一种思想立场只能是一种有立场、无学理的意见表达甚或意识形态。为避免这一点，我们必须为公共法哲学找到可承载其思想立场的学理基础——我力图探寻的学理基础，是“作为转型法哲学的公共法哲学”的理论模式。

之所以主张以“转型法哲学”的理论模式，承载公共法哲学的思想立场，有一个根本的出发点：法律秩序的现代转型（现代法律秩序的建构）是中国现代转型的核心——法律秩序既是中国现代社会政治秩序的基础，亦是中国社会政治秩序之现代转型的根本保障。如果对此有深刻的体认，我们便不难得出这样的结论：惟有把法哲学的建构纳入中国现代转型的历史视野中予以观照，我们始能在中国情境中切实推进公共法哲学的介入性学理分析和实体性理论建构。如果说，法哲学不过是对科勒—庞德意义上“特定时空之文明的法律先决条件”的阐释，那么“现代转型”便限定了中国法哲学所依托的根本时空条件。因此，对现代转型的问题意识，既是中国法哲学研究之情境自觉的基本要求，亦是增强法哲学研究之介入性的内在要求。一旦对“现代转型”具有充分的问题意识，我们便可以深入把握中国现代法律秩序之建构所赖以为基的各种要素，特别是（法律）现代性的普遍性要求与“中国性”的特殊范导空间，从而推进转型法哲学的实体性理论建构。

择其大端，“作为转型法哲学的公共法哲学”，至少包括如下研究论题：

第一，对中国现代转型的历史逻辑进行实践哲学（法哲学）阐释。一个颇具挑战性的思考方向，是综合运用现代法哲学、政治哲学、社会理论等理论知识及中国（法律）思想史、中国社会史、中国法制史等认识成果，对中国晚清（乃至宋明以来）现代转型的历史逻辑，进行实践哲学（法哲学）阐释。无论是魏敦友提出的“从天理世界观到法学世界观”，还是我提出的“从天理世界观到法理世界观”，都试图为此提供一个宏观的分析框架，但如何结合中国自晚清（乃至宋明以来）现代转型的（法律）思想史、社会史和法制史等历史逻辑进行深入的学理阐释，仍是有待突破的研究课题。

第二，基于对法治中国之政治理想与实践约束条件的把握，对中国情境中法治理论模式的介入性学理分析和实体性理论建构。在现代法律秩序仍待建构的转型中国，“法治”始终是中国法律的“元问题”。我们应如何从学理上把握法治中国的政治理想和实践约束条件（结构化情境）？如何建构与之相适应的法治理论模式？有无可能在西方主流的法治理论模式之外、在中国法治实践困境之上，探求“中国式法治”的想象和探索空间？如何破解“法治的中国结”？特别是，如何历史性地超克文化—社会层面的“差序格局”，从而形成规则意识畅行的法治社会？如何制度化地确保政党—国家中的“三统一”（党的领导、人民当家作主和依法治国的统一），进而建构法律具有“不可随意支配性”的法治国家？……诸如此类的问题，不但是真正制约法治中国的实践难题，抑且是亟待中国法哲学研究者予以回应的重大理论课题。

第三，对邓正来意义上“中国（法律）理想图景”的介入性学理分析和实体性理论建构。如果确如邓正来主张的，法哲学研究者应当探究“中国（法律）理想图景”，那么这种探究不应止于对“中国（法律）理想图景”的一般性倡导，而更应以介入性的学理分析和实体性的理论建构呈现出来。要切实推进这样的研究，至少涉及以下三个方面的课题：（1）如何结合转型中国的社会—历史情境，呈现“中国（法律）理想图景”出场的必要性？（2）如何从法哲学和政治哲学角度把握“中国（法律）理想图景”的学理内涵？特别是，如何从学理上厘清“中国（法律）理想图景”的现代性（普遍主义）要素与中国性（特殊主义 / 情境主义）诉求？（3）如果确如邓正来所言，“中国（法律）理想图景”是“中国论者根据其对中国现实情势所做的‘问题化’理论处理而建构起来的一种特定时空的有关中国法制 / 法治发展的‘中国自然法’”，“是对人之基本价值的普世性所做的一种‘弱势’的承认”[1]，那么如何对这种“中国自然法”的价值结构和价值要求进行学理上

[1] 参见邓正来：《中国法学向何处去：建构“中国法律理想图景”时代的论纲》（第二版），商务印书馆 2011 年版，第 16 页注②。

的“格义”[1]？特别是，如何结合转型中国的政治与社会—历史情境，对自由、平等、民主、正义等现代性价值在中国情境的独特规范性要求及相应的制度与实践模式，进行介入性的学理分析和实体性的理论建构？……惟有切实推进上述论题的深入探究，我们始能基于公共法哲学立场和视野对“中国（法律）理想图景”进行介入性的学理分析和实体性的理论建构。

有必要指出的是，“作为转型法哲学的公共法哲学”之主张切实推进以上论题的研究，并不是要僭越公共参与和公共证成。毋宁说，它希望通过具有中国情境自觉性的学理研究，为社会成员最终经由公共参与和公共证成形成关于中国现代法律秩序建构［特别是“中国（法律）理想图景”］的规范性共识，提供认知前提和学理基础。换言之，它主张采用认知性（cognitive）而非信念性的（faithful/convictional）态度，也即是主张对可分享的即可通过公共证成检验的规范性要求进行建构，而不是从黑格尔曾批判的“主观情感和个别确信”出发“秉诚架

［1］如果说，西学东渐之初我们对西方政治哲学和法哲学术语的翻译（如把“liberty”翻译为“群己权界”，进而译为“自由”），是类似于传统中国逯译佛经的文字上的“格义”，那么在现时中国，为了切实推进具有中国情境自觉性的研究，我们必须进一步推进学理上的“格义”。这种“学理格义”之必要，根源于现代性本身内在地具有文化依赖性：自由、平等、民主、法治、正义等现代性价值，尽管具有跨文化的普遍性，但这种普遍性仅限于价值目标的普遍性，而不是制度化形式和实现路径的普遍性——换言之，自由、平等、民主、法治、正义等现代性价值的制度化形式和实现路径，具有高度的文化/情境依赖性。现代性价值的这种文化/情境依赖性，既是规范性的，亦是现实性（实践性）的。就前者而言，惟有把现代性价值与其在特定时空下的具体规范性要求区分开来，我们始能充分保留文化情境对于现代性的范导空间，进而为现代性之中国特色（中国性）保留充分的阐释空间——在很大程度上可以说，对现代性价值在特定时空下的规范性要求进行学理阐释，是政治哲学家和法哲学家进行介入性学理分析和实体性理论建构的主要方面，亦是其推进有学术增量的理论创新的主要方面。就后者而言，惟有基于特定时空的文化/情境探求现代性价值的制度化形式和实现路径（制度和实践模式），我们始能把对现代性价值的追求推进至制度层面，进而落实于实践层面。因此，所谓对现代性价值进行“学理格义”，其实质便是要凸显现代性价值的文化/情境依赖性，进而结合特定时空现代转型的价值理想与结构化情境，对其具体规范性要求进行政治哲学和法哲学阐释，并对与这种规范性要求相适应的制度和实践模式，进行政治学和法理学阐释。

真”（即以“真诚”绑架“真理”）地言说公共问题，并希望通过这种中道而不失建设性的学术努力与所有公民一道践习公共商谈、积攒公共理性（理性的公共运用）——这体现了“转型法哲学”对于“公共法哲学”之思想立场的自觉坚守。正如哈贝马斯指出的，“哲学能对当代社会的具有时代特征的自我理解做出特殊贡献”[1]。尽管现代哲学学者不能代替公共参与和公共证成，但哲学仍具有“多语性”(polyvocal）特征，仍保持着同科学、道德和艺术诸领域的联系，并可以从这些领域本身的视角去研究规范性问题和评价性问题，从而为社会成员的自我理解和实践秩序的完善做出自己独特的贡献：“哲学家作为参与现代社会自我理解的公共过程的知识分子角色，要比作为专家和传授意义者的角色，具有更加广泛的、精确规定的、并在历史上得到更好证明的产生影响的可能性。”[2]

四、本书结构安排

本书力图阐发“作为转型法哲学的公共法哲学”之理论模式，并试图推进转型法哲学的介入性学理分析和实体性理论建构。本书阐发的“转型法哲学”，试图呈现为以专业性为基础，兼具批判性和政策性的公共法哲学。因此，它既与当下流行的各种公共性论说（特别是“公知”或“网络大V”的公共性写作）区别开来，亦与其他法哲学形态有着不同的旨趣：与专业法哲学相比，它更具有公共关怀；与批判法哲学相比，它更具有建设性，亦更注重实体性的理论建构，且尊重公共参与和

[1]［德］哈贝马斯：《再论理论与实践的关系》，李理译，载中国社会科学院哲学研究所编：《哈贝马斯在华讲演录》，人民出版社2002年版，第150页。

[2]［德］哈贝马斯：《哈贝马斯在华讲演录》，第149页。

公共证成的功能；与政策法哲学相比，它力图超越基于政治意识形态的自我设限，以充分体现“公共理性”（public reason）的精神。

由于论题所限及本人学力不逮，本书主要涉及了前述后两个论题的研究。

本书“上篇：从‘邓正来问题’到‘转型法哲学’”，试图从总体上对邓正来意义上的“中国（法律）理想图景”（即我所谓的“邓正来问题”）本身进行介入性学理分析和实体性理论建构。第一章《“知识—法学”取径的社会—历史限度——以福柯话语理论为参照》，试图揭示邓正来式的“知识—法学”取径的限度，特别是它不能充分呈现“中国（法律）理想图景”出场的必要性。第二章《现代转型与文化认同的重建——“邓正来问题”出场的社会—历史条件》，试图把“邓正来问题”置于晚清（乃至宋明以来）中国现代转型的社会—历史情境中，揭示其出场的必要性，并初步建构了现时中国文化认同重建的思想框架，即我所谓的“两邓两晖律令”。第三章《“转型法哲学”——政治哲学建构与社会—历史分析相结合》，既试图通过“道德”（正当、正当性）与“伦理”（善、可欲性）的学理辨析，揭示“中国（法律）理想图景”的学理内涵，亦阐述了“转型法哲学”的理论依据、问题意识、研究取径等。

本书“中篇：功能主义法治观与法治的‘中国结’”，试图推进关于中国情境中法治理论模式的介入性学理分析和实体性理论建构。该篇试图较为系统地回应前述第二个方向的研究论题。第四章《功能主义法治观——基于法治中国政治理想与实践约束条件的探析》，力图对中国情境中的法治理论模式进行实体性的理论建构。第五章《城市化背景下法治中国的社会基础——差序格局与法治中国的可能性》，试图从法治社会层面回应“法治之中国结”所包含的两大核心问题之一，即如何历史性地超克文化—社会层面的“差序格局”，从而形成规则意识畅行的法治社会？“法治之中国结”在法治国家层面所表征的另一个核心问题，即如何制度化地确保社会主义政党—国家中的“三统一”（党的领导、人民当家作主和依法治国的统一），进而建构法律具有“不可随意支配性”的法治国家？鉴于此论题论说空间和理论创新空间均有限，本书未涉及此一层面的问题。[1]

本书“下篇：正义的中国情境与情境化的正义观”，试图以对“正义”概念的学理“格义”为例，较为具体地推进关于邓正来意义上“中国（法律）理想图景”的介入性学理分析和实体性理论建构。第六章《从“反正义的公平”到“底线正义”——基于转型中国一种典型社会正义观念的政治哲学分析》，试图基于“反正义的公平观”这一典型的社会正义观念和转型中国正义问题的共时性特质，对中国情境中的“底线正义”原则进行政治哲学和法哲学建构。第七章《关联性正义——基于转型中国正义问题之整体性的政治哲学分析》，试图通过对“关联性正义”的建构，对转型中国正义问题的整体性特质进行学理上的回应。第八章《共同政治文化范导下的国家中立性——转型中国文化认同建构的正当法则》，试图建构相对于政治自由主义“国家中立性”的“异形规范”，即“共同政治文化范导下的国家中立性”原则。这种努力既关涉中国情境中的文化正义问题，亦是对现代国家“国家中立性”原则的学理“格义”——事实上，它还在一定程度上回应了“邓正来问题”，即在国家层面建构“基于中国文化认同的（法律）理想图景”，应秉承怎样的政治哲学和法哲学原则？

在所有现代性价值中，庙堂和民间对其重要性和必要性最没有分

[1] 在其他场合，我曾采用“内在批判”的取径回应了这一问题。有兴趣的读者，可参见拙文：《改革时代“政党—国家”的法治化》，载《探索与争鸣》2015年第2期。

歧的，恐怕就是“法治”与“正义”了。[1]然而，如何确立它们在中国情境中的具体规范性要求，却亟待我们结合中国情境予以“学理格义”。本书对“法治”和“正义”的“学理格义”，力图秉持中道理性的审慎品格，沿着由我们对中国现代转型之政治理想与实践约束条件的“反思性平衡”可能达成的集体共识，进行介入性学理分析和实体性理论建构。

2017年3月30日初稿于沪北寓所
2017年5月18日二稿于复旦光华楼
2017年6月9日三稿于沪北寓所
2017年9月24日四稿于复旦光华楼
2018年3月5日改定于沪北寓所

[1] 有论者甚至认为，“法治”和“正义”是当下中国的“国家底线”。参见俞可平主编:《国家底线：依法治国和公平正义》，中央编译出版社2014年版。

上篇

从“邓正来问题”到“转型法哲学”

本篇初稿系我为《检视“邓正来问题”:〈中国法学向何处去〉评论文集》(孙国东、杨晓畅主编，中国政法大学出版社2011年版)撰写的代序；其中，前两章的删减版，曾分别以《“邓正来问题”与“知识—法学”路径的社会—历史限度：以福柯话语理论为参照》《文化认同与道统重建：一种基于社会转型的社会—历史分析》为题，发表于《社会科学战线》2011年第3期和《中国农业大学学报》(社会科学版)2011年第1期。原稿完整版曾刊发于《中国社会科学论丛》2011年春季卷，第176—218页，并收入《政治之维：复旦大学社会科学高等研究院三周年纪念文集》(邓正来主编，复旦大学出版社2011年版，第183—250页)。收入本书时，做了较大范围的修改。

我曾就本章的部分内容，在复旦高研院中国深度研究席明纳、武汉大学法学院法理学学术沙龙、复旦大学新闻学学院传播学沙龙、上海大学法学院“常青藤”读书小组、复旦高研院“未来世界论坛”第三届年会“中国社会科学走向世界”学术论坛等场合发表演讲或评论。在这些及其他场合，王铭铭、徐亚文、魏敦友、吴励生、贺雪峰、姚建宗、杨晓畅、陈润华、林曦、吴冠军、刘清平、顾肃、纳日碧力戈、郭苏建、曹晋、胡春阳、吕新雨、刘小平、朱振、吴彦、甘德怀、王小钢、王勇、沈映涵、韩永初、金林南、沈国麟、陈柏峰、桂晓伟、马华灵等诸君对我的批评、建议或评论使我受益匪浅，谨此申谢。

不言而喻，邓正来师于2006年出版的《中国法学向何处去》，是进入21世纪以来中国法学界最具思想性的理论成果之一。依我个人鄙见，其学术价值不仅是因为它开创了“自民国以降法学界集中评论一位学者某部著作的最大盛况”[1]，亦不仅仅在于它对“主体性中国”“法律理想图景”等观念的登高一呼，而毋宁在于它在中国学术史上的两个“开风气之先”的创举。从实质性的学术贡献来看，其较为系统地从学理上诊断出了我们这个时代（甚至自中国遭遇西方以来）的思想病症，即缺乏以中国为根据的“（法律）理想图景”之病症，并且在反思与批判既有研究成果和学术传统——1978年以来的法学知识系统——的基础上，为我们初步提供了一个立意高远的中国现代性病理学纲要。从其学术贡献的学术史意义来看，其对法理学之哲学承诺的挖掘、对法哲学之“中国性”的彰显，既极大拓展了法哲学的学术疆域，亦使法哲学具备了对“中国现代性问题”——即所谓“古今中西问题”——这一思想性论题的学理言说能力，从而在中国思想界为法哲学开拓了话语空间。

邓正来的这种取向和努力，在现时代两大结构性学术趋向的映衬下，便凸显出了其突出的学术史意义。一方面，1990年代以来的中国知识界兴起了李泽厚所说的“思想家淡出，学问家凸显”的趋向，其突出表现是：学人们推崇“针尖上跳舞”“螺蛳壳里做道场”般的学究化工作，醉心于文献主义的考据和学理自洽性的考辨，不再关心关涉中国现代转型的重大问题，使得“道问学”取代了“尊德性”成为学界的风尚，从而使得那种鼓励学术积累但压制思想创新的学术体制，不但在实践中制度化，抑且在学术观念层面也意识形态化了。另一方面，由于中国深厚文人传统的影响，晚清以降中国的知识界（特别是思想界）一直

[1] 参见林来梵：《一个非法（学）的预言——究竟“中国法学向何处去”》，“梵夫俗子法律博客”，http://linlaifan.fyfz.cn/art/105238.htm，最后访问时间：2018年3月10日。

为一批文人化的知识分子所占据。借用邓正来在1990年代反思中国社会科学的话来说，这种“文人化”的学术表现是：论者只注重研究对象本身的“地位及价值与其所研究问题的重要意义的正面相关性而无视学术研究本身的重要性”，从而只能拘守于“日常性常识”(ordinary common sense）或“学究性常识”(scholarly common sense)，[1]无力言说转型中国社会政治问题背后的深刻学理逻辑。

尽管邓正来倡导中国社会科学自主性和学术规范化运动的筚路蓝缕之功，常常被视为顺应和推动90年代“思想家淡出，学问家凸显”之趋向的实践努力[2]，但他在《中国法学向何处去》中的努力其实表明：他本人既看重学术的传承和积累，亦注重思想的创造。事实上，他明确提倡的“一种‘六经注我’与‘我注六经’间互动的阅读方式”[3]，表现在学术研究中就是兼顾思想创造（“六经注我”）和学理逻辑（“我注六经”）的研究取向。如果说，他在90年代所推动的中国社会科学自主性和规范化运动，旨在“使中国社会科学（包括但不限于政治学、法学和社会学）从文人传统中摆脱出来”[4]，那么，他在《中国法学向何处去》中对“中国法律理想图景”的学理探究，则既为中国思想话语的“去文人化”开辟了新的学理方向，又在中国法哲学领域盛行的“专业法哲学”和“政策法哲学”之外开拓了“批判法哲学”甚或“公共法哲学”的论说空间。正如我在本书导言中指出的，邓正来对“中国法律理想图景”的追问、对权利本位论等四种法学理论模式的批判，堪称批判法哲

[1] 参见邓正来：《研究与反思：关于中国社会科学自主性的思考（修订本）》，中国政法大学出版社2007年版，第15—16页。

[2] 参见程广云：《从思想转向，学术转向到文化转向：中国大陆30年马克思主义哲学的回顾》，载《哲学动态》2008年第7期。

[3] 参见邓正来：《三一集：邓正来学术文化随笔》，中国政法大学出版社2012年版，第176页。

[4] 参见郑戈：《不可复制的六郎庄读书会》，载《法治周末》（第156期）2013年2月7日。

学的典范。他将各种“专业法哲学”和“政策法哲学”，视为当然前提的“中国法律理想图景”问题揭示了出来，从而把它们遮蔽或无视的中国法律秩序之文化属性和政治哲学承诺等关涉中国现代法律秩序建构的根本问题，带入中国法哲学的研究视野。这种法哲学研究取向，其实为将“专业法哲学”和“政策法哲学”转变或提升为“公共法哲学”提供了可能。“中国法律理想图景”指向了法律的文化属性，是中国作为政治共同体之文化认同在其法律秩序上的价值表征。再者，“认同”问题指向了公民个体对“什么是对我或我们而言良善的生活”这一问题的自主回答。[1]因此，对“中国法律理想图景”的法哲学追问，事实上恢复了法律秩序作为公共治理秩序所具有的公共性质，有可能使法哲学超越“法律人的哲学游戏”（专业法哲学）和“治人者的驭民之术”（政策法哲学）。这种超越有可能将法律秩序的公共性和“治于人者”——法律承受者（addressee）——的公共关切纳入法哲学的视野中，遂使法哲学成为一种“公共（法）哲学”。作为实践哲学中最具实践介入性的分支学科，法哲学对“中国法律理想图景”的关切，其实是对“中国现代性问题”的探究。它既有助于将法哲学提升为更具思想关怀的“公共法哲学”，也有可能通过确立法哲学作为中国现代转型之“第一哲学”的核心地位而深化中国思想话语的学理逻辑。由于现代社会—政治秩序是基于法律秩序而形成的，[2]对中国这样仍处于现代转型中的“文明型国家”、超大规模型国家乃至社会主义政党—国家来说，如果没有法哲学的思想突破和学理创新，我们不可能形成兼具现代性和中国性的现代法律秩序，以及以这种法律秩序为基础的社会—政治秩序。

---

[1] 详见本书第三章及第八章的相关论述。

[2] 从规范性的角度来看，现代社会中的社会秩序和政治秩序均建立在法律秩序基础之上，即法律构成了现代社会秩序和政治秩序运行的基本规则。因此，本书总体上会把“法律秩序”与“社会秩序”“政治秩序”“社会—政治秩序”等混用，但这并不意味着它们具有相同的内涵。

为了激励像我这样的后辈在他开拓的话语空间和思想框架内继续努力，我愿意遵循学术惯例，把他以“理想图景论”为核心的法哲学追问和探究称为“邓正来问题”。[1]然而，究竟何为“邓正来问题”？它是如何出场的？它何以成为“问题”？邓正来本人是否已经充分地回答了“邓正来问题”？我们该如何推进对“邓正来问题”的思考？本篇拟对这些问题进行尝试性的回答。我将引入我所主张的“转型法哲学”对“邓正来问题”进行学理上的阐发，并试图将其提升为一种较为彻底的“公共法哲学”论说。为了更充分地展现“邓正来问题”的时代意义、推进对“邓正来问题”的研究，我将引入“社会—历史”[2]维度的思考。

就“邓正来问题”而言，“社会—历史分析”的重要性，至少可以体现在如下三个方面。

第一，惟有结合“社会—历史分析”，我们始能真正凸显“邓正来问题”的时代价值和历史意义。从思想史上看，大凡以某个论者命名的“××问题”，要么深刻地提出了某个需要后世学者不断思考的理论难题，譬如著名的“霍布斯难题”、“斯密悖论”和“休谟问题”等；要么敏锐地洞察到了某个时代的时代病症和社会吊诡，如韦伯（Max Weber）对现代性所导致的“意义丧失”和“自由丧失”的诊断等。此处所谓的“邓正来问题”，主要是从后一种意义上讲的。因此，要把握“邓正来问题”的时代价值和历史意义，我们需要把“邓正来问题”本身“再问题化”，追问“邓正来问题”之所以成为“问题”的社会—历史背景。

[1] 我所谓的“邓正来问题”（The Deng zhenglai's Problematic），接近于万俊人所谓的“罗尔斯问题”：它不只是简单地阐述邓正来所提出的问题本身（The Deng zhenglai's Question），也不仅仅是指学界或我本人对邓正来“理想图景论”的质疑（The Deng zhenglai's Problem），而是在两者兼而有之的意义上，试图沿着它的问题框架做推进性的思考。参见万俊人：《罗尔斯问题》，载《求是学刊》2007年第1期。

[2] 本书所谓的“社会—历史分析”，主要涉及对转型中国社会和历史条件的分析，间或亦关涉对政治条件的分析。

第二，“邓正来问题”的一个向度是把“社会秩序的型构及其正当性与可欲性”[1]与特定时空的“文化身份”和“政治认同”[2]联系起来。在此前与邓正来举行的一个学术访谈中，我已经指出：从政治哲学的视角看，他对中国法学的批判在很大程度上借用了某种共同体主义（社群主义）思想，即实质上探讨的是价值和规范结构的性质、根源和范围，力图在“元伦理”层面恢复价值或“理想图景”的可争辩性。因为他关于“重新定义中国”的论述，特别是关于“‘中国’必须由中国人民自己来定义，而不能只由某些人——比如说中国的‘都市人’——来定义，也绝不能由西方人来定义”的表述，已经隐含地支持了共同体主义的下述命题：“各种价值只有在具体的道德与政治情境中才能得以确认，而且这种情境对于它们的有效性来说是决定性的。”[3]正是以上述主张为基础，邓正来认为：“法律哲学的根本问题，同一切文化性质的‘身份’问题和政治性质的‘认同’问题一样，都来自活生生的具体的世界空间的体验：来自中国法律制度于当下的具体有限的时间性，同时也来自中国法律制度所负载的历史经验和文化记忆。”[4]这在根本上意味着：惟有基于当下中国的社会—历史条件探究现代中国人的文化认同，中国“社会秩序的正当性与可欲性”始能获得证成。

---

[1] 邓正来常常将社会秩序的“正当性”与“可欲性”并用，并没有在相关的思想脉络中厘清两者之间的不同；但正如后文将要详细分辨的，两者其实分别指向了“道德”和“伦理”，具有不同的“有效性要求”（validity claims）。

[2] 邓正来习惯于将与文化和政治相联系的“identity”分别称 / 译为“身份”和“认同”，但没有做出任何解释。据我个人揣摩，他可能意在强调两者之间的细微差别：文化向度的“identity”更具有历史延续性，因此是一种体现文化记忆的“身份”；政治向度的“identity”更具有（人为）建构性和自我归属性，体现了主体对政治价值或政治理念予以“认同”的社会心理学过程。但本书无意做出这样的区分，而将两者统称为“认同”，并将聚焦于“文化认同”。

[3] 参见邓正来、孙国东：《全球化、文化政治与法律哲学：与邓正来先生谈中国法学的“全球化论辩”》，载《东方法学》2008 年第 1 期。

[4] 邓正来：《中国法学向何处去：建构“中国法律理想图景”时代的论纲》（第二版），商务印书馆 2011 年版，第 14 页。

第三，当下中国社会正处于全球化背景下的现代转型（社会转型）[1]的历史进程中，就“重新定义中国”而言，我们既要否弃为邓正来一直批判的那种以西方理论“裁剪”中国现实的“前反思性接受”“学术消费主义”倾向[2]，亦需戒绝为黄宗智等论者所着力批判的“中西对立”的二元化思维[3]，而要做到这一点，必须加强对当下中国的深度社会—历史分析。正如黄宗智指出的：

> “中国历史悠久而厚重，不能简单地以与西方现代文明对立的‘非理性’、‘传统’或‘前现代’等西方理论范畴来理解；中国近代经历了被支配的半殖民地命运，不能简单地与占支配地位的西方等同起来加以理解；中国现代经历了社会主义的革命运动，不能简单地套用西方资本主义和自由民主政治来理解；中国当代从过去的计划经济——而不是‘前工业’经济——转入今天的市场经济，不能简单地用市场主义或资本主义发展模式来理解。从西方理论来看，中国经验几乎完全是悖论的。”[4]

因此，我们必须避免对西方理论的“前反思性接受”的“学术消费主义倾向”。但另一方面，在全球化时代，“西方”和“中国”早已不是

[1] 本书理解的“社会转型”，并非特指改革开放以来从计划体制向市场体制的转型，而是晚清（乃至宋明）以来中国的现代转型，改革开放以来的经济体制转型只是这种现代转型在当代中国经济体制方面的体现。因此，除非特别说明，本书中的“社会转型”等同于“现代转型”。

[2] 参见邓正来：《反思与批判：体制中的体制外》，法律出版社 2006 年版，第 83 页。

[3] 黄宗智认为，中国研究领域长期存在着“西方化与本土化的对立”和“理论与经验的对立”。为此，他以布迪厄的实践理论为基础，主张走向从实践出发的社会科学研究取径。参见黄宗智：《认识中国：走向从实践出发的社会科学》，载《中国社会科学》2005 年第 1 期。

[4] 黄宗智：《为什么要建立一个历史与社会高等研究所？》，载《文史博览》（理论）2009 年第 8 期。

两个毫无交集的政治实体，“西方”早已内在于“中国”之中了。“中国在政治意识形态、文化价值观念、社会制度安排、经济生产方式、公共传媒与通讯，乃至饮食起居的日常生活方式等所有层面上，都已经与所谓‘西方’世界发生了千丝万缕的联系与纠葛。”[1]在这样的背景下，建构“中国（法律）理想图景”所需要的思想 / 文化资源——借用慈继伟的说法——只能是切己的，而不是排他的。清儒章学诚在谈到治学时曾说：“宇宙名物有切己者，虽锱铢不遗；不切己者，虽泰山不顾。”[2]这种把“切己性”作为取舍标准的治学门径，完全适用于中国现代法律秩序的建构。我们不能追求表面上的“中国特色”，只能探求中国语境的相关性和重要性。就“中国（法律）理想图景”的建构所内在需要的政治哲学研究而言，“有鉴于在中国做规范性政治哲学研究缺乏公共政治文化的基础，有鉴于西方规范性政治哲学具有话语主导地位，我们在中国从事规范性政治哲学，需要有比西方学者更清醒的语境自觉”[3]。因此，在“重新定义中国”、建构“中国（法律）理想图景”的历史进程中，我们必须加强对“中国（法律）理想图景”所赖以为基的社会—历史条件的分析。在这个意义上，“社会—历史”分析有助于推进我们对“中国（法律）理想图景”（即“邓正来问题”）的进一步思考。[4]

基于上述理由，本篇将从社会—历史维度进一步阐发“邓正来问

[1] 刘擎：《中国崛起与文化自主》，载邓正来主编：《中国社会科学辑刊》2009 年冬季卷，复旦大学出版社 2010 年版，第 89 页。

[2] 章学诚：《文史通义・卷三・内篇三》。

[3] 参见慈继伟：《中国政治哲学需要自己的“议事日程”》，载钱永祥主编：《思想第 13 辑一九四九：交替与再生》，（台湾）联经出版事业股份有限公司 2010 年版，第 210 页。

[4] 已有论者敏锐地注意到社会—历史分析对中国（法律）理想图景建构的重要性。譬如，杨晓畅通过引入“历史社会学”视角对邓正来“理想图景”的“薄”（政治哲学取向）与“厚”（历史社会学取向）之间的互动和张力进行了分析。参见杨晓畅：《厚薄之间的“理想图景”——简析邓正来“理想图景”建构中的两种理论取向》，载邓正来主编：《中国社会科学辑刊》2010 年春季卷，复旦大学出版社 2010 年版，第 154—163 页。

题”。在第一章中，我将首先在福柯式的“话语分析”与邓正来“知识—法学”取径之间进行深度对勘，并分析后者社会—历史维度的缺位以及由此带来的问题，特别是对“现代化话语”——即邓正来所谓的“现代化范式”——进行话语分析的不彻底性和“邓正来问题”出场的不充分性。在第二章中，我将基于对晚清以降中国现代转型的初步社会—历史分析指出：“邓正来问题”在根本上反映了当下中国“认同危机”和“道统缺失”的时代病症；同时，我还将进一步彰显为邓正来所忽视的另一层面的问题——即我所谓的“正当化压力”问题，并就塑造一种可以回应“正当化压力”的文化认同的问题进行初步探讨。由于我对关于中国文化认同的既有论说不甚满意，我将相关论说整合起来“接着讲”，甚至另起炉灶“自己讲”。因此，我会暂时“偏离”法学的学科视野；但正如后文将要指出的，法律的政治性和社会—历史性恰恰表明这种“偏离”是十分必要的。而且，现代社会秩序建立在法律秩序基础之上，并常常以法律秩序的形式表现出来。因此，对社会秩序的一般性讨论，既有助于避免法学之“内在视角”的缺陷，亦有助于我们获得法律秩序（法哲学）建构的某些更为根本的结论。在初步构建了中国文化认同的社会—历史背景及分析框架之后，第三章将正式进入法哲学领域：通过把对“邓正来问题”的思考阐发为“作为转型法哲学的公共法哲学”，我将一般性地探讨将政治哲学建构与社会—历史分析相结合以阐述“转型法哲学”的若干要点。在此，我将在凸显法律秩序建构的“非自主性”（heteronomy of law）——它构成了“转型法哲学”的主要理论依据；同时，通过扩展“法律的政治性”之含义，我力图将其阐释为诉求文化认同（法律的伦理担当）与探寻正当的社会秩序（法律的道德担当）的统一。进而，我将在深入把握转型中国（法律）问题之性质和特征的基础上，探寻我们在方法论上的可能出路。

第一章 “知识—法学”取径的社会—历史限度

——以福柯话语理论为参照

“对知识分子而言，根本的政治问题不是批判与科学构成了想象性联系的意识形态内容，抑或确保他自己的科学实践符合某种正确的意识形态，而是要确保形成某种新的真理政治（politics of truth）的可能性。问题不在于改变人们的意识（或者存在于人们大脑的东西），而是要改变生产真理的政治性、经济性和制度性机制。”

——米歇尔·福柯*

一、“邓正来问题”及其内在理路

在《中国法学向何处去》中，“邓正来问题”大致体现为如下两个互相关联的不同层面：一是“（法律）理想图景”问题。邓正来以中国法学为个案的分析，试图论证：中国法学之所以无力引领中国法制/法治的发展，而只能逼使西方法制/法治在中国的移植和拓展，实是因为它受到了一种源出于西方的“现代化范式”的支配，而这种“范式”不仅间接地为中国法制/法治发展提供了一幅“西方法律理想图景”，而且还致使中国法学论者意识不到他们所提供的不是中国自己的“法律理想图景”。据此，他认为我们处于一个没有（法律）理想图景的时代，必须结束这个受“现代化范式”支配的旧时代，开启一个自觉研

* Michel Foucault, *Power/Knowledge: Selected Interviews and Other Writings 1972-1977*, Colin Gordon (ed.), (New York: Pantheon Books,1980), p.133.

究“中国（法律）理想图景”的新时代。二是“中国认同”和“主体性中国”问题。以上述分析为基础，即以对法学这一“直接关注维续、调整和型构社会秩序”的知识系统的分析为个案，邓正来试图在其早期对“中国社会科学自主性”（特别是中国社会科学在国际向度相对于西方“知识霸权”的自主性）进行理论探求的基础上，从学理上追问“中国社会秩序及其正当性和可欲性”这一中国政治哲学根本问题，进而以中国人自己的文化身份和政治认同为理据，呼吁“主体性中国”时代的到来。根据邓正来本人的提示，这两个不同的层面分别贯穿着不同的“红线”：前者以“知识—法学”取径贯穿着一条对知识所具有的“正当性赋予力量”进行揭示和批判的“红线”，后者则以“中国社会秩序及其正当性和可欲性”这一政治哲学根本问题衔接起来，其中前者“更为基本”。[1]基于上述两者的相关性，我们可以把“邓正来问题”称为“基于中国文化认同的（法律）理想图景问题”。

那么，在《中国法学向何处去》中，“邓正来问题”，特别是“更为基本”的“（法律）理想图景”问题，是如何出场的？要探究这个问题，我们就要对他所采用的“知识—法学”取径进行深入分析。在当代中国法学研究中，“知识—法学”取径是烙上了邓氏烙印的鲜明存在，其最初是为了凸显与那些对中国法学进行总体反思的其他既有取径——特别是张文显式的“政治—法学”取径和苏力式的“社会—法学”取径——的不同。更为重要的是，从“邓正来问题”得以出场的内在理路来看，它的确堪称贯穿其研究始终的“更为基本”的红线——至少逻辑上应当如此。

邓正来所谓的“知识—法学”取径，是一种“从知识‘内部’去透

[1] 参见邓正来：《中国法学向何处去：建构“中国法律理想图景”时代的论纲》（第二版），商务印书馆 2011 年版，第 271 页。

视和反思中国法学发展问题的视角”。这种取径的最大特点是，其预设并贯穿着一个知识社会学命题，即他关于“知识具有正当性赋予力量”的基本主张：

> “‘知识系统’不仅在人与自然的关系中以及在人与人的日常生活中具有着某种支配性的力量，而且在特定的情势中还会具有一种赋予它所解释、认识甚或描述的对象以某种正当性的力量，而不论这种力量是扭曲性质的，还是固化性质的。”[1]

这在根本上意味着：那些所谓“正当的”社会秩序（法律秩序），其本身也许并不具有比其他性质的社会秩序及其制度更正当的品格，而完全有可能是透过权力或经济力量的运作，更有可能是通过我们不断运用某种“知识系统”对之进行诠释或描述而获得这种“正当性”的。质言之，社会科学的知识系统与社会秩序的正当性之间，其实形成了一种辩护与被辩护的关系。有了这一知识社会学预设，在邓正来那里，通过分析以“权利本位论”“本土资源论”“法律文化论”及“法条主义”等为代表的主流法学及其所共享的“规范性信念”，他试图揭示出1978年以来中国法学所形成的“知识系统”及其共享的“现代化范式”，相对于那种基于“西方（法律）理想图景”的社会秩序的“正当性赋予力量”，进而基于社会秩序及其正当性这一根本的政治哲学命题，呼吁中国结束这一受“现代化范式”支配法学时代，迈向建构“中国法律理想图景”的新时代。由此可见，正是“知识—法学”取径，牵引着“邓正来问题”的最终出场：依凭这一研究取径，邓正来既实现了对中国法学既有知识系统所具有的那种“正当性赋予力量”的揭示，亦揭示了当代

[1] 邓正来：《中国法学向何处去》，第271页。

中国法学 / 法制奉“西方法律理想图景”为圭臬、缺乏以中国为根据的“法律理想图景”的时代性难题。

二、“知识—法学”取径与福柯式的话语分析

已有论者敏锐地看到了邓正来的“知识—法学”取径，与福柯“知识 / 权力”理论的关联。譬如，朱振认为，邓正来的知识—法学取径，从宏观层面揭示了现代化理论为何会成为一种范式，以及西方知识在中国语境中所产生的“正当性”力量，但却没有从知识的性质出发进一步论述为什么西方知识具有支配性力量，而福柯的权力 / 知识理论有助于我们从微观层面加深对此问题的认识。[1]然而，依我个人鄙见，上述论述尽管运思可谓敏捷，但却未点出问题的要害所在：福柯的权力 / 知识理论的确可以作为参照框架分析“知识—法学”取径的限度，但并不是论述策略上的“从知识的性质出发”就可以解决的，而毋宁要参照福柯的“话语理论”（特别是“话语分析”方法），以彰显“知识—法学”取径对社会—历史维度的忽视，以及由此带来的“邓正来问题”出场的不充分性。

如果基于文本对比福柯和邓正来的相关论说，可发现后者的相关文字至少在如下两个方面，为我们提示了他与福柯在研究视角和研究取径上的关联：

第一，邓正来“问题化的理论处理”“问题化进路”等标示其方法论特色的研究取径，受到了福柯“问题化”思维方式和提问方式的潜在

[1] 参见朱振：《“知识 / 权力”之下的知识分子：读邓正来〈中国法学向何处去〉》，载《政法论坛》2005 年第 6 期。

影响——尽管“问题化的理论处理”“问题化进路”等，还不具有福柯般的方法论上的自觉性和融贯性。在解释“中国（法律）理想图景”的建构取径时，邓正来主张对当下中国情势进行“问题化的理论处理”，但他却没有对“问题化的理论处理”进行界定和说明。如果仔细分辨，可发现他总体上是在两种不同意义上使用“问题化”这一术语：一是将“问题化”理解为“以问题为导向的”，即主张否弃以西方社会科学理论为评判标准的“学术消费主义倾向”，转而主张以当下中国的问题为导向建构中国社会科学理论[1]；二是大体上在福柯意义上使用“问题化”，即对某个问题何以成为问题进行知识社会学分析。在晚年总结自己的研究取径时，福柯明确指出：自出版第一本论著《疯癫与文明》以来，他所做的所有工作的一个共同观念即是“问题化”（problematization）的观念。根据福柯自己的界定，所谓“问题化”：

> “并不意味着对预先存在的客体的表象或再现（representation），也不是要创造并不存在的客体的话语。正是话语或非话语实践的总体将某个事物引入到真理与谬误的游戏（play）之中，并使其成为一个思想的客体（不管它是以道德反思、科学知识等何种形式出现）。”[2]

因此，福柯意义上的“问题化”，其实蕴含着知识分子的批判立场，

[1] 值得注意的是，此种意义上的“问题化的理论处理”，似乎是邓正来的一个措词失误。因为从汉语偏正结构的意指分析，他更应该取“理论化的问题处理”之谓，即强调对问题处理采取“理论化”的方式，而非他所反对的“讲故事”的方式。正是为了更为完整且深入地反映邓正来的上述思路，我提出了以“理论化的问题处理”与“问题化的理论处理”相结合的取径，推进中国（法律）理想图景建构的设想。详见本书第三章相关论述。

[2] Michel Foucault, “The Concern for Truth”, in Foucault, *Politics Philosophy Culture: Interviews and Other Writings 1977-1984*, Lawrence D.Kritzman ed. (New York & London: Routledge,1988), p.257.

它“是要通过在自己专业领域进行的分析，不断质疑那种被设定为不言自明的公理，动摇人们的心理习惯即他们的行为方式和思维方式，消解人们熟视无睹并将其接受下来的事物，重新检视规则和制度，在此基础上重新问题化”[1]。从这个视角来看，邓正来其实不自觉地采用了福柯意义上的“问题化”取径，并将其置于提纲挈领的地位。“邓正来问题”的主旨，是要对“现代化范式”这一“处于主导或支配地位的规范性信念”予以问题化，进而对这一“范式”何以形成支配地位进行知识社会学分析，对其“引导人们不去思考”的问题——即“理想图景”问题——进行揭示。[2]

第二，其借自于库恩（Thoms S. Kuhn)、受黄宗智影响而界定的“范式”（paradigm）概念，在理论渊源和精神旨趣上，均与福柯的相关概念（早期的“知识型”和晚期的“话语”）有相通之处。从思想史看，福柯特别是库恩与皮亚杰（Jean Piaget）的结构主义心理学有着较为明晰的思想承继关系，强调特定时代的思想结构或知识框架对认识的支配和型塑作用。[3] 在分析福柯与库恩之间的异同时，意大利政治哲学家、

[1] Foucault, *Politics Philosophy Culture*, p.265.

[2] 值得注意的是，在《中国法学向何处去》的姊妹篇《谁之全球化？何种法哲学？》一书中，邓正来更自觉地——确切地说，仍是“实是名非”地——运用了福柯意义上的“问题化进路”以及与此相关的“话语分析”方法。尽管他明确提出的认识全球化的“问题化”取径，实是对“全球化”究竟是单维还是多维这一具体问题的问题化质疑，而不是明确对“全球化话语”（即有关全球化的话语体系）的问题化质疑，但从其全书的主旨来看，他从事的仍是福柯意义上的问题化工作：考虑到他对“全球化”与“全球主义”互动关系、全球化的话语争斗维度的揭示，他事实上进行的就是对“全球化话语”问题化质疑，即把全球化何以成为问题进一步问题化，探究“全球化话语”对全球化进程及性质的型塑功能，进而为一种“开放性全球化观”的出场提供知识论或认识论前提（参见邓正来：《谁之全球化？何种法哲学？——开放性全球化观与中国法律哲学建构论纲》，商务印书馆 2009 年版，第 28—29 页、第 145—193 页）。当然，限于论旨，我在此只是提请读者注意，但不拟申而论之。

[3] 关于两者思想关联的详细考察，可参见 Hubert Dreyfus and Paul Rabinow, *Michel Foucault: Beyond Structuralism and Hermeneutics*, 2d ed. (Chicago: University of Chicago Press, 1983), p.199; Giorgio Agamben, “What is Paradigm?” in Giorgio Agamben, *The Signature of All Things: On Method*, trans. Luca D’Isanto with Kevin Attell. (New York: Zone Books, 2009), pp.9-32.

著名福柯主义者阿甘本（Giorgio Agamben）写道：

> “SextusPompeius Festus 告诉我们，罗马人在 *exemplar*（范例）与 *exemplum*（范型）之间作出了区分。exemplar（范例）可为感官所观察（*oculisconspicitur*），指涉的是人们必须模仿的事物（*exemplar est quod simile aestimatur*）。但 exemplum（范型）则要求某种更为复杂的评价（它不仅仅是可感知的：*animoaestimatur*）；它的含义首先是道德性和智识性的（intellectual）。福柯式的范式，是下述两者的合二为一：它不仅是强加给某种规范科学之构成的 exemplar（范例）或模式，更是且首先是一种 *exemplum*（范型），其使陈述和话语实践聚合为一种新的智识统一体（ensemble），并在一种新的问题化语境中聚合起来。”[1]

由此可见，库恩和福柯都要描述和揭示支配科学共同体并为其成员无意识效仿的一种 exemplar，然而福柯意义上的“范式”则添加并突出了其作为 exemplum 的评价性、规范性维度，这就为他进一步揭示其对“话语形成”（discursive formation）甚或社会实践的排斥性、控制性机制创造了条件。从福柯本人的思想发展来看，他在《事物的秩序》（1966 年）中提出的“知识型”（episteme），以及在《知识考古学》、特别是《话语的秩序》（1971 年）发表后，开始作为核心范畴使用的“话语”（discourse），均与库恩的“范式”有着异曲同工之妙。然而，与其“问题化”研究取径相一致，福柯的设问方式与库恩明显不同：他不是像库恩那样从知识内部去探讨使得规范科学成为可能的评判标准（某种世界观或思想结构），而是以考古学或系谱学的方式探究认识、理论、

[1] Giorgio Agamben, *The Signature of All Things*, p.18.

制度和实践等“如其所是”的深层可能性条件。用福柯本人的话讲，它不同于观念史或科学史研究，而是“旨在重新发现在何种基础上，知识和理论才是可能的；知识在哪个秩序空间被构建起来；在何种历史先天性基础上，在何种确定性要素中，观念得以呈现，科学得以确立，经验得以在哲学中被反思，合理性得以塑成，以便也许以后就会消失”[1]。尽管从基于“知识型”对话语形成的考古学研究转向基于“话语”对社会实践的系谱学分析，标志着其问题化取径的深化，但福柯的这种设问方式始终没变——他不过是越来越认识到话语机制和权力机制对社会实践的塑造作用[2]，进而突出了对话语机制、特别是权力运行机制的微观分析。“知识型”“所揭示的不是话语成为科学的权利，而是它存在的事实。”[3]作为展现秩序的符号系统，话语的主要功能是“说其所是”，因此，福柯式的话语分析试图形成“关于话语的话语”，旨在分析“话语是如何通过或不通过某些限制系统而形成的；每一个的特定标准为何，它们出现、发展和演变的条件又是什么”[4]。从以上分析不难发现，福柯意义上的“知识型”，特别是“话语”，与邓正来所界定的“范式”在精神旨趣上有契合之处：如果说福柯意义上的“知识型”和“话语”不同于库恩意义上的“范式”而被赋予了规范性内涵，那么邓正来受黄宗智启发而对库恩“范式”概念的改造，亦主要赋予其以批判性内涵。在邓

[1] 参见［法］福柯：《词与物：人文科学考古学》，莫伟民译，上海三联书店 2001 年版，第 10 页（前言）。

[2] 福柯在回顾自己的理论转向时指出：“在《事物的秩序》中，没有讨论的是‘话语机制’（discursive regime）的问题以及对陈述的展现（play）具有独特性的权力的效果。我严重地把它们与系统性、理论形式或诸如范式那样的东西混淆起来。” Michel Foucault, *Power/Knowledge: Selected Interviews and Other Writings 1972-1977*, Colin Gordon (ed.), (New York: Pantheon Books,1980), p.113.

[3] 参见［法］福柯：《知识考古学》，谢强、马月译，生活·读书·新知三联书店 2003 年版，第 53 页。

[4] Michel Foucault, “The Discourse on Language” , in Michel Foucault, *The Archaeology of Knowledge and The Discourse on Language*, trans. A. M. Sheridan Smith, (New York: Zone Books,1972), pp.231-232.

正来那里，“范式”不再起着某种肯定性、积极性作用，而是首先被赋予了否定性的内涵：它不再是建构科学共同体的某种世界观，而被定位为“可能是在未经质疑或未加批判的前提下展开的”“引导人们不去思考什么”的“处于主导或支配地位的规范性信念”。[1]因此，就像福柯那里的“话语”一样，这种意义上的“范式”既具有功能性，亦与“真理”相关：一方面，它与“权力”相关，具有“用某种规则对外部世界进行整理”、“话语形成”（通过话语对象、陈述方式、概念和策略形成某种齐一化的话语）和“话语控制”（对不符合某种话语的话语进行排斥和控制）的功能；另一方面，它亦与“真理”相关，进而使得知识可以在话语实践中建构出作为“正确”的真理，在某种策略性处境中制造出作为“真相”的真理。[2]在《中国法学向何处去》中，“现代化范式”正是“权力”与“真理”的共同化身。用邓正来本人的话来讲：

> “正如福柯所谓权力依赖知识的建构又会产生与它相符的那种知识一般，‘现代化范式’在依凭中国论者发现西方的知识之建构而得以确立的同时，又致使中国论者在其支配下生产出各种变异的有关中国的现代化知识。这两个紧密相关的方面于现实层面的逻辑展开便是：第一，‘现代化范式’为中国论者的接受，给西方现代社会对中国的‘示范’注入了某种合法性‘暴力’的意义……第二，它致使中国论者有关中国发展的研究及其成果都必须经过此一‘现代化范式’的过滤或评判，亦即依着‘现代化范式’对这些研究及其成果做‘语境化’或‘路径化’的处理，进而使这些研究及其成果都不得不带上了此一‘范式’的烙印。”[3]

---

[1] 参见邓正来：《中国法学向何处去》，第55、54页。
[2] 参见吴猛：《福柯话语理论探要》，九州出版社2010年版，第19—20、142页。
[3] 参见邓正来：《中国法学向何处去》，第115—116页。

三、“知识—法学”取径的社会—历史限度

基于上述分析，我们就可以把引领“邓正来问题”出场的那个知识社会学主张（即关于知识的“正当性赋予力量”的论断），视为福柯“知识—话语—权力—真理”四维话语分析矩阵的邓正来版。在福柯那里，“知识是由话语所提供的适用和适应的可能性确定的……不具有确定的话语实践的知识是不存在的，而每一个话语实践都可以由它所形成的知识实践来确定”[1]。因此，社会科学知识也体现着话语结构：“不同时预设和建构权力关系就不会有任何知识”[2]；同时，这种知识还与“求知意志”（the will to knowledge）这种“散播的欲望”纠缠在一起，历史性地制造着各种“真理游戏”。从这个视角来看，所谓的“知识—法学”取径，实是一种福柯影响下的话语分析，即对“现代化话语”在中国法学领域的表现进行揭示和批判的一种话语分析。就像福柯对现代监狱和性史的研究揭示了现代规训机制、性行为模式受制于一套现代性话语结构（规训话语、性话语）一样，邓正来在《中国法学向何处去》中所要揭示的其实是：以“权利本位论”“本土资源论”“法律文化论”“法条主义”等为代表的主流法学——即1978年以来中国法学所形成的“知识系统”——为我们提供了一种以“西方法律理想图景”为旨归的“现代化话语”（即他所谓的“现代化范式”），而这种“现代化话语”在当下中国的话语实践中，既使中国论者陷于唯西方马首是瞻的“不思”状态而不自知，又为当下社会秩序的西方化提供了正当性——

[1]［法］福柯：《知识考古学》，第203页。
[2]［法］福柯：《知识考古学》，第203页。

尽管他对后者的论证是隐而不显，并因此是不充分的。

然而，邓正来对“现代化话语”的话语分析，并不是福柯意义上的话语分析，因为它欠缺内在于福柯式话语分析中的社会—历史维度的观照[1]。福柯式的话语分析从一开始就打上了历史的烙印——尽管它采取的并不是传统意义上的“历史学”取径。福柯早期所谓的“知识考古学”，不是如传统历史学般考察知识或话语的“起源”，而是秉承尼采对“出身”的关注，把知识或话语视为历史“遗迹”（monument），探究其得以“出现”的深层条件，进而恢复其作为“历史事件”的面目。按照福柯本人的总结，这种考古学方法在关于新事物的确定、矛盾的分析、比较的描述和转换的测定等四个方面与传统历史学（特别是思想史）不同：“考古学所要确定的不是思维、描述、形象、主题，萦绕在话语中的暗藏或明露的东西，而是话语本身，即服从于某些规律的实践”；它是要“确定话语的特殊性”，“指出话语所发挥的规则作用在哪些方面对于其他话语是不可缺少的”，并“沿着话语的外部的边缘追踪话语以便最终清楚地确定它们”；它不试图捕捉话语的主宰形态地位从无名的状态中脱颖而出的时机，而是“确定话语实践的类型和规则”；它“不试图重建人们在说出话语的一瞬间的所思、所愿、所求、所感受、所欲的东西”，而只是一种再创作，即“在外在性的固有形式中，一种对已写出的东西调节转换”。[2]“系谱学转向”后的福柯不仅仍然保留着对“话语史”的关注，而且还将这种关注从话语形成推进到社会实践

---

[1] 值得注意的是，笼统地说邓正来忽视“社会—历史分析”有失公允。在其他场合，他主要对当下中国国际向度的时代背景（即他所谓的“世界结构”）进行了某种程度的社会—历史分析（参见邓正来：《中国法律哲学当下基本使命的前提性分析：作为历史性条件的“世界结构”》，载《法学研究》2006 年第 5 期）。然而，这既是他的另一项相对独立的研究，又与《中国法学向何处去》的内在理路并不完全契合——因为按照他对中国法学和中国社会秩序进行反思的理路（即“知识—法学”取径的内在要求），他更应对中国国内向度的社会转型进行社会—历史分析。因此，指出这一点，并不妨碍本书在此得出这样的结论。

[2] 参见［法］福柯：《知识考古学》，第 152—154 页。

层面，从而形成了一种以“权力 / 话语”为核心范畴的社会批判理论。以“权力”概念为中介，福柯在话语与社会实践之间建立起了紧密的联系：“权力”的引入不仅使其可以充分把握话语形成中的权力机制，也使其得以展现弥散于社会实践中的“毛细血管状的”权力网络。作为一种“历史事件”，“话语的关系并不内在于话语”，而是“建立在机制，经济和社会过程，行为的形式，标准的序列，技术，分类的类型和特征化的方式之间”；[1] 不惟如此，话语实际上还“借助于利益、表象和符号的理论，借助该理论所重构的序列和发生过程，为统治权力的行使提供一种通用的处方”。[2] 因此，福柯式话语分析不但旨在凸显话语“如其所是”的历史进程，抑且意在揭示了话语作为权力对社会实践的型塑作用，其最终必然导向一种社会批判理论。正是在这个意义上，哈贝马斯指出，福柯后期使用的“权力”概念对他而言非常重要，因为它“为其考古学探究和系谱学揭示带来了现代性的批判维度”。[3] 反观邓正来的“知识—法学”取径，由于将其限定于“从知识‘内部’去透视和反思中国法学发展问题”，他在很大程度上切割和消解了从知识系统之外（特别是社会—历史维度）反思和批判中国法学 / 法制状况的可能性。于是，福柯式社会—历史维度批判性旨趣的缺失，便是顺理成章的结果。

需要指出的是，我在此绝不是要秉承福柯主义立场，指责邓正来在理论分析中的某种不作为。我个人认为，这种“主义”层面的学术评论其实是不可欲的，因为它很大程度上不过是表演性或意识形态

[1] 参见［法］福柯：《知识考古学》，第 48—49 页。

[2] 参见［法］福柯：《规训与惩罚》，刘北成、杨远婴译，生活·读书·新知三联书店 2003 年版，第 113 页。

[3] See J. Habermas, “The Critique of Reason as an Unmasking of the Human Sciences: Michel Foucault” , trans. Frederick Lawrence, in *Critique and Power: Recasting the Foucault/Habermas Debate*, Michael Kelly (ed.), (Cambridge, Mass.: MIT Press, 1994), p.57.

化的“理论游戏”。正如余英时转借金岳霖的话所说的那样，以一种“义理”去评判另一种“义理”只能变成“以一种成见去形容其他的成见”。[1]社会—历史维度的分析之所以重要，绝不仅仅是因为它是福柯话语分析的特质；毋宁说，这乃是因为它是“邓正来问题”在《中国法学向何处去》一书的内在理路及当下中国情境中得以出场的必要条件。

首先，由于未对“现代化话语”的产生及其与西方化社会秩序（法律秩序）之间的互动关系进行社会—历史分析，邓正来只是从理论上较充分地论证了以“权利本位论”等为代表的主流法学知识系统的西方化倾向，但却并没有充分论证当下中国以法律秩序为基础的社会秩序的西方化倾向。一个时代的社会—历史条件，既影响甚或决定着理论话语的形态，亦制约着理论话语制度化并作用于社会实践的状况——这既是福柯具有丰富内涵的“话语实践”概念的应有之义，就法律而言，它亦体现了“社会—历史中的法律”的内在运行机理。“知识中的法律”只是学者的一种话语建构，它并不能替代“社会—历史中的法律”在制度和实践层面的实然展开。因此，如果不基于“社会—历史中的法律”的内在运行机理，探讨受“现代化范式”或“现代化话语”支配的主流法律理论与（西方化的）法律制度之间的互动，我们就难以得出当下中国的社会秩序或法律秩序（而非当下中国法学）受“西方法律理想图景”支配的结论，进而我们对“中国社会秩序的正当性和可欲性”之追问就是不充分的——除非我们在逻辑上专断地假定：“权利本位论”等理论模

[1] 参见余英时：《中国近代思想史上的胡适》，载余英时：《余英时文集第五卷：现代学人与学术》，广西师范大学出版社2006年版，第243页（金岳霖的原话为：“哲学要成见，而哲学史不要成见。哲学史既离不了成见，若再以一种哲学主张去写哲学史，等于以一种成见去形容其他的成见，所写出来得哲学史无论从别的观点看起来价值如何，总不会是一本好的哲学史。”金岳霖：《冯友兰〈中国哲学史〉审查报告》，载金岳霖：《金岳霖学术论文选》，中国社会科学出版社1990年版，第281页）。邓晓芒亦曾指出：用一种思想去否定另一种思想，其实“只是另一个哲学家在反对，而不是陈述反对意见的研究者在反对”。参见苏德超：《哲学翻译的新探索》，载《武汉大学报》2004年4月9日。

式，可以在制度和实践层面充分反映当下中国社会秩序 / 法律秩序的全貌，或者至少两者在精神旨趣上是相通的，譬如都奉“西方法律理想图景”为圭臬。如果与福柯式的话语分析进行对照，不难发现，邓正来其实选择了一个最为便利（但却未必最为有效）的视角进行话语分析。他并没有像福柯那样将历史传统、实践发展和知识生产状况熔为一炉，以重构那种作为“历史事件”出现并主导社会实践的“现代化话语”[1]（如果这种“现代化话语”真的存在，它绝不会是任何单一的既有理论模式建构的，而只可能是历史上存在的多种理论话语“重叠共识”的产物[2]），而是在当下法律理论话语中专断地选定几种理论模式，并从理论上分析其受“现代化话语”支配的倾向。这种稍显讨巧的研究策略，固然可以较为直观地呈现研究者的问题意识和理论担当，但却不足以深入把握研究对象和研究论题。它不但为被批评者的不接受或评论者的误解打开了方便之门，[3]抑且在事实上遮蔽了福柯式话语分析可以洞察到的诸多问题——譬如，为什么会产生“现代化话语”？这种“现代化话语”产生的社会—历史条件是什么？它经过了何种历史演化过程？它是

[1] 我曾试图从发生学的法律运行视角（即分别从“知识形态”“制度形态”和“实践形态”三个层面入手），把这种“现代化话语”建构为以保障个体公民的“消极自由”为基本旨趣、进而具有“新自由主义”倾向的“权利本位范式”[参见孙国东：《权利本位范式及其社会—历史限度：当下中国主流法学 / 法制的“新自由主义”倾向》，浙江大学光华法学院编：《转型期法治：全国研讨会论文集》(2009 年 12 月)，第 184—202 页]。但由于论说空间有限，特别是研究思路的变化，我最终放弃了这一学术努力。

[2] 正如汪晖所言，“现代性的纲领并不是由某一个思想群体单独完成的……恰恰相反，现代性的纲领的各个组成部分及其分类原则是在相互冲突的思想之间逐渐形成的”。汪晖：《现代中国思想的兴起》，生活 · 读书 · 新知三联书店 2004 年版，第 1410 页（鉴于汪晖的此一四卷本论著的页码是相续标出的，此处的引证只标出页码，不再注明卷别；下同）。

[3] 譬如，苏力在中国政法大学作讲座后回答听众提问时就指出：“至于现代化范式，我不认为我自己是现代化范式。”（参见朱苏力：《司法制度的变迁》，http://www.712100.com/bbs/thread-195667-1-1.html，最后访问时间：2018 年 3 月 10 日）。《中国法学向何处去》发表后，邓正来面临的最大误解之一，就是诸多论者揪住细节（特别是对四大理论模式的选择和批判）不放，而完全忽视了这些理论模式（甚至整个中国法学）在邓正来那里都是作为个案而存在的（譬如参见高全喜：《中国现代法学之道：（转下页）

否现实地支配了当下中国的知识生产状况？它与当下中国社会秩序 / 法律秩序之间存在着何种切实的关联？等等。

其次，社会—历史分析的缺失，既不能凸显“邓正来问题”之所以成为问题的社会—历史背景，亦在很大程度上消解了其相对于社会秩序 / 社会结构的解释力，特别是批判力。如前所述，如果“邓正来问题”构成了我们时代的真问题，它必须基于当下中国的社会—历史规定性而出场。然而，由于欠缺社会—历史维度的观照，邓正来事实上未能回答以西方（法律）理想图景为旨归的“现代化话语”基于何种社会—历史条件而出现，进而也就不能充分回答“邓正来问题”何以成为我们时代的问题。在这个意义上，邓正来本人对“邓正来问题”出场的分析，其实是不充分的。再者，这种缺失社会—历史维度的话语分析，不但不能形成一种对社会具有批判力的社会批判理论，抑且会退化为一种知识批判理论，甚至还极易让人解读为对“知识生产者”（而非“知识生产机制”）进行批判的论说。尽管邓正来提出了“城乡二元结构”“贫富差距结构”等社会结构性难题，甚至还藉此批判了中国法学的“都市化”倾向，但这种社会结构性难题，只是作为其批判的一个前提或基础而存在的：他既没有对这种社会结构进行分析和批判，亦未做出试图建构回应这种社会结构之法律原则的学术努力。因此，仅仅提及这些结构性问题，并不构成他对法律之社会—历史维度的重视，亦不构成他对社会结构的分析和批判。尽管他在早期的研究中曾对知识生产机制进行较

(接上页) 价值、对象与方法》，载孙国东、杨晓畅主编：《检视“邓正来问题”：〈中国法学向何处去〉评论文集》，中国政法大学出版社 2011 年版，第 55—84 页）。这种状况之产生，固然是论者的先入之见使然，但邓正来本人其实亦要承担一定责任。因为他的论述策略以及由此决定的研究重点、篇幅分配，极易引导人们拘泥于那些细节，进而“看不懂”他真正的意图之所在。

为系统和猛烈的批判[1]，但遗憾的是，在《中国法学向何处去》中，他既没有对他早期所谓的“结构性基础与社会科学知识之间的互动关系”予以揭示，甚至也没有基于知识生产机制对“现代化范式”与主流法学间的互动关系进行具体分析，进而也就不能基于“结构性基础与社会科学知识之间的互动关系”揭示“现代化话语”形成的社会—历史背景。依我个人鄙见，相较于他早期从知识社会学角度对中国社会科学自主性的研究而言，这亦是其知识社会学分析在法学领域的不充分性、不彻底性，乃至这种研究取径本身的局限性。正是由于缺乏基于社会—历史视角对知识生产机制的分析和批判，这种“知识社会学”分析在很大程度上是“有知识—无社会”的跛足的“知识社会学”研究，甚至还隐约具

[1] 值得注意的是，邓正来在“中国社会科学自主性”题域中，对知识生产机制的分析和批判主要包括两个密切相关的向度：一是对知识生产机制的一般性批判（如对“知识规划”时代和“集体性知识生产机器”的分析与批判）；二是对知识分子与各种“操作”或“玩弄”中国学术制度安排之实践间的“契合”关系的反思和批判。尽管这种批判在某种程度上指向了社会的结构性要素，但他强调更多的还是知识分子的“共谋”——与西方文化霸权及知识生产机制的“共谋”（参见邓正来：《研究与反思——关于中国社会科学自主性的思考》）。在与魏敦友进行学术对话时，我曾对“共谋论”的道德指责进行了商榷。我的主要观点是：在研究当下中国的学术与政治关系时，仅仅表明一种“学术为本”的立场是远远不够的，我们必须还要把我们为什么仅仅只敢提出“学术为本”口号，而不敢进一步追问是何种原因致使我们不能“学术为本”进一步问题化、学术化，这就涉及我所谓的那个隐而不显的“政治意识形态结构”问题，而正是这种政治意识形态结构的存在，使得我们在处理学术与政治的关系时出现了两种表面上完全对立的“政治正确”立场，产生了两个似乎不同的学者阵营。因此，真正的“学术为本”在处理学术与政治关系时，必须对“政治意识形态结构”进行学术上的分析和批判；这种分析和批判不仅是学术自主的前提，也是建构中国法律哲学的一个历史性前提。我们必须看到：无论是言不由衷地与官方政治意识形态“共谋”，还是仅仅自得其乐（之所以称“自得其乐”，是因为在我看来魏敦友对“政治意识形态结构”的“不意识”，就像邓正来批判的那种对“世界结构”的“不意识”一样：“仿佛这个世界结构已经真的不存在什么支配与反支配的关系了，不存在宰制与反宰制了，一切都是平等的，一切都是游戏性的”）地表明与官方政治意识形态结构“决裂”立场并以此为据批判前述“共谋者”，都是在回避一个更为根本的问题，即对政治意识形态结构的学术分析和批判（参见孙国东：《切勿让“学术为本”流于一种意识形态：就学术与政治和中国法律哲学的建构答魏敦友教授》，法律博客，http://sunguodong.fyfz.cn/b/575006，最后访问时间：2018 年 3 月 10 日）。

有王小波很早即指出的那种“批判人而非批判社会”的倾向。[1]就此而言，尽管有论者认为他“在相当程度上已经发起了中国式的‘批判法学运动’”[2]，但他事实上开启的只是一种知识批判运动，并不具有美国式“批判法学运动”所追求的社会批判旨趣。[3]

由是观之，作为将知识社会学方法、特别是话语分析方法引入中国法学研究的尝试，“知识—法学”取径在很大程度上是不成功的——至少是不彻底的。要想使“知识—法学”取径具备对“社会—历史中的法律”的指涉和言说能力，我们必须对其进行某种程度的改造。一个较为便利的思路，或许是将其改造为“知识—法学—法制取径”，即通过法学知识系统—主导性的“规范性信念”—法制制度之间的互动，将“知识—法学取径”的研究拓展至立法实践的层面。然而，由于法律本身的文本双重性（法学知识生产文本 vs. 立法文本或判例文本）带来的法律实践的两重性（立法实践 vs. 法律实施实践），即使经过这种改造，它亦只能指涉以“书本上的法”（law in book）为中心的“立法实践”，远不能含括对法律而言更有实践意义的实践领域，即以“行动 / 诉讼中的法”（law in action）为中心的法律实施或法律运行实践。而且，正如本书接下来将揭示的，就“邓正来问题”的性质而言，知识社会学方法特别是福柯式的话语分析，亦非最佳选择。

---

[1] 王小波曾在《中国知识分子与中古遗风》中写道：“我国知识分子在讨论社会问题时，常说的一件事就是别人太无知。”“我不认为这是批判社会——这是批判人。”参见王小波：《王小波散文选》，长江文艺出版社 2009 年版，第 32—33 页。

[2] 参见季卫东：《为法理大辩论提供两个分析框架》，载孙国东、杨晓畅主编：《检视“邓正来问题”》，第 85 页。

[3] 根据批判法律研究运动发起者的观点，批判法学试图“探究当下法律学说（legal doctrine）、法律教育和法律制度的实践运作支持和支撑那种普遍存在的、包含着压迫性和不平等关系的制度的方式”。因此，“批判法学”本身就是一种激进左翼的社会批判理论。上引文字，见 Statement of Critical Legal Studies Conference, in P. Fitzpatrick & A. Hunt eds., *Critical Legal Studies*, (Oxford: Basil Blackwell, 1987), p.8.

第二章 现代转型与文化认同的重建

——“邓正来问题”出场的社会—历史条件

“您问我，哲学家都有哪些特异体质？……比如他们缺乏历史的意识，……几千年来哲学家们处理过的一切，是概念的木乃伊；没有什么真实的东西生动活泼地出自他们之手。”

——尼采*

*[德]尼采:《偶像的黄昏》，卫茂平译，华东师范大学出版社2007年版，第54页。

在上一章中，我们主要以福柯话语理论为参照，分析了邓正来基于“知识—法学”取径推演出“邓正来问题”的内在理路，以及由于忽视社会—历史分析导致的“邓正来问题”出场的不充分性，特别是无法回答“邓正来问题”在当下中国出场的社会—历史背景。这里的关键在于：惟有将“基于中国文化认同的（法律）理想图景”诉求，置于全球化和社会转型（现代转型）的背景中，并将这种社会转型置于晚清（乃至宋明）以来由现代化话语、制度和实践互动形成的社会—历史大背景中，我们始能更为充分地理解其历史意义，甚至才能从中找到我们的努力方向。然而，福柯只是我进行学理分析的理论参照，而非学术研究的评判标准。事实上，福柯式的话语分析不仅超出于我的学力之外，亦不完全符合我的学术旨趣；更为重要的是，就“邓正来问题”的性质而言，福柯式话语分析其实并非最佳选择。不同于福柯的话语分析对象（规训话语、性话语等）的不正当性和不可欲性，“邓正来问题”对我们的时代而言更应当成为正当且可欲的追求。因此，否定性的思维方式和批判性的研究取径，尽管有助于澄清“邓正来问题”的理论价值和历史意义，但其最终仍需要我们做出建设性的学术努力，特别是真正符合转型中国政治与社会—历史条件及政治哲学承诺的介入性学理分析和实体性理论建构。

在本章中，我们拟以社会转型（现代转型）为背景，以“现代性话语”和“中国文化认同”为中心，对“邓正来问题”进行简要的社会—历史分析。依我个人鄙见，社会转型构成了“邓正来问题”之所以成为问题的最重要的社会—历史背景。惟有回溯明清以降中国开始遭遇西方而向“现代”转型的历史进程，我们始能更为清楚地呈现“邓正来问题”之所以成为问题的社会—历史背景。也正是在这样的背景下，所谓的“现代性话语”方始成为贯穿中国理论、制度和实践诸方面的主流话语，“基于中国文化认同的（法律）理想图景问题”方始成为时代性的课题。然而，无论是关于“现代化话语”“中国认同”，还是关于两者之间的关系，邓正来的论述主要是逻辑性的。首先，在邓正来那里，“现代化话语”与“中国认同”的关系，是从话语到话语的一般逻辑关系：前者的存在遮蔽了后者，后者是反思与批判前者的逻辑前提。再则，正如前文分析的那样，这种“现代化话语”与社会秩序的关系，亦主要是一种逻辑关系。社会—历史分析，则可以将这种逻辑性的论述转化为历史性的论述，同时使之具有某种基于历史视野的社会观照：一旦我们恢复和重构了现代性在中国作为“历史事件”生成的面目，我们就可以初步展现现代性话语作为历史叙事在理论、制度和实践诸方面，逐渐支配中国的历史进程；而一旦对明清以降的社会转型有了长时段的理论把握，我们则可以更明晰地呈现我们的历史使命和努力方向。

在对中国现代性问题的社会—历史分析中，做出最突出贡献的可能是汪晖。在《现代中国思想的兴起》等论著中，他在宋代以降的思想史中重构了“现代性叙事”在中国内在确立、自我质疑或自我否定的复杂进程，进而试图在思想史中展现基于“中国认同”的“中国现代性”之建构的可能方向；另一方面，他又主要在社会史中，展现了宋代以降“帝国建设”和“国家建设”重叠与转化并存的“时势”中，“中国”和“中国认同”重新定义和不断确立的复杂历史进程，进而试图为建构当下中国的认同提供某种历史借鉴。[1]在很大程度上讲，汪晖其实在其对现代中国思想进行话语分析和话语重构的语境中，回应了“邓正来问题”。然而，尽管汪晖声称要“重新确认批判的前提”[2]，但经重新确认后的批判前提，却是没有“规范性基础”的解构性前提。换言之，尽管他旨在对构成中国现代性叙事的“历史前提”进行反思和批判，但由于

[1] 汪晖的论述颇为复杂。据我个人体会，这种复杂性主要是因为他受福柯话语理论影响而预设了克罗齐（Benedetto Croce）式的历史哲学观（“一切历史都是当代史”），并藉此将历史研究与现实关怀紧密地结合了起来。正如“西方中心论”的“帝国”范式，为我们建构了一种“中国是现代性之他者”的思想史一样，我们同样可以采用其他范式“回到自己的历史之中”，重构出一种“现代性叙事”在中国内在确立、自我质疑或自我否定的思想史。这样，我们就可以取得“对象的解放与对现代的质询”的双重效果：一方面，我们可以把我们的研究对象（现代性），从由未经反思的话语（西方中心论、历史目的论的“现代性叙事”）所规定的那种非历史、平面化、未经质询的研究对象的位置中解放出来；另一方面，经由另种新范式重构出的那些“现代性叙事”内在确立、自我质疑或自我否定的复杂历史进程，既恢复了“现代性叙事”作为历史事件的面目，亦同时建构了一种新视野，用以观察我们自身在当下讨论现代性问题时的局限性，进而为我们建构“中国现代性”“另类现代性”或“非现代性的现代性”，提供可能的突破口（参见汪晖：《对象的解放与对现代的质询》，载汪晖：《别求新声：汪晖访谈录》，北京大学出版社 2009 年版，第 252—265 页。）正是经由这种重构的思想史达致的“对象的解放与对现代的质询”，汪晖把历史与当下联系起来，即把“现代性叙事”的历史生成与“中国现代性”的未来建构联系起来。由此可见。汪晖的历史研究是服务于其现代性论说的，在这个意义上讲，它实是一种福柯式“反历史的历史研究”。这里的关键，就是汪晖受日本“京都学派”启发而选择的另一套颇为复杂的分析框架和概念工具，如理与物、时势与理势、帝国与国家、天理与公理 / 反公理、封建与郡县、礼乐与制度等。鉴于本书并非对汪晖的全面评析，在此不拟申论。

[2] 汪晖：《去政治化的政治：短 20 世纪的终结与 90 年代》，生活 · 读书 · 新知三联书店 2008 年版，第 62 页。

欠缺批判所赖以为基的“规范性基础”，其批判在很大程度上只是福柯般的解构，在根本上无益于我们对“中国（法律）理想图景”的寻求。在《现代中国思想的兴起》的“总论”中，他将福柯对“求真意志”之历史、后果及其与权力关系的追问，移植于中国现代性的语境中写道：

> “如果福柯的上述问题值得回答的话，我们就不得不认真地思考以民族—国家体系为基本政治形式的资本主义与社会主义的共有历史前提：对进步的信念，对现代化的承诺，民族主义的历史使命，以及自由平等的大同远景，特别是将自身的奋斗和存在的意义与向未来远景过渡的这一当代时刻相联系的现代性的态度，等等。”[1]

汪晖的这一论述，其实较为集中地体现了他的问题意识、研究取径和理论倾向：他不但同邓正来一样要将“现代化话语”（即他自己所谓的“现代性叙事”）“彻底问题化”[2]，抑且也像福柯那样在历史中问题化，以恢复“现代性叙事”作为“历史事件”的面目。然而，也许是出于对历史目的论的警惕，他在消解了主流“现代性叙事”的历史前提后，却不愿对他所谓的“中国现代性”的价值取向及生成路径做任何实质性承诺，甚至连那种超越于实践病态并作为现代性批判之“规范性基础”的存在空间也予以回避，从而在根本上缺乏建构“中国（法律）理想图景”的自觉意识和理论观照。在这个意义上，高全喜对汪晖的批评是正确的：

---

[1] 汪晖：《现代中国思想的兴起》，生活·读书·新知三联书店2004年版，第1492页。

[2] 参见汪晖：《“中国制造”与另类的现代性：答〈装饰〉杂志问》，载汪晖：《别求新声：汪晖访谈录》，北京大学出版社2009年版，第114页。

> “汪晖的贡献在于找到了一个中国人的视角，但可惜的是，这个中国人是一个空心人，他没有心肝，在欧洲主义和亚洲主义的双重力量的碰撞之下的现代中国人究竟要做什么，应该做什么这些与中国生死攸关的问题上，汪晖采取了回避的态度，或者说他隐藏了自己的立场。”[1]

因此，为了对“基于中国文化认同的（法律）理想图景问题”进行社会—历史分析，我们必须对汪晖的相关论说进行某种程度的改造。为了避免汪晖的前述倾向，我对本书将采取的立场做两点限定和说明：第一，我将秉承汪晖对现代性的反思和批判立场，但同时我尽力保留这种批判所赖以为基的“规范性基础”的存在空间。尽管我同样不能言明这种“规范性基础”由哪些价值要素及何种价值结构构成，但我知道这是作为“中国人能够共享一种更有德性、更有品格和更令人满意的生活的理想图景”（邓正来语）所内在必需的，我们必须为它保留空间。与此相关，第二，为了给“中国（法律）理想图景”的想象保留空间，更为了为社会批判保留空间，我仍保有一种超越现实的“乌托邦精神”，并因而倾向对现代性（而非现代化）进行批判和反思。尽管我不认为历史具有某种先定的目的，但我仍深信，正如哈贝马斯所说的，“如果乌托邦这块沙漠绿洲枯干，展现出的就是平庸不堪和绝望无计的精神荒漠”[2]。

就现代性来说，如果确如汪晖所言，“没有人能完全拒绝现代性，

[1] 杨念群、高全喜等：《现代中国思想的兴起（上）》，载《开放时代》2006年第1期。

[2] 参见［德］哈贝马斯：《新的非了然性：福利国家的危机与乌托邦力量的穷竭》，薛华译，载薛华：《哈贝马斯的商谈论理学》，辽宁教育出版社1988年版，第105页。

现代性是我们的基本生存形式”[1]，而“‘现代’……是一个为未来而生存的时代，一个向未来的‘新’敞开的时代”[2]，那么我们始终有个不可回避的时代课题：如何理解和面对我们的传统——既存的传统和正在形成的传统？[3]如何看待“现代化”本身？……如果现代化已成为不可逆转的历史趋势和不可抗拒的时代宿命，那么对现代性的各种反思和批判其实不过是现代化不断展开的另一证明——借用汪晖评价晚清以降“科学话语共同体”的话来讲，现代化已把现代性及其反对者共同纳入现代化浪潮之中。[4]从根本上看，这意味着：“中国现代性”也好，“中国（法律）理想图景”也罢，只能在现代化过程中通过对（西方）现代性的反思而达致。依我个人鄙见，这才应当是汪晖所谓的“反现代性的现代性”的应有之义。这种吊诡性的处境表明，我们的确是在“戴着镣铐跳舞”，但亦意味着：相较于“现代化”，我们更应当反思“现代性”，进而在反思和批判中推进“中国现代性”的历史展开。除了上述政治哲学立场（依我个人鄙见，这也是汪晖所自我期许的“批判的知识分子”真正应当采取的立场）外，我不预设任何其他实质性的立场。这在根本

[1]参见汪晖：《别求新声》，第111页。

[2]汪晖：《去政治化的政治》，第483页。

[3]在许多社会理论家看来，现代性本身是与传统的某种“断裂”。譬如，吉登斯认为，现代社会制度从传统的社会秩序中分离出来的断裂表现在以下三个方面：其一，现代性时代到来的绝对速度；其二，断裂体现在变迁的范围上已经席卷了地球的整个层面；其三，形成了不同于传统社会的现代社会的固有特性。哈贝马斯指出，“‘现代性’这一说法一再表明了一种时代意识，其回溯到过去的古典时期，仅仅是为了将自己理解为一种除旧布新的转型过程”。鲍曼（Zygmunt Bauman）说得更彻底：“现实应该从自己历史的‘死亡之手’中解放出来，而且这种解放，只有通过瓦解传统的方式才能实现，这一点是决定性的因素。”请分别参见［英］吉登斯：《现代性的后果》，田禾译，译林出版社2000年版，第6—7页；J. Habermas, *The Theory of Communicative Action: Vol. 1, Reason and the Rationalization of Society*, trans. Thomas McCarthy. (Boston: Beacon Press ,1984), p.246；［英］齐格蒙特·鲍曼：《流动的现代性》，欧阳景根译，上海三联书店2002年版，第4页。

[4]参见汪晖：《现代中国思想的兴起》，第1124页。

上体现的，其实是赵汀阳所谓的“无立场”[1]。因为我力图做到：不是去复述某种主义的“观点”，而是去阐发和建构可以分析和解释关于中国问题的“道理”。

基于上述分析，本章将主要借用汪晖对现代性话语的历史分析，同时以李泽厚的相关论说为补充，以初步恢复现代性叙事作为“历史事件”的面目。接着，我将对当代中国的社会转型进行初步的社会—历史分析，并结合社会转型带来的“认同危机”和正当化压力共存的局面，对转型中国文化认同（道统）的重建进行进一步的理论分析。

一、作为“历史事件”的现代性话语：汪晖与李泽厚

根据汪晖的论述，中国现代性是伴随中国文化继回应佛教的挑战后又遭遇西方而出现的。作为“历史事件”的“现代性话语”支配中国，大体上是这样一个历史进程：晚清以降，为中国论者所普遍接受的那种西方化的“现代性叙事”与科学主义的世界观（即“公理观”）和知识体制相结合，从而使现代性在制度和实践层面在中国逐渐取得了支配地位。

第一，现代性在中国确立的过程，是“天理世界观”让位于“公理世界观”的过程。受伽达默尔等关于现代性与新世界观的关系的论述启发，汪晖从中国思想史的“内在视野”出发，将中国现代性的生成与现代思想从“天理”到“公理”的世界观演化联系起来，并考察了公理世

[1] 赵汀阳指出：无立场旨在“剥夺任何观点的绝对价值或价值优先性，在什么地方该用什么立场由问题说了算，而不是由某种固定的立场说了算”。赵汀阳：《论可能生活：一种关于幸福和公正的理论（修订版）》，中国人民大学出版社 2004 年版，第 7—8 页（修订版前言）。

界观的科学主义预设及其对制度和实践层面的影响。从思想史上看，宋明道学（特别是宋明理学）为了回应佛教对中国文化的冲击，建构了一套不同于传统儒学的“天理世界观”：“两宋道学破除二氏（佛教和道教）的迷误、废弃汉儒的传注之学、恢复儒学的真实面目，这一儒学运动的结果是确立了以天理为中心概念的宇宙论、心性论和知识论。”[1]然而，晚清以降，自我观念（以及新的私有权思想）和实证方法不断突破形而上学的天理观的束缚，并为天理观向公理观的转化提供了内在动力。天理观的式微和公理观的形成，是同一历史进程的两个不同方面：它既是人的解放、自我的发现和私人的平等权利建立的过程，亦是经由科学除魅或合理化的过程。这是因为现代平等观与现代科学观否定任何先天等级的存在，力图按照科学的公理重建社会，从而将现代公理观与那种把传统等级关系自然化的天理观置于截然对立的关系之中。[2]

第二，与公理观的确立相伴随的，是科学主义成为晚清以降中国的主导意识形态，它使社会中形成了一个具有话语霸权地位的“科学话语共同体”，并最终使现代性的知识建制在中国逐步确立起来。科学话语共同体起初以科学社团和科学刊物为中心，但其外延却不断扩大，最终通过印刷文化、教育体制和其他传播网络，把自己的影响扩展至全社会：由于科学世界观为原子论的个人主义及其在婚姻和社会事务方面的正当性提供了证明，它适应了社会主权形式的演变，进而使重构教育体制和知识谱系成为现代国家主权建构的主要内容。这样，科举制让位于国民教育和以新的社会分工为根据形成的专业教育；而在这种新的教育建制中，孔孟及理学等传统世界观被沦为新学教育的一个部分，不再具有世界观的特性。[3]因此，从这个视角来看，所谓的“新文化运动”其

[1] 汪晖：《现代中国思想的兴起》，第111页。
[2] 参见汪晖：《现代中国思想的兴起》，第63页。
[3] 参见汪晖：《现代中国思想的兴起》，第1397—1403页。

实是科学话语共同体的文化运动，梁启超、梁漱溟和张君劢等反抗科学主义的人文主义，则不过是通过与科学主义对抗而产生的对于科学主义的补充。“通过对科学及其制度性实践的合法化过程，不同的文明（主要是指西方文明和东方文明）的等差关系以‘科学’的标准稳固化。”[1]正是在科学的名义下，东西差异被理解为分别代表着落后和先进的知识差异和发展水平差异，进而使现代性的各种社会制度安排在科学的外衣下逐渐在中国形成。由此可见，那种西方化的现代性叙事是在科学和公理世界观的名义下在中国逐渐取得支配地位的。

然而，如果我们单纯从“公理观”和科学主义的视角来叙述现代性的确立，只会把我们对现代性的反思引向对“科学主义”的反思（就像西方很多论者所做的那样）。暂且不论我们一味批判科学主义（特别是科学）会否犯下“将婴儿和洗澡水一起倒掉”的错误，在以科学主义化约现代性的时候，我们势必会消解对本应成为政治哲学诉求的某些现代性价值的追求——尽管如刘小枫所言这些价值的制度化形式是历史形成并因此具有必然的特殊性，但其价值的内容恐怕是不能轻易否定的。[2]为了更全面地展现现代性作为“历史事件”在中国呈现并确立的历史进程，我们有必要引入另一视角，即李泽厚所论及的“救亡与启蒙”的因素。引入李泽厚的论说，并不是一定要从其“救亡压倒启蒙”的著名论断引申出当下中国的启蒙使命，而毋宁是想指出这一点：现代性在中国确立的过程，除了知识论上的科学世界观和意识形态上的所谓科学主义

[1] 汪晖：《现代中国思想的兴起》，第 1124 页。

[2] 刘小枫区分了两种反普遍主义的话语：一种认为那些现代性价值尽管源于西方的社会和思想文化脉络，它基于对公共理性及其认定的基本正义价值的肯定，因而具有普遍性，但这并不等于在不同文化传统的社会或国家形态中只有一种现代性价值的制度化形式；另一种认为那些现代性价值由于是西方文化习性的结果（= 西方的真理），因而其基本价值不具有普遍性，若主张它具有普遍性，就是西方中心主义或西方文化霸权论。他从历史和理论两个方面对后者关于现代性和自由主义的人类学解释进行了质疑。参见刘小枫：《刺猬的温顺》，上海文艺出版社 2002 年版，第 14—18 页。

外，还有一个救亡图存的重要背景。尽管我们可以在理论上对所谓“挑战—回应”模式的现代性叙事进行反思，尽管极端如“京都学派”者可以把中国自主的早期现代性的展开溯源于宋代，但不能否认的历史事实是：晚清以降，中国对现代性的寻求，是与中国遭遇西方后救亡图存的时代使命联系在一起的。借用李泽厚的话讲，“救亡的局势、国家的利益、人民的饥饿痛苦，压倒了一切，压倒了知识者或知识群体对自由平等民主民权和各种美妙理想的追求和需要，压倒了对个体尊严、个人权利的注视与尊重”[1]。正是在“救亡”的指导下，我们最终确立了毛泽东时代“反现代性的现代性”模式，即社会主义新传统。可见，忽视“救亡”背景，实是一种非历史的态度。它既会遮蔽那些为公理世界观和科学主义在当时中国的确立推波助澜之人的爱国主义情怀，亦无法充分解释后来毛泽东时代“反现代性的现代性”模式在中国作为主导模式的确立。

综上所述，晚清以降，正是以科学和公理为外衣，以救亡图存的时代使命为依托，随着科学主义“公理世界观”取代宋明理学的“理学世界观”，西方现代性叙事在中国逐渐取得支配地位。

二、当代中国的社会转型及其正当化压力与认同危机

如果采用现代化所内在蕴含的最低限的“传统—现代”二元论，并为实践历史中已然形成的对“西方现代性”的反思与批判保留阐释空

[1]参见李泽厚：《现代中国思想史论》，东方出版社1987年版，第33页。

间，可发现当代中国的社会转型在文化上其实是一个“三重诀别”[1]的历史进程，即形成了“既非复古亦非西化，同时又超越苏联模式”的现代转型道路。向古典传统诀别，构成了1949年以后中国现代转型的文化底色，但在改革开放后，特别是21世纪以来，随着对文明复兴的文化自觉，这一文化激进主义的取向有所舒缓。向西方现代性主流模式靠近，构成了改革开放以来的文化底色，但1990年代后期以来，特别是2008年以来，随着对政治模式独特性的捍卫，中国的发展愈来愈具有与西方主流现代性模式（特别是主流政治模式）决裂的倾向。近年来，随着“中国特色社会主义”成为政治意识形态实际上的最大公约数，特别是随着政治当局关于道路选择对立面的明确提出（即所谓“老路论”和“邪路论”），那种以面向未来的时间意识为指导、试图在“三重诀别”中开创中国特色现代化道路的雄心，更加自觉和明确起来：由儒学道统引领的古典治理模式和以苏联模式的社会主义新传统（计划经济新传统）为依托的社会主义发展模式会被视为“封闭僵化的老路”，完全移植西方现代性主流模式（特别是主流政治模式）则会被视为“改旗易帜的邪路”。

在此，我们可以从四个宏观向度对改革开放后的社会变迁进行简要的勾画。

---

[1] 已有论者对改革开放以来中国在文化上的“双重诀别”（与古典传统和社会主义新传统的决裂）进行了阐释。譬如，任剑涛曾指出：“中国学人讨论现代性问题的自我背景，乃是一种在与自我的树大根深的古典传统，与现代性认同之后形成的直取西方非主流的现代性方案的新传统作双重诀别的基础上进行的。于是，现代性问题具有中国问题的独特‘问题性’”。汤一介亦曾在世纪之交总结到：“80年代中期以来，中国文化界、哲学界、思想史界都一直在思考一个问题，即中国哲学研究如何从传统走向现代？普遍的思路是，一要批判两三千年来的专制的旧传统，二要摆脱这三十多年来形成的极“左”的教条主义的新传统。研究者们认为，从这两个传统中解脱出来，哲学才能走向现代，开拓新研究空间。”请分别参见任剑涛：《现代性、历史断裂与中国社会文化转型》，载《厦门大学学报》2001年第1期；汤一介：《哲学要面对现实》，载《中华读书报》2000年3月22日。

第一，1949 年以后开始的“反资本主义的现代化”（李泽厚语）进程，总体上开启了“反现代性的现代性”实践，但这种实践随着改革开放的开启呈现出更为复杂的面向，大体上呈现出从理论先导的现代化模式到实践主导的现代化模式的变化，即我所谓的从思想攻坚的现代化模式最终转向为实践主导的非（西方主流）现代性的现代化模式。

首先，如汪晖所言，无论是共产主义、社会主义，还是毛泽东思想，它们都没有脱离现代性的基本逻辑，只不过是一种“反现代性的现代性”实践。[1]

其次，1978 年以后的改革开放，其实是开始放弃西方非主流现代性（苏联模式）、转而向西方主流现代性模式靠拢的过程，但由于指导思想的变化，先后呈现出稍稍不同的特征。总体而言，正如汪晖指出的，改革开放放弃的仅仅是革命理想主义的现代化方式，继承的则是现代化的目标本身；当代改革的社会主义同样是一种作为现代化的意识形态的马克思主义，亦是一种实用主义的马克思主义。与改革前的现代化不同，中国现在正在进行的社会主义改革的主要特征就是经济领域的市场化，它通过中国经济以及社会文化与当代资本主义经济体系的接轨，把中国社会纳入全球性的市场社会。以 1980 年代末和 1990 年代初为界，我们先后经历了指导思想略有歧异的改革实践：整个 1980 年代，我们试图通过“思想攻坚”的方式（主要体现为中西文化论战、“姓社姓资”之争等）攻破政治经济改革的意识形态藩篱，但自 1990 年代以降，我们大体上形成了一种“实践主导的非（西方主流）现代性的现代化模

[1] 汪晖：《去政治化的政治》，第 64 页。

式”[1]。正是这种模式的出现，构成了1990年代末“新左派”vs.“自由主义”论争及时下关于“中国模式”“中国道路”之争论的实践基础。[2]这种模式的主要特征在于：其一，它悬置了“主义之争”，转向实用主义的实践导向（所谓“摸着石头过河”）；其二，其官方意识形态表述是“中国特色社会主义”，由于并未照搬西方主流现代性政治经济模式，它大体上仍是一种非（西方主流）现代性的现代化模式。[3]

---

[1] 朱学勤也把改革分成两个阶段，并认为后一阶段的指导思想是“市场列宁主义”，既不同于东亚威权资本主义，也不同于东欧的市场社会主义（朱学勤：《激荡三十年——改革开放的真相》，http://news.ifeng.com/opinion/specials/thinking/200810/1023_4817_843822.shtml，最后访问时间：2018年3月10日）。尽管论者对“市场列宁主义”的内涵尚有争论，并且对这种模式的优劣还存在着较大分歧，但这至少了（部分）反映了当下中国改革模式的独特性。

[2] 无论是1990年代末“新左派”与“自由主义”的争论，还是目前如火如荼的关于“中国模式”有无及利弊的争论，在根本上都源于对这种模式的实践成效和未来期许——即对这种我所谓的“有选择地学习西方”之模式的选择范围及其利弊——的认识分歧。简言之，“新左派”及赞同“中国模式”的论者，倾向把这种模式（肯定或期待性地）解读为超越西方［新古典自由主义（neo-liberalist）范式］、寻求中国文化认同和政治独特性的有益尝试；而自由主义者及质疑或反对“中国模式”的论者，则倾向把这种模式（否定或批判性地）解读为与现代文明成果的背离。鉴于此处只是对这种模式形成之历史进程的描述，我们不介入上述争论。

[3] 邓正来指出：“中国的改革实践（特别是1990年代以来的改革实践）是在对苏联计划经济模式和西方主流发展模式的双重诀别的前提下展开的，是在没有任何既定的目标模式和改革路径等的情况下主要由实践推动而形成的。”自1990年代以后，中国事实上在实践中形成了一种“告别西方”的趋势，转而主要根据中国特殊的社会历史条件推进自己的改革进程。邓正来进一步指出：就官方意识形态而言，这种“告别西方”的改革实践是在“社会主义市场经济”的名义下进行的。就思想界的认识而言，崔之元较早地认识到这种“告别西方”的转向并为这种转向做理论注解。他在1994年的一篇文章（崔之元：《制度创新与第二次思想解放》，载《二十一世纪》1994年8月号）中将这种转向概括为“第二次思想解放”。崔之元认为：1978年开始的第一次“思想解放”运动，为拨乱反正、纠正“两个凡是”的偏向，做出了重大的历史贡献。但是改革开放在今天又到了一个新的关口。改革的目标已不像初期那么简单明了。在这纷乱而又充满诱惑力和生机的历史时刻，各种传统的两分法——“私有／国有”“市场／计划”“中体西用／全盘西化”“改革／保守”——似乎都失去了它们刻画现实、想象未来的效力。我们需要第二次思想解放运动。它的重点将不再是对“保守派”的简单否定，而是着重在扩大制度创新的想象空间；它将不再留恋于非此即彼的两分法，而将以经济民主和政治民主为指导思想，寻求各种制度创新的机会。参见邓正来：《“生存性智慧”与中国发展研究论纲》，载《中国农业大学学报》（社会科学版）2010年第4期。

第二，如果以韦伯的“合理化”理论解读改革开放以来的社会变迁，它其实是社会进一步“合理化”的历史进程，主要表现为现代世界观及“目的合理性”（形式合理性）的经济系统、行政系统（官僚制）在中国的进一步确立。韦伯的合理化理论，将现代性的展开视为始于“文化合理化”的“社会合理化”的进程。所谓的“文化合理化”主要是指因世界观的合理化导致的价值领域的分化，表现为：随世界之除魅（宗教—形而上学世界观的瓦解），现代科学技术、道德—实践领域和艺术领域（即文化的认知领域、规范领域和表现领域）等文化价值领域开始分化，从而形成现代世界观。在这种除魅的世界观的指导下，目的合理性或形式合理性成为社会的组织原则：基于目的合理性之上的经济系统和行政系统得以形成。[1]依此看来，改革开放以来的社会变迁大体上可视为社会合理化的一个过程：随着世界观的除魅（尤其是对领袖之个人崇拜的破除及相应的自我意识之觉醒），一种科尔伯格（Lawrence Kohlberg)—哈贝马斯意义上的“后习俗”道德意识结构——即基于普遍主义原则的道德意识结构[2]——逐渐形成，清季民初对“公理世界观”的诉求进一步得到确认；随着“八二宪法”的颁布和依法治国方略的确立，中国重新开始探索社会主义条件下的民主法治建设问题，这使得遵循目的合理性的官僚体制和法律制度开始确立起来；随着社会主义市场经济体制的确立，基于目的合理性的经济交往行为开始盛行；为传统儒学“重义轻利”观念所不容、类似于韦伯“新教伦理”

[1] 韦伯的合理化理论比较复杂，我这里主要采用了哈贝马斯的解读。参见 J. Habermas, *The Theory of Communicative Action, Vol. 1*, pp.143 et seq.

[2] 这种意识结构的主要特点在于如下两个互相联系的方面：基于原则的道德与普遍主义道德。正是这种道德意识结构的出现，为现代社会以对话性（而非独白性）的方式确立社会规范提供了前提。哈贝马斯借用韦伯的合理化理论，将科尔伯格关于“后习俗道德”的个体道德意识发展理论改造成了一种关于社会道德意识演化的论说。其中的论说较为复杂，可参见拙著：《合法律性与合道德性之间：哈贝马斯商谈合法化理论研究》，复旦大学出出版社 2012 年版，第 56—68 页。

的“事功精神”（甚或一种“快乐主义伦理”[1]），开始成为人们的主要价值追求；等等。

第三，改革开放以来，中国创造了人类历史上的发展奇迹，但亦因发展的不均衡、不充分面临着前所未有的正当化压力。此处所谓的“正当化压力”，是指国家因无法积极、充分且有效地回应社会具有正当性（道德可接受性）的政治期许所面临的压力，特别是关于社会正义（共同富裕、共享发展）、政治民主（政府廉洁）、个人自由和人权保障（公民权利和政治权利保护、经济社会文化权利保护）、法治建设（法治国家、法治政府和法治社会一体建设）等方面的正当化压力。[2]借用官方话语来表达，这种正当化压力在很大程度上反映了“人民日益增长的美好生活需要和不平衡不充分的发展之间的矛盾”。要积极回应这种正当化压力，我们固然可以本着实用性即目的合理性的原则在各种相互冲突的需要之间确立优先次序，但在根本上仍需依靠更均衡、更充分的发展，即推进物质文明与政治文明、精神文明、社会文明、生态文明之间的协调均衡，形成经济增长与政治民主、社会正义、保障人权、法治建设等齐头并进的发展格局。

第四，随着文化领域呈现多元化趋势，意识形态逐渐丧失了社会主义时期所具有的那种“社会整合”功能，传统上由儒学道统或社会主义道德塑造的文化认同正面临着根本的挑战。按照哈贝马斯的说法，现代社会的全社会整合（societal integration）包括社会整合（social integration）和系统整合（systemic integration）两个方面：前者是由生活世界以语言为媒介达致的整合，其整合机制是“共识形成机制”；后者则

[1] 参见 Ci Jiwei, *Dialectic of the Chinese Revolution: From Utopianism to Hedonism*. (Stanford: Stanford University Press,1994).

[2] 本书第六章从经济正义、政治正义和文化正义等三个方面对中国社会正义状况的勾画，亦体现了这种正当化压力。

是“系统”以金钱（经济系统）和权力（行政系统）等导控媒介达致的整合，其整合机制是“交换和权力机制”。评价这两种整合的判准也不同：“社会整合是根据自我认同和集体认同的内在稳定和持存之判准予以测度的，且这种自我认同和集体认同又是依赖于行动者所归于自身的东西；系统整合则是按照系统相对于其环境之边界的外在稳定和持存的判准来加以评价的。”[1]以此为分析框架，可以发现意识形态在改革开放前的“社会整合”中扮演着重要角色，但随着改革开放后话语实质内容的抽空化，意识形态已难以重现往日的“社会整合”功能。如果我们比较改革前后意识形态的整合功能，可以发现其间明显的变化：在改革前，由于意识形态与自我认同和集体认同多是一致的，尽管其整合功能的发挥需要依赖“系统整合”（特别是行政系统以权力为媒介的整合），但是这种整合基本上可以在生活世界基于“共识”实现的，行政系统的整合只起着辅助作用；但在改革开放后，由于官方意识形态与个体自我认同之间的隔膜，意识形态的“社会整合”功能已经逐渐丧失，主要靠“系统整合”（特别是行政系统以权力为媒介的整合）勉力维持。与此相适应的，是文化领域的多元化局面开始形成。在这样的背景下，我们面临着较为严重的文化认同危机：我们在文化上仍处于王庚武所说的“经未定”的时期，在很大程度上仍处于严复所说的“旧者已亡，新者未立，伥伥无归”的历史境地。[2]

---

[1] J. Habermas, “A Reply” ,in Axel Honneth& Hans Joas eds. *Communicative Actions: Essays on Jürgen Habermas's“The Theory of Communicative Action”* ,trans.Jeremy Gaines & Doris L.Jones, (Cambridge:Polity Press ,1991),pp.214-264.

[2] 正如查尔斯·泰勒指出的：“认同危机”是“一种严重形态的无方向感，人们经常用不知道他们是谁将其表现出来，但亦可被视为他们立场的极端不确定性。他们缺少这样一种框架或视界：在其中，事物能够获得某种稳定的意义，即某些生活可能性可以被视为好的或者有意义的，另一些则是坏的或者无价值的。所有的这些可能性的意义均是不固定的，易变的，或者未定的。这是一种痛苦而又可怕的经验”。Charles Taylor, *Sources of the Self: The Making of the Modern Identity*, (Cambridge, Mass.: Harvard University Press, 1989), pp.27–28.

三、“两邓两晖律令”：文化认同与道统之重建[1]

以上述社会—历史背景为观照，“邓正来问题”的时代意义是显见的。正是在经历了一波三折的现代化过程，那些西方化的理想图景（民主、科学、发展等）及其制度化形式开始未经反思地成为了中国的当然“（法律）理想图景”及其制度化诉求，我们开始丧失关于“（法律）理想图景”的想象能力。也正是社会转型所带来的“正当化压力”和“文化认同危机”，让我们对社会秩序的正当性和新的中国文化认同，均有着别样的期待。然而，相较于正当化压力，文化认同危机更为基础。对中国这样的“文明型国家”而言，我们所具有的独特的文明遗产（特别是轴心文明遗产），其实为我们“接榫、吸纳、转化乃至超越”现代性价值提供了反思性的“思想母体”。“多元现代性”观念的主要阐发者艾森斯塔特（S. N. Eisenstadt），将其理据主要建立在现代性所内在的“反思性”基础之上，而这种反思性足以消解“现代性等于西方现代性”的神话：

> “现代性的文化方案带来了人的能动性和人在时间之流中的位置的观念的某些独特转变。它持有这样一种未来观念，其特征是通过自主的人的能动性，众多的可能性得以实现。社会秩序、本体论秩序和政治秩序的前提和这类秩序的合法化，不再被认为是理所当

[1] 本节的相关论述，是在知识界关于“中西古今问题”的主流视野和逻辑中进行的，实质上未能充分考虑到中华民族内部文化传统的多元性，特别是未能充分顾及藏传佛教、中国伊斯兰教等少数民族地区的独立文明体系。对此更全面的论述，可参见本书第八章的相关讨论。

然的了。围绕社会政治权威的秩序的基本本体论前提，产生了一种强烈的反思意识——甚至原则上否定这种反思意识的合法性的现代性最激进的批评者都具有这种反思意识。”[1]

正是这种反思意识，使得非西方国家的现代性方案，可以脱嵌于现代性所原生的西方犹太—基督教文明传统，而对像中国这样有着“轴心文明”传统的国家来说，自身轴心文明遗产的现代转化形式就是这种反思意识的主要思想资源。由于文化认同危机在很大程度上消解了我们回应社会秩序正当化压力的思想能力，文化认同问题在当下中国尤显迫切。就此而言，我们之所以面对社会—政治秩序的各种正当化压力而一筹莫展，甚或无所适从，在很大程度上即因为我们目前仍处于文化上“无家可归”的境地。在这个意义上讲，“邓正来问题”其实把握住了我们时代的一个思想病症，即缺失“基于中国文化认同的（法律）理想图景”的时代病症。

（一）道统复兴，抑或道统重建？

从中国“道统”统领“政统”和“学统”的文化传统来看，中国当下所面临的“认同危机”在根本上是一种“道统危机”。也正是在这样的背景下，以牟宗三、蒋庆等为代表的儒学论者，做出了重建道统的学术努力。然而，这种重建道统的努力，毋宁说是复兴儒学道统，因为其对儒学传统做了过多刚性承诺，在根本上谋求的是“中国文化的主位性”[2]，但对中国文化的自我超越倾注不多。因此，对那些致力于儒学

[1]［以］艾森斯塔特：《反思现代性》，旷新年、王爱松译，生活·读书·新知三联书店2006年版，第39页。

[2]参见牟宗三：《政道与治道》，吉林出版集团有限责任公司2010年版，第21页（序言）。

道统复兴的论者，我保留几分同情和尊重，但提请他们首先要认真对待如下诸问题。

第一，在儒学传统早已被现代文官制度和学术建制制度化地沦为没有任何优越地位的学术研究对象的背景下，在道统已被割断同政统和学统的制度化联系的背景下，我们究竟需要做多大努力（甚至是复古主义的努力）才能在现代性的浪潮中恢复儒学的道统地位？清末以降的“传道统系”（即道统）如何接续？儒学本身究竟需要经过怎样的创新（就像宋明理学对传统儒学的创新一样）才能回应西方文化的挑战？

第二，相对佛教对中国文化的上次挑战而言，基于犹太—基督教传统的西方文化所施于我们的这次挑战，无论是在深度上，还是在广度上，都要大得多。且不说现代性本身已成世界性的潮流，单单比较朱熹时代的儒学和现时代儒学的处境就明白了。在朱熹时代，不仅佛教的本土化已基本完成（禅宗兴起），佛教对儒学的威胁亦主要在生活世界，即生活世界的“个性”和“文化”领域，以及一定程度的“社会”领域。然而，现时代西方文化对中国儒学的挑战，不但是对生活世界各个不同领域的侵蚀，抑且是对经济系统和行政 / 政治系统的浸润。借用列文森的话讲，西方不但丰富了中国的“词汇”，抑且改变了我们的“语言”。[1]在社会基本运行平台被全面革新的今天，以儒家思想为核心的“轴心文明”遗产，已不可能原封不动地成为中国现代法律秩序（社会—政治秩序）的构成性基础。就此而言，我们应当牢记徐复观先生转借傅伟勋之口所发出的告诫：“儒家的性善论、仁义概念，皆足以形成范导性原理，指导法治构成的基本方针。但儒家的理论，无法直接当作

[1] 参见［美］约瑟夫·列文森：《儒教中国及其现代命运》，郑大华、任菁译，广西师范大学出版社 2009 年版，第 132 页。

构成性原理……。”[1]

第三，佛教总体上是以自然融合的方式被中国文化所接纳并吸收，这在原则上不同于近代西方思想的强制性突入。正是这种强制性引发的文化抵触情绪，使得我们常常陷于民族主义的悲情之中而不自知，甚至转而偏激地认为只有“我们的”，才是“好的”。[2]正如倪梁康指出的：

> “这种强制的性质使得中国近代以来的知识分子很难再以纯理性、超文化的宽宏心态来对历史进程做出客观、中立的评判。也就是说，我们事实上已经很难再像玄奘那样，能够撇开国度、民族、语言、文化的差异，坚定地执着于事物本身，达到一种可以说是惟有真伪之分，不论中外之别的境界。”[3]

第四，考虑到中国文化最终征服佛教的挑战花了上千年时间，中国文化真正容纳西方文化的时间，恐怕要比我们想象的更长。佛教传入中国如果从东汉初年（约公元1世纪）算起，到宋明理学成熟并获得官方认可（以朱熹从祀孔庙的1241年计），其间经历了1100多年。西方文化的传入即使从利玛窦进入中国（1582年进入澳门）算起，迄今不过400余年时间；而如果从1840年特别是1895年西方文化对中国开始产生实质性、全局性影响算起，迄今不过百余年。即使考虑到现代信息传播和文化交融的快捷性，我们完全“接榫、吸纳、转化乃至超越”现代文明秩序，恐怕至少还需要一百年以上。也许若干年以后，中国会出

---

[1] 徐复观：《徐复观全集论文化（二）》，九州出版社2014年版，第884页。此处引证，依据康德这对著名范畴的通行译法，把“规制”（regulative）与“构成”（constitutive）分别改为了“范导性”和“构成性”。

[2] 参见刘擎：《中国有多特殊》，中信出版社2013年版，第19—22页。

[3] 倪梁康：《学者、思者与贩者：学术思想领域中的三种人》，载倪梁康：《会意集》，东方出版社2001年版，第90页。

现像朱熹那种级别的大思想家帮助我们完成“融西入体”的思想创造工作，但至少目前，我们更应当保有谦卑的学习心态。

（二）文化认同的重建

有了上述背景性因素，再来进一步审视基于中国文化认同的（法律）理想图景问题，我们不仅需要一种长时段的历史意识和时间准备，更要兼具公共责任、知性真诚、批判精神、学术审慎和思辨理性。就此而言，上述分析至少为我们开放出了与文化认同和道统重建有关的下述问题：在正当化压力与认同危机并存的当下中国，我们究竟该如何主张中国的“文化认同”（换言之，如何在诉求文化认同的同时，回应转型中国日益凸显的各种正当化压力）？在古典传统、社会主义新传统和部分西方传统等多元文化共存并拉锯互动的当下中国，我们究竟该如何主张中国的文化认同（换言之，在现代中国的文化认同的建构中，该如何处理上述三种传统之间的关系）？如何在诉求文化认同的同时避免民族主义，特别是复古主义的民族主义？在具有双层民族结构（即作为整体的中华民族和作为中华民族成员 56 个民族）的中国，如何处理文化与政治的关系，特别是即如何处理文化的多样化、文化认同的多层次性与国家统一、政治整合之间的关系？我们究竟需要何种文化认同理论以同时回应上述问题？等等。本书第八章将把上述问题纳入研究视野，并力图从中国情境中的文化正义入手，阐述转型中国文化认同建构的正当法则。在此，我想延续前文的思路，简要分析前两个问题。

1. 寻求回应正当化压力的文化认同

依我个人鄙见，在正当化压力与认同危机并存的当下中国，新的文化认同应当是亦只能是可以回应正当化压力的文化认同，其所赖以为基的“文化”（或经重建后的“道统”）绝不是对既有中国文化（特别是儒学文化或道统）的预先承诺，而是同时吸纳古典传统、社会主义新传统和部分西方文化传统等主要文化资源后所形成的一种新文化或新道统。惟有把当下中国的认同危机与正当化压力联系起来，我们始能在既有的古典传统、社会主义新传统和部分西方文化传统等主要文化资源之间进行深度对勘，进而拓清“中国（法律）理想图景”的想象空间。

将文化认同与正当化压力相结合的必要性，至少有如下两个理由：首先，正如邓晓芒、秦晖等论者分析的，当下中国的正当化压力在很大程度上是与某些“传统”的负面影响紧密勾连在一起的。[1]因此，惟有把认同问题与正当化压力结合起来，我们始能在重建文化认同或道统的过程中，对可资袭取的传统资源做出更负责任的分析和更为理性的“扬弃”，进而促进中国文化在现代条件下的更化和再生。其次，政治共同体范围内的“认同”，在根本上是个归属感问题，它不像各种俱乐部，其成员身份的控制权掌握在管理者手中，因此，政治共同体的共享文化认同，在根本上是一个公共选择问题。即使我们可以人为塑造或建构某种集体性的文化认同，但这种认同最终还是要通过社会成员匿名化的自我理解的检验；否则，它就不成其为“本真性的认同”（authentic identity），只会导致社会成员对某种意识形态化的文化认同的策略性迎合。在这个意义上，建构现代中国的文化认同，必须直面当下中国的各种正当化压力，进而形成可以回应当下各种正当化压力的现代文化认同。

因此，就“基于中国文化认同的（法律）理想图景”而言，尽管从

[1] 邓晓芒和秦晖的论著分别以批判古典传统和社会主义新传统见长，参见邓晓芒：《新批判主义》，北京大学出版社 2008 年版；《儒家伦理新批判》，重庆大学出版社 2010 年版；秦晖：《问题与主义：秦晖文选》，长春出版社 1999 年版；《传统十论：本土社会的制度、文化及其变革》，复旦大学出版社 2005 年版等。

结果上看，它可能是在既有的儒家传统、社会主义新传统和某些西方文化传统等主要文化资源之间达成的某种融合（就像甘阳著名的“通三统”所说的）；但作为学术研究，我们恐怕还要在很大程度上弘扬第四种传统，即“五四”或“新文化运动”所体现的对传统的批判精神，从而把上述这些“传统”中值得延承（借鉴）的方面和应当反思（否弃）的方面区分开来。

2. “杂合性认同”：黄宗智与霍米·巴巴

在西方文化仍强势主导世界的全球化时代，我们是否有可能以中国古典传统、社会主义新传统对之进行规约，从而促进中国文化在现代条件下的更化和再生？我个人认为，这不仅不是空想，更有着深厚的理论、特别是实践依据。黄宗智曾研究了中国继承与赡养、典权、赔偿、婚姻与离婚法等主要移植大陆法系的制度演化的实践历史。他的研究表明：为了顺应社会成员基于文化记忆、文化惯习的文化需求，立法或执法当局通常不得不做出实践上的、乃至立法上的变通，譬如，国民政府时期放纵农村地区未严格依法实行的男女不平等“分家”实践，以及《中华人民共和国继承法》最终将继承遗产的权利与赡养义务的履行相结合的立法精神等。正是这种法律实践，为我们塑造了具有中国特色并融合了多种文化传统的现代法律：

> “我们如果能离开抽象的理论争论而从近百年的法律实践来看，可以看出现代中国法律已经初步成形，既有它自己的特点，也同时具有西方与中国传统的成分，既有相当明确的道德价值观念，也有相当明确的实用性认识方法。其组成因素既有清代遗留下来的成分，也有可以称作中国革命的传统，而在两者之外，更有从西方移植（并经过国民党政府修改）的成分。这个混合体看来似乎是个大杂烩，但其中其实已经形成了一些积极的特征，以及多元并存的原

则和方法，足可以称为具有中国特色的现代性。”[1]

如果借用后殖民主义理论家霍米·巴巴（Homi K. Bhabha）“杂合性理论”（hybridity theory）进行分析，可以发现黄宗智所考察的中国现代法律生成实践，其实蕴含着中国新型文化认同生成的路径。霍米·巴巴以“陈规”（stereotype）、“模拟”（mimicry）、“杂合”等为概念工具，运用话语分析、精神分析等方法，对西方殖民主义话语、实践及非西方建构自己的文化认同之路径进行了较为深入的剖析。按照他的理解，我们在前文提到的“现代化话语”，不过是由一系列“陈规”建构起来的殖民话语，因为西方现代性的时间观和民族叙事预设了一种“同质性”文化，其依据线性进化观把人类不同文化排列在先进或落后的时间轴上，进而把非西方文化排列在历史进化的末端：“殖民话语的目的，是要把被殖民者分析为在种族根源上是退化的种群，以便证明征服是合理的，并建立起行政和指导体系。”[2]然而，经由“模拟”机制介入殖民话语 / 权力空间后，被殖民者完全可能抵制殖民话语的普世主义谋划：“殖民模拟体现了成为变革的（即被认可的）他者的欲求——作为一个差异主体，这种他者与殖民者几乎相同但并不全然等同。这即是说：模拟话语被理解为一种模糊性（ambivalence）；为了具有效力，模拟必须不断地滑移（slippage），不断地超越自身，不断地生产着差异。”[3]因此，就像霍米·巴巴在《奇迹的符号：1817 年 5 月德里城外一棵树下的模糊与权威问题》（*Signs Taken for Wonders: Questions of Ambivalence and Authority under a Tree outside Delhi, May 1817*）一文中考察

[1] 黄宗智：《经验与理论：中国社会、经济与法律的实践历史研究》，中国人民大学出版社 2007 年版，第 393 页。

[2] [美] 霍米·芭芭：《他者问题：陈规与殖民话语》，郑晓韵译，载阎嘉主编：《文学理论精粹读本》，中国人民大学出版社 2006 年版，第 321 页。

[3] Homi Bhabha, *The Location of Culture*, (London and New York: Routledge, 1994), p.86.

的印度土著对基督教义的变异性接受一样，中国在继承与赡养、典权、赔偿、婚姻与离婚法等方面的法治实践，其实正体现了一种霍米·巴巴意义上的“模拟”机制的运行：它最终在实践中导向了一种“杂合性”认同模态及制度安排。由此可见，从实践过程上看，中国现代文化认同的形成，绝不在于古典传统、社会主义新传统和部分西方文化传统任何一端，而在于三者“在追求现代理念的实践中的长时期并存和相互作用”[1]。从最终模态上看，它是古典传统、社会主义新传统和部分西方传统相互融合后形成的一种霍米·巴巴意义上的“杂合”形态。

（三）“两邓两晖律令”：文化认同重建的想象空间

然而，“实践”是把双刃剑。它固然可以为我们的理论建构提供经验依据，但如果我们在消解康德意义上“实践”的道德蕴含，或者无视、遮蔽生活世界中个性与文化的意义之维的前提下，采取一种“唯实践主义”（实证主义、客观主义或行为主义）立场，实践则可能极大地限制理论建构的想象空间，从而窄化对实践进行规范性范导的反思性空间。[2]因此，尽管一种走向实践的“杂合性认同”为我们彰显了当下中

[1] 参见黄宗智：《经验与理论》，第393页。

[2] 依我个人鄙见，“唯实践主义”的研究取径，至少可以从如下两个方面遮蔽我们对一个社会之反思性发展空间的把握，从而制约我们对实践发展方向的规范性范导：其一，由于现代社会实践中的行动者可能采取主体中心主义乃至自我中心主义的视角（如休谟情感主义伦理学揭示的），如果不赋予“实践”以康德意义上的道德蕴含，而仅仅满足于对实践逻辑的“客观”把握，我们可能导向“已欲（desired）即可欲（desirable）”的道德非认知主义和“存在即合理”的政治现实主义。其二，正如社会理论中的“行动理论”（theory of action，如韦伯的行动理论、符号互动论、哈贝马斯的沟通行动理论等）、文化人类学中的文化解释理论［如吉尔茨（Clifford Geertz）］、阿伦特的政治行动理论及政治理论中对“行为主义政治学”的反思等所揭示的，如果只是对社会世界（生活世界）中的行为进行韦伯所说的“观察性理解”（observational understanding），而不把它置于其行为动机的“意义关联”（the complex of meaning）中）进行韦伯意义上的（转下页）

国文化认同的可能路径，但并不意味着理论建构无所作为。除了可以进行基于实践经验的理论分析外，我们既可以对既有文化传统进行学理批判，亦可以为中国现代文化认同的形成做出建设性的努力，即通过理论建构引导社会朝着“良序社会”甚至“良善社会”的方向发展。在此，我拟基于前文讨论提出转型中国文化认同重建中的“两邓两晖律令”，即“邓正来—汪晖律令”和“邓晓芒—秦晖律令”。[1]

据我体会，在当下中国，有两个不同方向论者的智识努力，已经为我们初步勘定了建构“基于中国文化认同的（法律）理想图景”的想象空间：如果说以邓正来—汪晖为代表的论者分别从哲学和社会—历史视角，论证了我们无反思地追随西方的不可欲性，那么以邓晓芒—秦晖为代表的论者则分别从哲学和社会—历史视角，分析了我们无条件地回归传统的不可能性。根据邓正来和汪晖，在全球化时代，我们应当建构“根据中国”的“理想图景”，在普遍主义浪潮中谋求另类的“中国现代性”；而根据邓晓芒和秦晖，在建构“中国现代性”的过程中，我们首

（接上页）“解释性理解”（explantory understanding），我们将会遮蔽生活世界的意义之维，从而无法把握社会世界的复杂性——借用哈贝马斯的话来说，“唯实践主义”的研究取径“将科学虚构为以合乎规律的方式结构化的自在事实，从而掩盖了这些事实的先验构成”。韦伯关于“观察性理解”与“解释性理解”的区分，参见 Max Weber, *Economy and Society: an Outline of Interpretive Sociology*, Guenther Roth & Claus Wittich (eds.), (Berkeley: University of California Press,1978), p.8；吉尔茨关于文化解释的相关论说，可参见 Clifford Geertz, *The Interpretation of Cultures*, (New York: Basic Books, 1973), pp.5-7；上引哈贝马斯文字，见 J. Habermas, *Knowledge and Human Interests*, trans. JeremyJ.Shapiro, (Boston: Beacon Press, 1971), p.69.

[1] 我所谓的“两邓两晖律令”，受到魏敦友关于“邓正来律令”“邓晓芒律令”之论说的启发。但我个人认为，与哲学层面的思考同样重要（某种意义上，甚至更为重要）的是，我们亦需要进行社会—历史分析。因为后者可以把哲学思考与特定的情境深度结合起来，从而可以在哲学思考与特定时空的政治与社会—历史条件相结合的层面推进我们的研究。大体而言，汪晖和秦晖可视为在邓正来、邓晓芒划定的哲学方向内进行社会—历史分析的典范。魏敦友关于“邓正来律令”“邓晓芒律令”的论述，参见魏敦友：《当代中国法哲学的使命：〈中国法学向何处去〉开启的思的可能性之现象学考量》，载氏著：《当代中国法哲学的使命：魏敦友教授法哲学讲演录》，法律出版社 2010 年版，第 3 页（代序）。

先要把传统（古典传统和社会主义新传统）中应当批判的面向和值得保存的面向区分开来，以西方现代性所蕴含的普遍性价值甚或制度弥补、改造中国传统在价值甚或制度层面的不足。同“邓正来问题”一样，我之所以把上述两个方向的成果称为“基于中国文化认同的（法律）理想图景”建构或“中西古今问题”中的“两邓两晖律令”，亦旨在启示像我这样的后继者在这两个“律令”划定的框架内，推进介入性的学理分析和实体性的理论建构。我深信：在“两邓两晖律令”初步划定的这个框架内，通过中西之间、古今之间及三种传统之间相互辩驳、对话和融通，我们定能最终形成梁任公先生在《欧游心影录》中所描绘的那种亦中亦西、非中非西、中西之间的“新文明”。[1]基于新时期“中国文化认同的（法律）理想图景”，亦将在这种“新文明”中诞生。只是，这需要时间，更需要中国人的智慧。

[1] 在标志着其晚年思想转变的《欧游心影录》中，梁启超曾指出：“一个人不是把自己的国家弄到富强便了，却是要叫自己国家有功于人类全体。不然，那国家便算白设了。明白这道理，自然知道我们的国家，有个绝大责任横在前途。什么责任呢？是拿西洋的文明来扩充我的文明，又拿我的文明去补助西洋的文明，叫他化合起来成一种新文明。”梁启超：《饮冰室合集》专集之二十三，中华书局1989年版，第35页。

第三章 “转型法哲学”

——政治哲学建构与社会—历史分析相结合

“我学的专业，本来是法律，但我只是把它排在哲学和历史之次当作辅助学科来研究。”

——马克思*

*《马克思恩格斯选集》第2卷，人民出版社年1972版，第81页。

一、“五百年未有之大变局”与现代转型：“转型法哲学”出场的基本背景与问题意识

上一章的分析聚焦于邓正来未论及的社会转型背景，如果再补之以他着重论述的“全球化”或“世界结构”这一国际向度，便构成了中国法哲学建构的基本背景。

邓正来的研究表明：伴随着20世纪末中国对世界的开放，尤其是在中国经由加入WTO等国际组织而进入世界体系以后，中国已不再是一个地理意义上的孤立的中国，而是一个“世界结构”中的中国。而且，与此前“现代化思维方式”依赖于“共谋”而形成支配不同：

“当下世界结构的这种支配乃是结构

性的或强制性的，这种强制性所依凭的并不是赤裸裸的暴力，而是中国就遵守当下世界结构所提供的规则或制度安排所做的承诺，不论中国是否与之进行‘共谋’。总而言之，中国参与其间的这一世界结构，对中国的未来发展在很大程度上有着一种并非依赖‘共谋’而根据承诺的‘强制性’支配。”[1]

这种支配性质的变化非常重要：它意味着我们拥有了关于世界结构之规则的发言资格，而能否将这种资格转化为现实的发言能力，其关键就在于我们是否具有关于中国和世界社会秩序重构的“理想图景”。

邓正来的上述认识，尽管颇具洞见，但仍有根据当下世界结构本身的演变趋向予以阐发的必要。事实上，中国已进入的世界结构本身，正在面临着前所未有的大变革和大调整：非西方新兴市场国家的整体崛起与伊斯兰世界“去西方化”的文明扩张，已使此前由西方国家（文明）主导的世界结构开始呈现出“五百年未有之大变局”。

随着以中国、印度、巴西、南非、俄罗斯等“金砖国家”（BRICS）及其他非西方新兴市场国家的整体崛起，非西方国家与西方国家在世界结构的地位已然出现此消彼长的历史性变化，并正在推动过去五百年西方国家主导世界格局的历史成为过去。过去五百年，葡萄牙、西班牙、荷兰、英国、法国、德国、日本、俄罗斯、美国等九个国家先后崛起；其中，荷兰、英国和美国确立了世界性的霸主地位。这九个国家不仅大都属于西方国家，其中绝大多数属于犹太—基督教文明（日本和俄罗斯例外）。然而，以“金砖国家”为代表的新兴市场国家的整体崛起，正在挑战西方国家和犹太—基督教文明主导现代世界的历史格局。“金砖

[1] 参见邓正来：《中国法学向何处去：建构“中国法律理想图景”时代的论纲》（第二版），商务印书馆 2011 年版，第 24 页。

四国”（BRIC）概念的首创者、美国高盛公司首席经济师吉姆·奥尼尔（Jim O’Neill），在2003年的一篇研究报告中曾预测：到2050年，世界经济格局将重新洗牌，“金砖四国”（巴西、俄罗斯、印度、中国）将超越包括英国、法国、意大利、德国在内的西方发达国家，与美国、日本一起跻身全球新的六大经济体；新的经济格局将是中国、美国、印度、日本、巴西、俄罗斯。[1]如果这种格局变成现实，那么过去五百年西方国家主导世界经济格局的历史，将宣告结束；同时，西方文明（犹太—基督教文明）主导现代文明的格局，亦将受到历史性的根本挑战。如果把新兴市场国家由金砖国家扩展到博鳌亚洲论坛所首创的“E11”（金砖五国，再加上阿根廷、印度尼西亚、韩国、墨西哥、沙特阿拉伯、土耳其），那么非西方国家与西方国家国际地位的此长彼消，将更为明显。

如果说，以中国为领头羊的新兴市场国家的整体崛起，从经济上对西方国家带来了现实的挑战，那么伊斯兰世界则从文化上给它们带来了激烈的挑战——两者最终（将）分别沿着由经济而政治、由文化而政治的路径，影响西方国家和西方文明在现代国际秩序中的主导地位。“9·11”事件以来，亨廷顿（Samuel·P. Huntington）所说的“文明冲突”（特别是西方文明与伊斯兰文明之间的“文明冲突”），似乎已成为活生生的现实。“9·11”事件以来，伊斯兰文明与西方文明之间的冲突，比以往任何时候都更为强烈地显现了出来。这既使伊斯兰世界陷入风雨飘摇的乱局之中，亦使西方乃至整个世界处于恐怖主义的阴影之中。过去十余年来，阿富汗战争、“茉莉花革命”、“阿拉伯之春”、利比亚战争、叙利亚危机及其所引发的欧洲难民危机、“伊斯兰国”（ISIS）

[1] See D. Wilson & R. Purushothaman, Dreaming With BRICs: The Path to 2050, *Global Economics Paper*, No. 99, New York: Goldman Sachs, October 1, 2003.

的成立及其在欧洲发动一系列恐怖袭击行动等诸多与伊斯兰世界有关的变局背后，都深刻地体现了伊斯兰文明与西方文明之间的冲突。这种日益激化的冲突，不但严重影响着伊斯兰世界的和平与发展，抑且严重制约着现代性的全球化扩展，其背后则是西方文明与伊斯兰文明此消彼长的拉锯互动。如果说，土耳其自凯末尔革命以来的"去世俗化 / 逆世俗化"变革，代表着伊斯兰世界"去西方化"的努力，那么英国"脱欧"、特朗普这样"反全球化"的政治家当选美国总统，特别是有着深厚左翼传统的法国也面临着"右转"的严重压力，则在很大程度上象征着西方现代文明的萎缩——至少是那种基于西方现代性而主导全球化的文明扩张主义的萎缩。如果考虑到英国工业革命，特别是法国大革命对于（西方）现代性之全球扩展的独特历史意义，以及美国对于 20 世纪后期以来（特别是"冷战"结束以后）全球化进程之扩展的独特引领作用，那么上述三国在政治上不约而同的"右转"趋向，对于现代文明和西方文明均具有里程碑的历史意义：其在很大程度上标志着近五百年来以西方文明秩序为范型的现代文明秩序，历史性地开启了全球收缩的变局。有论者甚至认为，由欧洲难民危机引发的大量穆斯林移民涌入西欧，是欧洲自罗马帝国晚期、拜占庭被穆斯林攻陷和 1683 年维也纳保卫战之后，正在遭遇的第四次大规模的"蛮族"入侵。[1]

从历史的眼光看，以中国为代表的新兴市场国家从经济上施加的挑战，伊斯兰世界从文化上施加的挑战，已经使得以欧美为大本营的西方国家总体上处于守势（经济、文化乃至政治上的守势），从而带来了现代文明史上的"五百年未有之大变局"。这种历史性的大变局，呼唤着包括中国在内的非西方世界的文化自觉与文明自主，亦为包括中华文明

---

[1] 参见许纪霖：《历史远未终结：21 世纪是一个右翼保守主义时代吗？》，http://www.njqwpx. Com /sp/2016/680473.html ，最后访问时间：2018 年 3 月 10 日。

在内的非西方文明之复兴，提供了前所未有的历史契机。西方国家与非西方国家，在当代国际政治格局中此消彼长的实力变化，必将极大地提升后者在联合国、WTO、国际货币基金组织等既有全球治理体系中的话语权，同时亦为全球治理体系的重构提供了想象空间。事实上，正是为了积极回应这一“五百年未有之大变局”，中国不但积极提升自己在既有全球治理体系中的话语权，抑且通过“一带一路”倡仪、亚洲基础设施投资银行、金砖国家开发银行等新的制度化举措，不断拓展自己在重订游戏规则、重塑全球治理体系等方面的主导权。

然而，必须看到：即使西方文化开始处于守势，但由西方文明塑造的现代世界秩序，已然成为进一步推进世界秩序重构的历史性前提。换言之，当前世界秩序的重构，必须遵循由西方文明主导的现代历史进程已然形成的既有文明成果。就世界秩序的重构来说，我们必须遵循要诉诸非武力之文化力量的历史格局。世界殖民体系的瓦解，已然消除了“以武力征服世界”的正当性；“冷战”的结束则进一步强化了价值观“去意识形态化”的趋势，使得价值观更具自主性，并更加个人化、多元化。因此，在现时代的国际竞争中，“规范”“认同”“文化”等非物质性的“软实力”，对一个国家而言尤显重要。在这样的背景下，我们既不能靠武力征服世界，亦不能靠意识形态性的灌输同化世界，只能靠文化的吸引力和价值观的感召力影响世界。正如约瑟夫·奈指出的：“如果一个国家能让其权力在其他国家眼中看起来具有正当性，它贯彻其意愿就会遇到更少的抵抗。如果它的文化和意识形态是有吸引力的，其他国家将更愿意追随它。”[1]

从世界文明史及近五百年来的现代史来看，中国若要为自己的“文明型国家”正名，并使自己的崛起具有文明史的意义，必须完成一个

[1] Joseph S. Nye, Soft Power, *Foreign Policy*, No. 80, (Autumn, 1990): 167.

历史性的任务，即要以自己独特的文明传统“接榫、吸纳、转化乃至超越”现代文明秩序。换言之，中国的崛起必须遵循两个规范性条件：（1）它必须遵循现代文明和国际秩序的进步原则——否则，它可能会导致新的“朝贡体系”的形成，进而将目前已甚嚣尘上的“中国威胁论”变成活生生的现实；（2）它必须能够对世界秩序朝着更为文明和进步的方向转型做出自己独特的文明贡献——否则，它只是替代美国的另一个霸权的诞生而已，在世界文明史并不具有太大的意义。如果说，前者为我们设定了“接榫、吸纳、转化”现代文明秩序的历史课题，那么后者则为我们提供了“超越”由西方文明所主导的现代文明秩序的使命。前者要求我们必须超越各种文化本质主义的文明观，特别是把现代文明还原为西方文明，进而以拒绝西化、捍卫文化主体性为由否定自由、平等、民主等现代性价值的文明观；后者要求我们必须进一步洞察到由西方文明（特别是美国）主导的现代文明秩序（现代性在西方国家内部和国际向度的制度和实践模式）的内在结构性缺陷，从而探求超越这种秩序模式的可能性。就后者而言，如何处理资本主义特别是“金融资本主义”（financial capitalism）与现代性价值之间的关系，仍是未竟的历史课题。仅就“金融资本主义”来说，尽管我们不必同意“货币战争”式的“金融阴谋论”，但如何在全球化时代秉承自由、平等、民主等现代性价值（乃至超越于这些价值的其他更具世界性、包容性和建设性的新价值），以更具实效性的制度和实践模式，在国际层面有力驯服建立在金融霸权之上的“金融帝国主义”（financial imperialism），在国内层面有效防患金融资本利用各种金融手段对本国中产阶级和底层民众的“合法”掠夺，不但是西方文明所主导的现代文明秩序远未解决的结构性难题，抑且是拓展现代文明秩序之反思性发展空间的重要方面。可以说，如何“接榫、吸纳、转化乃至超越”现代文明秩序，既是决定中华文明能否在现代条件下“转进新生”的历史课题，亦是制约中国崛起是否具有文明史意义的时代课题。

在这种宏大的社会—历史背景的观照下，对“中国法学向何处去”的追问，其实是对“中国向何处去”之追问在法哲学领域的反映。由于顺应了“五百年未有之大变局”所赋予中国及中华文明的时代期许，对“邓正来问题”即“基于中国文化认同的（法律）理想图景问题”的探求，便获得了由历史与未来——即对现代性历史的“起承”进行反思与对全球性未来的“转合”予以期待——的相互交叠，所具有的深远世界意义。在这个意义上，可以把邓正来对“中国法学向何处去”的追问，视为中国法哲学在“世界历史的中国时刻”（秋风语）的一种文化—政治自觉。

然而，文化—政治情怀固然可以呈现学术研究的大气局，但却不能代替学术研究本身。如果离开了介入性的学理分析与实体性的理论建构，文化—政治情怀将只能始终停留在缺乏学理依据的宣言、呼吁或口号层面。为了切实地推进介入性的学理分析与实体性的理论建构，我们必须把这种文化—政治情怀作为一种预设关怀暂时隐藏起来，并把它转化为可以从法哲学的学理上予以把握，且与转型中国的独特情境紧密关联起来的学术论题。

根据我个人的把握，我拟以“转型法哲学”来推进这一学术论题的思考，并将其视为“公共法哲学”的典型理论模式。换言之，我拟以“转型法哲学”的理论模式承载“公共法哲学”的思想立场，通过基于转型中国政治与社会—历史条件的介入性学理分析和实体性理论建构，推进对“邓正来问题”的思考。它所遵循的是一种中道而不失建设性的研究思路：采用“政治哲学建构与社会—历史分析相结合”的研究取径，基于转型中国独特的政治与社会—历史条件，建构法治理念和法律价值在转型中国的规范性要求，从而为整个社会最终基于公共参与、公共选择和公共证成形成“中国（法律）理想图景”提供学理依据。

之所以称为“转型法哲学”，而不是诸如“全球化（法律）范式”这样的名称，源于我对现时中国历史方位和时代使命的基本判断。如果说“全球化”，特别是非西方世界整体崛起的“五百年未有之大变局”，构成了现时中国崛起的主要国际背景，那么“现代转型”，仍是标识现时中国历史方位和时代使命的不二选择。凸显现时中国“现代转型”的历史使命，对促进“邓正来问题”的介入性学理分析与实体性理论建构来说，具有显见的学术意义。

第一，作为现时中国的主导历史进程，现代转型的呈现有助于把握“邓正来问题”所依托的政治与社会—历史情境。前文已经论述了以“社会—历史分析”进一步阐发“邓正来问题”的必要性。无论是进一步凸显“邓正来问题”的时代价值和历史意义，抑或是从厘清中国“社会秩序的正当性与可欲性”和“中国（法律）理想图景”建构的情境化条件角度推进对它的进一步思考，都需要开展“社会—历史分析”。这种“社会—历史分析”与政治哲学建构相结合，便合乎逻辑地指向了晚清（乃至宋明）以来的现代转型进程及其所依托的政治与社会—历史情境。“中国（法律）理想图景”是基于特定时空法哲学的文化—政治自觉而提出来的，这一特定时空的标识就是“转型中国”，即仍处于现代转型中的中国。离开了“转型中国”的时空限制，追问“（法律）理想图景”的“中国性”，便失去了基本的思想根据。

第二，作为守护历史使命的表征，现代转型的呈现有助于把握“邓正来问题”本身的复杂性。如果把“现代转型”仍视为一种仍待兑现的理想，那么我们更应看到“邓正来问题”本身的复杂性。正如前文已经指出的，现代转型所带来的各种不可回避的“正当化压力”，为转型中国文化认同的建构提供了基本的道德制约。因此，即使面对非西方世界整体崛起的“五百年未有之大变局”，如何建构一种“可回应正当化压力的文化认同”，仍是建构“中国（法律）理想图景”、全面提升中国文化软实力的“基础工程”。如果一种文化认同不能首先回应国内所面临的“正当化压力”，那么它就不可能形成国民认同、社会认许、国际认可的软实力。

第三，作为晚清（乃至宋明）以来“中西古今”问题的主线，“现代转型”的呈现，有助于通过“中西古今”之间深度对勘，拓清“中国（法律）理想图景”的基本轮廓。“邓正来问题”，其实是中国现代性问题——即所谓“中西古今”问题——在法哲学领域的学理呈现。要想进一步拓清其所蕴含的“中国（法律）理想图景”的基本轮廓，我们须在把握“中西古今”问题主线的基础上，厘清“中西古今”问题的基本面向、问题性质、交错机理及超克方向等。毋庸置疑，这一历史主线便是“现代转型”。惟有把“邓正来问题”置于“现代转型”的历史逻辑中，我们始能在承继邓正来思想框架的基础上，推进对“邓正来问题”的深入思考。

凸显“现代转型”的历史使命和历史逻辑，绝不是无视邓正来批判“现代化范式”的卓越洞识，而是把他的相关洞识转化为更具学理基础、历史逻辑和现实依据的学术论题。不难发现，邓正来对“现代化范式”的批判，主要借鉴了阿明（Samir Amin）、沃勒斯坦（Immanuel Wallerstein）等反思“古典现代化理论”的早期理论资源，特别是新马克思主义的依附理论和世界体系理论。因此，他所呈现出来的研究思路和研究立场，一方面极力批判“现代化 = 西化”这种“规范性信念”（即他所界定的“现代化范式”），另一方面又力图彰显由西方主导的世界体系或世界结构的权力不平等（这正是他呼吁“主体性中国”的主要依据）。然而，邓正来赖以为基的这种“左翼的国际理论”[1]，尽管有助于彰显世界结构的不平等，但不但会遮蔽中国国内问题的复杂性，抑且无力推进对中国现代性问题的深入思考。要想弥补这种缺憾，我们必须诉诸更具建设性的理论资源。“冷战”结束后，以艾森斯塔特、罗伯特·海夫纳（Robert W. Hefner)、夏多明（Dominic Sachsenmaier)、艾伯特·马蒂内利（Alberto Martinelli），乃至查尔斯·泰勒（Charles Taylor）、吉登斯和哈贝马斯等为代表，所阐发的“多元现代性”“反思性现代性”论说，不仅代表着现代化理论的最新成果，而且是一种既否弃了“现代化 = 西化”范式、亦有助于深入思考非西方国家现代转型的建设性理论资源。从“多元现代性”的视角来看，邓正来所依凭的那种“左翼的国际理论”（特别是沃勒斯坦式的“世界体系理论”），“对单一维度的资本主义世界经济的强调，未能为全球世界内多元现代性的存在留下空间，这些现代性的多元形态在经济和文化上以各种方式彼此息息相通，而不是形成了一个等级森严的体系”[2]。正如艾森斯塔特指出的：

[1] 值得注意的是，对待国际问题的左翼立场，并不意味着它就具有一以贯之的左翼取向，特别是面对特定时空的民族国家的内部问题时。现时中国的部分论者（尤以部分“新左派”论者为典型）坚持一种我所谓的“左翼国际理论”，在国际上与各种左翼力量眉来眼去；但一旦面对国内问题时，常常会蜕变为一种保守的“右翼”力量，沦为国家主义的辩护士。这种国际、国内的立场错位，固然可能与部分论者自觉或不自觉的投机心态有关，但更与中国的国家意识形态及其当前在国际格局中的特殊地位有关：马克思主义的意识形态与“崛起大国”身份的结合，使中国易被国际上的左翼理论家视为挑战西方主导的资本主义世界体系的进步力量——与之形成鲜明对照的是，希特勒时代的德国以更为极端的国家主义—民族主义挑战当时的国际格局，但却被视为一股彻头彻尾的右翼力量。然而，在面对国内问题时，如果在反思和反对资本主义世界体系的名义下拒斥现代性的价值理想，从而主观或客观上为违背这种价值理想的既定秩序和制度模式提供理论辩护，那么它其实已经退化为一种“右翼”立场。我在此使用“左翼的国际理论”这种自创的说法，正是为了凸显与中国相关的“左翼”取向的复杂性。

[2] Alberto Martinelli, *Global Modernization: Rethinking the Project of Modernity*, (London: SAGE publications, 2005), p.74.

“当代场景中的全球化过程，所牵涉的既不是‘历史的终结’（在现代性的不同文化谋划之间所遭遇的意识形态冲突已然终结的意义上），亦不是世俗化的西方在遭遇那些似乎决定退出或否弃现代性谋划的社会时所呈现的‘文明的冲突’。全球化过程甚至也不是要形成对前现代的轴心文明诸问题的重访——尽管这种重访是可能的。毋宁说，全球化的趋向最清楚不过地表明了如下事项：对现代性之文化谋划的持续重新解读；多元现代性的建构；不同的群体和运动，按照它们自己新的表达方式（terms），重新据有（reappropriate）和重新界定现代性话语的尝试。同时，全球化过程正使得人们对那些据以塑造现代性之新形式的论争场域进行重新定位，这种重新定位远离了民族国家的传统论坛，形成了不同运动和不同社会可以持续互动的新场域。”[1]

可以说，秉承“多元现代性”观念，一方面拒斥“历史终结论”式的西方中心主义—文化普遍主义的傲慢态度，另一方面反对“文明冲突论”式的中国中心主义—文化特殊主义的封闭视野，可能是中国这样的后发现代性国家可以采取的唯一建设性立场——从更大范围来看，它亦几乎是在全球化时代重构理想世界秩序的唯一出路。我正是在“多元现代性”的框架内，一方面吸纳邓正来批判“现代化范式”的相关洞见，另一方面力图推进对“邓正来问题”的深入思考。

一如前述，本书主张一种“作为转型法哲学的公共法哲学”，即以“转型法哲学”的学理形态呈现出来的“公共法哲学”。如果说“公共法哲学”指向了一种思想姿态和理论立场，那么“转型法哲学”便是承载这种思想姿态和理论立场的理论模式和学术取径。上文的分析，既申述

[1] S. N. Eisenstadt, Multiple Modernities, *Daedalus*, Vol. 129, No. 1, (Winter, 2000): 23-24.

了从“现代转型”视角推进“邓正来问题”思考的依据，亦部分阐述了以“转型法哲学”之理论模式呈现“公共法哲学”之思想立场的理由。“现代转型”的引入，既为推进“邓正来问题”的介入性学理分析和实体性理论建构提供了历史视野，亦为我们将邓正来的相关论说由一种“批判法哲学”全面提升为“公共法哲学”提供了问题意识。

综上所论，我们可以把“作为转型法哲学的公共法哲学”的基本问题意识概括为：在全球化和社会转型 / 现代转型带来“正当化压力”和“文化认同危机”的共时性难题的情势下，中国现代法律秩序建构的一般性原理为何？换言之，如何基于转型中国的政治与社会—历史情境，建构符合我们关于中国现代法律秩序之正当化诉求和本真性想象的法哲学？

“作为转型法哲学的公共法哲学”，既不是“学科导向的”（discipline-oriented），亦不是“意识形态导向的”（ideology-oriented），而是“问题导向的”（issue-oriented）。它不是从任何单一的学科视角出发的，亦不打算以任何主义或意识形态占领某个思想高地，而试图以中国现代转型之“理想图景”（政治理想）与实践约束条件之间的深度结合，更自觉、更直接地面对中国情境中法律发展的历史课题，即建构兼具现代性和中国性的中国现代法律秩序的问题。因此，“作为转型法哲学的公共法哲学”，既不是一种以司法为中心的研究，亦不是一种“法学内在视角”的研究。它关注的更多是“前司法的”立法问题，乃至与立法有关的“前法律的”立国、立宪、立教、立人诸问题。我愿意重申本书的一个基本观点：在现代法律秩序仍待建构的转型中国，法哲学的根本问题应是“正义和善好的法律秩序”（just and good legal order）之建构问题，而不是各种法律实证主义取向之论者所关注的法律系统之运行机理、论证规则等技术性问题。换言之，是理想法律秩序的建构，而不是现实法律秩序的运行（更遑论理想法律秩序的运行），构成了转型中国法哲学研究的根本关切。在现实的法律秩序无法良性运行的社会，对其运行逻辑的社会科学（客观主义）把握，惟有作为理想法律秩序建构的参照时，方始具有更大的学术和实践意义；在这样的社会，我们更应当关注的是如何从其实践约束条件出发建构理想的法律秩序，而不是无视理想法律秩序的情境制约和实践条件（实践约束条件），去探讨与中国情境无涉的所谓法律运行逻辑和运行规则，如各种法律 / 法学方法云云。

根据以上的定位，“作为转型法哲学的公共法哲学”是一个涉及法哲学、道德哲学和政治哲学、社会理论和社会学、法律史和法律文化、近现代史等多个学科领域的研究课题；但由于是“问题导向”的，它只涉及上述学科领域中与“中国现代法律秩序的建构”有关的部分知识和理论。

接下来，我拟进一步就“转型法哲学”的理论基础、某些理论前提及方法路出路等进行奠基性的讨论。让我们从马克思说起。

二、法律的政治性和社会—历史性：从马克思将法学视为“辅助学科”谈起

让法律人疑惑不解的是，法科出身的马克思在《〈政治经济学批判〉导言》中，却说出了我在本章题记中征引的这句话：“我学的专业，本来是法律，但我只是把它排在哲学和历史之次当作辅助学科来研究。”马克思的这一说法，为我们提出了这样一个很值得认真思考的问题：为什么法科出身的马克思要把法学“排在哲学和历史之次当作辅助学科来研究”？西方马克思主义的代表人物哈贝马斯对此的解释是：马克思主

义一直缺少一个法学传统是当今左派应当汲取的教训。[1]于此，哈贝马斯意在提醒我们深刻理解法律在现代社会“全社会整合”中特殊的媒介地位。然而，依我个人鄙见，这不惟不是马克思的疏忽，恰恰还是其法律理论的深刻意蕴之所在。正如其“哲学的否定”为了更彻底地完成“哲学的实现”一样，马克思对法律理论的“忽视”，恰恰深刻地洞察到了法律的本质：法律是阶级统治的工具，要想拯救无产阶级、进而真正实现政治解放和人的解放，除了推翻资本主义的法律秩序、建构社会主义的法律秩序之外，别无他途。惟有这样理解马克思法的“统治阶级意志论”，我们始能理解马克思法律理论的实践品格和批判精神，并领会马克思法律理论的深刻意蕴。而且，从理论上看，马克思对法律的“忽视”其实洞察到了法律的一个基本特征：法律秩序建构的次生性或非自主性，即法律作为一种社会、政治和文化现象的非自主性；换言之，法律具有政治性和社会—历史性。[2]

关于法律的社会性和历史性，这方面的论说已汗牛充栋，我在此主要强调如下两点：第一，尽管过于强调法律的社会制约性会部分牺牲法律的自主性，但现代社会理论和法律理论的研究已经表明：法律作为现代社会—政治秩序运行的基本规范，既从未在国内向度上脱离与非法律的其他社会系统（如道德等）的联系，亦无法在国际向度上逃避他国法律系统对本国法律系统的影响。就前者而言，这是因为法律除了具有一定限度的自主性之外，还要追求合法性。就后者而言，这是因为全球化

[1]“东欧剧变”后，哈贝马斯对马克思主义进行了进一步的反思。他认为，马克思主义建基于对早期资本主义的一种生产主义批判之上，因此对法律和宪政民主采取了一种工具主义的态度，而马克思主义“对宪政民主的狭隘的、功能主义分析所带来的实践后果的严重性，远远超过迄今为止我们所讨论的那些缺点。”参见 J.Habermas, “What Does Socialism Mean Today? The Rectifying Revolution and the Need for New Thinking on the Left”, trans. Ben Mogan, *New Left Review*, No.183 (September/October,1990): 12.

[2]参见拙文：《法律哲学的社会—政治基础：论马克思法律理论建构的“社会—政治法律哲学进路”》，载《北方法学》2008 年第 5 期。

时代的法律趋同表明：法律系统相互之间并不是完全自主的。[1]

第二，法律的历史性大致具有如下两种稍微不同的含义：其一是“法律的历史制约性”，强调法律作为一种历史现象，在历史长河中发展、演化甚至消亡。因此，历史传统本身会对法律的样式产生影响，法律要回应特定历史传统和文化背景所产生的文化需求。其二是“法律的时空性”，强调法律是特定时空的一种历史现象。套用马克思主义的话语讲，法律是具体的、历史的、现实的；借用庞德转述科勒的话来讲，法律与特定时空的文明相对应，不存在可以适用于所有文明的普适性的法律制度和法律规则。[2]

我想重点讨论一直为中国论者所忽视的法律的政治性。[3]自“国家法”——即由国家制定并由国家强制力保障实施的法律——产生以后，

---

[1] 参见［比］马克·范·胡克：《法律的沟通之维》，孙国东译，法律出版社 2008 年版，第 63-69、250-251 页。

[2] 参见［美］庞德：《法律史解释》，邓正来译，中国法制出版社 2002 年版，第 212 页。

[3] 大体而言，时下中国法学论者对“法律之政治性”的理解主要有三种路向：一是以强世功的“立法者法理学”（和一定意义上的邓正来）为代表，从魏玛德国时期韦伯一施米特式“文化一政治”观及对自由主义政制的反思中汲取思想养料，几乎排他性地强调法律的“文化一政治担当”或“伦理担当”。［参见强世功：《迈向立法者的法理学——法律移植背景下对当代法理学的反思性考察》，载《中国社会科学》2005 年第 1 期。我对这种主张的批评，可参见拙文：《迈向一种政治哲学化的法律哲学：从韦伯的得失和中国法学的时代使命说开去》，载《华中法律评论》第 1 辑·第 2 卷（总第 2 卷），华中科技大学出版社 2008 年版］。二是以高全喜的“政治宪法学”为代表，把目光聚焦于“前魏玛时期”《魏玛宪法》得以出场的历史经验和“魏玛时期”对抗施米特“政治法学”或“政治神学”的自由主义宪法学说。这种主张从恢复并强调宪法的“政治法”属性入手，试图把法律变革与政治改革紧密地结合起来，进而试图为所谓的“立宪改革”提供理论指导。（参见高全喜：《“宪法政治”理论的时代课题》，载《政法论坛》2005 年第 2 期；《论宪法政治：关于法治主义理论的另一个视角》，载《北大法律评论》第 6 卷第 2 辑，北京大学出版社 2005 年版；《政治宪法学的兴起和嬗变》，载《交大法学》2012 年第 1 期；等等）。三是以姚建宗为代表，一般性地探讨法律与政治（权力）之间的关系（参见姚建宗：《法律的政治逻辑阐释》，载《政治学研究》2010 年第 2 期，第 32 页；姚建宗：《论法律与政治的共生：法律政治学导论》，载《学习与探索》2010 年第 4 期）。正如后文将要指出的，第一种主张是一种“伦理政治论”，它具有国家主义取向，但既无力回应转型中国的“正当化压力”，亦无法推进对转型中国“法律之政治性”的深入思考；第二种主张预设了一种“道德政治论”，（转下页）

法律即与政治紧密联系在一起。哈贝马斯将这种关系称为“(构成性的)内在关联”，即“同源构成”(co-original constitution)的关系。由于以法律组织政治秩序——即韦伯意义上的“法制型统治”(legal domination)——已成为现代政治秩序的基本范型，法律与政治更是构成了凯尔森(Hans Kelsen)意义上“自体同源”(autologous)的关系：一方面，以“实现集体目标”为内在功能的政治权力，可以促进“法律在政治层面的建制化”；另一方面，以“稳定行为预期”为内在功能的法律，可以“为政治权力的运用提供法律化的组织手段”。[1]循着这样思路，结合转型中国的情境，本书所谓的“法律的政治性”旨在强调：特定时空的政治结构等政治条件对法律具有构成性(constitutive)的制约作用，同时法律又对政治具有范导性(regulative)的塑造作用(此种作用，与本书第四章探讨的现代法律的两重性及相应所发挥的两大政治功能，特别是现代法律作为知识/符号系统的社会属性及建构基于“共识政治”的“公意政治”的政治功能，对应起来)。相应地，法律的政治性，具有如下两种不同的含义。

第一，法律具有政治制约性，即法律要受制于特定时空的政治结构等政治条件。在哈贝马斯看来，政治条件(特别是基本政治结构)对法律的制约，主要体现在四个方面：(1)法律的强制力需要由合法垄断暴力的国家作为制裁权威予以最终担保；(2)要想把公民的平等成员身份所归属的某个时空受限的集体建构成一个法律共同体，需要一个代表所有成员的中央权威，并使之具备“既远离外部敌人、亦远离内部无序的

(接上页)但事实上已经越出了严格学术研究的界限，既属于“行动者”或“公共知识分子”的领域，亦在很大程度上属于“立场先行”的意识形态性主张；第三种是一种没有立场、亦无涉实践的一般理论研究。因此，要想展开对转型中国“法律之政治性”的深入思考，我们必须超越这三种研究路向。

[1] See J. Habermas, *Between Facts and Norms: Contributions to a Discourse Theory of Law and Democracy*, trans. William Rehg, (Cambridge, Mass.: MIT Press, 1996), p.144.

保障能力”;(3)公民平等权利的保障，既依赖于由国家组织起来并由国家强制力予以保障的法院系统，亦需要国家具备实施行政管理、促进法律发展的组织能力;(4)关于政治自主的平等权利预设了各种具体形态的公民权利，并需将平等参与诉求根植于民主的立法过程，而后者必须依靠国家权力的帮助才能真正确立下来。[1]显然，作为其国家组织方式的集中反映，一个国家的基本政治结构(宪制架构)，既会从根本上决定其法治状况(立法、执法和司法状况)，亦会直接影响法治改良的议程及其有效性。

第二，法律对政治具有范导作用，即法律应当具有政治哲学承诺(commitment of political philosophy)，并成为政治共同体实现其集体目标(政治理想)的工具。法律尽管具有政治制约性，但却不应成为政治统治的工具。法律成为政治的附庸，对法律和政治都是致命的伤害：它不惟会使法律退化为“主权者的命令”(实际上是政治领导者的命令)，从而丧失了现代法治所内在要求的法律的“不可随意支配性”，更使政治秩序本身失去了合法化的凭借。因此，我们不能把“法律的政治性”中的“政治”，仅仅理解为赤裸裸的“权力政治”，必须赋予其丰富的政治哲学内涵。作为现代政治的基本组织方式和治理规则，法律不但应对政治具有刚性的约束作用，抑且应对其具有正向的范导作用。关于前者，自不待言。关于后者，则需稍作申论。惟有实现政治共同体的集体目标，政治始能把自己建构为一种合法的统治秩序。由于现代政治秩序建立在法律秩序基础之上，惟有以法律为中介和渠道始能实现政治合法化，即形成韦伯—哈贝马斯意义上的“基于合法律性的合法性”(legitimacy through legality)模式[2]。因此，政治秩序要谋求合法化，必须使

[1] See J. Habermas, *Between Facts and Norms*, pp.133-134.

[2] 关于韦伯和哈贝马斯“基于合法律性的合法性”思想，可参见拙著:《合法律性与合道德性之间》，第155—203页。

其所依凭的法律成为实现政治理想的工具。关于此种意义上“政治”的含义，我们可从两个层面来理解。

从较低层次上讲，它大体意指用于描述晚年韦伯学术关怀的“文化政治”或哈贝马斯意义上的“伦理—政治”。“伦理—政治问题是从这样一些成员的视角提出的：在面对重要的生活论争（issues），他们想要澄清他们共同的生活形式为何，以及他们基于何种理想来构划他们的共同生活。”[1]因此，如果我们将中国视为一个文化共同体或王铭铭所谓的“文明体”，法律的政治性就关涉邓正来所说的涉及“我们的本真性理想、文化身份以及政治认同等基本问题的‘什么是中国人’”的问题。借用韦伯在《民族国家与经济政策》中的话讲，“这里所说的政治并不是那种某人或某阶级在某一时期碰巧执政的日常政治，而是整个民族长远的权力政治利益”[2]。从“伦理—政治”的角度来看，法律的政治性意味着：法律应当服务于政治共同体“伦理生活”（*Sittlichkeit*, ethical life）的需要，即成为服务于政治共同体文化认同的工具。

从更高层次上看，它大体上意指相对于“伦理—政治”的“道德—政治”，即具有政治意义的道德担当。用康德的话说，“真正的政治如果不已向道德宣誓了效忠，就会寸步难行。尽管政治本身是一种艰难的技艺，但它与道德的结合却根本不是什么技艺。因为一旦双方互相冲突的时候，道德就会剪开政治所解不开的死结”[3]。从“道德—政治”的角度来看，法律的政治性意味着：法律应当服务于政治共同体的道德目标，

[1] J. Habermas, *Between Facts and Norms*, p.160.

[2]［德］韦伯：《民族国家与经济政策》，甘阳等译，生活·读书·新知三联书店 1997 年版，第 93 页。

[3] 参见［德］康德：《永久和平论》，载氏著：《历史理性批判文集》，何兆武译，商务印书馆 1990 年版，第 139 页。此处引证根据英译本对译文进行了调整，见：Immanuel Kant, Toward Perpetual Peace, in Immanuel Kant, *Practical Philosophy*, trans. &ed.Mary J. Gregor, (New York: Cambridge University Press), 1996, p. 347.

即要成为服务于社会正义、全球正义乃至人类解放的工具。从马克思主义的视角看，法律作为一种维系人际关系的工具，始终应服务于人类福祉，而不是相反，即统治人的工具。因此，尽管马克思的法律理论明确提出了法律的“统治阶级意志论”，但潜隐于这一论说的潜台词其实是：法律应当成为服务于人类解放的工具。惟其如此，我们始能理解为什么马克思要主张建立无产阶级专政的社会主义国家，进而理解共产主义社会的“法律消亡论”。[1]

综上所论，强调法律秩序建构的非自主性，即强调法律的政治性与社会—历史性，也即是凸显法律的政治哲学承诺、法律的政治和社会—历史制约性。强调法律的非自主性，即把法律视为“前法律的”政治现象、社会现象和历史现象，对现代法律秩序仍待建构的转型中国来说，尤为必要且重要。中国的现代转型是“立国”“立宪”“立教”“立人”“立法”五位一体的系统工程；其中，“立法”既是“立国”“立宪”“立教”“立人”成就的法律表现，本身又会受到它们的结构性制约。对“立宪”仍待完善、“立教”“立人”亟待突破的转型中国来说，现代法律秩序的建构仍是“进行时”。正如“法律自创生理论”指出的，法律是“认知开放但运行闭合”的系统。如果说“运行闭合”主要指向了司法过程，那么“认知开放”则主要指向了立法过程。换言之，在立法过程中，我们更应把法律视为“前法律”的政治现象、社会现象和历史现象，在确保公民的“自我立法”地位的基础上，在认知上对法律的政治哲学承诺及其所依赖的政治与社会—历史条件保持最大限度的开放。惟其如此，法律始能成为政治共同体“公意”的集中体现，并以“公意”的形式赢得合法性，进而始能放心地托付给职业化的法律人共同体看护。在现代条件下，立法是为政治共同体确立国体形态、立宪架

[1] 参见拙文:《法律的社会—政治基础：论马克思法律理论建构的“社会—政治法律哲学取径”》，载《北方法学》2008 年第 5 期。

构、价值体系（生活方式）和行为规则的神圣事业。对现代法律秩序仍待建构的转型中国来说，我们尤应凸显法律的非自主性，即强调法律的政治哲学承诺、法律的政治和社会—历史制约性。

三、法律秩序的正当性（正当）与文化认同（善）：法律的政治哲学承诺

（一）道德（正当）与伦理（善）

接下来，我想着重探讨“法律之政治承诺”意义上的“法律的政治性”。从这样的视角来看，法律之政治性的上述两个不同层面，分别体现了“伦理”和“道德”的不同要求。[1]

从个体的视角（即从哈贝马斯所谓的个体的“伦理—存在”，而非共同体的“伦理—政治”角度来理解“伦理”）来看，“伦理”和“道

[1] 值得注意的是，汉语中对“伦理”“道德”的习惯用法与西学语境中不尽一致。在中文语境里，“伦理”主要是指人际关系方面的“五伦之理”，最典型的是孟子所说的“父子有亲、君臣有义、夫妇有别、长幼有序、朋友有信”；而“道德”之“德”在古文通“得”。根据朱熹对论语“据于德”的解释：“德者得也，得其道于心而不失之谓也。”因此，它最终指向个人修为。但在西学语境中，它有着完全不同的学理脉络和含义指向。从词源上看，尽管两者颇有亲缘性，但逐渐被赋予了不同的含义。“ethics”本源于希腊文“*ethika*”，意指“特性”（character）或“举止”（manners），但它亦与另一个希腊文“*ethos*”密切相关，而后者用以“标识某个共同体、民族或意识形态的纲领性信念或理想”。英语中的“moral”最初源于古法语（15世纪）的“moral”，后者源于拉丁文“*Morale*”，而“*Morale*”则是西塞罗（Marcus T. Cicero）创造出来的——他在《论命运》（*De Fato*）中对希腊文“*ethikos*”（“*ethika*”的单数形式）进行了创造性的转化。在陈述创造“*Morale*”的理由时，西塞罗写道：“……因为它与特性——在希腊语中称为ethos——相关，我们通常把哲学中的这一部分称为‘关于特性的研究’，但合适的做法是通过给予这一科目以‘道德科学’的名称，把它添加到拉丁语中。”（“…… *quia pertinet ad mores, quod ethos illi vocant, nos eam partem philosophiae de moribus appellare solemus, sed decet augentem linguam Latinam nominare morale.*”）其目的（转下页）

德”的不同要求体现在：前者涉及人与自我本身的关系，体现为个体化的自我对个体之不可替代性和自我实现的追求；后者涉及人与人之间的关系，体现为社会化个体对人之不可支配性和自我决定的期许。从第一人称的视角来看，伦理是追问的是：从长远或总体来看，什么对我或我

（接上页）是“为了形成一种可用以支持和反对的连续性话语，以使每个学生能够自己接受这对他们来说似乎是最可能的观点”。（“*ut in utramque partem perpetua explicaretur oratio, quo facilius id a quoque probaretur, quod cuique maxime probabile videretur.*”）经过上述创造性的转化，“*Morale*”逐渐脱离了“*ethika*”所具有的在地性（local）和描述性的涵义，开始具有了公共性和规范性特质。在现代西方语言中，德语可能是最早对接“*Morale*”和“*ethika*”的上述不同取向的语言。德语中的“Moral”和“Sitti”，分别对接了“*Morale*”和“*ethika*”的不同含义。特别是自黑格尔在思想史上第一次明确区分“Moralitat”（morality，道德）与“Sittlichkeit”（ethical life，伦理生活）以来，“morals（morality）”与“ethics”的区分，开始获得学理上的澄清。哈贝马斯通过将康德“Recht”（含有法律、权利、正义、正当等丰富含义）优先于“Tugend”（virtue，美德或德行）——“正当优先于善”的学理源头——的思想与黑格尔“Moralitat”区别于“Sittlichkeit”的思想整合起来，系统地重建了“道德”和“伦理”的概念，并把两者分别同“正当”与“善”对应起来，从而既为自由主义一共同体主义（及共和主义）之争确立了基本的学术脉络，亦为自身法律与民主的商谈理论的建构提供了清晰的概念框架。哈贝马斯认为，伴随着后习俗社会价值多元出现的是自我决定和自我实现之文化模式和社会期待的分裂，即道德评判与伦理认同的分离：“在社会分化或冲突性角色期待多样化的压力下，习俗性的认同形成破裂了；就此而言，道德与伦理维度（用心理学的语言来说，良知的驱动和自我理想）彼此分离开来。”在他看来，“道德”与“伦理”的区别在于：前者涉及的是“自我决定”的“规范”问题，即是道德规范的评判问题；而后者关涉的则是“自我实现”的“价值”问题，即是伦理生活的认同问题。有必要指出的是，由于学术传统和学术视野的差异，法学界对“*Morale*”和“*ethika*”的对接曾经采用过不同的术语。庞德（Roscoe Pound）基于耶林（Rudolph von Jhering）的相关论述，试图使用“morals”和“morality”对接德语中的“Moral”和“Sitti”，从而对接“*Morale*”和“*ethika*”。邓正来最初将其分别译为了“道德规范”和“道德行为”，后来将“道德行为”改为“道德惯例”。这一修改可谓必要；它既把握住了庞德关于“morals”和“morality”的基本界分（“morality”“指称一套被接受的行为”，“morals”“指称那些根据作为理想体系之原则而组织起来的关于行为的律令体系”），亦把握住了两者在存在形态上的差异（根据庞德的论述，“morality”不但常常与习俗和传统相关，抑且“并不是一种理想的、而是实际的体系”），还基本兼顾到了两者在词源学上的前述分野。然而，邓正来的这种译法却存在着一个致命的缺陷，即他把庞德的那里的抽象名词译为了汉语中的具象名词，犯下了“词性错位”、进而“功能错位”的翻译失误：无论是“morals”，还是“morality”，在庞德那里均是作为抽象名词存在的，即指向了某种性质或类型的道德；但是，汉语中的“道德规范”和“道德惯例”，则指向了具象化的道德表征或道德载体。如果非要翻译，似乎可遵循尤金·A. 奈达（Eugene Nida）所谓的“功能对等”（functional equivalence）原则，将庞德语境中的（转下页）

们而言是善好（good）的生活（正是对某种具有独特性或不可替代性的善生活的追问和追求，塑造了个体的自我认同和共同体的集体认同）；道德追问的则是：我或我们应当做什么，或者什么对我们而言是正当或对（right）的（正是对某种具有普适性的道德规范的遵循，建构了政治共同体内部或国际社会关于何为正当的标准）。因此，伦理指向的是关涉自我或集体认同之构成性要素的价值取向，道德指向的则是人际交往的规范性要求。[1]两者体现着不同的有效性要求：[2]伦理体现了对伦理

（接上页）"morals"和"morality"分别译为"规范性道德"和"习俗性道德"——它们大致分别对应于后文将提及的李泽厚关于"社会性道德"与"宗教性道德"的区分。上文关于"*Morale*"和"*ethika*"词源的考察，主要参考了如下文献：John Craig（F.G.S. of Glasgow), *A New Universal Etymological and Pronouncing Dictionary of the English Language, Embracing All the Terms Used in Art, Science and Literature*, Vol. 1, (London: James Gilbert, 1847), p.670；"*ethos*"，http:// www.etymonline.com/index.php?Term=ethos，最后访问时间：2018年3月10日；"moral"，http://www.etymonline. com/ index.php? allowed in_frame=0&search=moral，最后访问时间：2018年3月10日；"*Ethos*"，https://en.wikipedia.org/wiki/Ethos，最后访问时间：2018年3月10日；等等。关于西塞罗《论命运》的引证，系参照H. Rackham的英译文译出，见http://www.logicmuseum. com/wiki/ Authors/ cicero/defato，最后访问时间：2018年3月10日。哈贝马斯关于"道德"与"伦理"的论述比较系统，可主要参见J. Habermas, *Postmetaphysical Thinking*, trans. William Mark Hohengarten. (Cambridge, Mass.: MIT Press, 1992), pp.183 et seq; J. Habermas, *The Inclusion of the Other: Studies in Political Theory*, Ciaran Cronin & Pablo De Greiff (eds.), (Cambridge, Mass.: MIT Press, 1998), pp.25-26,55; J. Habermas, *Justification and Application: Remarks on Discourse Ethics*, trans.Ciaran Cronin, (Cambridge, Mass.: MIT Press, 1993), pp.1-17; J. Habermas, *Between Facts and Norms*, pp.160-161. 邓正来关于庞德"morality"概念的前后译法变化，可对照：[美] 庞德：《法律与道德：历史法学派与哲理法学派的视角》，邓正来译，载《法制与社会发展》2005年第3期；[美] 庞德：《法理学》（第2卷），邓正来译，中国政法大学出版社2007年版，第215—216页。庞德相关论述的原文，可对照：Roscoe Pound, *Jurisprudence Volume II: Part 3. The Nature of Law*, (St. Paul, Minn.: West Publishing Co., 1959), pp.216-217.

[1] 哈贝马斯在区别了"道德"与"伦理"的基础上，又区分了"规范"与"价值"。See J. Habermas, *The Inclusion of the Other*, p.55.

[2] 下文的阐述，主要借鉴了哈贝马斯的论说，同时亦参考了慈继伟和Rainer Forst的相关阐释。参见慈继伟：《社会公正的落实危机及其原因》，载梁治平编：《转型期的社会公正：问题与前景》，生活·读书·新知三联书店2010年版，第572页；Rainer Forst, *The Right to Justification: Elements of A Constructivist Theory of Justice*, trans. Jeffery Flynn, (New York: Columbia University Press, 2012), pp.62-78.

生活（生活方式的价值取向）之本真性或可欲性[1]的追求，道德则体现了对社会规范（人际交往的规范性要求）之正当性（rightness）或道德可接受性（moral acceptability）的追问。正如法兰克福学派的第四代领袖莱纳·福斯特（Rainer Forst）指出的，道德与伦理的区别在于某种康德式的理念，即：

> “人类作为原则上不受限制的道德人共同体（community of moral persons）之成员，无条件地相互赋予对方某种基本形式的尊重，并相互为其行动提供证成，不论在现实中他们是如何联合或分离的，亦不管他们拥有怎样的善观念、价值观和幸福观。”[2]

因此，道德与伦理的区别在于：

---

[1] 据我初步考察，中文学界对“desirable”（可欲的）或“desirability”（可欲性）的移译，可能借用了孟子“可欲之谓善”（《孟子·尽心下》）的表达。从道德哲学或伦理学的角度看，孟子的这一经典表达将“善”与主体的欲求联系了起来，凸显了“善”的自愿原则。孟子的这种阐释路向，基本可与现代伦理学对“desirable”的理解对应起来。“desirable”进入现代伦理学的视野，主要归功于密尔等功利主义（utilitarianism）或幸福主义（hedonism）伦理学将“幸福”（happiness）纳入伦理学范畴。但正如摩尔（G. E. Moor）指出的，这种把“幸福”视为可欲（甚至唯一可欲的目的）的幸福主义阐释路向，其实混淆了“desirable”（可欲的）与“desired”（已欲的 / 已被欲求的），从而既消解了“desirable”的规范性内涵，亦消除了“善”的存在空间：“……‘可欲的’并不是像‘可见的’（visible）意指‘能够被看见的’那样，意味着‘能够被欲求的’。‘可欲的’仅仅意味着我们应当欲求的事物，或值得被欲求的事物……当我们如此理解的时候，认为我们对‘可欲的’进行检验仅仅是考察人们实际上欲求的事物，已经不再是可信的了。”因此，只要赋予“desirable”以规范性内涵，它即可与伦理学意义上的“善”对应起来。可以为此提供佐证的是，社会心理学领域广泛使用的一个概念：“社会可欲性效应”（social desirability effect），即“个体按照某种普遍赞许的方式表现自己的倾向。”此处将孟子的“可欲之谓善”理解为“善”的自愿原则，参考了陈赟的观点，见氏著：《在合理性与可欲性之间：儒家思想中善的观念——以戴震为中心的考察》，载《孔子研究》2000 年第 6 期；其他引文，请分别参见 G. E. Moore, *Principia Ethica*, (New York: Dover Publications, 2012), p.67；I. B.Weiner & W. Edward Craighead (eds.), *The Corsini Encyclopedia of Psychology: Volume* 4: *R-Z*(4th edition), (New Jersey: John Wiley & Sons, Inc., 2010), p.1628.

[2] See Rainer Forst, *The Right to Justification*, p.63.

> “道德规范主张普遍有效性，即主张对作为人类共同体成员的所有人类的约束力（无需应用于实在法之中）。但伦理价值则具有不同的规范性要求：它们只对认同这些价值的个体有效，即仅仅对那些能够根据其生活史（就像共同体和特定情境内部的历史）将这些价值确认为其认同之一部分的人有效”。[1]

由此可见，“社会秩序的正当性”与“社会秩序的可欲性”（即“文化认同”）并不能等同，它们分别体现了“道德”（正当）与“伦理”（善）的不同要求。那么，为了诉求中国的文化认同，是否就意味着我们在强调法律之政治担当时主张“文化认同”优先于“社会秩序的正当性”或“善优先于正当”呢？显然，这既是探讨法律的政治性时颇为紧要的理论问题，亦是探讨中国社会秩序之正当性和可欲性的前提性理论问题。

“道德”与“伦理”的关系（即“正当”与“善”的关系），是自由主义与共同体主义（社群主义）及共和主义争论的焦点。现时中国知识界的讨论多从哲学思辨的角度（特别是从“个体”与“共同体”的关系）来讨论这一问题。然而，这种讨论无异于“鸡生蛋还是蛋生鸡”的争论，各执道理于一端，实无益于深入分析两者的关系。更为重要的是，这种直接将西方理论用于分析中国问题的做法，其实是一种意识形态化的理论游戏，无法洞悉中国问题的症结所在。前文对当代中国社会转型的分析表明，正当化压力和文化认同是我们需同时面对的问题（后文亦将进一步指出，转型中国问题的一个基本特征就是其“共时性”）。

---

[1] Rainer Forst, *Contexts of Justice: Political Philosophy beyond Liberalism and Communitarianism*, trans.John. M. M. Farrell, (Berkeley: University of California Press, 2002), p.28.

这其实意味着：抛开伦理和道德是否绝然二分的观念不论，无论是伦理生活的本真性，还是社会秩序 / 法律秩序的正当性，都构成了我们的时代诉求。质言之，即使我们要主张“文化认同”的优先性，这种“文化认同”亦应是可以回应正当化压力的文化认同，即可以回应社会秩序 / 法律秩序正当性的可欲性。

就中国语境“道德 / 正当”与“伦理 / 善”的关系而论，李泽厚不但较早在罗尔斯政治自由主义思想的影响下对两者进行了分殊，抑且对当代中国的恰当选择进行了论纲性的阐述。在著名的“两种道德论”中，李泽厚区分了他所谓的“两种道德”，即“宗教性道德”与“社会性道德”。[1] 在他看来，与政治哲学相关的社会性道德是建立在现代个人主义和社会契约基础上的自由、平等、人权、民主，以保障个人权益，规范社会生活；与宗教、信仰、文化传统相关的宗教性道德有关终极关怀、人生寄托，是个体寻求生存价值、生活意义的情感、信仰、意愿的对象。前者是公德，是公共理性，应该普遍遵循；后者是私德，是个人意识，可以自由选择——你可以选择基督教、伊斯兰、印度教、佛

[1] 值得注意的是，由于拘泥于黑格尔对“伦理”的表面文字界定而忽视了其历史渊源和生成机制，李泽厚并没有看到他所谓的“宗教性道德”与黑格尔所谓的“伦理”之间的一致性；相反，他将“道德、伦理做内外二分”的前提下又将“道德做宗教性和社会性二分”（李泽厚：《哲学纲要》，北京大学出版社 2011 年版，第 3 页）。从表象形式上看，的确如李泽厚界定的那样，黑格尔式的“伦理”是指“外在社会对人的行为的规范和要求，从而通常指社会的秩序、制度、法制等”。（同上，第 72—73 页）但从实质内容上看，黑格尔所谓的“伦理”实是与共同体的“伦理生活”或“伦理秩序”相联系的，进而与共同体的文化、习俗、传统等（即李泽厚所界定的“宗教性道德”）联系在一起。根据查尔斯·泰勒的解读，黑格尔式的“伦理”“责成我们造就出本已存在的东西。……构成我们道德职责之基础的公共生活是已经在那里存在着的。正是依照它是一个持续存在的事物才使得我拥有了这些职责。我对这些职责的施行也就是我维持着和延续着它的存在”。通过对“伦理”至上性的强调，黑格尔其实是想步亚里士多德的后尘，呼吁城邦或共同体的善在个体道德生活实践中的主导性和优先性（参见［加］查尔斯·泰勒：《黑格尔》，张国清、朱进东译，译林出版社 2002 年版，第 575、578 页）。为弥补这一缺陷，本书将他所谓的“宗教性道德”与我所界定的“伦理”对应起来。

教、儒学或共产主义等。[1]在论及当代中国的抉择时，李泽厚试图经由"打通中西马"的努力，即从马克思的"吃饭哲学"出发，通过"经验变先验、历史建理性、心理成本体"的"历史本体论"的建构，将中国哲学的"情本体"视为"经验变先验"的历史"积淀"，[2]并以受康德启发的"人性能力"与之对接，提出了如下建设性的主张：在"正当（权利）优先于善"的前提下，鼓励"善"（即"伦理"或"宗教性道德"）对"正当"进行"范导和适度构建"（而非整全性的建构）。[3]

我个人对李泽厚的上述理论建构持同情态度，但是我更愿意把文化认同视为公共选择问题。换言之，我把现代情境下的法哲学（包括政治哲学）均视为一种"公共哲学"。因此，在"后形而上学"的思想背景下，在中国现代文化认同正在形成的历史进程中，我更愿意多保留几分审慎，把有待形成的文化认同视为一种——借用哈贝马斯之语——"未赋值的占位符"[4]，即在前文所谓的"两邓两晖律令"规导下的"未赋值的占位符"，而不是像他那样径直将其确定为"天地国（君）亲师"之类的内容。[5]之所以是"占位符"，是因为它是中国文化不可替代性的

[1]参见李泽厚：《实用理性与乐感文化》，生活·读书·新知三联书店2005年版，第367页。

[2]值得注意的是，李泽厚并未将"情本体"视为中国文化的独特性，而是明确主张它是"一种世界性视角"。参见李泽厚、刘旭源：《"情本体"是一种世界性视角》，载《读书》2011年第1期。

[3]李泽厚明确指出："在现代社会，我主张由现代经济生活所决定的权利优先，也就是社会性道德优先。正因为此，我主张政教分离，反对由各种宗教和传统文化来构建政治和伦理道德。但同时清醒意识到，各种宗教和文化传统仍将以各种方式作用于社会性道德，这不可避免而且可以予以适当认同。这就是从《历史本体论》所说的宗教性道德对社会性道德的范导和适当构建，关键在于掌握这个'适当'。这也就是我讲的'度'。权利优先，贯彻着'人是目的'。善优先，则活生生有血有肉的人可以不是目的，灵魂、上帝、集体、革命才是目的。权利（对错）优先于善，因之，'9·11'恐怖分子就应当谴责，他们是彻底'错了'，因为滥杀无辜，践踏人权。"李泽厚：《哲学纲要》，北京大学出版社2011年版，第72—73页。

[4]See J. Habermas, *Between Facts and Norms*, p.126.

[5]参见李泽厚：《哲学纲要》，第33页。

内在要求；而之所以“未赋值”，则是因为：从根本上讲，学者（即使作为公共知识分子）并不能代替公共选择对这种文化认同进行“独白式的”理论建构——如果非要进行理论建构，我们更应当对有助于中国现代文化认同形成的理念（政治哲学法则）、程序性机制等进行理论建构。[1]

（二）中国社会秩序的正当性与可欲性（文化认同）：以米德“不断扩大的共同体”观为参照

在现代社会，民族国家既是世界秩序的基本组织单位，也是政治共同体的主要表现形式。因此，民族国家层面的共享文化认同，既关涉国际向度的文化软实力，亦关涉国内向度的文化凝聚力和文化正义问题。为了更深入地分析文化认同与正当化压力之间的关系以及中国的恰当选择，我拟引入美国著名社会理论家乔治·米德（G. H. Mead）“不断扩大的共同体”（ever wider community）观念。鉴于汉语学界对这一思想关注不多，我们需花些笔墨稍加展开。

在《心智、自我与社会》（*Mind, Self and Society*）中，米德建构了一种“不断扩大的共同体”观念。这一观念从主体间性（intersubjective）视角出发，将自我认同不但与自我所属的自然性共同体相联系，抑

[1] 在此，我想特别指出的是：尽管李泽厚先生经常自贬为“上世纪中国人”，尽管其理论建构还存在着诸多不融贯、欠深入之处，但依我个人鄙见，作为“不泥国粹，不做洋奴，努力原创”的典范，他仍是我们这个时代极少数兼具学术担当和思想能力的人——我所谓的“学术担当”，是指面对国内正当化压力困局的“道德担当”和面对全球化时代文化认同危机的“伦理担当”；我所谓的“思想能力”，则主要指思想创造能力。他所做的工作事实上正是我在前文提到的那种大体上遵循“两邓两晖律令”，并通过理论建构引导社会实践朝向更为可欲的方向发展的学术工作——尽管他本人其实是“两邓两晖”及我们这代学者的前辈。其理论的限度既源于理论本身的内在规定性，更是当下中国语境中进行理论建构的特殊难题使然——除了众所周知的原因外，更源于学术立场的选择、思想资源的袭取、研究取径的确定等方面的难题。

且与一个更大的社会性共同体相联系。米德明确指出：

> “拥有某个自我的人类个体，总是一个更大的社会共同体——即一个范围更广的社会群体——的成员，而不只是他可以径直发现自我或径直归属于其中的某个共同体的成员。换言之，对个体来说，相较于与其具有直接关联的共同体，在有关个体各自的组织化态度（organized attitudes）——即各自自我的整合结构——中体现出来的社会或团体行为的一般模式总是具有更为广泛的相关性，亦即一种超越这个直接相关的共同体本身、相对于一个更大的社会环境或社会关系情境（前者被包含其间，只是其中大体上有限的一部分）的相关性。”[1]

在米德看来，这种观念的重要性主要在于：

第一，它可以在“主我”（I）和“客我/宾我”（Me）的互动中型构自我认同。主我是个体在社会情境中对照自己的行为举止所做出的行动，它只有在个体完成了某种活动之后才进入其经验，因而，它是不确定的；而客我是作为自己审视和评价对象的自我，是“概化的他者”（generalized other）的态度，它是社会价值观的投射（即内化的共同体态度），因而是确定和制度化的。[2] 米德认为，主我和客我是有机体与社会情境之间的关系，正是两者之间的互动共同塑造了作为整体的自我认同：惟有像共同体对自己做出反应那样对自身做出反应，某个人方始真正属于该共同体；惟有不断以客我“概化的他者”的态度塑造主我，

---

[1] George H. Mead, *Mind, Self and Society: from the Standpoint of a Social Behaviorist*, Charles W. Morris (ed.), (Chicago: University of Chicago, 1934), p.272.

[2] 参见乐国林：《米德自我概念述评》，载《宁波大学学报》（教育科学版）2003 年第 3 期。

个体始能拥有作为完整的自我。[1]

第二，它可以具有某种世界主义视野，进而凸显（在20世纪成为潮流的）民族主义的缺陷。用宗教术语来说，这种“不断扩大的共同体”是一个“神圣的共同体”。因此，它可以消解任何层次的共同体本位的倾向，进而具有某种世界主义视野：

> “我们所有人都属于小团体，并且可以只是留在它们之中。但这样，呈现于我们自身中的‘组织化的他者’就是一种范围狭隘的共同体。我们现在要努力寻求某种程度的国际胸怀。我们正意识到自己是一个更大共同体的成员。现时代强烈的民族主义，最终应唤起一种更大共同体的国际性态度。”[2]

第三，它可以将共同体的成就与“普遍性”相联系，进而引导某个共同体取得更大的成就。米德以希腊、罗马的成就为例指出，共同体应当超越一己之偏私，追求适合“不断扩大的共同体”的普遍价值。“就像希腊哲学流传至今一样，罗马法亦流传了下来。一个共同体的任何组织成就在多大程度上具有普遍性，它就在多大程度上是成功的，并使一个更大的共同体成为可能。”[3]

就中国共享文化认同的建构来说，至少有如下四个理由可以论证引入米德上述“不断扩大的共同体”观念的必要性。

第一，无论是我们在“伦理—存在”，还是“伦理—政治”层面讨论，主体自我认同的确立、巩固及外部评价，都需要以比某个主体（它也可能是个共同体）更大的共同体为参照。这种参照的必要性在于：

---

[1] See George H. Mead, *Mind, Self and Society*, p.265.

[2] George H. Mead, *Mind, Self and Society*, p.265.

[3] George H. Mead, *Mind, Self and Society*, p.266.

（1）要在异中求同，以确立自己的认同（即在与主体平行的其他主体的“辨异”中确立自己的认同）；（2）主体“只有在相互承认的情形下才能强化其认同”；（3）以“不断扩大的共同体”为参照，就可以对某个主体的认同是否与其他主体的认同和谐共存做出道德评价，进而使主体之善成为“合道德之善”（这体现了“正当”与“善”的不可分割）。[1]

第二，这种多层次的共同体观照，可以更进一步凸显中国认同问题的层次性以及由此带来的复杂性。西方共同体主义在与自由主义争论时，多是在民族国家内部讨论的，即他们多是在为民族国家内部“次群体”“为承认而斗争”的行动辩护（最典型的是查尔斯·泰勒为加拿大魁北克地区的辩护），而不是主张整个国家应当在全球化背景下“为承认而斗争”。但与传统欧洲的现代国家建设所形成的“单一民族、单一国家”的民族国家模式不同，中国的民族概念从现代民族国家建立以来即是一个双层结构：涵盖所有中国人的“中华民族”（Chinese nation）与作为中华民族成员的56个民族（nationalities）。[2]因此，中国的认同问题至少可以从逻辑上划分出三个不同层面：基于个体不可替代性的个体自我认同，基于民族文化不可替代性的民族文化认同，基于中国文化不可替代性的中国文化认同——尽管对特定个体而言，这三者可能完全重合。由此可见，在中国情境中笼而统之地诉求共同体主义，无异于缘木求鱼。

第三，它还可以洞察中国“伦理”和“道德”问题的共时性以及由此带来的复杂难题。以“不断扩大的共同体”为参照，我们不惟可以看到转型中国认同问题的层次性，还可以进一步站在某个主体认

---

[1] See J. Habermas, *The Inclusion of the Other*, p.29.

[2] 当然这种翻译本身也为中国民族问题带来诸多难题。为此，有论者主张中华民族内部的汉族和少数民族分别译为“national majority”和“national minorities”。参见纳日碧力戈：《民族问题、符号理论与结构耦合（上）》，载《中国社会科学报》2010年6月15日，第10版。

同（譬如中国文化认同）角度向内、向外反思我们的认同，进而在保证认同开放性和包容性的前提下确保其“合道德性”。基于此，惟有将中国文化认同建立在适合于“不断扩大的共同体”的普遍主义道德的基础之上，这种文化认同始能同时满足可欲性（本真性）和正当性要求，从而回应中国认同危机与正当化压力共存的复杂情势。

与此相关，第四，它还有助于检视我们在诉求文化认同时所必然诉诸的民族主义之界限。文化认同与民族国家建设，犹如器官共用的连体婴儿：一方面，文化认同是民族国家作为“想象共同体”（imagined community）得以存在的文化基础；但另一方面，文化认同的塑造亦端赖于我们对作为“民族精神之民族（*Volk des Volksgeistes*；the spirit of the people）”的伦理想象。[1]因此，一个政治共同体文化认同的建构，必然要诉诸某种程度的民族主义。以“不断扩大的共同体”为观照，我们至少可以把民族主义区分为：“文化不可替代性”意义上的民族主义与“文化优越论”意义上的民族主义[2]，即萨义德所谓的“盲目崇拜本土的本质和认同”的民族主义[3]。然而，惟有通过普遍主义道德检验的民族主义——即“文化不可替代性”意义上的民族主义——始能在一个更大的共同体内获得证成。

如果我们以“不断扩大的共同体”为参照，主要从政治共同体层面看待“伦理”与“道德”，它们之间的关系具有明显的吊诡性。一方面，政治共同体的“伦理”模态决定着其“道德”实现的状况。孔子

[1] 参见 Benedict Anderson, *Imagined Communities: Reflections on the Origin and Spread of Nationalism*, revised edition, (London: Verso Books, 1991), pp.9-36; J. Habermas, *The Postnational Constellation: Political Essays*, translated, edited and with an introduction by Max Pensky, (Cambridge, Mass.: MIT Press, 2001), pp.1-25.

[2] 此处关于民族主义的区分，借鉴了莱斯诺夫的观点。参见［美］麦克尔·H. 莱斯诺夫：《二十世纪的政治哲学家》，冯克利译，商务印书馆 2002 年版，第 35—36 页。

[3] 参见［美］萨义德：《知识分子论》，单德兴译，生活·读书·新知三联书店 2002 年版，第 132 页。

说:“吾未见好德者如好色者也。”相比善待他人，人总是有更强的动机关爱自己。因此，与伦理相比，道德的实现常常面临着“动机不足”的难题：人们缺乏足够的动机行善。道德的利他性决定了，惟有最低限的利他主义成为其自我认同的一部分，人们始有足够的动机去践行道德规范。如果说在宗教性的超越资源具有一元绝对地位的传统社会，道德的动机不足难题得到了相当程度的缓解，那么随着世界的除魅，现代社会的道德则面临着更为严重的动机不足难题：个体缺乏足够的动机资源确保自己实施合乎道德的行为。[1]这会使道德的机会主义者充斥整个社会，亦同样呼唤着对道德的伦理范导。换言之，这意味着一国的道德实现状况最终会受制于其占主导地位的伦理生活模态。正像“君子”爱财到一定程度便不再会“取之有道”所揭示的，人们关于生活方式（伦理生活）的本真性想象，可从根本上为道德的实现提供动机资源。由此可以想见：在一个“一切向钱看的社会”——即把金钱视为伦理生活的主要意义来源的社会，其道德状况必定是令人堪忧的。[2]就此而言，我们可以说，人们关于善生活的本真性想象（文化认同），为道德的实现提供了动机资源。而且，正如普特南指出的，我们的某些道德规范其实是直接以某种伦理性的自我理解——即价值观——为前提的。譬如，“要善待你的朋友”“不要残忍地对待孩子”这样的道德规范，便分别预设了“友谊”“残忍”这样的价值观——离开了这样的价值观，我们就难以辨别、描述这些规范。[3]

[1] 关于现代社会道德“动机不足”的难题，可以参见 J. Habermas, *Between Facts and Norms*, pp.115-117.

[2] 此处的阐述，借鉴了慈继伟的相关论述。参见慈继伟:《社会公正的落实危机及其原因》，第 569—582 页。

[3] 普特南曾从这一视角对哈贝马斯将价值（伦理）与规范（正当）截然二分的观点进行了批判。参见［美］普特南:《事实与价值二分法的崩溃》，应奇译，东方出版社 2006 年版，第 141—142 页。

然而，不同于雅典城邦“善优先于正当”的社会组织原则，现代社会是按照“正当/权利优先于善”[priority of right（s）over good]或“道德优先于伦理”的原则组织起来的社会。如果突破这一原则而强制人们去过某种伦理生活，则有可能导致国内向度的家长主义或极权主义，甚至国际向度的民族沙文主义或法西斯主义——就像纳粹德国的情形一样。由此可见，如果从独白性的主体中心视角来看，“善”的优先性更容易获得证成，因为以“道德”或“正当”为借口对伦理生活的齐一化要求可能会牺牲每个主体的不可替代性——国际层面“主权高于人权”的正当性理由即在此。但如果以主体间性的视角来看，“正当”的优先性更容易获得证成，因为如果某个主体对“善”的自我理解和追求突破了主体间的“正当”原则，又可能会危害其他主体的不可支配性。正是为了使每个主体都具有伦理生活上的不可替代性，并使这种不可替代性和谐共存，现代社会（包括国际社会）按照“正当优先于善”的原则组织起来。然而，以“不断扩大的共同体”为参照，政治共同体的文化认同面临着特殊的难题：某个主体（s）以主体间的“正当”原则为前提而获致的不可替代性（即该主体s对善生活的自我理解），并不能径直转化为该主体所属的共同体（c；它相对更大共同体又是一个主体，简称S1）相对更大共同体（C）的不可替代性（即该主体所属的共同体对善生活的自我理解）。换言之，某个主体s的个体认同与该主体所属共同体c作为主体S1意欲建构的集体认同之间存在较大隔膜——此时，该主体s所属的共同体（c或S1）就处于两难境地：一旦它主张自己作为主体（S1）相对于更大共同体（C）的不可替代性，它即可能会牺牲众多像主体s这样的匿名化主体的不可替代性，甚至还会牺牲C中其他平行主体（譬如S2）的不可支配性——如果它还要将其伦理生活或文化认同强加给其他平行主体S2；而若它不主张，它又可能会牺牲自己作为主体（S1）的不可替代性。[1]

可以说，“正当”与“善”的关系，其实体现了现代性本身的“问题性”。为了保障主体自我追求独特伦理生活的自由，现代社会优先保障主体之正当或权利，并按照这一原则组织社会（包括国际社会）；但一味强调“正当”的优先性，又可能会导致主体所属共同体善生活的萎缩，甚至根本就没有善生活的存在空间。因为很多人会过一种“末人”（the last man）般的“虚无主义”的生活（这正是共同体主义批判自由主义，特别是尼采—列奥·施特劳斯这样的保守主义者批判现代性的主要理由），譬如在金钱和权力的二元逻辑下过着一种表面上多元、实则单一的消费主义生活——这正是早期法兰克福学派等批判现代社会的主要理由之一。而一旦以强制的方式推行某种伦理生活，则对内有家长主义、极权主义危险，对外有民族沙文主义乃至法西斯主义的危险。正如哈贝马斯指出的：

> “公民身份与国族文化（national culture）的融合会导致对公民权利的‘单色’（monochrome）诠释，而这种诠释是不易受到文化差异影响的。主张某种渗透着伦理的共同善（an ethically-permeated common good）在政治上优先于对平等的伦理性自由（equal ethical liberties）的有效保障，在国内多元社会的层面，势必会导致对不同生活方式的歧视，在国际层面则必然会在面对‘文明的冲突’

[1] 正因政治共同体层面的文化认同面临着国际国内的多重挑战，全球化时代的民族国家普遍出现了文化认同的危机。就全球化时代文化认同问题而言，其大致沿着下述路向而蔓延：以西方或“中心”国家为范导的同化趋势→“边缘”国家出现认同危机→“边缘”国家的民族主义或地方化趋势／“边缘”趋向“中心”的移民潮／“边缘”国家与“中心”国家之间的“文明冲突”（如“9·11”事件）→“中心”国家的认同危机。其突出（转下页）

时束手无策。"[1]

由此可见，在"正当"与"善"（道德与伦理）之间我们实难做非此即彼（all or nothing）的选择。正如查尔斯·拉莫尔（Charles Larmore）指出的：

> "我……并不认为一种恰当的道德观念整体上必须采取其中一种形式而排斥另一种形式。相反，我相信一种比古代伦理和现代伦理更复杂的观点能更好地把握我们的确信：我们当中大多数人都既承认一种无条件地约束着我们的核心道德（即普遍主义的道德规范——引者注），又承认来自于友谊或特定联合体中成员身份的若干义务（即情境主义的伦理价值——引者注），而只要我们有兴趣维持这些社会关系，这些义务就是我们的义务。"[2]

依我个人鄙见，现代社会"正当"与"善"之间关系的这种复杂性或吊诡性恰恰表明：我们需要在社会秩序的可欲性（文化认同的本真性）与社会秩序的正当性［社会规范的可普遍性（universalizability）］之间——即伦理情境主义诉求与道德普遍主义追求——之间，保持恰当

（接上页）表现为如下两个互相联系的方面：一是"边缘"国家普遍出现文化认同危机；二是像美国这样的"中心"国家也开始"我们是谁？"的追问，进而开始强化自身文化认同的建构——这正是晚近美国"新保守主义"思潮兴起的主要背景。关于前者，可参见［美］乔纳森·弗里德曼：《文化认同与全球化过程》，郭建如译，商务印书馆 2003 年版。关于后者，可参见［美］亨廷顿：《我们是谁：美国国家特性面临的挑战》，程克雄译，新华出版社 2005 年版；许纪霖：《两个美国与政治自由主义的困境》，载《读书》2005 年第 6 期。

[1] J. Habermas, "Equal Treatment of Cultures and the Limits of Postmodern Liberalism", trans. Jeffrey Flynn, *The Journal of Political Philosophy*, Vol. 13, No. 1, 2005:3.

[2]［美］查尔斯·拉莫尔：《现代性的教训》，刘擎、应奇译，东方出版社 2010 年版，第 23 页。

的平衡和适度的张力。正是因为这种复杂性或吊诡性，在现代社会，政治共同体大都是根据特定的政治与社会—历史条件，来对“正当优先于善”的组织原则进行适当调整。当意识到自己伦理生活的不可替代性受到严重威胁时，国家会在“正当优先于善”的基础上突出对“共同善”的追求——就像“9·11”事件后美国的情形一样；但一旦这种威胁消失时，为了共同体内外的和谐，它则会恢复正当优先于善之原则的主导性，确保个体自由及个体自主地位。

然而，对中国这样现代性和新的文化认同正在生成的国家，我们更重要的或许不是要主张“善优先于正当”（特别是对文化认同和共同善做守旧主义或复古主义的人为建构），而是应当遵循这样的政治哲学逻辑：首先，确立“正当优先于善”的社会组织原则，以鼓励基于古典传统、社会主义新传统和西方文化传统等多元文化的伦理生活相竞发展；其次，适当引导某种“共同善”的塑造，并建构公共选择的制度化形式，为经由全体社会成员匿名化的公共证成和公共选择逐渐形成我们作为政治共同体的共享文化认同创造制度条件；最后，再基于定型的文化认同所达致的集体性自我理解对社会秩序／法律秩序的文化属性（中国性）进行“范导和适度构建”（李泽厚语）。基于前文对转型中国文化认同情势的分析，现代中国文化认同的形成具有特殊的历史使命，即对那些始于古典传统、源于社会主义新传统及移植于西方文化的诸价值，形成我们作为文化共同体的集体性自我理解，从而建构“中国（法律）理想图景”。

（三）法律的政治哲学承诺：法律的道德担当与伦理担当

综上所论，法律的政治性意味着：中国法哲学的建构，不但要建立在转型中国的政治条件基础之上，抑且具有政治哲学承诺。与前述法律之政治性的两个不同层次相对应，中国法律的政治哲学承诺，亦具有两个不同层面的含义：一方面，它关涉我们对中国共享文化认同的自我理解（法律秩序的可欲性），即体现为我们对黑格尔意义上的情境主义伦理生活的追求；另一方面，它亦与法律秩序的正当性紧密相关，即体现为我们对康德意义上、适合于“不断扩大的共同体”的普遍主义道德的遵循。换言之，法律的政治哲学承诺，体现为法律的道德担当和伦理担当。对正处于现代转型的现时中国而言，法律秩序的可欲性（文化认同的塑造）与法律秩序的正当性同等重要，不可偏废。就此而言，所谓的“中国（法律）理想图景”，正是由我们对体现法律秩序之正当性的政治哲学价值以及我们基于共享文化认同对这些价值的自我理解构成的。我们不妨这么说：在中国现代性的理想图景中，追求社会秩序 / 法律秩序的正当性是其“底色”，塑造我们的文化认同（追求社会秩序 / 法律秩序的可欲性）则是其“特色”。

法律之政治性的上述两个不同层面，对法律秩序（及法哲学）的建构非常重要。它启示我们：作为现代社会秩序的主要调控方式，法律不但是“使人类行为服从规则治理的事业”[1]，抑且是实现政治理想的工具。就法律秩序而言，其政治哲学承诺（政治担当）意味着：一方面，我们既要回应当下中国的各种正当化压力，以肩负起法律的“道德担当”；但另一方面，亦要回应文化认同危机，以承担中国作为文化共同体或文明体的“伦理担当”。遵循李泽厚的思想，我们现在可以获得的一个原则是：共享文化认同可以对法律秩序的正当性起着某种程度的“范导”作用，但不宜对其进行整全性的建构。然而，究竟存在哪些范导资源（哪些内容可以作为文化认同的要素）？在哪些方面可以范导？

[1] Lon Fuller, *The Morality of Law*, revised edition. (New Haven, CT: Yale University Press, 1969), p.106.

可以范导到何种程度？……诸如此类的问题，既是建构中国文化认同、确立法律秩序之中国性的核心难题，亦是有待于深入思考的问题。我注意到，无论是李泽厚还是黄宗智，都将中国法律关于子女赡养义务，特别是把这种义务与继承权相关联的规定，视为这种恰当“范导”的典范[1]——尽管他们的取径完全不同。由此可见，与儒家文化传统相关的“孝道”，似乎仍是现时中国文化认同的核心要素。然而，我们却不宜将源于儒家文化或社会主义新传统的所有其他文化要素，均整全性地用于对转型中国法律秩序的范导——这恰恰是当下新儒家（特别是儒学原教旨主义者）或新左派常犯的毛病。事实上，就“孝道”而言，我们也不可仅仅依凭我们的伦理直觉而想当然地预设它的可欲性乃至正当性；相反，我们须从“关联性正义”的视角阐发，把它放在转型中国的关联性互动情境中予以深度把握。[2]因此，所谓“中国法哲学”，其实是“中国现代性”在法律领域的表现：如果“无反思性”地移植西方法律秩序，它就是不是“中国”的；如果无条件地回归传统（古典传统和社会主义新传统），它又不是“现代”的。惟有将两者适度结合，我们始能建构与中国现代法律秩序相适应的中国法哲学。

附论：公共证成与法律的政治哲学承诺

前文将转型中国法律的政治哲学承诺，归结为两个方面：法律的道德担当（社会秩序的正当性）与法律的伦理担当（社会秩序的可欲性）；同时，我们从现代政治哲学原理入手，定位了两者的关系：法律的道德

---

[1] 黄宗智的论述请参阅前文，李泽厚的论述参见李泽厚：《实用理性与乐感文化》，第367页。

[2] 详见本书第七章的论述。

担当应当优先于伦理担当（正当优先于善）。那么，法律的道德担当与伦理担当，是如何体现在现代法律秩序的运行机理中的？特别是，它们是如何兑现其有效性的？本书导言关于法哲学之“公共转向”的论述，已较为详尽地阐明了“公共法哲学”的一个基本观点：在现代条件下，政治统治及其依托的社会规范（包括法律规范和道德规范）之合法性和有效性，均需以公共参与和公共证成为基础予以兑现。此处的社会规范，自然包含了富有道德蕴涵的法律规范（即法律的道德担当），那么富有伦理蕴含的法律规范（即法律的伦理担当）也应以公共参与和公共证成来兑现其有效性吗？这显然并非不言自明，而需进一步的学理辨析。在此，我想补充讨论这一问题。在此之前，我想从吉登斯关于“解束政治”（emancipatory politics）[1]与“生活政治”（life politics）的区分入手，进一步讨论“正当”（道德）与“善”（伦理）的关系。

（一）“解束政治”与“生活政治”：法律的政治哲学承诺

吉登斯关于“解束政治”与“生活政治”的著名区分，与哈贝马斯关于“道德”与“伦理”的区分、罗尔斯关于“正当”与“善”的区分，有着大致相近的含义指向。根据吉登斯的界定，所谓“解束政治”，即力图“将个体和群体从影响其生活机遇的种种束缚中解放出来”[2]的

[1] 汉语世界多将吉登斯那里的“emancipatory politics”移译为“解放政治”。但考虑到“解放”在汉语中常常具有某种特定内涵，为避免因“能指”（signifier）对“所指”（signified）的限定所带来的接受障碍，本书建议回归“emancipate”的本来意义，把“emancipatory politics”译为“解束政治”。这样，既可以把1949年完成的“解放运动”视为中国情境中“解束政治”的里程碑事件予以确认，亦可以把中国情境的“解束政治”视为是一种有待继续推进的“未竟谋划”（unfinished project），从而获得相对于现时中国的规范性阐释空间。下文的引证，均以“解束政治”替换“解放政治”，但不再一一注明。

[2] 参见［英］吉登斯：《现代性与自我认同：晚期现代中的自我与社会》，夏璐译，中国人民出版社2016年版，第196页。

政治诉求。“解束政治”主要包括两个要素：第一，意识结构上的“去传统化”（detraditionalization）——大致相当于韦伯意义上的“除魅”和贝克（Ulrich Beck）意义上的“脱嵌”（disembedment）：以一种面向未来的时间意识和能动态度对待传统，即以反思性的态度对待传统，把传统当作为现代生活服务的工具，而不再把维护传统本身视为生活的目的。第二，与意识结构上的“去传统化”相关、但更具政治意义的面向，即“试图完成克服某些个人或群体支配另一些个人或群体的缺乏合法性的统治”[1]。就后者而言，它关心的是减少乃至消除剥削、不平等和压迫。所谓“生活政治”，与现代性和全球化条件下的自我认同有关，即“在后传统场景中进行的自我实现过程所引发的政治问题”，它“与我们（作为个人和集体性的人）应该怎样生活在一个过去被自然或传统固定的，现在服从于人类决定的世界有关”。[2]由此可见，吉登斯意义上的“解束政治”与“生活政治”，与哈贝马斯意义上的“道德”与“伦理”、罗尔斯意义上的“正当”与“善”大致是一一对应的关系。事实上，吉登斯不但明确把罗尔斯的正义理论视为“解束政治”观的“一个突出例子”，抑且认为哈贝马斯的沟通行动理论（特别是“理想言谈情境”所具有的规范性和解束性内涵）阐述了一种“解束政治框架”。“解束政治”（特别是前述更具政治意义的第二个要素），关注的其实是社会政治秩序的正当性问题，因为它把相对于剥削、不平等和压迫的“‘正义’、‘平等’和‘参与’当作首先要实现的目标”；“生活政治”，关涉的是个人和集体的认同问题，即社会政治秩序的可欲性问题：它关注的是“形成一种在全球化背景下能促进自我实现且在道德上合情合理的生活方式”，因而它既会“在一种后传统秩序以及在存在性问题背景

[1] 参见［英］吉登斯：《现代性与自我认同》，第 196 页。

[2] 参见［英］吉登斯：《现代性与自我认同》，第 200 页；［英］吉登斯：《超越左与右：激进政治的未来》，李惠斌、杨雪冬译，社会科学文献出版社 2000 年版，第 14 页。

下形成有关‘我们应如何生活’的伦理问题”。[1]

关于“解束政治”与“生活政治”的关系，吉登斯事实上隐含地支持了“解束政治”优先于“生活政治”（正当/道德优先于善/伦理）的观点。这大致可以从他关于两者关系的诸多论断中推演出来：作为早期现代性（工业社会或“第一现代性”）时期西方政治革命和政治变革的基调，“解束政治”所取得的历史成就构成了晚期现代性（后工业社会、“第二现代性”）时期“生活政治”出场的历史前提；即使在晚期现代性时期，“解束政治”的诉求亦并未退隐，而只是相对“生活政治”而“去中心化”了；“生活政治”既是晚期现代性时期现代性极端化和全球化（内在参照系统不断扩展）的结果，亦是“解束政治”的特殊表现形式；“生活政治”要获得成功，须遵循“解束政治”所确立的普遍性正当原则；等等。[2]

从上述分析可知，如果说西方已经基本解决了“解束政治”的问题，现在主要面临的是“生活政治”问题，那么对转型中国来说，我们则同时面临着“解束政治”和“生活政治”的双重难题，并且前者具有更为基础的地位。换言之，我们需要在化解正当化压力、推进“解束政治”的框架内，回应“生活政治”所提出的文化认同问题。

（二）公共证成与对待认同问题的认知性态度：从朱熹、康德到哈贝马斯，或从“以理制欲”到“以公证理”

依哈贝马斯之见，“道德”（正当）与“伦理”（善）之分，亦是“规范”（norm）与“价值”（value）之别。根据非认知主义（non-cognitivism）的道德哲学理论（如情感主义、直觉主义等），就像“无可争辩

[1] 参见［英］吉登斯：《现代性与自我认同，第198、200页。
[2] 参见［英］吉登斯：《现代性与自我认同》，第196—214页。

性”（indisputability）是审美趣味的属性一样，“不可通约性”（incommensurability）是价值取向的特质。正如情感主义伦理学家大卫·休谟所言，“真理是可争辩的，趣味则不然；实存于事物本性中的东西是我们的判断力的标准，每个人在自身中感受的东西则是我们情感的标准”[1]。在休谟看来，“趣味”作为“欲望和意欲的第一源泉和动力”，不限于审美领域，还包括价值判断；它是不可以通过理性把握的，即是不可认知的，只能通过情感的共鸣和互感来把握。因此，沿着这种思路，我们很容易把价值问题与审美问题视为有别于道德—实践（moral-practical）问题的审美—表现（aesthetic-expressive）问题，从而把它们均视为具有非认知性的问题。[2]

从思想史上看，休谟与康德的分殊，既是道德哲学上非认知主义（情感主义）与认知主义的分野，亦是认识论上经验主义与理性主义的分别。在很大程度上可以说，休谟与康德的分野，与宋明理学中著名的“心学”—“理学”之争在思想取向上是同构的。

如果从经验主义的视角出发，我们极易把人们现实具有的各种道德情感（休谟）、道德直觉（道德直觉主义）或“人心”（陆王心学）等视为善观念的基础（所谓“心外无物”“心外无理”）；但这种经验主义的论说取向，却存在着一个致命的缺陷，即前述摩尔批评功利主义、幸福主义伦理学的那个缺陷，也即是会把人们经由道德情感、道德直觉或“人心”等现实地欲求的事物（the desired）与在价值上值得欲求的事

[1]［英］大卫·休谟：《道德原则研究》，曾晓平译，商务印书馆2001年版，第23页。

[2] 休谟指出：“在知性的研究中，我们从已知的因素和关系推断某种新的未知的因素和关系。在道德决定中，所有要素和关系都必须预先知晓，心灵则从对整体的静观中感受某种好感或厌恶、敬重或轻蔑、赞许或谴责的新印象。”（［英］大卫·休谟：《道德原则研究》，曾晓平译，商务印书馆2001年版，第142页）。值得注意的是，所谓的“休谟问题”，其实是以道德的非认知主义为前提的，因为它把“规范”（正当）和“价值”（善）均纳入“应当”（ought）的范畴，进而认为它们既无法从“是”（is）中推导出来，亦无法通过人的理性进行把握。

物——即可欲的事物（the desirable）——完全等同起来，从而既极大地抽空了价值取向（善生活或伦理生活）所具有的普遍性规范内涵[1]，亦会合乎逻辑走向了非认知主义的伦理观，即认为不同人的价值观是不可通约的。

然而，只要我们秉承康德式的“自主”或“自律”（Autonomie, autonamy）观念，摒弃自我中心主义的（egocentristic）个体自由观念，价值取向就可以超越基于个人自然欲望的“任意”（Willkür，arbitrary will），从而服从于与纯粹实践理性相符的“意志”（Wille，will）。事实上，以朱熹为代表的理学关于善观念的认识，与康德的道德哲学有着异曲同工之妙。就像康德关于“意志”与“任意”的区分，是为了使道德法则获得超越于人之自然欲望的客观性和普遍性一样，朱熹关于“道心”（理）与“人心”（欲）的区分，同样旨在使表征着善的“道心”或“天理”获得超越于“人欲”的客观性和普遍性。在康德那里，“意志”指向了可普遍化——因而具有某种客观性——的道德法则，而“任意”则指向了自我中心主义——因而具有主观性——的专断准则。如康德所言：“法则（laws）来自于意志，准则（maxims）来自于任意。后者在人里面是一种自由的选择；仅仅针对法则本身的意志，既不能被称为自由的，亦不能称为不自由的，因为它不是针对行动，而是直接为行动之准则制定法则（并因此是实践理性本身）”；只有任意是自由的，“但任意的自由不能被界定为——就像一些人试图界定的——遵循或违背法则的选择能力［libertasindifferentiae（无区别的自由）］，即使作为现象

[1] 事实上，之所以有论者对伦理生活或文化认同的“本真性”提出质疑，恰恰是因为诸多论者在非认知主义（特殊主义、非普遍主义）主张这种“本真性”。应当看到，自我或集体认同的本真性，并不意味着这种本真性在价值上就是善好的。一种可称为善好的文化认同，必须具有最低限的普遍主义内涵：它不能威胁他人在文化上的不可替代性或生活方式上的自主性；对集体认同来说，它须在政治共同体内部具有可分享性。

的任意在经验中提供了此种常见事例。”[1]在朱熹那里，就像佛教中“佛性”与“人性”的区别一样，“道心”与“人心”分别指向了人的自觉（超越性）维度与自在维度（本性）。“人自有人心道心，一个生于血气，一个生于义理”，“此心之灵，其觉于理者，道心也；其觉于欲者，人心也。”[2]正如葛兆光指出的，朱熹之所以反对“二陆”（陆九龄、陆九渊）“心即是理”的学说，乃因为在他看来，这种论调“只是片面肯定了‘人心’中‘性’的存在，而取消了对‘人心’中杂有的‘情’和‘欲’的警惕，就会缺少一段保任和涵养的功夫，一旦放纵恣肆出来，便会像狂禅一样，使‘恶’的情绪不可收拾”[3]。

由以上分析可知，康德—朱熹式的道德认知主义，可以使伦理价值具有超越于个体自然欲望的客观性和普遍性。然而，它们亦有着内在的根本缺陷：它们都是一种“独白式的道德唯我论”（monological solipsism of morals），不符合现代意识结构下实践规范的证成原则。正如韦伯、哈贝马斯、吉登斯等社会理论家指出的，随着宗教—形而上学世界观的除魅，现代社会实践规范（法律规范、道德规范、伦理价值）的证成基础，已由“基于习俗的共识”（基于传统共识的有效性）演化为“基于理由的共识”（基于合理共识的有效性）。[4]这其实意味着：主体间性的公共证成（intersubjective public justification）是实践规范有效性和合法性的根本保障。然而，正如哈贝马斯指出的，在康德那里：

[1] Kant, *Practical Philosophy*, Mary J. Gregor (trans. &ed.), (Cambridge: Cambridge University Press, 1996), p.380. 另见中译本：李秋零主编：《康德著作全集第6卷：纯然理性界限内的宗教道德形而上学》，中国人民大学出版社2007年版，第233—234页。

[2]《朱子语类·卷六十二》。

[3] 参见葛兆光：《中国思想史第2卷：七世纪至十九世纪中国的知识、思想与信仰》，复旦大学出版社2001年版，第241页。

[4] 参见 J. Habermas, *The Theory of Communicative Action, Vol.1: Reason and the Rationalization of Society*, trans. Thomas McCarthy (Boston: Beacon Press, 1984), pp.260-261；[英] 吉登斯：《超越左与右》，第14页；等等。

“道德准则是抽象和普遍的，意思是说，当它对我来说是普遍有效的，那么，它当然必须被假想成对一切理性的本质也是有效的。因此，在这些准则指导下的互动就成了孤立的和自满自足的主体的行动；这些主体中的每一个主体必须这样行动，似乎他就是惟一的实存意识。”[1]

显然，“只要我们以一种独白方式进行更精确的检验的话，绝对命令仍然是一种个体化的孤立视角；从这种视角出发，每个人私下考虑所有人期望的东西，这是不恰当的”[2]。同样，在朱熹那里，是“以理制情”“穷理尽性”“居敬持志”“敬义夹持”“存养有察”“格物致知”等一整套成德工夫，成就了个体对伦理价值的把握和践行，因此，其有效性在实质上依赖于独白式的个人修为。因此，为了顺应现代意识结构的特点，我们必须把实践规范的证成基础由“独白式的”改为“对话式的”，即其有效性不能由孤立个体以独白的方式予以确定，而只能在未受到限制和扭曲的公共商谈中以对话——即公共证成——的方式予以兑现。这种程序主义的证成路向：

“不是将我意志中的任何可以作为普遍法则的准则都作为有效准则而归于他者，而是为了以商谈的方式检验我所提出之准则的普遍性，我必须将该准则提交给其他任何人。其重心从对每个人的意

[1] 参见［德］哈贝马斯：《作为“意识形态”的技术与科学》，李黎等译，译林出版社1999年版，第13页。此处引证根据麦卡锡的相关英文引证将原文中的“相互作用”和“孤独的”改为了“互动”和“孤立的”。See Thomas McCarthy, *The Critical Theory of Jürgen Habermas,* (Cambrigde, Mass. :MIT Press,1978),p. 326.

[2] J. Habermas, Reconciliation through the Public Use of Reason: Remarks on John Rawls's Political Liberalism, *The Journal of Philosophy*,Vol.92, No.3, (Mar., 1995):117.

志中所能不矛盾地普遍化为一般性法则的关注，转向了对所有人的意志都能一致认可为普遍性规范的强调。”[1]

在现代社会，与“正当”有关的道德规范由“基于理由的共识”兑现其有效性似乎不难理解。与“善”有关的伦理价值亦可由“基于理由的共识”获得证成，则需稍作申论。在这方面，哈贝马斯的相关论说为我们提供了理论借鉴。在哈贝马斯看来，个体不但可以以康德式的“自主”态度对待道德问题，抑且可以以此种态度对待伦理问题，即认同问题，不过这需要他所谓的“学习过程”（learning processes）。作为社会成员社会化和个体化的关键环节，这种学习过程可以使个体学会以“认知性”的态度对待（集体）认同问题——这种认知性态度，内在地呼唤有别于观察者视角和参与者视角的第三种视角：“共享的视角”（shared perspective）。只要我们不想以暴力或其他强制方式解决社会成员间的价值观分歧乃至价值观冲突，由这种学习过程习得的“认知性态度”（共享的视角）就是内在必需的。因此，从第一人称的复数视角来看，伦理—政治问题（共享文化认同的证成）仍可以被视为实践理性的一种表现形式，即一种特殊形式的道德—实践问题。正如哈贝马斯指出的：

“把握实践性审议之认知性特征的一个出路，是对下列问题予以精确描绘：从道德视角看，为那种以合理动机为形式的审议提供入口的个体之价值旨趣（value interests），在论证过程中是如何改

[1] Thomas McCarthy, *The Critical Theory of Jürgen Habermas*,p.326. 麦卡锡的这一解释深获哈贝马斯本人的认可，哈氏甚至在自己后来对商谈伦理学的建构中还引证了这一解释，并将其作为对商谈伦理学与康德伦理学之区别的说明。See J. Habermas, *Moral Consciousness and Communicative Action*, trans.Christian Lenhardt & Shierry Weber Nicholsen, (Cambridge Mass.: MIT Press, 1990), p.67.

变其角色和意义的。在实践性商谈中，只有可呈现为主体间承认的价值观，进而可以作为候选被有效规范之语义学内容容纳时，那些价值旨趣才是重要的。只有那些可一般化的（generalizable）价值取向，即所有参与者（及所有受到影响者）基于好的理由认为其适于调节眼下的主题，并因而可以获得约束性的规范力量之价值取向，始能越过这个门槛。当某个‘旨趣’能够被处于类似情势的其他共同体成员分享时，它才可以被描述为一种‘价值取向’。因此，只有当其移除与第一人称视角的内在关联时，某个旨趣才值得从道德的视角予以考虑。一旦它被转译为主体间共享的评价性词汇，它即不再与个体的偶成性欲望和偏好相关联，并且会作为道德证成中的价值一般化之候选，能够取得作为论据的认知性地位。惟有当我们可以把某个价值进行下列描述——即它看起来可以为所有参与者当作调整相关事项的基础一般性地接受——时，某个欲望或偏好始能进入商谈中。”[1]

更一般地看，正如哈贝马斯指出的，道德问题、伦理问题和实用问题是现代社会之实践理性的三种表现形式，其“语义普遍性”（semantic universality）——即内容的可普遍化——大致呈次第递减之势[2]，但

---

[1] J. Habermas, *The Inclusion of the Other*, pp.81-82.

[2] 道德问题追问的是“何为正当”，其答案具有适用于全人类的跨文化普遍性；伦理—政治问题追问的是“何为对我们而言善好的生活”，其答案具有相对于所有政治共同体成员的普遍性；实用性问题追问的是“什么是最合乎目的的方式”，其答案主要具有相对于特定专家的普遍性。它们是“我（们）应当做什么”这一实践理性问题，在不同领域的表现。相比康德将“实践理性”等同于道德，哈贝马斯的“实践理性多态论”借鉴了亚里士多德—黑格尔共同体主义（社群主义）、实用主义和经验主义等思想传统，对现代社会的“实践理性”进行了扩充。从思想史上看，哈贝马斯的“实践理性多态论”，堪称对现代社会实践理性之存在形态的最系统、亦最权威的论述。哈贝马斯关于“实践理性多态论”的集中阐述，可参见 J. Habermas, *Justification and Application*, pp.1-17. 关于哈贝马斯对康德式实践理性概念的发展，可参见拙著：《合法律性与合道德性之间》，第 144—153 页。

均需依循“语用普遍性”（pragmatic universality）即程序性的道德普遍主义——也即是具有程序普遍性的公共商谈和公共证成——兑现其有效性。就集体认同（“伦理—政治”问题）而言，其对应的商谈类型，即“伦理性商谈”（ethical discourse）。在“伦理性商谈”中，“决定性的理由必须为所有分享‘我们的’传统和强烈价值态度的成员所接受”[1]。质言之，集体性伦理价值的证成，同样需诉诸道德原则即实践理性的正义原则，以确保作为集体认同的价值观是“对我们所有人来说同等地善好”（equally good for all of us）。

> “在伦理—政治商谈中，我们在还不知道自己实际上想要什么的前提下，就使自己安心落意于某种价值组合。在此种商谈中，纲领（programs）能够获得证成，乃因为它们是合算的且总体而言对我们来说是善好的。然而，对政策和法律的充分证成，还必须进一步考虑另一个方面，即正义的方面。我们是否应当想要且接受某个纲领，亦依赖于相应的实践是否对所有人均是同等地善好。”[2]

由此可见，哈贝马斯在原则上同意康德—朱熹“以理制欲”（意志高于任意、道心高于人心）的道德认知主义立场，但他不认为据以“制欲”之“理”可由“道德唯我论”式的“独白”方式予以确定——尽管这种“独白”形成的伦理价值，可能完全会符合道德可普遍化原则；相反，他认为，这种具有客观性和普遍性之“理”，必须经由所有受到影响者的公共商谈始能获得证成。由于顺应了意识结构及相应的政治（法律）合法化原理的现代转型，哈贝马斯的这一论说显然更符合现代社会

[1] See J. Habermas, *Between Facts and Norms*, p.108.

[2] J. Habermas, *Between Facts and Norms*, p.161.

政治秩序和法律秩序的运行机理。

可以说，哈贝马斯为康德—朱熹式的“以理制欲”，补充了一个具有程序普遍性的新维度，即程序性道德普遍主义的证成维度——我们暂且称之为“以公证理”。就此而言，“从‘天理世界观’到‘法理世界观’”——我主张的这种把握中国文化现代转型的分析框架，亦可表述为“从‘以理制欲’到‘以公证理’”。换言之，中国文化“从‘天理世界观’到‘法理世界观’”之文化转型的背后，其实是“从‘以理制欲’到‘以公证理’”的政治转型，即遵循“公意政治”的合法化模式，以公共参与、公共商谈和公共证成确保社会政治秩序（法律秩序）的合法性。

四、“转型法哲学”与转型中国（法律）问题的性质及基本特征

如果说，法律既受制于特定时空的政治与社会—历史条件，亦应具有政治哲学承诺，那么在不同的政治条件、社会结构、文化传统及政治（伦理政治和道德政治）担当条件下，法律——无论是法律价值、法律原则，还是其制度和实践形态——理应具有不同的样态。因此，对全球化背景下处于现代转型中的现时中国而言，我们有理由相信：它应当具有符合转型中国政治与社会—历史条件及政治担当的不同法律原则和法律规则，以及建构这些法律原则、法律规则的法哲学——即本书倡导的“转型法哲学”。

要建构“转型法哲学”，我们就需要把政治哲学建构和社会—历史分析紧密结合起来，在充分把握转型中国的政治与社会—历史条件的基

础上，探究其法哲学原理。换言之，“转型法哲学”的建构具有一个内在的规范性要求：它要在充分结合转型中国政治与社会—历史条件的基础上，实现其政治哲学承诺。事实上，正是因为我们需要建基于转型中国政治与社会—历史条件之上的政治哲学承诺，即使前文对中国法哲学的政治承诺进行一般性分析时，我也参照了转型中国的一个历史规定性条件，即正当化压力与文化认同危机共存的时代境况——这也是下文将要论及的中国问题之共时性的表征之一。在这个意义上，我们可以说：任何对当下中国法律问题的研究，如果欠缺了政治维度的观照，它注定是没有担当的；如果欠缺了社会层面的洞察，它必然是没有根基的；如果欠缺了历史视角的思考，它必定是没有依凭的。惟有把政治哲学建构与社会—历史分析相结合，我们始能建构适合于转型中国的法哲学，即基于转型中国政治与社会—历史条件、具有政治哲学承诺的法哲学。

综上所述，我们可以把前述“转型法哲学”的基本问题意识，进一步表述为：在全球化和社会转型 / 现代转型带来“正当化压力”和“文化认同危机”的共时性难题的情势下，如何使法律秩序（及法哲学）的建构，在充分满足转型中国政治与社会—历史条件的前提下，实现其政治哲学承诺（道德担当和伦理担当）？当然，本书不可能系统建构这样的法哲学。在本书的“中篇”和“下篇”，我将以法治与正义为主题进行探索性的研究。在此，我想先提供我个人对中国（法律）问题之性质和特征的一个总体观察，以凸显我们在方法论上的建设性出路。

（一）转型中国（法律）问题的性质与作为思想根据的“结构化情境”

邓小平说：“观察中国问题，一定要认识中国问题的复杂性。”[1]诚然，当下中国面临的情势前所未有，问题千头万绪；但我们不妨从问题的性质和基本特征入手，以管窥其复杂性。

据我个人观察，转型中国的诸多（法律）问题，在性质上都是我所谓的“合理但不正当或善”的问题。这里的“合理”“正当”和“善”，都是在学理逻辑中使用的。前文已详细讨论过“正当”和“善”，这里对“合理”做些说明。从学理上看，“合理的”（rational）具有与“理性的”（reasonable）明显不同的意指：前者是一种属性，即事物所具有的某种属性；后者则是指向了人的一种禀赋和能力。按照邓晓芒对“理性”（reason）渊源的研究，这种禀赋和能力在希腊哲学中主要有两个渊源：“逻各斯”（*logos*）和“奴斯”（*nous*），前者指逻辑理性（即语言和表达能力），后者指超越理性（即能动和超越的灵魂）。[2]然而，主要由于韦伯合理化理论的贡献，“合理的”或“合理性”（rationality）成为20世纪社会—政治理论和经济理论中，用以衡量行动或选择合目的性的一个核心范畴。哲学家W.M.Sibley较早地从学理上厘清了“the Rational”与“the Reasonable”之间的区别。根据他的界定，“rational”（合理的）具有如下意蕴：

“（A）(1)关于我归于自身的诸目的（the ends），它必然意味着：

[1]《邓小平文选》第3卷，人民出版社1993年版，第200页。

[2]参见邓晓芒：《中国百年西方哲学研究中的八大文化错位》，载《福建论坛·人文社会科学版》2001年第5期。

（a）我应当对我正努力达致的诸目的之性质有充分的认识，并且在这种认识中还包含着当它们影响到其他目的时其意义的实现，即：这种认识不但包括我自己的目的，抑且包括被我的行动影响的其他人的目的；以及（b）在我主张的两个目的之间出现冲突的情形下，我选择我真正偏好的目的，即在经过充分且仔细的反思、考虑我自身的经验及我知道的他人的经验之后，我将其判定为相较于其他竞争性的目的而具有更多价值的那个目的。(2)关于为了达到这些目的的诸手段，它必然意味着：基于最可能获得的论据，我选择那种最能实现这些目的之手段；并且，我对所有我权力范围内对于确保我的目的实现具有必要性的其他措施都了之于心。

（B）关于我的意志，它必然意味着：我根据经由反思过程所达致的决定行事，不允许任何情绪化的影响说服我走向另一个相反过程。”[1]

我正是主要在上述意义上——即韦伯“目的合理性”（purposive-rationality）意义上——使用“合理的”，它不同于日常语言中包含“合

[1] W.M.Sibley, The Rational Versus the Reasonable, *The Philosophical Reviews*, Vol.62, No.4 (Oct., 1953): 555-556. 以 Sibley 的上述论说为起点，罗尔斯在其晚期政治哲学中也明确区分了理性的（reasonable）与合理的（rational）这一并立的概念，并将其作为政治哲学原则的互补理念。在《政治自由主义》一书中，他专门用一节讨论两者的五点区别，主要有：在“作为公平的正义”中，两者被视为互不相同和各自独立的基本理念来看待，即不能认为两者间存在任何推导，尤其是不能认为可以从合理的推导出理性的；两者进一步的基本差异是，在某一方面，理性是公共的，而合理性却不是公共的等（See J. Rawls, *Political Liberalism*,(New York: Columbia University Press, 1996), pp.51-55）。尤为值得注意的是，在最初界定“rationality”的含义时，罗尔斯事实上明确指出了他是在韦伯式“目的合理性”的意义上使用的。他指出：“rationality 必须尽可能在狭义上理解：采用经济学的标准，即采取适于给定目标的最有效手段。”（J. Rawls, *A Theory of Justice* (revised edition), (Cambridge, Mass.: Belknap Press of Harvard University Press, 1999), p.12.）关于“rational”“reasonable”以及相应名词“rationality”和“reason”的词义演变，还可参见［英］雷蒙·威廉斯：《关键词：文化与社会的词汇》，刘建基译，生活·读书·新知三联书店 2005 年版，第 382—387 页。

天理”“合情理”“合道理”等多重意指的那种“合理性”。因此，所谓的“合理但不正当或善”，实是人们常说的“礼崩乐坏”的政治哲学表征。它所指涉的，乃是这样一种性质或状态：其具有某种目的合理性，但既不符合我们对社会秩序之正当性的道德期许，亦不符合我们对伦理生活的本真性想象。换言之，若以某种给定的目的（如经济发展、政治稳定、社会和谐等）来考量，它具有某种（目的）合理性；但如果我们以某种道德原则或伦理原则来评判，它又不具有正当性或可欲性。譬如，户籍制度问题，如果以政治稳定和大城市可持续发展为目的参照，当下限制人口流动的制度就具有某种目的合理性；但它显然不符合“平等”这一道德哲学规范和政治哲学原则。这样的例子不胜枚举。这种性质，正是当下中国（法律）问题的真正复杂性所在：其“合理性”来源于政治与社会—历史的规定性（也就是人们常说的“国情”），而其非正当性或不可欲性则主要是以某些政治哲学原则为参照而显现出来的。这种性质决定了我们极易做出“主义”或意识形态层面的表态（当下的诸多所谓“中国研究”，恰恰正是在这个层面讨论问题），但却忽视了对转型中国具体政治与社会—历史条件 / 情境的深入把握。

马克思说：“人们自己创造自己的历史，但是他们并不是随心所欲地创造，并不是在他们自己选定的条件下创造，而是在直接碰到的、既定的、从过去承继下来的条件下创造的。”[1]吉登斯亦提出了类似的观点：“人类建造社会，但是他们是作为具体历史情境中的行动者建造社会，而且是在并非可以由他们自己选择的条件下进行。”[2]从社会科学学术研究的角度看，我们应当对那些“具体历史情境”（“直接碰到的、既定的、从过去承继下来的条件”）保持敏感和自觉，并以此作为学理分

[1]《马克思恩格斯选集》第1卷，人民出版社2012年版，第669页。

[2][英] 吉登斯：《社会学方法的新规则：一种对解释社会学的建设性批判》，田佑中、刘江涛译，文军校，社会科学文献出版社2003年版，第278页。

析和理论建构的必要参照。正如沃勒斯坦指出的："'时空'不仅是纯内生变量而且还是我们理解社会结构和历史变迁的关键所在。"[1]如果忽视了特定时空的政治与社会—历史条件/情境，我们就难以把握其社会结构和历史变迁，从而也就不可能推进具有情境相关性和自觉性的法哲学和政治哲学思考。对转型中国来说，特定政治与社会—历史条件/情境的引入，常常意味着某些中国特有的、影响理论模式解释力的"变量"（variants）的加入，或至少是"变量"权重的变化。前述"主义"表态、"立场"先行的做法，恰恰会忽视了对转型中国特有的"变量"加入或"变量"权重变化后的学理逻辑进行深入的分析。深入把握转型中国独特的政治与社会—历史条件/情境，既是推进情境化的法哲学和政治哲学研究的内在要求，亦是以转型法哲学之理论形态承载公共法哲学之思想立场的关键所在。

然而，就法哲学和政治哲学层面的研究来说，并不是转型中国所有独特的政治与社会—历史条件/情境都应当进入我们的视野。惟有那些我所谓的"结构化情境"，才应成为我们推进中国情境中法哲学和政治哲学学理分析和理论建构的情境参照。所谓"结构化的情境"，是相对"碎片化情境"（fragmental contexts）而言的，它是指经由社会的演化、历史的积淀和政治的博弈而形成的某些相对固化的情境。宪法学者保罗·弗罗因德（Paul Freund）的一个著名区分，因美国联邦最高法院法官鲁斯·巴德·金斯伯格（Ruth Bader Ginsburg）在多个场合下的引用，成为法律学者把握舆论与司法之间关系的经典名言："法官……不应当为某一天的天气（weather）所影响，但他们必然会被某个时代

[1]［美］沃勒斯坦：《否思社会科学——19世纪范式的局限》，刘琦言、叶萌芽译，生活·读书·新知三联书店2008年版，第3页（导言）。

的气候（climate）影响。”[1]大致说来,“结构化的情境”，就相当于一个时代的“气候”；相应地，“碎片化的情境”则相当于某个时刻的“天气”。“结构化的情境”与特定时代的政治时势有关，但与特定时期的政治时局无涉——换言之，它是超越于当政者的自然生命而内在于中国现代转型之实践约束条件的根本问题。不同于社会科学（特别是“智库化”导向的社会科学研究）更关注转型中国的各种“碎片化情境”，转型法哲学聚焦于那些关乎中国现代转型之历史进程的“结构化情境”，即制约中国现代转型之理念形态及制度和实践模式的“结构化情境”。

以民主建构为例，如果我们采取一种政治现实主义的立场，将评判政制优劣的标准与经济发展、政治稳定的治理绩效联系起来，那么目前这种与西方民主模式不同的威权政制就具有某种合理性，乃至正当性；如果秉持政治自由主义的立场，我们就会把当前西方已然成熟和定型化的宪政民主制度模式视为我们政制变革的方向。然而，这种“主义”层面的表态式或站队式的研究，要么忽视了中国现代转型所承诺的政治理想（本书第四章的论述，把这种政治理想定性为“中国式永续国家”的建构），要么忽视了中国现代转型的结构化情境或实践约束条件，无力对转型中国的民主建构进行介入性的学理分析和实体性的理论建构。就中国情境的民主建构来说，至少有如下三个实践约束条件，构成了我们须从学理上回应的“结构化情境”：如何回应卢梭等西方经典民主理论家没有解决的“大国民主”难题，即如何在一个像中国这样的十亿级的超大规模型国家推进民主建构？如何回应孙中山等早已充分认识到的一个问题，即在一个缺乏民众参与传统的文明型国家实现民主建构？如何回应邓小平给我们出的一个难题，即政党—国家民主化问题：一方面要

[1] Scott Dodson (ed.), *The Legacy of Ruth Bader Ginsburg*, (Cambridge: Cambridge University Press, 2015), p.58.

“坚持四项基本原则”，另一方面还要推进政治体制改革和民主化进程？以上三个结构化情境，大致对应着中国现代转型的三大实践约束条件：具有悠久大一统传统的超大规模型国家（社会条件）、具有“轴心文明”遗产的文明型国家（文化/历史条件）及社会主义政党—国家（政治条件）。惟有结合这三大结构化情境或实践约束条件进行介入性的学理分析，我们始能推进转型中国法哲学和政治哲学的实体性理论建构——就民主问题来说，即建构转型中国的民主理论。

综上所论，转型中国（法律）问题的性质（“合理但不正当或善”）意味着：惟有从转型中国的结构化情境（政治与社会—历史条件）出发，同时守护中国现代转型所承诺的政治理想，我们始能进行真正具有中国情境自觉性、相关性和针对性的法哲学和政治哲学研究，从而实现推进本书所倡导的“作为转型法哲学的公共法哲学”的介入性学理分析和实体性理论建构。

（二）转型中国（法律）问题的基本特征

转型中国（法律）问题的一个特质是问题的“共时性”，即西方大致按自然时间历时性呈现出来的各种问题或议程，在当下中国却是共时性存在的。大约一个世纪以前（1919年），鲁迅曾说：

> “中国社会上的状态，简直是将几十世纪缩在一时：自油松片以至电灯，自独轮车以至飞机，自镖枪以至机关炮，自不许‘妄谈法理’以至护法，自‘食肉寝皮’的吃人思想以至人道主义，自迎尸拜蛇以至美育代宗教，都摩肩挨背的存在。”[1]

---

[1] 鲁迅:《随感录·五十四》，载《鲁迅全集》第1卷，人民文学出版社2005年版，第360页。

鲁迅的上述说法，其实道出了晚清以还中国现代化进程的一个特质，即所存在问题和现代化议程的“共时性”，而这种共时性在现时中国又具有不同内容。大致说来，“第一现代性”与“第二现代性”、现代性与后现代性等议程或诉求的共时性存在，便是现时中国问题之共时性的主要表征。

总体而言，这种“共时性”的存在，乃是因为：西方现代性大致经历了1960年代之前以发展主义为指导、以工业—民主社会为范型、以工具合理性（目的合理性）为理性基础的“第一现代性”与1960年代以后以“风险社会”为表征、开始反思“发展主义”和工业—民主社会模式的“第二现代性”，以及超越“工具理性”的“后现代性”；而中国在改革开放以后向西方主流现代性模式靠拢时，“第一现代性”和“第二现代性”、现代性和后现代性等发展议程，同时成为我们的时代诉求，因而面临着西方在不同历史时期先后解决的诸多问题及相互冲突的各种正当化压力。[1]夏可君曾把当下中国所遭遇的现代性问题，称为“混杂的现代性”（confusion modernism）。他写道：

“1979以来的三十年改革开放，把一个前现代的中国社会，以加速度的方式，改造为一个现代性的社会，前现代的传统（1979—1985）（从‘文革’中刚刚苏醒的社会还是农村改革为主），现代式的大城市化（1986—1998）（以大都市以及省城为中心），后现代的网络化（1999—2008）（加入世贸组织以及申奥成功并举办，第一次让世界和平进入中国），都迅速而且层层地套叠在一起，不是如同土耳其的伊斯坦布尔那般把唯一神论的宗教遗迹并列在一起，

[1]参见邓正来：《中国法律哲学当下基本使命的前提性分析》。

中国当前的现代性是层层套叠的，前现代与后现代可以直接穿越与穿插：可以用后现代网络技术来表达前现代的情感；可以以前现代的情感来实现现代式的商业交换，形成礼物经济；可以用后现代的网络虚拟来重建中国传统的仙魔世界；也可以用现代式的个体主义冲击并且填满后现代的网络虚拟世界，如同微博的爆发以及表达发泄效应。一方面，中国人的生命承受着巨大的压力，从而导致了大量的悖论与矛盾；另一方面，这个层层累加的现代性经验，带来了极大的活力，很多新的生命情势在其中发酵，有待于爆发。”[1]

中国现代性问题 / 议程的共时性存在，其实意味着：惟有采用关系性或关联性视角看待中国现代性问题，我们始能较为全面地把握与此相关的各种社会、政治和法律问题。譬如，中国法学界历来喜欢抽象地谈论所谓的“权利本位”，但这种论说方式既没看到在西方大致按自然时间历时性展开的经济权、政治权、社会权、环境权等诉求在中国的共时性存在，亦没看到这些不同类型的权利所预设的不同政治哲学价值和正义观承诺之间的复杂关系乃至相互冲突。大体而言，这四种权利分别对应着自由（私人自主）、民主（公共自主）、平等（社会正义）、可持续发展等政治哲学价值，而这些政治价值之间却是扞格不入的。而且，借用邓正来的说法，前三种权利大体上承诺的是“一代人正义观”（justice of a generation），环境权承诺的则是“多代人正义观”（justice of generations），而这两种正义观之间却具有显见的张力和冲突。[2]

与中国现代性问题的共时性紧密相关的，是中国现代性问题的整体

---

[1] 参见夏可君：《混杂现代性与自由穿越的可能性——庄子“庖丁解牛”的寓意》，https://site.douban.com/118668/widget/forum/3317046/discussion/48230009/，最后访问时间：2018年3月10日。

[2] 参见邓正来：《中国法学向何处去》，第16页注2。

性。如果说，中国现代性问题的共时性指向了诸分立诉求（如不同现代性议程等）同时存在的复杂状态，那么中国现代性问题的整体性则指涉诸分立诉求相互关联的复杂结构。这种相互关联的复杂结构，在很多时候是由不同现代性议程或诉求的共时性存在引发的（如“一代人正义观”与“多代人正义观”相互关联的情形），但亦可能由其他因素导致，譬如由于行政权力的主导地位所导致的政治领域的正义与其他领域的正义相互关联的情形。邓正来曾把转型中国问题的整体性，作为打破“唯学科化”、推进问题导向的跨学科研究的依据。他说道：

> “转型阶段的当下中国尤其需要打破这种‘唯学科化’的瓶颈，因为在我看来，转型社会的一大特征就是问题的整体性。中国与西方的不同在于，西方社会结构已经定型，政治、经济、文化等各个领域都具有相对的自主性，但中国正处于转型阶段，其各个领域的问题都是缠结在一起的，因此具有牵一发而动全身的整体性。”[1]

显然，要把握转型中国问题的整体性（特别是正义问题的整体性），我们必须树立关联性、关系性的视角。本书第七章关于“关联性正义”的讨论，便是为了回应转型中国正义问题的整体性。

不惟如此，转型中国（法律）问题还有一个特殊的规定性，那就是“传统”的多样性。如果说共时性是所有后发国家现代性问题的共同特征，那么中国现代性问题还有一个几乎是独一无二的特征，即我们的“传统”除了古典传统外，还有特殊的社会主义新传统。从消极方面来看，这种“传统”的多样性，意味着中国的现代性问题至少会同时面

[1] 邓正来：《全球化时代的中国社会科学发展》，载庄立臻、库金红主编：《天一讲堂：2009》，中国文史出版社 2010 年版，第 118 页。

临着四种共时性的矛盾：古典传统与现代性的矛盾、社会主义新传统与现代性的矛盾、现代性与后现代性的矛盾，以及第一现代性与第二现代性的矛盾（贝克和吉登斯意义上的）；其中，前两者源于现代性本身的“断裂性”，后两者则源于现代性本身的“反思性”和“未竟性”。[1]但如果从积极方面来看，正如前文指出的，这意味着中国现代文化认同的建构具有多种思想资源：不管是古典传统，还是社会主义新传统，甚至部分西方文化传统，都可以而且应当成为现代中国的文化认同建构可资（批判性）袭取的思想资源。

五、政治哲学建构与社会—历史分析相结合：政治理想与“结构化情境”的“反思性平衡”

基于前文论述，我在此提出“转型法哲学”的一个方法论思路，即在把“理论化的问题处理”与“问题化的理论处理”相结合的基础上，将政治哲学建构与社会—历史分析深度结合起来，从而推进中国现代转型所承诺之政治理想与转型中国之“结构化情境”之间的“反思性平衡”。

（一）“理论化的问题处理”与“问题化的理论处理”相结合

我所谓“理论化的问题处理”与“问题化的理论处理”的说法，受到了邓正来关于“问题化的理论处理”之论说的启发，但我不但添加了

[1] 参见拙文：《计划经济新传统与现代性——兼论中国法的现代性问题的四个共时性矛盾》，载《政法论坛》2007年第5期。

“理论化的问题处理”，抑且消解了其福柯式“问题化”取径的解构倾向，同时赋予两者以更为明晰的含义指向和方法论自觉。

所谓“理论化的问题处理”，是指以“理论化”的方式对中国（法律）问题进行理论性的阐释和建构，而不是只在经验层面描述任何人都能感知、但缺乏作者理论创见的中国（法律）问题。对中国（法律）问题的理论化处理，有助于我们对中国情境的介入性学理分析与实体性理论建构，从而增强我们对中国（法律）问题的理论把握能力。所谓“问题化的理论处理”，是指以“问题导向”的方式对既有理论进行某种嫁接、转换或整合，而不只是在既定“主义”层面去研究论者自我想象、但与实践无涉的所谓“中国（法律）问题”。对理论资源的问题化处理，助益于我们建立相关理论资源与中国（法律）问题的相关性和针对性，从而增强理论言说的解释力。在这个意义上，“问题化的理论处理”，是进行“理论化的问题处理”的前提和关键。

苟无“理论化的问题处理”，我们研究的就不是“理论问题”，而是在“讲故事”。苟无“问题化的理论处理”，我们讨论的就不是“中国问题”，而是在“堆理论”。惟有通过对中国情境的“理论化的问题处理”和对思想资源的“问题化的理论处理”之间的深度互动，我们始能同时避免“讲故事”与“堆理论”各执一端、经验（中国问题）与理论（特别是西方理论）各守一隅的倾向，将理论模式与中国情境真正结合起来。惟其如此，我们始能超越弗朗西斯·培根（Francis Bacon）所批评的那种只会收集现实经验或历史材料的“蚂蚁型经验主义者”和作茧自缚的“蜘蛛型纯理论家”之间的二元对立，进而成为既采集原料又深度加工、深入连接经验与理论的“蜜蜂型学者”。[1]

（二）以政治理想与“结构化情境”的“反思性均衡”，推进政治哲学建构与社会—历史分析相结合

“理论化的问题处理”与“问题化的理论处理”相结合，其实是任何情境化的社会科学理论研究都应具备的方法论——事实上，当下诸多以转型中国的“碎片化情境”为参照依据、合乎国际主流学术规范的社会科学研究，大都自觉地采取了这种方法论。那么，我们应如何在法哲学和政治哲学层面推进“作为转型法哲学的公共法哲学”研究？

据我个人体会，一个方法论出路，是要在把“理论化的问题处理”与“问题化的理论处理”相结合的基础上，推进中国现代转型所承诺之政治理想与转型中国之“结构化情境”之间的深度比勘，其比勘的方法则可借鉴罗尔斯所谓的“反思性均衡”。我们又如何促进政治理想与“结构化情境”之间的“反思性均衡”？根据罗尔斯式的“反思性均衡”法，我们或许可以把自由、平等、民主、法治、正义等现代性价值的核心内涵作为“暂时的定点”(provisional fixed points)，然后再以转型中国的相应结构化情境与之交互比勘以进行学理上的“格义”，从而拓清这些现代性价值在转型中国情境中的独特规范性要求及相应的制度和实践模式。借用罗尔斯的话来说，这种政治理想与结构化情境的交互比勘是“往复进行”的，因此最后达致的法哲学和政治

[1] 培根的原话是：“历来处理科学的人，不是实验家，就是教条者。实验家像蚂蚁，只会采集和使用；推论家像蜘蛛，只凭自己的材料来织成丝网。而蜜蜂却是采取中道的，它在庭园里和田野里从花朵中采集材料，而用自己的能力加以变化和消化。哲学家的真正任务就正是这样，它既非完全或主要依靠心的能力，也非只把从自然历史和机械实验收来的材料原封不动，囫囵吞枣地累置在记忆当中，而是把它们变化过和消化过而放置在理解力之中。”[英] 培根：《新工具》，许宝骙译，商务印书馆 1984 年版，第 75 页。

哲学理念或原则，“既表达了各种合理条件，亦产生了符合我们深思熟虑且可及时修正和调整之判断的各种原则”，“它是一种平衡，因为我们的原则与判断最终和谐一致；它是反思性的，因为我们知道我们的判断符合何种原则，以及依据何种前提下推演而来”。[1]要推进中国现代转型之政治理想与转型中国之结构化情境的“反思性平衡”，我们既需具体地识别出制约政治理想得以实现的各种结构化情境，又需通过政治理想的价值内涵与各种结构化情境的“反思性平衡”，确定具体的规范性要求。但这实际上属于“可意会不可言传”的知识，也即是迈克尔·波兰尼（Michael Polanyi）和哈耶克所谓的“默会知识”或奥克肖特（Michael Oakeshott）所谓的“实践性知识”，其神而明之，匪可言喻，全赖学者自身的学养。

我所谓的“把政治哲学建构与社会—历史分析相结合”的研究取径，其实体现了前文述及的一种赵汀阳意义上的“无立场”方法。它并不是要对任何政治哲学思想立场做预先承诺，而毋宁是否弃常见的那种“主义”表态、立场先行的倾向，并主张通过对中国情境的“理论化的问题处理”，揭示出适合于该（法律）问题的不同（法律）价值和（法律）制度安排的政治哲学承诺及其相互关系，为社会最终基于公共选择形成我们关于（法律）价值的自我理解，提供学理依据。它亦不是要对任何政治与社会—历史规定条件做无谓妥协，而毋宁是否弃常见的那种中国缺位、实践无涉的倾向，并主张通过对理论资源的“问题化的理论处理”，建构可以回应转型中国（法律）政治与社会—历史条件的概念工具、分析框架甚或研究范式，为形成我们基于文化认同的（法律）理想图景所需要的“重叠共识”，提供理论基础。

一言以蔽之，就中国法哲学（甚或整个社会科学理论）的建构来

[1] See J. Rawls, *A Theory of Justice*, p.18.

说，既有的理论资源都有用，因为在古典传统、社会主义新传统和部分西方文化传统共同影响的当下中国，所有的中西理论资源都蕴含着我们可以汲取的思想养料；但既有的理论资源又都无用——如果我们不去建构它与本身就有待予以深入把握和理性认识的当下中国的关联性。借用余英时先生的话讲，这种吊诡性的处境乃在于：在现时中国，“中西观念的‘格义’、西方概念的‘本土化’和现代诠释这三层工作今天都必须在同一阶段中‘毕其功于一役’，这自然是比宋代新儒学的重建更为艰巨的历史事业”[1]。

2010 年 10 月 5 日初稿于国福路教师公寓

2011 年 5 月 3 日二稿于国福路教师公寓

2011 年 11 月 8 日三稿于国福路教师公寓

2016 年 2 月 25 日四稿于美国圣路易斯大学

2017 年 4 月 4 日五稿于沪北寓所

2017 年 6 月 9 日六稿于复旦光华楼

2017 年 9 月 24 日定稿于复旦光华楼

[1] 参见余英时:《〈中国思想传统的现代诠释〉自序》，载沈志佳编:《余英时文集 第 2 卷：中国思想传统及其现代变迁》，广西师范大学出版社 2004 年版，第 6 页。

中篇

功能主义法治观与法治的“中国结”

对现代法律秩序仍待建构的转型中国来说，“法治”（the rule of law）堪称中国法哲学研究的“元问题”。“法治”之为“元问题”，乃因为它影响甚或决定着几乎所有其他法律问题（特别是诸如法律方法这样技术层面的法律问题）的解决实效乃至研究价值。在“法治”阙如的社会，所有法律问题的解决最终都会回溯性且自我关涉地指向“法治”本身，特别是法治国家和法治社会的建构本身。在诸多论者看来，“法治”是一种现代治理术，也即是“将政治问题和社会问题法律化，进而将法律问题技术化”的治理术。即使认可这种技术主义—工具主义的论断，我们仍应进一步看到：在现代条件下，能否有效地“将法律问题技术化”，在根本上取决于“政治问题和社会问题的法律化”，是否已得到较为完满的解决——换言之，“政治问题和社会问题的法律化”，是“法律问题技术化”的前提和基础。而“政治问题和社会问题的法律化”，则指向了超越法律技术乃至超越法律本身的层面，特别是“前司法”乃至“前法律”的政治议程和社会—历史 / 文化问题。其中，政治问题的法律化，有赖于政治共同体在现代条件下“立宪”事业的历史性完成：惟有形成功能完备、运行良好的立宪机制，我们始能从基本政治架构层面确保政治问题的法律化。社会问题的法律化，则依系于政治共同体在现代条件下“立法”和“立人”事业的有效推进：它既需要将应有法律调整的各种社会关系一应纳入法律的调整范围之内，亦有赖于社会成员，特别是公职人员（政治家、公务员、法官和检察官等）普遍养成公共精神和规则意识。显然，在“政治问题和社会问题的法律化”仍未完满解决的社会，即现代条件下的“立宪”、“立法”和“立人”事业仍待突破的社会，我们更应致力于建构那些可有效促进“政治问题和社会问题法律化”的政治机制和社会机制，而不是去探究如何将“法律问题技术化”的法律技术。

本篇的研究对象是“转型中国的法治”。这一研究论题，预设了一种情境化的问题意识：它不是对“法治”问题的一般性探讨，而是对特定时空之法治问题的探究——这一“特定时空”，便是现代转型仍待收束的当下中国。不言而喻，这种情境化的问题意识，包含了我对“法治”在转型中国之重要性的体认：作为当下中国法哲学研究的“元问题”，“法治”在转型中国关于法律的“问题束”（the cluster of problems）中具有全局性的影响。从法哲学的视角看，所谓“转型中国”，其实质含义便指涉向现代法律秩序转型的中国。这一历史方位的定向，既包含了我们对现时中国现代法律秩序仍待建构的时代境况之确认，亦蕴含了我们对未来（兼具现代性和中国性的）中国现代法律秩序的理想形态之期待。因此，所谓“转型中国的法治”，就是以（兼具现代性和中国性的）中国现代法律秩序之理想形态为规范性预设，从影响这种法律秩序建构和运行的实践约束条件（结构化情境）出发，对转型中国法治之理论模式和建构路径的研究。择其要者，这种研究至少包括两个不同层面的问题。

第一，对转型中国法治理论模式的实体化理论建构。上文的分析，已然表明：转型中国的法治建构本身，具有自身的复杂性。转型中国的法治建构，不但关涉法学“内在视角”所注重的“法的统治”，即追求“规则之治”意义上法律秩序的自主运行，抑且关涉“正当和善好的法律秩序”（right and good legal order）之建构本身，即确保“良法之治”（the rule of good laws）意义上法律秩序的合法性。换言之，现代法律秩序的建构和运行，都应进入转型中国法治建构的议程之中。面对这样的独特要求，将那些广为流行、但实际上主要以法治成熟国家（特别是西方发达国家）的现有法治模式作为立论依据的法治理论，径直适用于转型中国的做法，难免会造成“南橘北枳”式的情境错位。那么，我们应采用何种法治理论模式，来把握中国现代法律秩序的建构和运行？如何建构兼顾法治中国政治理想与实践约束条件（结构化情境）的法治理论模式？本篇第四章所建构的“功能主义法治观”，就是对这些问题的探索性回答。

第二，如何建设性地推进法治中国（法治社会和法治国家）的建构。现代法治并不是可以在任何土壤和环境下都运行良好的治理术，相反，其良好运行需要一系列与之相配套的政治和社会—历史 / 文化条件的成就。正如拉兹（Joseph Raz）指出的，法治“是一种对于某类社会才是有效的或好的学说，这类社会要满足对于法治的制度与文化预设，即具有那些法治要依之才能成功的制度与文化”[1]。因此，要想建设性地促进法治中国的建构，我们必须直面制约中国现代法律秩序建构和运行的“结构化情境”，特别是制约中国法治国家和法治社会建构的“制度与文化”条件。借用一个形象的说法，我们必须建设性地破解“法治的中国结”。[2] 任何对法治中国之理想抱持坚定信心、对法治中国之现实保有敏锐洞察力的论者，大抵都不会否认“法治的中国结”至少指向了法治中国建构必须回应的两大结构化情境，即分别关涉“立人”和“立宪”事业的两大“前法律”问题：如何历史性地超克文化—社会层面的“差序格局”，从而形成规则意识畅行的法治社会？如何制度化地确保社会主义政党—国家的“三统一”（党的领导、人民当家作主和依法治国的统一），进而建构法律具有“不可随意支配性”的法治国家？显然，这两大迥异于西方的结构化情境，才是法治中国建构必须面对的“真问题”。本篇第五章，便试图从法治社会层面为建设性地破解“法治的中国结”做出学理上的探索。

作为法哲学层面的研究，本书并未涉及具体制度层面的问题，而聚焦于孙立平意义上的（政治或社会）“基础秩序”。所谓“基础秩序”，

[1] 参见［英］拉兹：《公共领域的伦理学》，葛世友主译，江苏人民出版社 2013 年版，第 431 页。

[2] 参见《文化纵横》2011 年第 3 期封面选题。

就是对政治 / 社会秩序的运行具有全局性影响并为政治 / 社会主体的政治 / 社会行动提供基本运行平台的秩序。就像电脑的操作系统决定着电脑软件的运行效果一样，政治 / 社会基础秩序亦决定着具体政治 / 社会制度、体制和机制的运作成效。正如孙立平指出的，在很多情况下，“制度的失败，往往并不在于制度本身，而是作为制度运行条件的基础秩序出了问题。……制度的运行是嵌入于基础秩序中的。制度运作时许多必须解决的问题，其实不是由制度本身来解决的，而是由制度嵌入其中的基础秩序解决的”[1]。本篇第四章关于促进公共商谈的政治机制和第五章关于现代社会保障制度、社会组织建设和现代信用体系，都是这个意义上的政治 / 社会“基础秩序”。这种遵循了现代社会政治秩序和法律秩序运行机理的建设性举措，使我们有理由相信：这些政治 / 社会“基础秩序”的建立，俾能为转型中国的社会行动和政治行动提供新的运行平台，从而为法治建构的实质性推进做出历史性贡献。

[1] 参见孙立平：《以社会重建推动和谐社会的构建》，载《社会学研究》2007 年第 2 期。

第四章　功能主义法治观

——基于法治中国政治理想与实践约束条件的探析*

"哲学不应仅仅接受已然确立的信念，而必须亦能够依据某种合乎理性的正义观之标准，评判这些信念。但是，它却不能凭空建构这种正义观，并把它视为某个社会应当秉持的一种规范。哲学必须同样避免对现状的非批判性确认及对某种家长主义角色的假设。它既不应只是接受已然形成的传统，亦不应为一个良序社会建构细节性的设计方案。"

——哈贝马斯**

"当我们只从一个方面把握共同世界，并只允许从一个视角呈现它时，它的终结就来临了。"

——阿伦特***

** J. Habermas, *The Inclusion of the Other: Studies in Political Theory*, trans. Ciaran Cronin, (Cambridge, Mass.: MIT Press, 1998), p.97.

*** Hannah Arendt, *The Human Condition*, (Chicago & London: The University of Chicago Press, 1958), p.78.

晚近以来，随着"全面推进依法治国"上升为国家战略，如何建设法治中国的问题再度成为知识界关注的焦点。不同于20世纪末期法治被广泛讨论主要限于法学界，此次它不但得到了政治学、经济学、社会学等其他学科论者的广泛关注，抑且成了全社会的发展共识和改革议程。这一共识和议程的实质，指向了"中国式法治"（Chinese-style Rule of Law）。从既有的认识来看，尽管"中国式法治"的实质要素还有待填实，但从国家层面的政治期许来看，其对立面似已历历可辨：所谓"邪路论"和"老路论"的政治宣示其实表明，西方式的法治模式和文革时期的人治模式，即构成了我们要超克的否定性选项。从学理上看，这种否定性的思维，其实为我们在

* 本章的较早版本发表于孙国东等：《转型中国的法治研究》，格致出版社、上海人民出版社2016年版，第65—104页，收入本书时做了较大修改。

中国情境秉持“内在批判”的建设性立场提供了可能：如果说有别于西方法治模式的“中国式法治”，为我们提供了法治建构的政治愿景和政治理想，那么延承于计划经济新传统（乃至古典传统）的人治模式，则构成了我们需要反思和超越的主要实践困境。然而，既有的流行论说，要么忽视了法治愿景和法治理想的实践约束条件，要么无视实践困境本身，从而无法拓清“中国式法治”的基本面目。本章将沿着“内在批判”的建设性思路，通过政治理想与实践约束条件的深度对勘，对有助于建构“中国式法治”的法治观及其主要理论构件（building-blocks）进行探索性的研究。

要切实推进这样的研究，既需要我们对法治中国的政治理想进行法哲学和政治哲学阐释，亦需要对制约法治中国建构的实践约束条件进行学理上的澄清。综合相关论说，我把法治中国的政治理想，确定为推进中国式“永续国家”（eternal state）的建构；把文明型国家、超大规模型国家和社会主义政党—国家，视为实现这种政治理想的三大实践约束条件。作为对政治理想与实践约束条件之间交互比勘的学理回应，我将基于对法治之于构建“中国式永续国家”之政治功能的法哲学和政治哲学阐释，阐发一种旨在超越西方法治模式（形式主义法治观）与当下实践困境（工具主义法治观）的功能主义法治观，并阐述其主要理论构件。在本章的结尾，我将阐明功能主义法治观回应上述实践约束条件的基本立场，并探讨有助于促进“中国式法治”的政治“基础秩序”。

一、实质法治：“永续国家”作为“中国式法治”的政治理想

什么是“中国式法治”的政治理想？如果从意识形态立场出发，建设“中国特色社会主义法治体系”、建设“社会主义法治国家”，是其

当然的政治目标。然而，无论是“社会主义法治体系”，还是“社会主义法治国家”，其含义并非自明，均需进一步的学理阐释始能显现其理论含义。本章拟从法哲学和政治哲学视角，将其纳入“中国现代性”（Chinese modernity）所承诺的政治理想（中国现代转型的历史使命）中进行学理阐释，以期从更深的哲学基础探究其法哲学和政治哲学蕴含。

（一）“永续国家”作为政治现代性的普遍性要求

1990年代中后期以来，“中国现代性”已成为知识界广为关注但却众说纷纭的理论概念。其实，厘清这一概念的关键，是厘清“现代性”的普遍性要求与“中国性”的特殊范导空间——其中，前者构成了“中国现代性”的文明底色，后者构成了其文化特色。惟有把文明底色与文化特色结合起来，我们始能把握“中国现代性”的确切内涵。就本章论旨来说，所谓“中国现代性”的文明底色，在很大程度上即是政治现代性的普遍性要求。

关于政治现代性的普遍要求，知识界主要有两种阐释模式。一是从现代性价值的普适性出发，把自由、平等、民主、法治、正义等现代性价值，视为政治现代性之普遍性要求的核心。二是部分具有自由主义取向的论者，不但认为这些现代性价值是普适性的，抑且认为现代性先发国家（主要是西方发达国家）的典型制度和实践模式，亦具有普适性——如“历史终结论”所预设的，“西方启蒙运动时期发展出来的价值和制度潜在地具有普遍性”[1]。从学理上看，特定时空的制度和实践模式，恰恰构成了一国政治文化的主要表征；相反，自由、平等、民主、

[1]［美］福山：《历史的终结与最后的人》，陈高华译，广西师范大学出版社2014年版，第349页。

法治、正义等现代性价值，则构成了现代政治文明的主要内容——所谓“文明求同，文化存异”的说法，其实把握住了文明与文化的不同性质及含义指向。显然，如果遵循第二种取向，实质上就取消了文化情境对现代性的范导空间。这样，便消解了“中国式法治”乃至“中国现代性”的想象和探索空间。

然而，仅仅从现代性价值入手把握政治现代性的普遍性要求，仍是不充分的。自由、平等、民主等现代性价值，不但本身的含义并非自明，抑且相互之间还存在着紧张关系。如何结合特定时空之情境，对其具体的规范性要求进行学理阐释，既是深入理解这些政治价值的内在要求，亦是政治哲学家和法哲学家推进介入性学理分析和实体性理论建构的主要方面。再则，由于现代性价值大都具有深厚的古典渊源，它们并不足以将现代性与传统性（古典性）判若鸿沟般地区分开来。事实上，现时中国保守主义—自由主义思潮的兴起，正是从这些现代性价值的古典渊源入手，试图探寻中国现代性的本土文化依托。要想充分把握政治现代性的普遍性要求，一个可行的思路，或许是从这些现代性价值之组合所承诺的政治秩序类型（政体性质）入手，并通过与传统政治秩序的对照，界定现代政治秩序的性质。

基于上述考虑，综合借鉴毛泽东、邓小平、韦伯和巴里·温加斯特（Barry Weingast）等论者的相关论说，我主张把政治现代性的普遍性要求（现代政治秩序的性质）理解为“永续国家”的历史性形成。所谓永续国家，即不存在政体危机（政权统治危机）、只存在政府危机（政府治理危机）的国家，[1]也即是通过法律保障的公民权利和民主制度（政体架构）将政府更迭限制在和平的框架内，从而有效避免由暴力革命、

[1] 此处对“永续国家”的界定，部分地借鉴了许章润关于“政权危机”与“政府危机”、“政权的永久性正当性（legitimacy）”与“政府的周期性合法性（legality）”的区分。他写道：“政权的正当性恰恰需要经由更迭政府的周期性的合法性这一赋权程序来彰显，（转下页）

政变等所导致的“王朝更替”之循环的“后传统国家”。此种意义上的永续国家，即是韦伯意义上经由现代化（文化合理化和社会合理化）过程所形成的“合理化国家”（rational state）：它既在其疆域内合法地垄断着暴力，亦遵循“基于合法律性的合法性”的原则形成了新的合法支配的类型，即“法制性支配”（legal-domination），从而把政治秩序建立在法律秩序（特别是其中最具政治性的立宪秩序）基础之上，以法律秩序（特别是立宪秩序）的稳定性确保国家的永续性。事实上，毛泽东面对黄炎培关于中国共产党如何跳出“兴亡周期率”之问题的回答，已经洞察到了永续国家的实质：“我们已经找到新路，我们能跳出这周期率。这条新路，就是民主。只有让人民来监督政府，政府才不敢松懈。只有人人起来负责，才不会人亡政息。”[1]不过，面对现代政治所面临的复杂情势，我们今天再来思考以民主跳出“兴亡周期率”的问题，便需通过细密且实用的制度和机制，将党的领导、人民当家作主与依法治国的统一真正落到实处。

惟有引入永续国家，我们始能对自由、平等、民主、法治、正义等现代性价值有深刻的认识。这些价值之为现代性价值，不是因为它们（或其中的部分价值）只是现代社会才推崇的价值，而毋宁是因为它们之组合所形成的价值结构以及实现这一价值结构的秩序模式，承诺和预示了一种永续国家的现代政体模式。正如巴里·温加斯特指出的：“永续性（perpetuity）的理念是，给国家创造一些新的内涵，使之能够超

（接上页）无此赋予合法性的程序，就无其背后的政权的正当性可言；而政权之所以秉具正当性，就在于它建立了一个人民周期性出场来赋权组织政府的程序安排，以合法性的积累和不断验证，一次次的权力授受交易，来表征和兑现政权的正当性。”许章润：《开启第四波改革开放》，http://www.21ccom.net/articles/thought/zhongxi/20141027115267_all.html，最后访问时间：2018 年 3 月 10 日。但是，本章只是从“政治统治”和“政府治理”的角度进行区分，并不把政体危机的产生与特定模式之政体的缺位联系起来。

[1] 黄炎培：《八十年来》，中国文史出版社 1928 年版，第 148 页。

越当政者的生命期限而延续下去，这样，国家的制度就不会依赖于当政者的身份。”[1]这一“新的内涵”，便体现为现代国家对自由、平等、民主、法治、正义等现代性价值的整全性的制度确认和实践保障。

（二）（形式）法治与永续国家

就法治而言，邓小平的一个著名论断指向了法治对于永续国家的独特价值：“必须使民主制度化、法律化，使这种制度和法律不因领导人的改变而改变，不因领导人的看法和注意力的改变而改变。”[2]惟有依靠法治，我们始能建立稳固的民主政体架构，即“使民主制度化、法律化”，从而既把政府的更替限制在和平的框架内，亦使国家的政体架构、政治纲领、基本国策等政治秩序的核心要素，超越任何当政者的自然生命而稳定地延续下去。否则，这个国家就是巴里·温加斯特所说的（前现代的）“自然国家”（natural state）。它只能依靠由统治阶层内部的人格化信任和人格化忠诚所形成的“限制准入体系”（limited access systems）来控制疆域内的暴力，并常常因这种人格化信任和人格化忠诚的不稳定而失去对暴力的有效控制，从而无法确保国家的永续性。“自然国家的关系属于人格化关系”，其“解决暴力问题主要是通过租金创造（rent-creation）并向强势的个人或群体授予有价值的权利或特权，从而激励他们开展合作而不是进行争斗”。然而，“随着一些成员变得更强势

[1]［美］巴里·温加斯特：《发展中国家为什么如此抵制法治》，黄少卿译，载吴敬琏主编：《比较》总第47辑（2010年第2期），中信出版社2010年版，第34页。此处及下文相关引证，根据原文对个别译文进行了修改，原文见 Barry R. Weingast, Why Developing Countries Prove So Resistant to the Rule of Law, Stanford Center for International Development, Working Paper No. 382 (March 2009), http://scid.stanford.edu/sites/default/ files/publications/382wp.pdf，最后访问时间：2018年3月10日。

[2]《邓小平文选》第2卷，人民出版社1994年版，第146页。

而另一些变得更弱势，联盟就必须调整利益和租金的分配关系。如若做不到这一点，一旦那些所获租金、特权和权利与其实力（power）不相称的成员威胁要用暴力来获得其认为的公平份额时，社会便面临着发生暴力的危险”[1]。

以上分析表明：法治是确保永续国家的必要条件。那么，它是充分条件吗？这既取决于我们如何理解法治，也取决于我们如何理解永续国家。如果我们只是在“形式法治”（formal rule of law）的意义上理解法治，那么它就是不充分的。但如果我们在“实质法治”（substantial rule of law）的意义理解法治，并把永续国家的其他要素视为实质法治的内容，那么它就是永续国家的充分条件。

（三）实质法治与永续国家

前文对永续国家的理解，是从政治秩序的性质入手的。要想深入理解永续国家，我们还需要从运作机理把握其实质要素。从这个角度来看，除了（形式）法治以外，永续国家的形成还有三个实质性要素：国家能力、民主制度（问责制政府）和社会正义。换言之，福山所谓的现代政治的三大支柱（国家能力/强政府、法治、民主责任制政府）[2]，加上社会正义，构成了永续国家的四大核心要素。其中，强大的国家能力，作为民族国家在“万国体系”中独立存在的前提条件及国家内部组织化的政治条件，构成了永续国家的组织前提；民主制度（问责制政府），作为确保国家的政治纲领和政治行动符合人民利益的根本保障，构成了永续国家的政治基础；社会正义，作为国家服务于人民的道义标

[1] 参见［美］巴里·温加斯特:《发展中国家为什么如此抵制法治》，第 29、27、30 页。

[2] 参见［美］福山:《政治秩序的起源：从前人类时代到法国大革命》，毛俊杰译，广西师范大学出版社 2012 年版，第 16 页。

准，构成了永续国家的社会基础；法治，作为国家治理的基本规则，构成了永续国家的治理原则。一个具有强大国家能力的国家，只要全面厉行法治，并在法治框架内实现政府更迭的民主化及社会正义，便可成功避免传统国家由暴力革命、政变等所导致的“王朝更替”之循环的历史命运，建成远离政治统治危机的永续国家。

在现代国家，无论是国家能力的运作，还是民主制度的运行，抑或社会正义的实现，都应遵循法治——即“规则之治”——的原则。故此，在永续国家的四大要素中，法治具有统领性和托底性的地位：它是永续国家的基本运行机制。而如果我们在实质法治的意义上把法治理解为“良法之治”，即视为一种“正义和善好的法律秩序”的实现[1]，那么民主制度、社会正义乃至国家能力，均可视为法治的实质内容。这样，法治的充分实现在很大程度上即预示着永续国家的形成。

在此，有必要进一步厘清实质法治的学理内涵。一般而言，形式法治主张把“合法律性”（legality）视为法治的基本含义；实质法治则在此基础上追问法律的政治哲学承诺。法学家（特别是自然法学家）和政治哲学家（特别是康德主义政治哲学家），一般把这种政治哲学承诺理解为道德担当（moral commitments）。他们不但要进一步追问法律秩序的“合道德性”（morality），抑且常常把道德理解为普遍主义的道德原则，特别是关乎正当、权利（自由）、正义等的普遍主义道德原则。正是在这个意义上，塔玛纳哈（B. Z. Tamanaha）在区分形式法治和实质法治时指出，法治的“形式理论聚焦于合法律性的恰当渊源和形式，而实质理论则进一步包含关于法律内容方面的要求（通常要求法律必须符

[1] 亚里士多德经典的“法治两要素论”，即体现了一种实质法治观。他认为，法治意味着“已成立的法律获得普遍的服从，而大家所服从的法律又应该本身是制定得良好的法律”。参见［古希腊］亚里士多德：《政治学》，吴寿彭译，商务印书馆1965年版，第199页。

合正义或道德原则）”[1]。

然而，如果仅仅在“合道德性”的意义上理解实质法治，并秉承一种（实体内容上的）道德普遍主义观念，那么其所预设的法治观，只能是一种不受文化范导的普遍主义法治观。这样，所谓的“中国式法治”便失去了存在空间。在这里，成问题其实不是我们是否秉承一种道德普遍主义的观念，而毋宁在于我们如何理解道德普遍主义（是实体内容上的道德普遍主义，还是证成程序上的道德普遍主义？）——特别是，我们所秉持的道德普遍主义观念，能否容纳特定的文化情境对法治的范导和塑造空间（正如后文显示的，惟有程序主义的道德普遍主义，始能容纳这种空间）。如果我们容纳这种范导和塑造空间，那么实质法治之实质性要素就不应仅仅限于（实体内容上的）“合道德性”，它还应当包括“（实体内容上的）合伦理性”（ethicity）。换言之，法律秩序的政治担当（政治哲学承诺），应包括两个方面的内涵：道德担当和伦理担当（ethical commitments），即法律既应成为政治共同体实现社会正义和政治民主的工具，亦应成为其建构文化认同的工具。[2]

从思想史上看，黑格尔的法权哲学（特别是他对“伦理生活”的重视）、卡尔·施米特的政治法学、共同体主义对道德情境主义的阐发等等，均可视为对法律秩序之伦理担当的探求。尽管现代法律和政治秩序普遍采用了“道德优先于伦理”（正当优先于善）的组织原则，但它并没有完全消除“伦理”（文化认同）的范导空间，即李泽厚所说的“宗教性道德”对“社会性道德”的“范导和适当构建”。故此，如果我们把（实体内容上的）合伦理性和合道德性均视为实质法治的评判标准，那么不仅社会正义和政治民主（民主的理念维度）是实质法治的内容，

[1] See Brian Z. Tamanaha, *On the Rule of Law: History, Politics and Theory*, (Cambridge: Cambridge University Press, 2004), p.92.

[2] 关于“道德／正当”与“伦理／善”的区别及相互关系，参见本书第三章的相关论述。

国家能力和民主制度（民主的制度维度）亦可视为实质法治的要素：建构何种有助于国家能力和社会正义实现的民主制度，既是一国政治认同的核心，亦可视为其文化认同在政治上的表征。

综上所论，如果我们在实质法治意义上理解法治，并把实质法治理解为法律秩序的道德担当（合道德性）和伦理担当（合伦理性）的统一，那么以“合道德性”与“合伦理性”实现法律秩序的政治哲学承诺，并将这种政治哲学承诺建立在“合法律性”基础上，即构成了法治（实质法治）的要义之所在。质言之，法治是亚里士多德意义上“良法之治”（合道德性、合伦理性）与“规则之治”（合法律性）的统一。惟有秉承实质法治的观念，我们始能获得“中国式法治”的学理阐释空间。同时，考虑到（形式）法治与国家能力、民主制度及社会正义一道，构成了永续国家的核心要素，我们亦获得了“中国式永续国家”的学理阐释空间。在这个意义上，我们可以说，建构中国式永续国家是建设“中国式法治”的政治理想，而“中国式法治”则是中国式永续国家的法律表征。所谓中国式的永续国家，其要义是：基于转型中国的政治与社会—历史条件，使有助于实现国家能力和社会正义的民主制度法律化，“使这种制度和法律不因领导人的改变而改变，不因领导人的看法和注意力的改变而改变”。换言之，它要基于转型中国的实践约束条件，通过现代政治秩序和法律秩序的建构，推动中国历史性地形成远离“兴亡周期率”的国家。

由于论题所限，本章不拟从政治学视角探讨转型中国应当建构何种充分实现国家能力和社会正义之民主制度的问题。接下来，我将在永续国家的普遍性要求与转型中国的实践约束条件（政治与社会—历史条件）的交互比勘中，进一步探寻“中国式法治”的理论方位及其具体的规范性要求。

二、“中国式法治”的实践约束条件

如众所见，在当下中国知识界，各种版本的“中国特殊论”粉墨登场，彼唱此和、沸反盈天，大有成为公共言说之“政治正确”之势。然而，中国究竟“特殊”在哪里？是何种性质、何种范围的特殊？如何从学理上把握和呈现这种特殊性？这种特殊性对中国的现代转型事业意味着什么？……诸如此类的问题，看似不言而喻，实则尚待穷原竟委的认真对待。我个人愿意把中国情境的特殊性，限定为由某些独特的“结构化情境”形成的实践约束条件。在本节中，我将把这些实践约束条件纳入现代转型的历史视野中予以把握；在本章的结尾，我将进一步探讨如何对待它们的问题。

择其大端，有三大结构化情境构成了法治中国（乃至“中国现代性”）的实践约束条件：文明型国家、超大规模型国家和社会主义政党—国家。它们分别构成了建构法治中国（乃至“中国现代性”）的文化—历史条件、社会条件和政治条件。[1]毋庸讳言，作为制约中国现代转型的“结构化情境”，这三大实践制约条件是完全不同于西方现代化模式的独特情境。依我个人鄙见，它们的存在决定了中国包括法治在内的现代转型之议程，其实现路径必定要在西方的既定模式之外寻求——尽管我们不必否定包括法治在内的所有现代性价值。

---

[1] 已有论者洞察到法治中国的这些实践约束条件。譬如，强世功在《“法治中国”的道路选择：从法律帝国到多元主义法治共和国》（载《文化纵横》2014年8月号）一文中，谈及了文明型国家和超大规模型国家这两个实践约束条件，并隐含了对社会主义政党—国家这一条件的认识。

（一）文明型国家

据我初步考察，中国作为“文明型国家”的概念内涵可能是哲学家罗素最早论述的，后经美国汉学家白鲁恂（Lucian W. Pye）、杜维明、金耀基、甘阳、马丁·雅克等论者的相继阐发，成为获得较广泛认可的理论概念。从论者的使用习惯来看，“文明型国家”主要是相对“民族国家”而言的，或者被视为对“民族国家”的补充。罗素在1922出版的《中国问题》一书中，明确指出：“中国与其说是一个政治实体，还不如说是一个文明实体。”[1]沿着罗素的思路，白鲁恂在发表于1990年的一篇论文中认为，“理解中国国家与社会之复杂性的出发点是，承认中国并不仅仅是由诸多国家组成的大家庭中的又一个民族国家。中国是佯装成一个国家的一种文明”（“a civilization pretending to be a state”）[2]。金耀基亦指出：“诚然，中国是一个国家，但它不同于近代的‘民族一国家’(nation-state)，它是以文化，而非种族为华夷区别的独立发展的政治文化体，或者称之为‘文明体国家’(civilizational state)，它有一独特的文明秩序。”[3]

对“中国式法治”乃至“中国现代性”而言，文明型国家至少具有如下独特的理论蕴含。

---

[1][英] 罗素：《中国问题》，秦瑞译，学林出版社1996年版，第164页。

[2] Lucian W. Pye, China: Erratic State, Frustrated Society, *Foreign Affairs*, Fall, 1990,Vol.69, No.4: 58.

[3] 金耀基：《论中国的“现代化”与“现代性”——中国现代的文明秩序的建构》，载《北京大学学报》（哲学社会科学版）1996年第1期。其他论者的论述，可参见Tu Wei-ming, Cultural China: The Periphery as the Center, *Daedalus*,Vol. 120, No. 2,The Living Tree: The Changing Meaning of Being ChineseToday (Spring, 1991): 1-32；甘阳：《从“民族一国家”走向“文明一国家”》，载《21世纪经济报道》在2003年12月29日，第2版；马丁·雅克：《当中国统治世界：中国的崛起和西方世界的衰》，张莉、刘曲译，中信出版社2010年版，第6章；等等。

第一，它关涉中国悠久的国家治理史。不同于西方的国家治理史很大程度上等同于民族国家的治理史，中国的国家治理史要大大早于民族国家的治理史。在晚清（被迫）变型为民族国家之前，中国已经以“国家”的治理架构在中心确定、边界相对模糊的版图内，实现有效治理超过2000年。自秦汉以来，中国就以“儒法国家”的模式形成了较为稳定的治理架构。所谓儒法国家，根据赵鼎新的界定，是指中国“在西汉时期逐渐形成的一种以帝国儒家思想（imperial Confucianism）作为官方意识形态和合法性基础，同时运用法家手段对国家进行实质性管理的国家模式”[1]。这种国家治理模式，并不是“封建社会”“帝制国家”“皇权专制”“秦制”“宗法社会”等概念可以充分把握的。这种成型于秦汉、完善于隋唐的国家治理模式，其实具有诸多“现代性要素”[2]：其超越于血缘亲情的、非人格化的（impersonal）官僚制，是世界上最早、亦最完善的官僚体系；相较于此前的“世卿世禄制”，科举取仕制具有平等倾向，是现代文官制度的最初原型；其形成了巩固大一统的国家学说（春秋公羊学的“大一统”学说），以及以这种学说为指导的共同政治文化（“天下归一、王者无外”）；其郡县制及常备军传统分别从政治和军事上制度化地消解了贵族阶级对国家政治统一局面的挑战，形成了现代意义上中央与地方关系的适当格局；等等。正是在这意义上，福山在《现代政治秩序的诸起源》（*The Origins of Political Order*）中，将中国视为现代“国家”制度的最早起源：“我们现在理解的现代国家元素，在公元前3世纪的中国也已到位。其在欧洲的浮现，则晚了整整

---

[1] 参见赵鼎新：《东周战争与儒法国家的诞生》，夏江旗译，华东师范大学出版社2011年版，第7页。

[2] 参见柯小刚：《道学导论（外篇）》，华东师范大学出版社2010年版，第91页；另见拙文：《“早熟—刺激—再生”：试论中国现代性叙事的历史逻辑》，载《中国社会科学论丛》2011年冬季卷。

一千八百年。"[1]

第二，它指涉中华文明秩序独特的历史延续性。自罗素将中国定位为一种"文明"以来，中华文明作为世界上唯一延续至今之古老文明的历史地位，已获得较大范围的认可。在把中国定位为一种"文明"时，罗素接下来写下了这样一句话：中国是"一个唯一从古代存留至今的文明。从孔子的时代以来，古埃及、巴比伦、马其顿、罗马帝国都先后灭亡，只有中国通过不断进化依然生存"[2]。历史学家斯塔夫里阿诺斯，则进一步指出：

> "与印度文明的不统一和间断相比，中国文明的特点是统一和连续。中国的发展情况与印度在雅利安人或穆斯林或英国人到来之后所发生的情况不同，没有明显的突然停顿。当然，曾有许多游牧部族侵入中国，甚至还取某些王朝而代之；但是，不是中国人被迫接受入侵者的语言、习俗或畜牧经济，相反，是入侵者自己总是被迅速、完全地中国化。"[3]

以作为表意体系的汉语为例，尽管新文化运动（白话文运动）改变了中国人的书写习惯，但今天受过一定教育的中国人，仍可以较为便利地阅读两千年前的各种思想典籍和史学论著——与之适成对照的是，当今的西方人，除非受过专业的语言训练，不仅无法阅读希腊语和罗马语，甚至亦无法阅读莎士比亚时代的文学作品。

第三，它意味着中华文明的"轴心文明"遗产在现代条件下"转进

[1] 参见［美］福山：《现代政治秩序的起源：从前人类时代到法国大革命》，第19页。

[2] 参见［英］罗素：《中国问题》，第164页。

[3]［美］斯塔夫里阿诺斯：《全球通史：1500以前的世界》，吴象婴、梁赤民译，上海社会科学院出版社1999年版，第278页。

新生”的必要性和可能性。在把中国定位为一种“文明”时，罗素亦阐述了中华文明被异质的文明体系完全征服的不可能性。他写道：中国在其文化演化的过程中，“虽然也受到诸如昔日的佛教、现在的科学这种外来影响，但佛教并没有使中国人变成印度人，科学也没有使中国人变成欧洲人”。他进一步说道：

> “我曾经遇到过有些中国人，他们对于西方科学的了解不亚于我们的教授，但并不因此失去平衡，也没有失去与自己人民的联系。对于西方的坏东西——兽性、不安、欺压弱者和纯物质的贪欲——他们都心如明镜，不愿接受。而对于那些优点，尤其是科学，则照单全收。”[1]

在现时代，把中国视为一种文明型国家，绝不仅仅是为了满足所谓的民族文化自豪感，而是认识到了中华文明（特别是以儒家为代表的“轴心文明”遗产）在现代条件下“创造性转化”和“转化性创造”的必要性和可能性。根据艾森斯塔特的分析，现代性的内在精神是反思性，即基于面向未来的时间意识能动性地探索和创造理想社会政治秩序的可能性。正是源于现代性所内在的反思性，现代社会必然会形成“多元现代性”的局面。对像中国这样有着“轴心文明”传统的国家来说，自身轴心文明遗产的现代转化形式即是创造“多元现代性”的主要反思性资源。正如艾森斯塔特在描述传统中国的演化逻辑时指出的，中国“所产生的结构和组织上的变化，趋向于和强大的意识形态融合在一起”，因此“中国有能力将大部分内在的、结构性的和意识形态的变化……纳入儒法体系的基本前提之中，进而允许这些前提在避免根本性

[1] 参见［英］罗素：《中国问题》，第 164 页。

变化的同时，自身经历不断的重塑过程”。[1]当然，文明型国家的实践约束条件，其实把一个历史课题呈现在我们面前：如何基于永续国家建构的政治理想，形成现代中国的文化认同，特别是如何把中华文明（尤其是轴心时代的文明遗产）中守成（值得延承）的方面与开新（应当批判）的方面区分开来？

（二）超大规模型国家

与文明型国家相适应，中国还是一个超大规模型国家。中国并不总是历史上规模（特别是人口和疆域）最大的国家，但如果把文明秩序的延续性和国家的超大规模综合起来看，中国却堪称独一无二。而且，中国的这种国家规模在历史上主要是以“文明”维系的，即以自身文明的感召力和吸引力作为扩展国家版图、维系国家统一的根据。我们可以从以下三个方面，来把握超大规模型国家对于中国现代转型的理论蕴含。

第一，它关涉中国现代国家建设前所未有的挑战性。人类迄今已经基本完成现代国家建设的国家，大都是只有几千万乃至几百万人口的小国，只有美国和日本人口过亿，但也分别只有中国人口的不到三分之一和不到十分之一。在中国之前，人类从未出现过十亿级的现代国家。如何在十亿级人口的超大规模国家推进现代国家建设，无疑是没有任何先例可循的伟大事业。以国家能力和民主制度为例，惟有美国通过复合民主制（以代议制为基础，并吸纳了君主制和贵族制元素的民主制）和联邦制等，探索出了适合其自身政治和社会—历史条件的大国治理模式。但这种制度模式，特别是联邦制，对有着中央集权传统的中国来说，其有效性和可行性却是有疑问的。如何在十亿级人口的中

[1] 参见［以］艾森斯塔特：《反思现代性》，旷新年、王爱松译，生活·读书·新知三联书店 2006 年版，第 274、278 页。

国，探索同时实现国家能力和政治民主的制度模式，是仍待突破的历史课题。

第二，它指涉“中华民族多元一体格局”的历史遗产。中国自秦汉以来就形成了较为稳定的中华民族多元一体格局，即“文化多元但政治一体”的格局。如果说儒家文化在历史中形成了马塞尔·莫斯（Marcel Mauss）意义上的“超社会体系”（super-societal system），即是中国、日本、韩国等东亚儒文化圈共同接受的文明体系，那么中国本身则在历史中形成了汪晖所说的“跨体系社会”（trans-systemic society），即由华夏文明体系、藏传佛教文明体系、中国伊斯兰教文明体系等共同构成的社会。主要由于“五族共和”作为共同政治文化的历史性贡献，中国的现代国家建设在其起步阶段基本延续了晚清的国家疆域，并使之成为现时中国进一步推进现代国家建设的历史遗产。[1]

第三，它意味着政治统一是中国的重要政治价值。与“中华民族多元一体格局”的历史遗产相一致，自秦汉以来（特别是汉武帝时期儒家公羊学“大一统”思想形成以后），“统一”便成了中国的重要政治价值。[2]从历史上看，“王者无外、天下一统”堪称传统中国共同政治文化的核心内容。所谓的“天下”思想，不但蕴含着华夏文明“变夷为夏”的文明归化抱负，抑且依托于中央集权的政治架构。换言之，它试

[1] 详见本书第八章。

[2] 马丁·雅克甚至指出，“统一”是中国自汉代以来最重要的政治价值（参见［英］马丁·雅克：《当中国统治世界》，第165页）。吴稼祥从中华文明作为河流文明所内在的“规模依赖”（水利依赖、安全依赖和救灾依赖）角度，对中国作为超大规模型国家的形成进行了分析（参见吴稼祥：《公天下：多中心治理与双主体法权》，广西师范大学出版社2013年版，第四章）。吴晓波进一步指出，中国大一统格局的延续，依赖于四种基本的制度安排：中央—地方的权力分配模式、全民思想的控制模式、社会精英的控制模式以及与之相配套的宏观经济制度模式；在传统中国，这四方面主要是通过郡县制度、尊儒制度、科举制度和国有专营制度实现的（参见吴晓波：《历代经济变革得失》，浙江大学出版社2013年版，第5—6页）。

图通过“天下共主”（中国皇帝）的行政整合和文明归化的文化整合实现“天下一统”，从而形成所谓的“天下体系”。正是对行政力量和文化力量的综合运用，传统中国尽管形成了文化疆域和政治疆域不一致的局面，但在“帝力”的控制范围内，仍长期维持着中华民族的多元一体格局。如果对中华民族多元一体格局有深刻的历史体认，那么我们即应当把政治统一视为中国现代国家建设的重要政治价值：对中国来说，它不但是堪与自由、平等、民主、法治、正义等现代性价值相提并论的政治价值，抑且还常常制约和限定着这些现代性价值在中国的独特规范性要求，以及相应的制度和实践模式。当然，这亦把一个历史课题呈现在我们面前：如何基于永续国家的政治运行机理确保现代中国的政治统一？

（三）社会主义政党—国家

从清季民初开启的现代国家建设的历史进程来看，很大程度上源于对文明型国家特别是超大规模型国家的历史回应，我们走上了“以党建国”的道路（即以高度组织化的革命政党，重建现代中国的国家和社会组织体系），并最终形成了社会主义政党—国家的组织模式。对此，我们可以从如下三个方面来把握。

第一，中国政党—国家的现代国家建设模式的形成，源于对西方现代国家建设模式的反思。历史曾经给予了中国全面移植西方现代国家建设模式的机会，但只给了约 440 天的时间（1912 年 1 月 1 日—1913 年 3 月 20 日）。“宋教仁遇刺案”的发生（1913 年 3 月 20 日），标志着典型意义上的西方现代国家建设模式在中国的失败。如果说，“宋教仁遇刺案”及随后孙中山所领导的“二次革命”（1913 年 7 月），标志着当时的政治精英已经放弃了在宪政民主的和平框架内处理相互之间的政治分歧，进而意味着西方现代国家建设模式在中国的崩溃，那么中华革命党在日本的成立（1914 年 7 月），则意味着中国开始探索适合自己的现代国家建设模式，并逐渐走上了“以党建国”之路：正是以中华革命党的成立为起点，以 1924 年国民党一大的召开为历史标志，中国在政治实践中正式走上了“以党建国”之路。[1]

第二，社会主义政党—国家完成了“中华民族多元一体格局”的现代建构。作为孙中山革命事业的继承者，中国共产党的建党建国模式尽管在政治纲领、革命路线、革命动力、政党组织化程度等方面颇有歧异，但其国家和社会的组织化模式却是一脉相承的，都采用了“以党建国”的政党—国家模式。就中国共产党来说，它尽管借用了“政党”这种现代组织形式，但主要通过以革命理想主义精神确保其内部的思想凝聚力，以民主集中制保障其内部的组织执行力，并以“党指挥枪”的军事管理体制确保其武装斗争的战斗力，它建立了高度组织化的革命政党组织体系，并成功完成了革命建国的历史任务。从政治社会学的视角来看，这种高度组织化的政党组织体系，正好顺应了中国作为超大规模型国家在“后帝制—后儒家”时代国家和社会再组织化的历史需要：它有效地替代了传统中国以皇权为核心的中央集权制、以士绅为核心的宗族制度等在国家和社会组织化上所留下的制度真空，从而使中国的国家和社会在现代条件下重新组织起来。现时中国作为超大规模型国家的国家和社会的组织化，仍依赖于共产党“全涉型”（all-inclusive）的组织结构，即通过确保共产党的党组织体系在国家机构体系、事业单位体系、

[1] 出于对按照西方政党模式组建的同盟会和国民党组织涣散的不满，孙中山不惜承受与黄兴等决裂的代价，尝试通过强化党员对党的领袖的绝对服从探索新型的建党建国之路。在《中华革命党总章》等涉及中华革命建党理念的文字中，他除了强调党员“完全服从党魁之命令”外，还最早明确提出了“军政、训政、宪政”三步走的革命方略（参见《孙中山全集》第 3 卷，中华书局 1984 年版，第 89、97 页）。这些建党建国思想，堪称他十年后“以俄为师”改组国民党、开启国民大革命的先声。

社会组织体系和企业组织体系等中的核心地位，实现国家与社会跨民族、跨阶层、跨地区和跨行业的行政整合，进而力图以国家核心价值体系的构建实现全社会的文化整合。[1]可以说，正是社会主义政党—国家的组织模式，顺利完成了“中华民族多元一体格局”的现代建构。

第三，社会主义政党—国家形成了强大的国家能力，但如何将其转型为受民主与法治监控并促进社会正义的永续国家，仍有待历史性的突破。无论是左派还是右派，他们恐怕都不会否认，中国共产党利用自身极大的组织化优势，为现代中国锻造了强大的国家能力，特别是对外捍卫主权和领土完整、对内维护社会秩序的强制能力，对社会资源的汲取和调配能力等。这种强大的国家能力，既在很大程度上延续和重建了中国的“强政府”传统，亦在很大程度上顺应了晚清以来中国如何在强邻环伺、列强争食的环境下，谋取民族独立和国家富强的历史使命。从现代国家（永续国家）建设的角度来看，我们走的是一条优先发展国家能力的道路。可以说，这种道路选择有充分的国际政治和政治社会学依据。从国际政治的角度看，由17世纪以来的“威斯特法利亚体系”所确立的民族国家作为主权单位的世界秩序，既为世界资本主义体系的和平发展奠定了稳固的政治基础，但也带来了现代性的内在张力。这种张力表现在：现代性实际上是以民族国家为基本单位展开的，民族国家在国际竞争中所处的位置，直接影响着国内现代化建设的实际成效，即现代性价值的实现程度。这种格局，实际上使国际社会在根本上处于“丛林状态”。因此，惟有具备强大的国家能力，始能确保一个国家在“万国体系”中立于不败之地。从国内政治秩序的建构来看，正如亨廷顿指出的，“首要的问题不是自由，而是建立一个合法的公共秩序。人当

[1] 参见拙文：《文明复兴与文化执政：论执政党在现代国家建设中的文化承担》，载《浙江省委党校学报》2015年第1期。

然可以有秩序而没有自由，但不能有自由而没有秩序。必须先存在权威，而后才谈得上限制权威”[1]。然而，国家能力并不是现代国家建设的全部内容。要想建成永续国家，我们必须给国家能力施以规则和道义的约束：它既受到民主和法治的程序化监控，亦要服务于可证成其正当性的道义目的，特别是社会正义。对中国来说，如何基于社会主义政党—国家的政治条件，建成中国式的永续国家，显然仍是有待突破的历史课题。在很大程度上可以说，所谓的“国家治理体系和治理能力现代化”，其政治理想即是建构中国式的永续国家。

三、现代法律的两重性：法治的两大政治功能与法治中国的两大共时性课题

由于无力洞察法治中国的实践约束条件或无法坚守法治中国的政治理想，关于法治中国的论说，极易陷入基于直觉主义的意识形态化窠臼之中，即从某种道德直觉或政治直觉出发，秉持某种封闭且排他的论说立场。表现在法治中国的论说中，论者要么从理想主义的道德直觉出发，认为我们应全盘移植西方法治的理念、制度和实践模式，从而忽视了法治中国的实践约束条件；要么从现实主义的政治直觉出发，主张无论是某种特定的法治制度和实践模式（西方法治模式），还是法治理念和价值本身均不适合中国，从而丢掉了法治中国的政治理想。显然，如果说，前一种取向因欠缺对于中国情境的观照而沦为西方（自由主义）法治话语的应声虫，那么后一种取向则因缺乏对于法治理想的呵护而

[1] 参见［美］亨廷顿：《变化社会中的政治秩序》，王冠华等译，生活·读书·新知三联书店1989年版，第7页。

（至少在客观上）沦为转型中国法治实践困境的辩护士。

依我个人鄙见，要想在法治中国的政治理想与实践约束条件之间保持适度平衡，一个稳健的思考方向就是采取“内在批判”的立场，即在遵循法治中国之实践约束条件的基础上，坚决捍卫法治中国的政治理想，从而探求法治中国建构的反思性发展空间。与这种立场相一致的研究取径，是罗尔斯所谓的“现实的乌托邦”（realistic utopia）取径，即通过政治理想与实践约束条件的交互比勘，“探求实践上可行的政治可能性的界限”。[1] 那么，我们应当如何把握这种“政治可能性的界限”？为避免直觉主义的意识形态化取向，我主张从社会理论和政治哲学视角，深入把握现代法律的属性和功能，以洞察现代法治之政治功能的普遍性内涵及其社会理论依据——依我个人鄙见，惟有把法治置于现代社会政治秩序和法律秩序的运行机理中深度把握，我们始能有效避免各种直觉主义的意识形态化取向。在此基础上，我将进一步结合转型中国的情境，探究中国现代法律秩序建构的历史课题。这种探究，把我们顺理成章地引向了一种中道而不失建设性的法治观，即下一节将阐述的功能主义法治观（functionalist view of the rule of law）。

（一）现代法律的两重性

现代法律究竟有怎样的属性？它何以具有这种属性？据我个人体会，哈贝马斯关于现代法律“两重性”的社会理论阐释，为我们提供了必要的理论参照。

通过整合韦伯和帕森斯的相关思想，哈贝马斯认为现代法律是集行动系统与知识—符号系统于一身的社会功能系统，并因这种功能上的两

[1] See John Rawls, *Justice as Fairness: A Restatement*, Erin Kelly (ed)., (Cambridge, MA: The Belknap Press of Harvard University Press, 2001), p. 4.

重性成为现代社会“全社会整合”的核心媒介。作为行动系统，现代法律是以金钱为导控媒介的经济系统和以权力为导控媒介的行政系统的组织手段。作为知识—符号系统，现代法律又与生活世界中的文化再生产和个体的社会化过程紧密相关，即通过以立法机关为核心的“合法化系统”，不断接纳着社会成员在生活世界中关于何为正当的正当性期许（道德判断）和何为善生活的本真性想象（伦理认同）。[1] 正因这种“一身二任”的两重性，法律是现代社会“全社会整合”的核心环节：它既是经济系统以金钱为导控媒介、行政系统以权力为导控媒介推进“系统整合”的组织手段，亦体现了生活世界以语言为互动媒介推进“社会整合”的理解成就和社会成果。正如哈贝马斯指出的：

> “法律，包括所有由法律导向的沟通，都离不开生活世界的三个成分，以至于法律规则反思性地指向了那种在（生活世界）建制化过程中直接实现的社会整合功能。但是，法律代码（the legal code）不但是生活世界中日常沟通据以实现社会整合的日常语言媒介，抑且还接收着源于生活世界的信息，并把它们转译为权力导控之行政和金钱导控之经济的专业代码可以理解的某种形式。在这个意义上，不像道德沟通仅限于生活世界，法律语言还发挥着转换器的作用，使得全社会的沟通在系统与生活世界之间往复进行。”[2]

在哈贝马斯看来，现代法律之所以具有这种两重性，根源于现代社会的合理化（包括文化合理化和社会合理化）及相应的社会政治秩序的

---

[1] See J. Habermas, *Between Facts and Norms: Contributions to a Discourse Theory of Law and Democracy*, trans.Williiam Rehg, (Cambridge, Mass.: MIT Press, 1996), pp.79-80.

[2] J. Habermas, *Between Facts and Norms*, p. 81.

变革逻辑。第一，始于文化的合理化（宗教—形而上学世界观的除魅）的社会合理化进程，使法律取代“上帝”或“天”成为人间秩序的主宰，成为以金钱为媒介之经济系统、以权力为媒介之行政系统的组织手段——这使得现代法律具有实证性、法条主义、形式性及普遍性等特征，并成为一种刚性的社会功能系统，即规范社会成员行为模式的行动系统。第二，随着自然法的法定化，特别是法国革命和美国革命的立宪实践及其全球示范效应，普遍主义的道德原则不但已经（以宪法中的人权或基本权利原则）进入到法律系统之中，抑且开始扎根于人们的道德意识中——这使得现代法律仍然与道德共享着同样的规范结构，即基于原则的、普遍主义的“后习俗”道德意识结构。换言之，这使得现代法律与道德一样，仍是一种知识—符号系统，即仍需与生活世界的道德共识和伦理共识保持着密切关联，并遵循普遍主义（程序普遍性）的证成基础。[1]

现代社会的合理化进程，特别是现代意识结构的形成，不仅改变了法律的属性，亦改变了道德及道德普遍主义的存在形态。道德不再具有基于习俗或传统的亘古不变的内涵，而成为“基于理由之共识”的产物。相应地，道德普遍主义不再只是一种“语义普遍性”，即（道德）规范实体内容的可普遍化，而主要是一种“语用普遍性”（程序的普遍性），即包括道德规范在内的所有社会规范，都应具有可包容所有“受

[1] 哈贝马斯这一论说主要是对韦伯合理化理论的阐发。其相关论说，参见 J. Habermas, *The Theory of Communicative Action, Vol.*1: *Reason and the Rationalization of Society*, trans. Thomas McCarthy, (Boston: Beacon Press, 1984), pp.158-185,254-262; *The Theory of Communicative Action, Vol.*2: *System and Lifeworld*, trans.Thomas McCarthy, (Boston: Beacon Press, 1987), p.174; *Theory and Practice*, trans. John Viertel, (Boston: Beacon Press,1973), pp.82-120. 相关解读，参见拙著：《合法律性与合道德性之间：哈贝马斯商谈合法化理论研究》，复旦大学出版社 2012 年版，第 73—83 页。

到影响者”的普遍证成程序。[1]

（二）现代法治之于永续国家建构的政治功能

与现代法律的两重性相适应，现代法治发挥着可促进永续国家建构的两大政治功能：形成基于“规则政治”的“常态政治”，建构基于“共识政治”的“公意政治”。[2]

1. 形成基于“规则政治”的“常态政治”。

与法律作为现代社会之行动系统的属性相一致，现代法治有助于形成基于规则政治的常态政治。

根据韦伯的分析，现代国家是建立在官僚制基础之上的，而现代官僚制机构具有永续性。

> “官僚制机构一旦成立以后，其客观上的不可或缺性与其特有

---

[1] 哈贝马斯所谓的“程序普遍性”，主要针对康德道德哲学所预设的“语义普遍性”。其相关论说，参见 J. Habermas, *Moral Consciousness and Communicative Action*, trans. Christian Lenhardt & Shierry Weber Nicholsen, (Cambridge Mass.: MIT Press, 1990), pp.43-115。相关解读，参见童世骏:《批判与实践：论哈贝马斯的批判理论》，生活·读书·新知三联书店 2007 年版，第 135—140 页；拙著:《合法律性与合道德性之间》，第 112—115、150—153 页。

[2] 哈贝马斯在整合韦伯和帕森斯的相关思想时，曾把他们视为“功能主义”（functionalist）视角与“规范性”（normative）视角的分野（See J. Habermas, *Between Facts and Norms*, p.78.）。此处所谓的“功能主义法治观”，则把它们均纳入“功能主义”视角之中，即把形成基于“规则政治”的“常态政治”、建构基于“共识政治”的“公意政治”，视为现代法治在中国式永续国家建构中所发挥的独特功能。其中，前者对应于现代法律作为行动系统所发挥的“系统整合”功能，后者对应于现代法律作为知识—符号系统所发挥的“社会整合”功能。之所以把法律作为知识—符号系统的属性纳入“功能主义法治观”的视野，乃源于我对后文将详述的转型中国法治建构之两大共时性课题的体认。其所表征的问题意识和理论立场是：对现代法律秩序仍待建构的转型中国来说，法治所发挥的政治功能，不应限于法律作为行动系统对于政治的规则化、常态化运行所起到的推动作用，更应体现为法律作为知识—符号系统，对于凝聚社会共识、确保法律系统之合法化（促进“公意政治”）所发挥的建构作用。

的‘非人格性’（Unpersonlichkeit）是相互结合在一起的，这点也意味着此一机制——恰与奠基于个人恭顺（Pietät）之上的封建秩序形成对比——极易变更效劳的对象，只要那个人能取得控制权。”[1]

官僚制机构的永续性，并不必然带来政体意义上的国家永续性。因为官僚制所变更的效劳对象，既可能是在民主选举中获胜的政治领袖，也可能是通过政变获得政治控制权的政治强人——韦伯正是主要以19世纪的法国为例，得出了“革命已为政变所取代”的结论。[2]要想使永续性的官僚制服务于永续国家，必须使官僚制本身及其所依托的政治秩序，建立在法律秩序（特别是立宪秩序）基础之上——质言之，即形成基于规则政治的常态政治。

常态政治是以规则政治为基础的政治运行形态，即以法律秩序（特别是立宪秩序）所确立的行动系统为政治运行规则，从而在政体结构稳固化的前提下确保政治运行的常态化。就常态政治赖以为基的规则政治而言，其“规则”具有普遍性、平等性、公开性等特点。质言之，基于规则政治的常态政治，是哈贝马斯意义上“包容异己 / 他者”（the inclusion of the other）的政治形态；相反，或隐或显、或晦或明地设立各种针对“异己”的法律、政治和社会排斥机制，恰恰体现了常态政治之对立面的运行逻辑：非常态政治。

从政治运行机理来看，结合实践中非常态政治的主要存在形态，常态政治主要呈现出与永续国家相适应的四种政治属性：相对于政教合一的“神权—教化政治”，它指向了一种“后传统”的世俗政治；相对于

[1]［德］韦伯：《韦伯作品集 III 支配社会学》，康乐、简惠美译，广西师范大学出版2004年版，第67页。

[2]参见［德］韦伯：《韦伯作品集 III 支配社会学》，第67页。

基于阶级斗争逻辑的“革命政治”，它指向了一种“后革命”时代的和平政治；相对于基于权力斗争逻辑的权力政治（丛林政治），它指向了一种超越权力法则（丛林法则）、平等保障所有政治共同体成员权利的权利政治；相对于基于种族主义或族群优越性的种族—族群政治，它指向了超越种族主义、团结所有政治共同体成员的万民政治（politics of peoples）或合众政治。换言之，它是在世俗化的现代条件下，政治秩序和平运行、权力服务于“万民”之公共善（public good）的政治形态。惟有这种政治形态，方始预示着常态政治的出现，从而确保永续国家的形成。相反，其对立面常常是与自然国家相适应的政治形态。无论是政教合一，还是阶级斗争、权力斗争，抑或种族主义，都是与“有限准入体系”相适应的政治形态，无法确保政治秩序的稳定性和国家的永续存在：它们分别以宗教信仰或价值观、阶级出身、私性的政治利益和族群出身等，将“异己”专断地排斥于政治之外，使政治成为某些人的“关门游戏”，但随着政治力量对比的必然变化，其势必会导致政治斗争乃至政治清算的发生，从而影响政治秩序的稳定性和国家的永续存在。[1]

现代法治是与常态政治相适应的国家治理方式。首先，现代法律秩序是建立在政教分离基础上的世俗化秩序，它使法律取代了上帝/天（或其他类似权威）成为世俗秩序的主宰。因此，它既消解了法律秩序的宗教（或准宗教）基础，又以对法治的推崇，消除了神权—教化政治对社会成员的信仰（或价值观）排斥机制。其次，现代法治以宪法秩序的稳定为前提，它通过民主制度、权力制约机制及公民权利的平等保障机制等确立了稳定的立宪秩序，从而既从宪制层面消解了

[1] 参见拙文：《永续国家和常态政治中的敌人》，载许章润、翟志勇主编：《历史法学　第11卷：敌人》，法律出版社2016年版。

阶级斗争、权力斗争和种族歧视的法律基础，亦把所有社会成员以公民身份纳入法律的平等保护中。故此，现代法治是与常态政治（世俗政治、和平政治、权利政治和万民政治）相适应的国家治理方式，可以促进永续国家的形成。

2. 建构基于“共识政治”的“公意政治”

与现代法律作为知识—符号系统的属性相一致，现代法治有助于建构基于共识政治的公意政治。

与意识结构的现代转型相适应，政治秩序的合法化模式亦经历了从古典时代的“自然”到现代社会的“意志”的范式转型。从政治思想史上看，社会契约论所蕴含的“同意”模式的出现，使政治的合法化不再溯源于自然本体论中的“自然”，而是转移至个体的“（理性）意志”。正如哈贝马斯指出的，在现代社会，主要由于卢梭、康德等思想家的贡献，“理性的形式化原则在实践问题中取代了诸如自然或上帝这样的实质性原则”[1]。“法律的实证化、法条化和形式化意味着法律不再可以依靠道德传统的想当然的权威性，而是需要自主的基础”，这一自主的基础则要求“——采用韦伯的术语——基于传统共识的有效性为基于合理共识的有效性所替代”。[2]施特劳斯以从“自然正当”（natural right）到“自然 / 天赋权利”（natural rights）的现代转向，把握了同样的历史逻辑——不过，同样是“natural”，经由古今之变，其含义已从超越于人世之“自然”（nature）到内在于人之“本性”（nature）发生了根本变化[3]；相应地，在抽象的“正当”（right）具化为复数的“权利”（rights）之背后，是由“自然正当”所蕴含的“自然义务”（natu-

[1] See J. Habermas, *Communication and Social Evolution of Society*, trans. Thomas McCarthy, (Cambridge: Polity Press, 1991), pp.183-184.

[2] See J. Habermas, *The Theory of Communicative Action*, *Vol.*1, pp.260, 261.

[3] 感谢杨晓畅与我分享她对此转向的解读。

ral duties）转变为了人之本性所预设的“天赋权利”[1]。经由此种古今之变，个体意义上的人获得了空前的自主地位，其理性意志的聚合（即基于共识的公意）成为政治合法化的根本来源。正如福山所言，在现代社会，“国家的权威不是源自古老的传统或阴暗深沉的宗教信仰，而是公共辩论的结果，在这种公共辩论中，国家公民彼此同意在某些明确的条款下共同生活。”[2]根据迈克尔·莱斯诺夫（Michael Lessnoff）的概括，现代政治的合法化模式，具有唯意志论（voluntaristic）、合意性（consensual）、个人主义和理性主义等四个典型特征。[3]最能体现这种政治合法化模式的，便是发源于卢梭社会契约论的“公意政治”。尽管卢梭本人的公意思想（特别是以公意为据强迫个人自由的思想）聚讼纷坛，但公意政治作为现代民主政治的基本范型，却构成了永续国家的政治合法化基础。如果我们把形成公意视为民主政治可无限接近的政治理想，而不是视为对现实的民主政治实践的描绘，那么永续国家的政治合法化所依赖的正是“公意政治”。

永续国家的政治合法化，需要一揽子解决国家的永续存在与政治统治合法化的问题，即须从根本上解决政治统治的“永续合法化”（eternal legitimation）问题。惟有公意政治，即把政体架构的设立、政治领导人的产生、基本国策及法律的制定等重大政治事项，与政治共同体通过民主机制形成的公意联系起来的政治形态，始能从根本上解决这一问题。公意政治，既是充分尊重统治承受者之个体意志（公民的“自我立法”地位）的政治形态，亦是以合理的方式将“众意”（will of all）加权汇总为“公意”的政治形态。这种建基于承受者“同意”之上的政治

[1] See Leo Strauss, *Natural Right and History*, (Chicago: University of Chicago Pressp,1999), p.182.

[2]［美］福山：《历史的终结与最后的人》，第 216 页。

[3] 参见［英］迈克尔·莱斯诺夫等：《社会契约论》，刘训练等译，江苏人民出版社 2006 年版，第 7—8 页。

形态，通过公共商谈的常态化、政治领导人及政府的周期性更迭等制度化措施，有效地避免了传统国家（自然国家）因政治统治者的人格化、政治统治的专断性等所产生的“兴亡周期率”。

现代法治对于基于共识政治的公意政治之建构，具有不可替代的价值。正如卢梭所言，立法权是公意的对象，“法律是公意的宣告”。由于其兼具意志的普遍性和对象的普遍性，因此“法律乃是公意的行为”，“法律……不过是公意的宣告”。[1]在现代社会，尽管并非所有法律均可视为卢梭意义上“公意的宣告”，但相较于明显属“私意”（private will）的领导人批示、明显属“众意”的未经公共审查的政策，由民主程序产生的法律（包括宪法）更具备公意的属性。在现代政治中，立法机关是其“合法化系统”的核心。只要在立法过程中形成了制度化的公共参与和公共证成机制，那么立法过程即可成为制度化的社会整合（共识整合）机制。[2]这样，法治不但可以发挥社会整合的社会功能，即为“良法之治”（法律内容的合道德性与合伦理性）提供共识整合机制，抑且可借助这种整合机制发挥民主建构的政治功能，即建构基于共识政治的公意政治。

法治在建构公意政治中的独特功能，其实意味着：现代政治秩序的合法化最终依赖于法律秩序的合法化。与意识结构的现代转型相适应，现代法律秩序的合法化，无需追求“语义的普遍性”[法律规范的内容不追求跨越文化的普适性，即法律规范的证成并不适用道德规范所采用的“普遍化”（universalization）原则]，但却须确保“程序的普遍

---

[1] 参见［法］卢梭：《社会契约论》，何兆武译，商务印书馆2003年版，第46—47、122页。

[2] 事实上，以实质法治的建构为出发点，同时把社会成员作为公民的公共参与和公共证成纳入中国现代法治秩序的建构中，是我所主张的“作为转型法哲学的公共法哲学”，区别于“专业法哲学”“政策法哲学”“批判法哲学”等其他法哲学知识形态的主要方面。详见本书“导论”的相关论述。

性”，即确保论证基础的普遍性，也即是法律规范或规范体系需获得其“承受者”的主体间的普遍同意。质言之，无论是法律秩序在多大程度上具有情境主义的合伦理性（独特的文化认同），但“受到影响者”与“商谈参与者”的同一及“受到影响者”（those affected）作为“商谈参与者”（the participants in discourse）的“同意”，却是其合法化的关键所在。[1]

（三）转型中国现代法律秩序建构的两大共时性历史课题

与法治所发挥的两大政治功能相适应，现代法律秩序的建构，包括两方面的历史课题：确保法律运行的自主性和法律秩序的合法性。然而，一旦转入现代法律秩序的建构，不难发现后者无论在时序上还是在功能上，均具有更为优先的地位：常态政治的形成，不惟需要通过立宪和立法实践使政治秩序建立在法律秩序（特别是立宪秩序）基础之上，而且法律秩序（特别是立宪秩序）的现实有效性和稳定性，亦取决于其是否具备深厚的公意基础。因此，我们接下来把确保法律秩序的合法性放在确保法律运行的自主性之前。

具体来看，中国现代法律秩序建构的两大历史课题是：

其一，确保法律秩序的合法性。综合哈贝马斯等的相关论说，法律秩序的合法性包括两大要素：（1）“语义学的合法性”，即法律规范之内容的合法性，也即是要确保法律内容的合道德性与合伦理性；（2）“语用学的合法性”，即立法的程序普遍性，也即是要确保法律“承受者”与法律“创制者”的同一性——它指向了前文提及的程序性的合道德性

[1] 参见拙著：《合法律性与合道德性之间》，第114、118—121页。

（程序性的道德普遍主义）。[1]其中，前者涉及“立教”问题，即建构何种文化认同及相应的核心价值体系的问题；后者关涉“立宪”问题，即以何种宪制架构凝聚社会共识（包括道德共识和伦理共识）的问题。由于现代意识结构下法律规范之语义合法性（合道德性和合伦理性）是主体间“非强制性共识”的产物，立法的程序普遍性具有更为基础的地位。

其二，确保法律运行的自主性，即国家与社会治理的“合法律性”。从法社会学的视角看，它涉及现代条件下的“立人”问题。从现代法律秩序建构的视角，我们可以把“立人”界定为培育具有公共精神和规则意识的公职人员（政治家、公务员、法官和检察官等）、培育具备公民美德且能积极参与社会合作的公民。[2]

从政治哲学的视角看，法律秩序建构的上述两大课题，分别具有不

[1] 由此可见，“合法性”包含着比语义学内容上的规范或道德正当性（rightness）更为丰富的内容，不能被还原为“正当性”。因此，将“legitimacy”翻译为“正当性”是不准确的。再者，汉语中的“法”包含着比实在法（法律）更丰富的内容，如“王法”“无法无天”等日常表达中的“法”，即是如此。因此，我主张把“legitimacy”译为“合法性”，相应地把“legality”译为“合法律性”。

[2] 我所理解的“立人”，不是儒家“成人”意义上的“立人”，即如孔子所言，“若臧武仲之知，公绰之不欲，卞庄子之勇，冉求之艺，文之以礼乐”（《论语·宪问第十四》），成为具备智慧、廉洁、勇敢、才艺、礼仪等完备人格的“大人”。它亦不同于部分儒家人文主义者（如许章润）“重缔意义秩序”意义上的“立人”。与“公共法哲学”的思想立场相一致，我所理解的“立人”，凸显了“立人”的公共性。它承继了从梁启超“新民说”到鲁迅“国民性批判”传统的问题意识和认识成果，但采取了更具建设性的立场：它不是把某些国民素质问题视为不可更易的“国民性”，进而对其进行文化模式上的反思和批判，而是主张将其置于现代社会政治秩序和法律秩序的运行机理中进行把握。从这样的视角来看，我们固然需要与现代性相契合的“新民”，但亦需要与之相适应的“新官”。而这种“新民”和“新官”的出现，不能如传统社会般仅仅仰赖道德教化，而毋宁需要将之置于与现代社会政治秩序和法律秩序的互动格局中予以把握。同样遵循功能主义的视角，现代社会政治秩序和法律秩序（特别是其中的某些基础秩序）的建构，更具有“立人”的社会功效，因此应具有更为优先的地位。在这个意义上，现代社会的“立人”是哈贝马斯意义上“学习过程”（learning process）的产物，即社会成员在由社会政治秩序和法律秩序（特别是其中的基础秩序）塑造的社会互动情境和行动平台中，习得某些公共品格和公民美德的（转下页）

同的政治功能：确保法律秩序的合法性，有助于法治发挥建构基于共识政治的公意政治之功能；确保法律运行的自主性，助益于法治发挥形成基于规则政治的常态政治之功能。

结合转型中国的情境，我们不难得出这样的结论：法治中国之所以仍未建成，是因为中国现代法律秩序的建构仍是“进行时”，远未臻至“完成时”。一个突出的表征是，现代法律秩序建构的这两大课题是需要我们“毕其功于一役”同时完成的历史任务。这种共时性的任务性质至少意味着：

第一，转型中国的法治所发挥的不应只是守成性、被动性、适用性的功能，它还应当发挥建构性、主动性、生成性的功能。只要重温一下伯尔曼（Harold J. Berman）关于西方法律制度对于确立其现代经济和政治秩序之奠基性作用的论述[1]，我们便不难得出这样的结论：对中国

（接上页）过程。同样，我所理解的“立宪”“立教”，亦扬弃了晚清以降自由主义和新儒家的认识成果：我只是预设转型中国具有继续推进“立宪”和“立教”事业的历史使命，但并未把它们与任何特定模式的“立宪”（如西方式的宪政民主制）和“立教”（如回归儒家道统）模式关联起来。毋宁说，我把它们理解为类似于方程式中有待求解的“X”，即哈贝马斯所谓的“未赋值的占位符”，试图采取哈贝马斯意义上的程序主义取径（即由“康德式共和主义”范导的程序主义取径），并主张依靠社会成员作为公民的公共证成和公共选择对其予以求解和赋值。依我个人拙见，这种遵循了现代社会政治秩序和法律秩序之基本运行机理（“公意政治”理念）的程序主义立场，对于促进中国现代转型的政治理想（建构“中国式永续国家”）与实践约束条件之间的“反思性平衡”来说，堪称最为稳健的思想立场。后文关于建构公共商谈的政治基础秩序的论说，较为详尽地展现了我的这一思想立场。

[1] 伯尔曼写道：“认为西方社会的发展是从封建主义时代到资本主义时代，这种信念常常具有下面的含义：社会秩序的基本结构是经济方面的，法律是‘意识形态的上层建筑’的一部分，它被那些拥有经济权力的人们用作实现他们政策的一种手段。不过，不应将西方的法律传统简单地理解为经济或政治统治的工具；还必须把它看作西方社会基本结构中的一个重要部分。它是经济和政治发展的一种反映和决定性因素。如没有从12世纪到15世纪发展起来的宪法性法律、公司法、契约法、财产法和其他法律部门，当代理论家们认为与资本主义划等号的从17世纪到18世纪的经济和政治变革则是不可能发生的。”在这方面，其他论者的研究也证明了这一点。譬如，经济学家道格拉斯·诺斯（Douglass C.North）将西方国家崛起的关键溯源于有效率的经济组织，而这种组织实质上是由法律制度确立起来的；卡尔·波兰尼（Karl Polanyi）认为，英国1795年的《波斯纳姆兰法案》严重（转下页）

这样现代法律秩序仍待建构的成文法国家来说，我们更应重视法律秩序对经济秩序特别是政治秩序的建构作用，从而以法律秩序的建构推动公意政治和常态政治的历史性形成。

第二，转型中国的法治建构，不但要关注法律的适用（司法和执法），抑且更应关注“前司法”的立法要素乃至“前法律”的立宪、立教、立人要素，从而把立法与立宪、立教、立人高度结合起来[1]。惟其如此，我们始能使法治同时发挥建构基于共识政治的公意政治、形成基于规则政治的常态政治之政治功能。如果把作为国家前提的“立国”（即已于1949年完成的建立主权独立、政治统一的现代民族国家）也纳入我们的视野，中国现代法律秩序的建构当包含着立国、立宪、立教、立人和立法“五位一体”的历史使命和发展议程。[2]

第三，在现代法律秩序建构的“前司法”甚或“前法律”诸要素

（接上页）组织了英国劳动力市场的形成；相应地，1834年的《济贫法修正案》则促进了竞争性劳动力市场的形成，从而极大地推动英国19世纪以来的经济发展。邓正来曾以伯尔曼关于法律之建构性的观点，批判了苏力“本土资源论”所主张的保守主义法律观（“法律从来都是社会中一种比较保守的力量，而不是一种变革的力量”）。请分别参见［美］伯尔曼：《法律与革命第1卷：西方法律传统的形成》（中文修订版），贺卫方等译，法律出版社2008年版，第40页；［美］道格拉斯·诺斯：《西方世界的兴起》，厉以平、蔡磊译，华夏出版社1999年版，第八章；［美］卡尔·波兰尼：《巨变：当代政治与经济的起源》，黄树民译，社会科学文献出版社2013年版，第七章；邓正来：《中国法学向何处去：建构“中国法律理想图景”时代的论纲》（第二版），商务印书馆2011年版，第244页。

［1］在现代成文法国家，立宪、立教、立人等成果既制约着法治实现的状况，亦常常以法律形式表现出来。本书之所以把它们视为“前法律”现象，主要是为了反思和对抗法律职业主义以法律的“内在视角”看待立法的倾向。为此，本书凸显法律的政治与社会—历史之维，即法律的政治哲学承诺（合道德性与合伦理性；立教）及法律的政治制约性（立宪）、社会—历史制约性（立人）。

［2］我关于“立国”“立宪”“立教”“立人”“立法”五位一体使命之把握，综合借鉴了许章润和秋风（姚中秋）的论述。前者认为包括除“立法”外的其他四大使命，后者把“立国”理解为他所谓的“国民国家”（nation-state）的建构，进而又把“立教”“立法”“立宪”“立商”视为“立国”的四要素。请分别参见许章润：《汉语法学论纲》，广西师范大学出版社2014年版，第2页（导言）；姚中秋：《现代中国的立国之道 第一卷：以张君劢为中心》，法律出版社2010年版，第4页。

中，建构促进公意形成机制民主化的立宪机制，具有更为基础的地位。一方面，它既是立法是否具备充分公意基础的根本制度保障，亦是立教能否通过公共证成检验、进而成为政治共同体“本真性认同”(authentic identity)的根本保证[1]。另一方面，由民主化的公意形成机制保障的公共自主实践，有助于公民美德的养习——公民共和主义等的诸多研究，已充分表明：不经由公共自主实践形成的“学习过程”，社会成员不可能作为公民而习得主体间性的“共享”视角，从而也就不可能不断调整和限制自己自我中心的视角；换言之，公共自主的实践可以使公民践习康德意义上的“理性之公共运用”，从而培育与良序社会甚或良善社会相适应的理性品质、换位思考、对话精神、寻求共识、规则意识等公民美德。[2]

综上所论，我们可以把法治中国建构的两大历史课题及相应的法治内涵、法治之政治功能、法律属性、社会功能和任务性质列入表 1 中。

---

[1] 参见 J. Habermas, *Between Facts and Norms*, pp.196-198.

[2] 参见 J. Habermas, *The Inclusion of the Other: Studies in Political Theory*, trans. Ciaran Cronin, (Cambridge, Mass.: MIT Press, 1998), pp.75-101；C.Salutati,“Letter to PeregrinoZambeccari”, in B. G. Kohl and R. G. Witt., *The Earthly Republic*, (Philadelphia: University of Pennsylvania Press, 1978), p.111；[法] 卢梭，《忏悔录（第二部）》，范希衡译，人民文学出版社 1985 年版，第 500 页；[法] 托克维尔：《论美国的民主》下卷，董国良译，商务印书馆 1988 年版，第 630 页；[美] 桑德尔：《民主的不满：美国在寻求一种公共哲学》，曾纪茂译，江苏人民出版社 2008 年版，第 423 页；等等。

表 1：法治中国建构的历史课题及其政治功能与任务性质

历史课题及其具体内容	法治内涵	法律发挥的政治功能	对应的法律属性及社会功能	“前法律”的任务性质
确保法律秩序的合法性 (1)“语义学的合法性”，即法律规范之内容的合法性，也即是确保法律内容的合道德性与合伦理性。 (2)“语用学的合法性”，即立法的程序普遍性，也即是要确保法律“承受者”与法律“创制者”的同一性（程序性的合道德性）。	良法之治	建构基于共识政治的公意政治	法律属性：法律作为知识—符号系统 社会功能：社会整合的媒介（法律作为共识整合机制）	立宪、立教
确保法律运行的自主性（国家与社会治理的“合法律性”）	规则之治	形成基于规则政治的常态政治	法律属性：法律作为行动系统 社会功能：系统整合的媒介（法律作为系统整合机制，即经济系统和行政系统的组织手段）	立人

四、功能主义法治观：超越形式主义与工具主义

为了使法治同时且充分发挥建构基于共识政治的公意政治、形成基于规则政治的常态政治之政治功能，回应中国现代法律秩序建构的前述两大历史课题，接下来我将初步阐发一种“功能主义法治观”，以超越

西方法治模式与现有法治困境所分别预设的形式主义法治观与工具主义法治观。

"功能主义"（functionalism）原本是文化人类学和社会学领域的一种理论模式。由马林诺夫斯基（Ronislaw Malinowsi）、拉德克利夫·布朗（Rakclife Brown）等创立的功能主义或结构功能主义，其基本的研究取向是：把社会视为一个整体或系统，进而把所有文化现象或社会现象视为在这个整体或系统中发挥各自独特功能的现象进行功能分析。[1]故此，作为当时与进化论相抗衡的人类学和社会学理论模式，功能主义通过对边缘社会或社群文化现象的功能分析，可以对不同于（西方）主流文化模式的文化现象保有钱穆所说的"温情和敬意"，从而增强了对不同文化现象的同情性理解。可以说，功能主义其实是一种"去意识形态化"的理论取向，可以增强我们对复杂社会世界的深入把握。[2]

本书所谓的"功能主义法治观"，并不是功能主义法律人类学者所采取的那种对法律或类法律规范在社会生活中所发挥之功能的描述性的功能分析[3]，甚至也不同于马丁·洛克林（Martin Luoghlin）意义上公

[1] 参见 Kingsley Davis,The Myth of Functional Analysis as a Special Method in Sociology and Anthropology, *American Sociological Review*,Vol. 24, No. 6, (Dec., 1959):758.；吴文藻：《社会学丛刊总序》，载吴文藻主编：《社会学丛刊·甲集第五种》，商务印书馆 1947 年版，第 3 页。

[2] 除了"功能主义"内在具有的"去意识形态化"取向外，以"功能主义"命名我所主张的法治观，还有一个考虑，即通过充分发挥法律系统作为现代社会功能系统的社会功能特别是政治功能，形成法律对经济、行政 / 政治等其他社会功能系统之运行逻辑的有效规制，进而引领整个社会形成"功能分化"的格局。关于现代社会的"功能分化"与前现代社会的"条块分化"和"阶层分化"的区分，可参见本书第五章。

[3] 有敏锐的读者可能会说：如果秉持功能主义的文化观或法律观，那么当下中国影响现代法治（即以国家制定法为主导的法治秩序）确立的各种法律文化现象（如"民间法"乃至"潜规则"现象），也必定发挥着相应的文化、社会乃至经济等功能，甚至已然形成了"无需法律的秩序"（罗伯特·C. 埃里克森语）——沿着这样的思路推演下去，我们甚至会像苏力那样得出"不要过分迷信法治"的结论（事实上，苏力的"本土资源论"在（转下页）

法理论传统中的“功能主义范式”[1]，而是对法治之于中国现代转型（中国式永续国家建构）之政治功能的规范性的功能分析。前文已经阐述了我对这种功能的理解。接下来，我拟在与形式主义法治观、工具主义法治观的对比中，进一步阐述功能主义法治观的主要理论构件。

为便于对比性的把握，我拟采用韦伯式的“理想类型”（ideal-type）方法。根据韦伯的界定，“一个理想类型是这样形成的：通过单方面地强调一个或多个观点，并根据那些单方面强调的观点，把大量弥散的、分立的、大体上存在或偶尔不存在的具体个别现象的综合规整为一个统

（接上页）很大程度上即建立对法律文化现象的功能主义分析基础之上的）。本书所谓的功能主义“法治观”，不是文化人类学意义上的功能主义“法律观”。它不是社会科学路向的功能分析，而是一种规范性（法哲学和政治哲学）的功能分析。因此，与我采取的“反思性现代性”立场（详见后文阐述）相一致，我亦承认影响现代法治秩序确立的各种文化现象所发挥的功能（社会、文化乃至经济等功能），但我个人强烈反对各种形式的“文化决定论”或“文化不可变迁论”。依我个人拙见，对文化现象的功能分析或其他任何取向的文化研究，绝不能导向直觉主义或独断主义的“文化决定论”或“文化不可变迁论”。我们必须把文化放在现代社会、政治和法律秩序的复杂运行机理中进行深度把握，既要看到它所发挥的功能，亦要看到在现代条件下通过“功能替代”而促进文化变迁的必要性和可能性（详见本书第五章）。不过，考虑到中国作为超大规模型国家的治理难题，我并不主张对所有的文化现象都采取这种态度：只有像“差序格局”这样严重制约着现代政治和法律秩序确立的（法律）文化现象，我们才有必要促进这种“功能替代”；相反，对那些在广大民间社会实际上发挥着醇化民间风俗、稳定行为预期的“民间法”，应让它们“如其所是”地继续发挥作用。

[1] 在本章初稿完成后，我又读到英国公法学家马丁·洛克林在《公法与政治理论》一书中对公法理论传统中“功能主义”范式的界定。在该书中，他把“功能主义”视为与“规范主义”相并列的公法理论传统——他将其称为关于公法的两种不同理论风格或理论取径。在该书的中译本序言中，他认为哈贝马斯在《在事实与规范之间》一书中关于“社会学的法律观”与“规范性的法律观”的界分，“在某些方面类似于”他关于“功能主义”与“规范主义”的区分。根据马丁·洛克林的界定，“规范主义基本上反映了一种法律自治的理想。相反，公法中的功能主义风格将法律视为政府机器的一个组成部分。其主要关注点是法律的规制和便利功能，并因此而注重法律的意图和目标，并采取一种工具主义的社会政策路径。”（[英] 马丁·洛克林在《公法与政治理论》，郑戈译，商务印书馆 2013 年版，第 85 页）依此看来，如果说洛克林那里的“规范主义”大体对应于我所谓的“形式主义法治观”，那么其关于“功能主义”的理解，更接近于我所谓的“工具主义法治观”，而不是“功能主义法治观”。而且，本章建构的“功能主义法治观”，是一种前瞻性、规范性的研究，洛克林意义上的“功能主义”风格则主要是一种回溯性、解释性的把握。

一的分析性构造［analytical construct (*Gedankenbild*)］”[1]。因此，尽管三种法治模式并非铁板一块，相反彼此多有相互交叠之处，但我们仍可采用“理想类型”方法将其分别“规整为一个统一的分析性构造”。我们可以从五个方面，对三种法治观的区别进行简要的学理勾画。

从政治目标来看，三种法治观具有显见的区别。前文讨论其实表明，保障永续国家堪称形式主义法治观的政治目标。正是法治的形式主义属性（实证性、法条主义、形式性、普遍性等），使得法律在实施中超越了政治、道德等非法律因素的干扰，成为具有确定性和稳定性的刚性秩序，从而以“法制型支配”（基于合法律性的合法性）为政治秩序提供了永续合法化机制。与之适成对照的是，工具主义法治观则秉持霍布斯“法律命令说”版本的法律实证主义，以维护政治统治为鹄的，使法律远离道德但臣服于政治，从而使法律成为政治统治的工具。功能主义法治观是服务于中国现代转型的法治观，即是一种具有现代转型意识、政治担当意识和中国情境自觉性的法治观。故此，其政治目标是建构中国式的永续国家。为此，它从法治对于建构中国式永续国家所发挥的独特功能（建构基于共识政治的公意政治、形成基于规则政治的常态政治）入手，高度重视“中国式法治”对于建构中国现代政治秩序的助推和保障作用。

从基本理念来看，不同于形式主义法治观和工具主义法治观分别预设的法律的至上性和工具性，功能主义法治观以哈贝马斯意义上法律的“不可随意支配性”为根本出发点。戴雪（A. V. Dicey）关于法律至上性的论述，通常被形式主义法治观奉为圭臬：法治“首先意味着常规性法律（regular law）作为对抗专断权力之影响的手段，具有绝对的至

［1］Max Weber, *Max Weber on The Methodology of the Social Sciences* , Edward A. Shils and Henry A. Finch ed. and trans., (New York: The Free Press, 1949), p.90.

上性或主导地位，它排除政府方面的专断性、特权甚或广泛的自由裁量性权威的存在”[1]。与之相对，工具主义法治观则以法律的工具性为基本理念。“法者，编著之图籍，设立于官府，而布之于百姓者也。”[2]“法令者，防民之具，辅治之术耳。”[3]这些关于法律的论断，再清楚不过地表明：工具主义法治观眼中的法律，不过是统治者“治人”的手段、“防民”的工具。借用哈贝马斯的术语，我们可以把功能主义法治观的基本理念定位为法律的“不可随意支配性”。正如 Eugene E. Dais 指出的，哈贝马斯用“不可随意支配性”指称确保法律具备下列属性的环节（moment），即：

> “避免法律完全为政治所处置从而失去任何具备将政治合法化之力量的可能性。这种环节可以由某种附魅（enchanted）的神圣法来提供，或者在神圣法被除魅以后，由类似于自然法或神圣习惯法那样被宣称的合理等价物来提供。”[4]

从西方法治的古今之变来看，在其由古典时代的“神圣法之治”（the rule of sacred law）转型为现代的“实在法之治”（the rule of positive law）的历史进程中，确保法律的“不可随意支配性”是其核心环节。而这指涉对如下两个问题的回答：

---

[1] A.V. Dicey, *An Introduction to the Study of the Law of the Constitution*, (London: Macmillan, 1961),10 ed., p.42.

[2]《韩非子·难三》。

[3]《皇明世法录》卷三《太祖宝训·守法》。

[4] See Eugene E. Dais, Universal Justice and Discourse Ethics: Habermas's "KantianMistake" , in *Practical Reason and Theories of Justice*, Werner Maihofer and Gerhard Sprenger(eds.), (Stuttgart: Franz Steiner, 1992), p. 135(n.9).

“约束性权威能否像此前来源于神圣法一样，来自于某种可任意变改的政治性法律？当其不再能像传统法律体系中的皇室官僚法（bureaucratic royal law）那样从某个事先给定且高高在上的法律中获得其有效性之时，实在法整体上能否仍具备某种约束特征？”[1]

惟有制度化地回答了这两个问题，始能确保（以实在法为表征的）现代法律的“不可随意支配性”，从而实现法治的古今之变，并最终走向更具有稳定性的形式法治，即形成形式主义的“法的统治”（rule of law）模式。[2]考虑到当下中国仍处于法律秩序古今之变的历史时期（即仍处于现代法律秩序的建构时期），一种聚焦于法治之于中国式永续国家建构之功能的法治观，应当把捍卫法律的“不可随意支配性”作为其基本理念。惟其如此，我们始能为建构中国现代法律秩序和中国式永续国家提供底线保障。

从法律的特性来看，形式主义法治观和工具主义法治观，分别预设了法律的自主性与非自主性。前者把法律视为内在封闭的运行系统，类似于韦伯所说的“自动机器”；后者则把法律视为被其他要素（特别是

[1] See J. Habermas, Law and Morality, trans.Kenneth Baynes, in SM McMurrin(ed), *The Tanner Lectures on Human Values*,Volume 8, (Salt Lake City: University of Utah Press, 1988), p.263.

[2] 根据伯尔曼的研究，由 11 世纪的教皇革命所形成的“神圣法之治”已然奠定了西方的法治传统，它进一步演化为现代的“实在法之治”，主要有赖于三次革命的历史性推动：由路德宗主导的第一次新教革命（德国革命），把教皇革命的“两剑论”（精神权力和世俗权力分立，但后者服从于前者）发展为“两个王国论”，并初步确立了精神王国受“福音书”统治、世俗王国受法律支配的原则；由加尔文宗各教派发动的第二次新教革命（1640—1688 年的英国革命），从制度上确立了议会主权、司法独立等现代法治原则；1789—1830 年的法国革命，将启蒙思想家阐发的自然神论的理性主义落实为社会政治安排，“一方面从根本上拒绝了正统的基督教教义，另一方面，它还与一个强烈的信仰相联系，即作为礼物，造物主把理性和通过行使意志自由、表达自由、机会平等以及体现在新的法国宪法和法典中的其他自然权利而运用理性的能力赋予了人类”，从而为现代法治奠定了深厚的政治基础（民主基础和自由保障）。参见［美］伯尔曼：《法律与革命：新教改革对西方法律传统的影响（第二卷）》，袁瑜琤、苗文龙译，法律出版社 2008 年版，第 4—13 页。

政治要素）影响乃至决定的治理工具。与两者不同，功能主义法治观大体同意卢曼—托依布纳式“法律的自创生理论”对法律的定位：法律是“认知开放但运行闭合”的系统。对法律特性的这种动态定位，有助于理解前述转型中国现代法律秩序建构的两大共时性课题：建构具有合道德性与合伦理性的良法体系（促进良法之治），同时确保法律的不可随意支配性，即国家和社会治理的合法律性（促进规则之治）。就前者而言，我们尤应强调在立法过程中的“认知开放”；就后者来说，我们尤应捍卫在司法过程中的“运行闭合”。正如卢曼所言，法律系统是“认知开放”的，因为它需要“在系统与环境之间交换信息”；它是“运行闭合”的，是因为其运行过程是“自我指涉的”（self-referential），无需与其他系统进行沟通。[1]显然，为了使法治有助于形成基于规则政治的常态政治，我们需要在司法过程中强调“运行闭合”，强调法律的自主性；但为了使法治助益于建构基于共识政治的公意政治，我们在立法过程中则更应强调法律的非自主性，不但使法律向构成其“环境”的经济系统和行政系统的“功能性迫令”（functional imperatives）开放，抑且更要基于政治系统中以立法机关为核心的“合法化系统”而向生活世界（及以其为背景的公共领域）的道德共识和伦理共识开放，从而确保其最大限度地呈现为政治共同体“公意的宣告”。换言之，对现代法律秩序仍待建构的转型中国来说，我们其实更应强调立法过程中法律的非自主性：立法的开放性和法律秩序的合法性。不经过政治共同体内部开放性的全面立宪、立教和立法过程，法律不可能最大程度地体现政治共同体的公意，也就不可能被专门委诸职业化的法律人共同体看护。依卢梭之见，现代法律是公意的宣告，这种公意是由公民的“自我立法”地

[1] N. Luhmann, *Law as a Social System*, trans. Klaus Ziegert, (Oxford: Oxford University Press, 2004), p.86.

位予以保障的，即惟有通过确保法律的承受者同时也是法律的创制者，法律始能成为政治共同体内部公意的最高体现。正是经由公民“自我立法”形成的公意，法律赢得了合法性，并成为包括法官在内的所有公民“其他一切意志的唯一规范”。[1]

就法律与政治的关系来说，形式主义法治观主张对政治进行法律监控，即把政治秩序建立在法律秩序（特别是立宪秩序）基础之上；工具主义法治观则视法律为政治的工具，即服从于政治领袖和政治官僚的专断意志。与把法律视为“认知开放但运行闭合”的功能系统相适应，功能主义法治观主张把法律视为实现政治理想的工具，但同时捍卫法律运行的自主性。所谓“实现政治理想的工具”，是指法律应当具有道德担当（合道德性）和伦理担当（合伦理性），即法律应当成为政治共同体实现社会正义、政治民主和国家能力的工具。其中，社会正义和政治民主的理念维度指向了法律的道德担当（合道德性）；国家能力关涉政治共同体实现自身政治理想的生存性情境和政治性逻辑，在根本上指向了其以何种文化—政治认同（合伦理性）实现自身道德担当的问题，即如何从自身的政治和社会—历史条件出发，建构具有国家能力且同时能实现社会正义和政治民主的制度架构的问题，因此指向了法律的伦理担当。显然，这种政治理想关涉先于司法的立国、立宪、立教、立人和立法诸问题，是需要最充分地凝聚社会共识，并提炼为政治共同体之公意的方面。同时，对于以立法形式体现出来并具有充分公意属性的立国、立宪、立教、立人成果，在法律运行的环节，应当最大限度地尊重法律实施的自主性，尤其要有效防范政治权力对司法运行过程的专断干扰和破坏。质言之，对转型中国的法治建构来说，政治支配法律（法律作为政治的工具）的合法性，应以如下两个实质性和程序性标准共同判定：

[1] 参见［法］卢梭：《社会契约论》，第79页。

政治决策是否具有合道德性与合伦理性，并且这种合道德性和合伦理性是否建立在制度化保障的公意基础之上。如果缺乏前者，它就会失去实质性的道德和伦理基础；如果缺乏后者，它就会丧失程序性的民主品质，并会因这种民主品质的丧失而最终损害其作为公意的品质。故此，就其合法性的品质来说，具有合道德性与合伦理性的政治决策的产生过程是否具备程序性的民主品质，具有更为基础的地位。在这个意义上，政治支配法律的合法性，只能限于具有民主性的立法过程中，并且还要受到程序性限制。

就合理性基础来说，形式主义法治观和工具主义法治观，分别秉承形式合理性（*FormaleRationalität*,formal-rationality）和工具合理性（*instrumentale Mittelrationalität*, instrumental-rationality）的原则。由于对法兰克福学派“工具理性批判”与韦伯合理化理论之间的复杂关系缺乏深入认识，论者多把韦伯那里的“目的合理性”（*Zweckrationalität,* purposive-rationality）、“形式合理性”与早期法兰克福学派所谓的“工具理性”等同起来。然而，形式合理性其实有着比工具合理性更为丰富的含义。正如哈贝马斯所分辨的，形式合理性（目的合理性）是指这样一种合理性：

> “不但手段及其运用方式或多或少可以具有合理性，即可以有效地针对给定的目的，抑且目的本身亦在大体上可以具有合理性，即在给定的价值、手段和边界条件下，对目的的选择也可以具有客观意义上的正确性。属于目的合理行动行为的条件，既包括手段的工具合理性，亦包括根据价值来选择并确定目的时的选择合理性。”[1]

[1] J. Habermas, *The Theory of Communicative Action, Vol.*1, p.170.

依此看来，形式主义法治观的理性基础是形式合理性，因为它不仅包括立法技术和司法技术的工具合理性，还包括立法过程中基于维护自由、平等、民主等现代政治价值对立法技术、司法过程中基于维护法治（法的统治）的价值对司法技术的选择合理性。质言之，形式主义法治观所预设的对于立法技术和司法技术的工具合理性，还具有相对于特定政治价值的选择合理性。与之相对，工具主义法治观则秉持工具合理性的原则，即追求立法技术和司法技术具有相对于维护政治统治的工具合理性，至于作为目的的政治统治是否具有“客观意义上的正确性”，以及立法技术、司法技术相对于某些具有价值合理性（*Wertrationalität*, value-rationality）的目的是否具有选择合理性，则不是它的关切。主要考虑到中国现代法律秩序的建构仍是“进行时”，功能主义法治观主张兼顾形式合理性（目的合理性）和实质合理性（价值合理性），即在立法过程追求自由、平等、民主、法治等价值（价值合理性或实质合理性），同时注重立法技术对于这些价值、司法技术对于法治价值的工具合理性和选择合理性（形式合理性或目的合理性）。其中，在立法过程中，为了充分确保立法的形式合理性特别是实质合理性，它主张发扬沟通合理性，即通过“受到影响者”作为“商谈参与者”的普遍同意，确保法律的实质合理性（法律内容的合道德性与合伦理性）具有充分的公意基础，从而最大限度地保障法律秩序的合法性。

上文从政治目标、基本理念、法律的特征、法律与政治的关系、合理性基础等五个方面，对形式主义法治观、工具主义法治观与功能主义法治观进行了初步对勘（如表 2）。本章阐发的功能主义法治观，其政治目标是建构中国式永续国家；其基本理念是法律的不可随意支配性；其所预设的法律特征是法律是“认知开放但运行闭合”的功能系统；在法律与政治的关系上，其主张法律是实现政治理想的工具，但确保法律运行的自主性；其合理性基础是兼顾形式合理性与实质合理性，并主张立法过程要发扬沟通合理性。其中，后四个方面是服务于第一个方面的，其包含的理论意蕴在于：惟有如此定位转型中国法治的基本理念、所预设的法律特征、法律与政治的关系、合理性基础，我们始能使转型中国的法治建构同时且充分发挥建构基于共识政治的公意政治、形成基于规则政治的常态政治之独特功能，从而最终服务于中国式永续国家的建构。

表 2：三种法治观的对比

	形式主义法治观	工具主义法治观	功能主义法治观
政治目标	保障永续国家	维护政治统治	建构中国式永续国家
基本理念	法律的至上性	法律的工具性	法律的不可随意支配性
法律的特性	法律的自主性	法律的非自主性	“认知开放但运行闭合”
法律与政治的关系	对政治的法律监控	法律是政治统治的工具	法律是实现政治理想的工具，但法律的运行具有自主性
合理性基础	形式合理性	工具合理性	兼顾形式合理性与实质合理性（立法过程的沟通合理性）

五、代结语：建构“中国式法治”的政治基础秩序

据我观察，在法治中国（乃至所有关于当代中国问题）的既有研究中，存在着两种较为显明的对立取向：一种是“去情境化的普遍主义”，

它们从普遍主义的视角出发，基于以西方为范型的现代法治之理念形态及制度和实践模式，主要对法治中国的理想形态进行规范性的建构；另一种是“封闭的中国特殊论”，它们从特殊主义 / 情境主义视角出发，基于转型中国的政治和社会—历史条件，对基于实践逻辑的法治形态进行理论上的辩护和论证。这两种研究取向，大致预设了前述形式主义法治观与工具主义法治观。如果说，普遍主义的视角（形式主义法治观）预设了“西方的今天就是中国的未来”，那么特殊主义的视角（工具主义法治观）则预设了文化本质主义的“中国特殊论”：无论是西方法治的制度和实践模式，还是现代法治的理念形态和政治理想，均不适合具有不可变易之文化特质的中国。本章的研究，试图以对功能主义法治的建构超越这两种论说取向。

（一）现代转型、反思性的情境主义与程序主义

本章的阐述，尽管未围绕如何回应法治中国的实践约束条件展开，但却充分预设了对这些实践约束条件的情境自觉。所谓的实践约束条件，是指中国情境中的那些“结构化情境”，即经由社会的演化、历史的积淀和政治的博弈形成的相对固化的情境。一如前述，法治中国具有由三大结构化情境形成的实践约束条件：（1）文化 / 历史条件：中国是具有“轴心”文明遗产并始终延续其文明秩序的“文明型国家”；（2）社会条件：中国是具有悠久“大一统”政治传统的超大规模型国家；（3）政治条件：为回应文明型国家特别是超大规模型国家，中国的现代转型形成了社会主义政党—国家的国家和社会组织模式。功能主义法治观，回应这些实践约束条件的基本立场是“后传统”的现代意识结构（“后形而上学”的思想情境）下的一种稳健立场，即基于“反思性现代性”的“反思性情境主义”立场。

前文已指出，经由始于文化合理化的社会合理化过程，普遍主义的、基于原则的道德，成为现代政治和法律合法化所依赖的规范结构。正是从这种“后习俗的”意识结构出发，哈贝马斯建构了顺应“公意政治”（现代政治合法化）模式的法律商谈和民主商谈理论。无论是韦伯所谓的“除魅”，还是吉登斯意义上的“去传统化”，抑或贝克所界定的“脱嵌”，都不约而同地指涉了这种意识结构。[1]如果说“后习俗的”意识结构是现代意识结构的道德范型，那么“反思性”则是其根本特质。由于从深嵌于其中的传统及与之相适应的思想支配和人格支配中摆脱出来，个体开始以反思性的态度对待包括文化传统、社会规范、命题表达、生活方式等在内的一切事物。作为现代意识结构的根本特质，反思性亦是现代性的内在精神。正如艾森斯塔特、吉登斯等所阐发的“反思性现代性”理论揭示的，现代性是一种以面向未来的时间意识和能动态度，反思性地创造理想社会政治秩序的谋划。[2]通过把“极端的怀疑原则制度化”，现代性塑造了一种以“反思性”为核心的新型意识结构：“某种正确的主张，理论上总是有被修改的可能，而且其中某些部分也有被抛弃的可能。”[3]经由面向未来的时间意识，现代性在价值上扭转了传统与现代的关系：不是回归过去的传统，而是面向未来的“社会想象”，支配着当下的选择和行动。换言之，维系传统本身已不再是政治和生活的目的，传统是否值得传承和延续，要看它对现代人关于未来的“社会想象”和生活规划是否有价值，以及有多大价值。在这样的条件下，传统既是反思的对象，亦是反思的凭借，对传统之守成和开新

[1] 参见［英］吉登斯：《生活在后传统社会中》，载［德］贝克、［英］吉登斯和［英］拉什：《自反性现代化：现代社会中的政治、传统和美学》，找文书译，商务印书馆2004年版，第72—138页；［德］贝克：《风险社会》，何博闻译，译林出版社2004年版，第158—160页。

[2]［以］艾森斯塔特：《反思现代性》，第39页

[3]［英］吉登斯：《现代性与自我认同：现代晚期的自我与社会》，赵旭东、方文译，王铭铭校，生活·读书·新知三联书店1998年版，第3页。

的“反思性平衡”，指向了现代性之反思性的基本维度。在这个意义上，我们可以把与“反思性现代性”观念相适应的情境主义方法论称为“反思性的情境主义”。[1]其所体现的方法论旨趣在于：特定时空的情境是思想的根据（是反思各种思想话语的依凭），但其本身亦是反思的对象。惟其如此，我们始能在政治理想与实践约束条件（理想与情境、理念与实存、理论与实践等）之间，进而在政治和法律谋划的正当性、可欲性

[1] 从社会理论的视角来看，这种“反思性情境主义”的思想立场，事实上蕴含了一种非结构主义的社会立场：在社会变迁中，行动者（actors）作为“施动者”（agents）与结构形成了互动的关系，而非仅仅受结构的支配。依此看来，中国现代转型的诸实践约束条件，尽管是一种“结构化情境”，但“人的施动性”（human agency）与这些“结构化情境”的互动，却可以促进其历史性变迁。从社会理论的学术传统来看，无论是吉登斯的结构化理论（“结构的二重性”理论），还是布迪厄的场域理论，均旨在超越“结构—施动者”的二元对立，强调两者的互动（乃至互嵌）对于把握社会之构成及变迁的必要性。譬如，吉登斯所谓的“结构的二重性”认为，结构不仅仅是对人之施动性的某种限制，它更是对人之施动性的促进。结构并不是涂尔干所谓的“外在之物”，由于它是人的无限次社会活动的结果，社会结构亦构成了个体在社会活动中所具有的一种记忆痕迹，并以此内化于人的活动，体现于各种社会实践中。正是这种“结构的二重性”，使得人的施动性与结构可以形成一种动态的关系：所谓的“结构”其实总是处于（再）结构化的状态——即“社会关系凭借结构的二重性，跨越时空而不断形成结构的过程”——中。小威廉·H. 休厄尔（William H.Sewell Jr.）在分析吉登斯结构化理论和布迪厄场域理论的基础上，对结构与施动者的关系及结构的变迁进行了较为系统的研究。他从结构的多样性、文化图式的可变性、资源累积的不可预知性、资源的意义分歧、结构的交叉等五个方面，分析了结构转变的可能性。波兰社会学家彼得·什托姆普卡（Piotr Sztompka）则对社会理论中的施动性理论进行了较为系统的梳理。请分别参见［英］吉登斯：《社会的构成》，李康、李孟译，王铭铭校，生活·读书·新知三联书店 1998 年版，第 89、526 页；［美］小威廉·H. 休厄尔：《历史的逻辑：社会理论与社会转型》，朱联璧、费滢译，上海人民出版社 2012 年版，第四章，特别是第 130—134 页；［波］彼得·什托姆普卡：《社会变迁的社会学》，林聚任等译，北京大学出版社 2011 年版，第 13 章“作为人类产物的历史：能动性理论的演变”。

与可行性之间，保持“反思性平衡”。[1]

对中国这样现代政治秩序和法律秩序正在形成的国家来说，所谓的实践约束条件，在性质上其实属于具有不同时间性和属性的“传统”。它们究竟以何种形式和方式参与到中国现代政治和法律秩序的建构中，在根本上呼唤“对传统的批判性据有”（a critical appropriation of traditions）。[2]事实上，中国现代转型所选择的社会主义政党—国家模式，在性质上即是一条试图超越“卡夫丁峡谷”的“反现代性的现代化”道路，即不通过资本主义发展阶段而直接进入试图超越资本主义的社会主义历史阶段。这种道路的选择本身，便充分体现了“反思性现代性”的运作逻辑：它在根本上是在当时条件下基于对中国特定传统（文明型国家，特别是超大规模型国家）之守成与开新的“反思性平衡”而形成的中国式“反思性现代性”道路。因此，如果这条道路仍未充分实现“中国现代性”的预期目标（特别是建构永续国家的政治理想），那么在新的历史条件和时代背景下进一步推进其朝向预期目标发展，既是

[1] 刘擎在汉语学界率先阐发了“批判语境主义／批判情境主义”方法论，试图籍此把“中西之争”重新纳入“古今之辩”的阐释框架中。他所谓的“批判语境主义／批判情境主义”，试图对“语境”本身展开批判性考察，并尤为注重其内部紧张与动态变易。它试图超越“文化本质主义”与“激进建构主义”这两种极端的观念，主张“将中国文化传统理解为各种张力关系——包括核心与边缘，统一与多样，内部与外部，延续与断裂——之间辩证互动的实践发展”。Stephanie Lawson 曾对政治理论研究中的历史或文化情境主义，进行过较为系统的分析和反思。他认为，文化情境主义预设了内外的绝然二分，从而“使‘局外人’无法批判性地接触‘他者’及其实践，拒斥‘外部’批判的合法性，进而为现时代其他成问题的二元对立特别是西方与非西方之分，打开了方便之门”。因为“一旦把某个东西贬斥为‘西方理论’或‘西方认识论’，并将其归结为文化和／或历史的‘特异性（specificity）’，人们势必会假定由其自身之特异性所奠基的某种完全不同的‘非西方’之存在。这种粗糙的二元对立性的解释和具体化，在当代关于世界政治的文化主义取径中大行其道。它们亦会催生如下假设：‘文化’及同源的情境概念具有自我合法化（self-legitimating）的性质；与此同时，其通常仅仅是扭转了它们所反对的文化等级体系，并藉此偏袒在地性的保守主义、威权主义和国家主义意识形态和议程”。请分别参见刘擎：《在中国语境下的自由主义：潜力与困境》，载《开放时代》2013 年第 4 期；Stephanie Lawson, Political Studies and the Contextual Turn: Methodological / Normative Critique, *Political Studies*, Vol. 56, 2008: 598, 593.

[2] See J. Habermas, *The Inclusion of the Other*, p.97.

中国式“反思现代性”道路的应有之意，亦是“中国现代性”能否在理念、制度和实践层面完全确立起来，并具有可持续发展之稳固形态的关键所在。

如果遵循现代意识结构及“反思性现代性”的运作逻辑，现代社会科学关注的就“不是一个‘预先给定的’的客体世界，而是一个由主体的积极行为所构造或创造的世界。”[1]如果我们遵循现代政治合法化模式并采取“反思性情境主义”的立场，那么面对法治中国的政治理想（中国式永续国家）及其实践约束条件，一种稳健的法哲学立场，就应当包括如下两个方面的要义：（1）实践约束条件是“中国式法治”建构的结构化情境，但却不具有整全性的决定作用；（2）关于由法治中国的政治理想与实践约束条件的交互比勘所形成的“中国式法治”之实质内容，我们更应当交由社会成员作为公民（法律的创制者）的公共证成来决定。其中，前者对应于现代性之反思性，反映了功能主义法治观对于中国现代转型的自觉意识，即主张在中国现代转型（中国式永续国家建构）的问题意识下，看待这些实践约束条件，并为它们的“转进新生”保留充分的发展空间——就此而言，功能主义法治观体现了我所主张的“作为转型法哲学的公共法哲学”的基本问题意识。后者则是对“后习俗的”现代意识结构及现代政治和法律合法化模式的回应，体现了功能主义法治观的程序主义特征，即它主张通过优先确保公共证成的程序机制（商谈民主机制），从而在基于公共证成而不断填实“中国式法治”之实质内容（中国现代法律秩序的实体内容）的同时，确保中国现代法律秩序的合法性——就此而言，功能主义法治观体现了“作为转型法哲学的公共法哲学”的基本思想立场。

[1] 参见［英］吉登斯：《社会学方法的新规则：一种对解释社会学的建设性批判》，田佑中、刘江涛译，文军校，社会科学文献出版社 2003 年版，第 278 页。

基于现代转型的问题意识和“反思性现代性”的基本立场，前述三大实践约束条件便具有了在现代条件下“转进新生”的必要性和可能性。如果同意中国式永续国家的建构是“中国式法治”（乃至中国现代转型）建构的政治理想，那么我们就需要进一步探究如何使文明型国家、超大规模型国家和社会主义政党—国家服务于中国式永续国家的建构，而不是相反。从这样的视角来看，与三大实践约束条件相对应，我们必须回应如下三大历史课题：（1）如何基于永续国家的政治理想，建构现代中国的文化认同，特别是如何把中华文明（尤其是轴心时代的文明遗产）中守成（值得延承）的方面与开新（应当批判）的方面区分开来？（2）如何基于永续国家的政治运行机理，确保现代中国作为超大规模型国家的政治统一？（3）如何将社会主义政党—国家转型为受民主与法治监控并促进社会正义的永续国家？

基于程序主义立场，功能主义法治观没有对上述三大历史课题进行实质性的回答，而主张把它们交由社会成员作为公民的公共证成或公共商谈来回答。尽管具有激情、责任感和判断力的卡里斯玛型政治家，可以“把手放到历史舵轮的把柄上”（韦伯语），从而可能对我们回应上述三大历史课题做出历史性的贡献，但不但卡里斯玛型统治是“自然国家”和非常态政治的典型表征，抑且能否出现可以积极回应和有效解决这些历史课题的政治家具有较大的历史偶然性——更为重要的，即使出现了符合历史和时代要求的政治家，其政治举措的合法性和现实有效性，亦在根本上取决于它与政治共同体之“公意”的一致性。从另一方面来看，只要切实且充分保障言论自由、开放（政治）公共领域，“公意”形成机制即可在涉及立教、立宪、立人和立法等政治决策内容的方面制度化。因此，它不但附合政党—国家的政治架构，抑且可以促进包括前述三大历史课题在内的重大政治问题的公共商谈，从而制度化地提升转型中国重大政治决策的“公意”品质。功能主义法治观，之所以把法律视为“认知开放”的功能系统和实现政治理想的工具，并主张立法过程要发扬沟通合理性，正是基于程序主义的考虑：它主张把涉及立教、立宪、立人和立法等政治决策之实质内容的回答，交由“受到影响者”作为“商谈参与者”的普遍同意来解决。这种程序主义的思想立场，是一种建设性的中道理性立场：它——至少部分地——顺应了以民主机制实现国家“永续性合法化”的运行逻辑，亦充分保留了“中国式法治”（乃至“中国现代性”）的想象和探索空间。

本书的程序主义立场秉持了一种程序主义的民主观，它在很大程度上预设了一种阿伦特—哈贝马斯意义上的共和主义政治观。借用阿伦特的话来说，包括立法在内的所有政治决策，不应是具有封闭性的“制作”（making）过程的结果，而应是匿名化、复数性的社会成员“行动”（action）的产物。换言之，它不是如霍布斯式的机械论世界观所主张的，把共和国的建立视为“建立一个像钟表那样通过发条和齿轮转动（自身）的自动装置”[1]，相反，它是社会成员作为公民在公共领域“协同行动”（act in concert）的产物——在这个意义上，霍布斯式的“法律命令说”，其实把法律和政治视为“制作”的产物，而不是“行动”的结果。

（二）建构“中国式法治”的“政治基础秩序”

基于前文分析，中国现代法律秩序的建构，绝不应视为专属于法律人的事务，而当是关涉所有政治共同体成员的公共政治事务。从功能主义法治观出发，我们应当首先建构有助于促进公共商谈的“政治基础秩序”。

公共商谈的基础地位意味着：我们必须关切公意形成机制的完善

[1] See Hannah Arendt, *The Human Condition*, (Chicago & London: The University of Chicago Press, 1958), p.299.

（立宪）以及以充分民主化的立法过程凝聚社会共识（立法）的问题。公意形成机制的民主化，既是公意之为公意（而不是“伪公意”）的内在要求，亦是政治和法律秩序永续合法化的根本保障。“道因时而立，事惟公乃成”——孙中山的这句名言，其实蕴含着政治和法律秩序永续合法化的根本出路。由于政治举措和法律的价值取向及其内容必然因时随势而变（“道因时而立”），政治和法律秩序的某些实质性内容，并不能确保其自身的永续合法化（“政绩合法性”的局限即在于此）；相反，惟有其所具备的某些程序化品格，即民主化的公意形成机制，始能确保政治和法律秩序的永续合法化（“事惟公乃成”）。正如 Ciaran Cronin 和 Pablo De Greiff 在阐发哈贝马斯人民主权与人权互为前提的思想时指出的：

> “人民主权原则要求公民必须能够将基本权利承认为可在立宪实践中相互赋予对方的事物。在大多数情况下，公民都出生在一个已然存在的国家中，从未参与过这样的实践，因此，必须经由程序，使他们自愿同意的要求发挥影响——通过这些程序，既存的宪法原则在充分的政治意志被动员起来的情况下，可以受到挑战并得到修改。”[1]

惟有作为公意形成机制的民主程序，始能使政治和法律的合法化超越时势和世代的限制，成为永续合法化的制度保障。

在秉承“人民代表大会制度”和“共产党领导的多党合作和政治协商”的立宪体制下，公共领域的公共商谈机制，既是实现党的领导、人民当家作主与依法治国相统一的公意平台，亦是把公意政治与常态政治制度化地统合起来的战略抓手。在现代成文法国家，立法机关是最重要

[1] J. Habermas, *The Inclusion of the Other*, p.xvi (editor's introduction).

的合法化系统和公意聚合场所。对中国来说，人大（特别是全国人大及其常委会）既是党的意志与人民意愿得以聚合的法定场所，亦是法治国家赖以运行的起点和保障。因此，它是党的领导、人民当家作主和依法治国三者“相反相成”的制度枢纽——而“相反相成”作为典型的中国智慧，遵循的不是线性的形式逻辑，而是复合的辩证逻辑：它不是以非此即彼的思维框架确立至上权威的“至上性”，而是旨在于关系性的均衡结构中确保至上权威的“权威性”。以人大为枢纽，建构公共领域的公共商谈机制，既有助于推进立法民主的制度化，又助益于促进“人民出场”的常态化，从而可以推动基于共识政治的公意政治与基于规则政治的常态政治，在中国同时取得历史性的突破——常态政治之为“常态”，恰恰以人民的“常态性出场”（公共商谈）乃至“周期性出场”（民主选举）为制度根本。

一旦在公共领域建构了完善的公共商谈机制，与“中国式法治”建构相关的具体政治和法律课题，便会借助政治共同体成员的集体智慧，并以“公意”的名义获得历史性的回应。[1]这些更为具体的政治和法律课题包括（但不限于）：中国应当建构何种有助于实现社会正义和国家能力的民主制度？如何基于永续国家的政治运行机理，使既有的立宪、立教、立人、立法成果通过当下世代及未来世代之“公意”的进一步审

[1] 有读者可能会怀疑“公共商谈”是否具有本书所凸显的政治功能。对此，我想强调如下两个互相关联的方面：其一，只要对立的双方不违背“忠诚的反对”（Loyal Opposition）原则（对中国来说，即不违背“四项基本原则”），建立在“沟通理性”之上的公共商谈，就是政治共同体以合乎道德的方式解决彼此分歧的唯一方式（与此相比，强制、打压等手段都难以获得道德上的证成）；其二，如果进一步考虑到沃拉斯（Graham Wallas）所洞察到的“非理性的移情作用”，特别是由此而形成的我所谓的“非理性的叠加效应”（对立双方的“互竞激进化”），在公共自主缺位的政治条件下和互联网传播的技术条件（所谓的“后真相时代”，在很大程度上即是由互联网传播更注重流量和传播实效、无力或无意探究事件真相所形成的）下会极大地加剧，建立在“沟通理性”之上的公共商谈，对于凝聚社会共识、促进社会团结（防止社会撕裂）更显必要。

查和检验？如何在政党—国家的政治架构中探索可确保法律具有“不可随意支配性”的政治机制和实践举措？如何基于永续国家建构的政治理想，进一步推进中国现代司法制度的建构和司法体制的改革？等等。

如果所有关涉“中国式法治”建构的历史课题，都能通过公共商谈获得积极而有效的回应，并体现为因时随势、与时俱进的立宪、立教、立人和立法成果，那么法治同时且充分发挥建构（基于共识政治的）公意政治、形成（基于规则政治的）常态政治之政治功能，从而实现中国式永续国家之政治理想，便足可期待了。倘能如此，无论是毛泽东以民主超越“兴亡周期率”的政治构想，还是邓小平“使民主制度化、法律化，使这种制度和法律不因领导人的改变而改变，不因领导人的看法和注意力的改变而改变”的政治理想，庶几均会成为活生生的政治现实。

2016 年 4 月 20 日初稿于沪北寓所
2016 年 4 月 26 日二稿于沪北寓所
2016 年 5 月 15 日三稿于沪北寓所
2016 年 5 月 19 日四稿于沪北寓所
2017 年 3 月 7 日五稿于复旦光华楼
2017 年 6 月 13 日六稿于复旦光华楼
2017 年 10 月 27 日改定于沪北寓所

第五章　城市化背景下法治中国的社会基础

——差序格局与法治中国的可能性*

"古代人的最大困难在于改革法制，现代人的最大困难在于改变民情；而我们现代人的真正困难，又与古代人所要解决的困难有联系。"

——托克维尔**

"人性是质，制度是文，人性之质若无制度之文正之养之，必野而不美。"

——蒋　庆***

** [法]托克维尔:《论美国的民主》上卷，董国良译，商务印书馆1988年版，第397—398页。

*** 蒋庆:《公羊学引论》，福建教育出版社2014年版，第22页。

引论：城市化、差序格局与法治中国的可能性

（一）差序格局与法治中国的可能性：三种解释模式

从梁漱溟的"伦理本位"、费孝通的"差序格局"到金耀基的"关系社会"，从韦伯的"血缘共同体"、帕森斯"特殊主义关系结构"到昂格尔"中西法治两

* 本章最初版本曾在复旦高研院"中国未来十年的政治、政府与法治建设"学术沙龙（2011年7月）、中国法理学研究会2013年年会（大连，2013年9月）、哈尔滨工程大学"人文讲坛"（2013年11月）、上海外国语大学法学院"法政讲坛"（2014年5月）等场合宣读或主讲。在这些及其他场合，杨晓畅、王庆明、王志强、吴励生、魏敦友、杜宴林、刘小平、杨国庆、张海斌等学友提出了建设性的修改意见，谨此申谢。本章的部分内容，曾以《信用、社保与法治：差序格局与法治中国的可能性》首发于《法学评论》2015年第3期，此处刊发的版本系我系统整理个人长期以来关于"法治中国可能性"相关思考的一个产物。

极论”、科耶夫的“法家无法治论”，[1] 无数对中西法律文化有所了解的论者，都指出了其间的一个显见差别：西人更重规则（法理），国人更重人情（情理）。由此产生的一个我们不得不正视的难题，是被季卫东称为“法治中国的可能性”的问题[2]：对有着礼治、德治和人治传统的中国而言，有无可能在社会层面实现“规则之治”意义上的现代法治？综观学界这一问题的论述，大体上形成了如下三种解释模式：

其一是“文化论”的解读模式。以费孝通、余英时、李泽厚和季卫东[3] 等为代表，他们多从差序格局、儒家伦理、情理结构、《易经》圜道观等文化视角进行解释。

---

[1] 韦伯认为，相对于清教的“信仰共同体”，儒教构成一种“血缘共同体”，“所有的共同体行为全都受到纯粹私人的、尤其是亲属的关系，以及职业上的兄弟结盟关系，所涵盖与约制”。帕森斯在韦伯基础上进一步指出，中国的社会结构是一种“‘特殊主义’的关系结构”。他认为，“儒家在道德上支持的是个人对于特定个人的私人关系——在道德上强调的只是这些个人关系”，“凡私人关系范畴之外的各种关系，在道德上就都是无关紧要的，而且普遍不愿对这些关系承担道德义务。”法学家昂格尔从分析传统中国伦理的角度认为，现代西方和传统中国“分别代表了出现法治和缺乏法治的两种极端”。科耶夫在评论梁启超《先秦法的概念与法家理论》（即《先秦政治思想史》的法文节译本）时，认为中国法家的法的思想与罗马的法的思想没有任何共同之处。请分别参见［德］韦伯：《韦伯作品集Ⅴ：中国的宗教 宗教与世界》，康乐、简乐美译，广西师范大学出版社 2004 年版，第 326 页；［美］帕森斯：《社会行动的结构》，张明德等译，译林出版社 2003 年版，第 616 页；［美］昂格尔：《现代社会的法律》，吴玉章、周汉华译，译林出版社 2001 年版，第 104 页；肖琦：《科耶夫与中国：对科耶夫〈评梁启超“先秦法的概念与法家理论”〉的解读》，载《华东师范大学学报》（哲学社会科学版）2013 年第 5 期。

[2] 参见季卫东：《法治中国的可能性：兼论对中国文化传统的解读和反思》，载《战略与管理》2001 年第 5 期；另见季卫东：《宪政新论：全球化时代的法与社会变迁》，北京大学出版社 2005 年版，第 86—93 页。

[3] 鉴于费孝通和季卫东的论说在法学界较为人熟知，这里仅提及余英时和李泽厚的相关论说。余英时从“礼”的特殊主义倾向，分析了中国缺少守法传统的原因。在《实用理性与乐感文化》一书中，李泽厚从心性角度探讨了作为“礼”之根本的“因人之情”的“情”之属性。他认为，与犹太教、基督教以及伊斯兰教在建构人类心理上突出情理结构中理性绝对主宰之特质不同，“礼”之“因人之情”的“情”是以生理血缘关系的亲子情为基础的，中国人在心性上“对经由类型情理分裂、灵肉受虐、惨厉苦痛即由理性在残酷冲突中绝对主宰感性而取得净化升华，是比较陌生的”。请分别参见余英时：《中国思想传统的现代诠释》，江苏人民出版社 2004 年版，第 21—22 页；李泽厚：《实用理性与乐感文化》，生活·读书·新知三联书店 2005 年版，第 74—76 页。

其二是“价值论”的批判模式。自清末修律以来，无数人文学者或法律学人从西方法治理念出发对传统中国的礼治、德治或人治思想进行了反思和批判，试图为法治中国的实现扫清理论障碍。譬如，孙莉从现代法治理念出发解构了德治的正当性，并揭示了德治与法治的背离及对道德本性的反动。[1]邓晓芒分析了中西法治文化模式的不同，并着重对“人情大于王法”的中国法治文化模式对个体意识的拒斥进行了哲学上的清算。[2]

其三是“制度论”的建构模式。这种解释模式大体上包括两类取向不同的论说。在某些自由主义取向的公共知识分子看来，法治作为一种治国模式是与国家层面一系列政治制度（特别是立宪架构）的建设或完善紧密相关的，因此，他们呼吁从国家基本制度的建设入手，解决法治国家的建设难题。某些社会科学取向的论者同样是制度取向的，但他们更关注微观的制度运行（如非正式规则与正式规则的转换机制等），因此常常借助更精致的分析框架，分析法治之“中国结”的生成机制及未来出路。[3]

然而，依我个人鄙见，上述三种解释模式均有其内在的限度。“文化论”模式的最大问题在于，其不自觉地预设了“文化决定论”，并倾向预示着一种“文化的不可变迁论”的立场。隐藏在这种论说之后的，其实是这样一种观点：文化与法律之间不可通约，不同的文化特质只能寻求不同的（法律）秩序类型。即使没有这种较为强烈的“文化决定

---

[1] 参见孙莉：《德治与法治正当性分析：兼及中国与东亚法文化传统之检省》，载《中国社会科学》2002年第6期。

[2] 参见邓晓芒：《中西文化比较十一讲》，湖南教育出版社2007年版，第312—331页。

[3] 譬如，叶竹盛借鉴德国学者Lauth和Sehring关于“缺陷型法治国”（Deficient Rechtsstaat）的分析框架研究了转型中国法治难题的生成机理，并试图把法治中国的难题纳入“法律与发展命题”、非正式规则与正式规则的博弈中进行分析，但无论是其研究路径还是对未来出路的理论设想，均是制度取向的。参见叶竹盛：《非正式规则与法治：“中国难题”的挑战》，载《法律科学》2013年第3期。

论”，它势必会预示着一种“文化的不可变迁论”的立场。因为如果仅仅满足于从文化上诊断“病症”，而不去建设性地寻求促进文化变迁的可能“药方”，我们只能听任某种其实是由我们自己建构出来的“文化想象”的支配。中国的现代化实践（如男女平等观念的发展），以及同属儒文化圈的日本、新加坡等地的现代法治实践已表明：不惟中国文化完全是可以变迁的，而且在秉承礼治、德治或人治模式的儒家文化中，亦完全有可能发展出现代法治。“价值论”模式有助于从理论上澄清中西法治文化模式的区别，但在本质上是一种从话语到话语的道德批判，在很大程度上落入了为马克思所批评的那种“德意志意识形态”式的“哲学批判”的窠臼之中——套用马克思在《德意志意识形态》中对当时德国哲学家的批判来讲，他们事实上完全“没想到要提出关于中国哲学和中国现实之间的联系问题，关于他们的理论和他们自身的物质环境之间的联系问题”[1]。故此，它只能呼吁法治中国的学理必要性，但却无法言明其实践可能性。自由主义取向的“制度论”模式看到了国家宪政体制的完善对法治国家建设的助推作用，但其致命的问题在于：诸多制度诉求并不适于中国现时的政治架构，不具有政治上的可行性。社会科学取向的“制度论”模式，尽管克服了前述自由主义取向“立场先行”的缺陷，进而把对法治中国的研究纳入较为规范的社会科学研究之中，但由于过于偏好理论模式的精致和普适性，对制约法治中国实现的独特政治与社会—历史条件——特别是像差序格局这样“文化论”模式尤为关注的问题——缺乏真正的关切。

上述三种解释模式的分殊，其实亦是它们在学术立场和知识旨趣上的分野。大体而言，强调历史延续性与着眼于现代化或社会变迁，分别构成了“文化论”与“价值论”、“制度论”的潜在学术立场。一般来

[1] 参见《马克思恩格斯选集》第1卷，人民出版社1995年版，第66页。

说，强调历史延续性会更多地借助历史学、文化人类学等学科背景；着眼于社会变迁，则会更多依赖社会理论（特别是现代化理论）、政治哲学、法哲学和社会科学等理论资源。正如历史社会学家彼得·伯克所言，历史学视野预设了“复数的人类社会”的存在，并侧重“研究它们之间的差别和各个社会内部基于时间的变化”；社会学视野则预设了“单一人类社会”的存在，并“侧重对其结构与发展的归纳”。因此，一直以来，这两种学科视野之间基本没有对话空间——即使有，也是“聋子之间的对话”。[1] 事实上，正是这种学科视野的先天局限及画地为牢的“山头主义”（parochialism），使得“文化论”模式与“价值论”模式、“制度论”模式之间，形成了各说各话、各自为战的认识分歧。彼得·伯克试图找到的出路是推进“历史学与社会理论”的结合，并开启“历史社会学”的研究。本章试图在历史社会学之外，采取将法哲学与社会—历史分析相结合——即法哲学与社会政治理论、法社会学研究、法律文化研究相结合——的研究取径，以推进关于“法治中国可能性”的建设性探讨。

具体而言，我将通过法哲学的理论分析，把法社会学对社会变迁（现代化／现代转型）的自觉与法律文化对历史延续性的关切结合起来，综合运用法哲学、社会政治理论、法社会学、法律文化等理论知识展开“问题导向”的跨学科研究。我秉持的一个前提性认识是：尽管法律文化的变迁具有长期性和艰巨性，但现代社会同质的复杂性和共通的演进逻辑，决定了我们有可能通过配套的制度和机制（特别是孙立平意义上的“社会基础秩序”）建设促进法律文化的调适性变化。换言之，给定某种结构性的社会政治条件（社会制度和机制条件），完全有可能引导

[1] 参见［英］彼得·伯克：《历史学与社会理论》（第二版），姚朋等译，世纪出版集团、上海人民出版社 2010 年版，第 2 页。

作为法律文化载体的社会成员的行为模式，从而促进法律文化的变迁。质言之，我并不否认“差序格局”作为一种文化现象所具有的历史延续性，但我更愿意探究有可能促进其变迁的社会制度和机制条件。在后文中，我将进一步阐述上述认识的社会理论依据。

显然，要实现上述研究目标，我们必须首先找到与“法治中国的可能性”相对应的现代转型或社会变迁之社会背景。惟其如此，我们始能深入把握社会变迁的共通演进逻辑及其对相应“社会基础秩序”的内在需求，并将其与法律文化现象的当下延续及其对某些“社会基础秩序”功能替代逻辑进行深度比勘，从而探究以“社会基础秩序”的完善回应“法治中国可能性”的建设性出路。

依我个人拙见，“城市化”是深入把握“法治中国可能性”的恰当社会背景。“城市化”不仅是现时中国现代转型过程中正在发生的历史进程，亦体现了现代转型的共通演进逻辑。而且，它还深刻地映照出了费孝通意义上与乡土社会相适应的“差序格局”，在中国现代转型中所面临的挑战和契机：如果说，社会成员从乡土社会之“差序格局”中习得的布迪厄意义上的“惯习”（如关系逻辑乃至特权文化观念），作为“深刻结构化了的文化语法”为中国法治社会的形成带来了现实的挑战，那么城市化及其相应治理秩序的完善，则可能为中国法治社会的建构提供潜在的契机。

（二）城市化与“传染性的差序格局”

现代社会理论，特别是城市社会学理论的研究表明：城市化不但意味着社会成员居住方式和生活方式的变化，抑且意味着社会整合方式和社会治理方式的革新。从滕尼斯（Ferdinand Tönnies）到涂尔干、齐美尔（Georg Simmel），现代社会理论的奠基者都曾对（由城市化驱动的）

现代化所导致的社会整合或团结方式的变化或都市人际关系的特质进行过勾画。如果说他们奠定了城市社会学的初步框架，那么“芝加哥学派”对城市社会学的发展和成熟就具有里程碑的意义。芝加哥学派的旗帜性人物帕克（Robert · E.Park）从社会关系的变化入手，对城市化所导致的社会治理方式的变化进行了较为全面的阐述。在他看来，与乡土社会相适应的是一种面对面的“首属关系”（primary relation），与城市社会相适应的则是一种间接的“次级关系”（secondary relation）。“在城市环境的影响下，人们对地方的依恋感情被破坏了，首属团体中原有的抑制作用和道德训诫被削弱了。”加之，“由于在情感和了解方面互相远离，他们完全生活在相互依存的状态，而不是生活在感情亲密的状态中，因而社会控制的条件发生了很大变化”。这就使得“原有基于道德的社会控制，将被基于成文法律的社会控制所取代”[1]。

对中国这样有着深厚乡土社会根基的国家来说，城市化带来的社会治理方式之革新，既遵循着城市化的共通演进逻辑，亦有其独特的文化指向和历史任务。从中国现代转型的规范性理想来看，与乡土社会相适应的是一种费孝通所说的“差序格局”和“礼治秩序”，但随着城市化进程的加快，它势必要让位于一种法治秩序。费孝通从中国独特的礼治传统出发，得出了与帕克类似的结论：

> “礼治的可能必须以传统可以有效地应付生活问题为前提。乡土社会满足了这前提，因之它的秩序可以礼来维持。……[但]所应付的问题如果要由团体合作的时候，就得大家接受个同意的办法，要保证大家在规定的办法下合作应付共同问题，就得有个力量

[1] 参见帕克等：《城市社会学：芝加哥学派研究》，宋俊岭、郑也夫译，商务印书馆2012年版，第24、26、29、30页。

来控制各个人了。这其实就是法律，也就是所谓‘法治’。”[1]

如果把法治视为中国现代转型中应当确立的“治国理政的基本方式”，那么我们便不应满足于对普遍历史趋向的认识，而更应清醒地认识到制约中国建成法治社会和法治国家的独特文化条件，即法治中国的文化障碍。而这首先需要我们放弃费孝通对礼治秩序的暧昧态度，以便对差序格局的运行机理进行更全面的深入分析。

在《乡土中国》中，尽管费孝通呼吁与现代化相适应的法治，但却又对“法治的好处未得，而破坏礼治秩序的弊病却已先发生了”的情形表现出了格外的忧虑。[2]显然，要想深入分析法治中国的文化障碍，我们实应放弃这种暧昧态度，进而在揭示差序格局的运行逻辑（再生产机制）的基础上，探寻可能的超越方向。而在这一方面，费孝通所做的工作亦是不充分的。尽管他提出差序格局旨在凸显中国人的“私”和“自我主义”等弊病，但由于未能进行社会结构层面的分析，他事实上未能深入揭示差序格局的运行逻辑。后世论者多将费孝通所谓的乡土社会等同于中国传统社会，并将他所谓的差序格局作为中国（法律）文化的一个特质予以对待。这种做法不仅是一种“范畴谬误”（category mistake），实际上亦不利于我们对中国法制/法治历史和现状的全面把握。应当看到，以乡土社会为研究对象并不等同于直接以传统社会为论述对象，因为传统社会毕竟还包括一些相对发达的城市及士、工、商等社会

[1]费孝通：《乡土中国 生育制度》，北京大学出版社1998年版，第52页。
[2]参见费孝通：《乡土中国 生育制度》，第58页。

阶层，进而有着一定的社会分层。[1]因此，以乡土社会为研究对象，如果不保有充分的理论自觉，是很容易遗漏在一定意义上作为其研究前设的社会结构层面的。依我个人鄙见，惟有将差序格局推演至社会结构层面，我们始能从根本上把握社会关系层面差序格局的生成机理，进而使之成为全面把握中国（法律）文化特质的一个综合性概念。

诚然，费孝通提出差序格局概念，是为了凸显中国人以“己”为中心的自我主义取向。然而，一旦这个“己”是位于社会结构上层权威人格，我们便可以更清晰地看到这种“尊尊”“亲亲”的差序格局与法治的冲突了。因此，惟有引入纵向社会结构层面的分析，我们始能真正把握社会关系层面差序格局背后的社会结构要素，进而深入分析其与法治的内在冲突。从法社会学的视角看，法治中国的对立面其实是“礼治”，而不是法学之“内在视角”所看到的“人治”。相较于人治，礼治更为基础，因为人治不过是礼治（“尊尊”）的必然结果，也即是把人视为不平等的人格，进而确立了尊卑有序之社会结构的结果。但费孝通对差序格局之礼治属性的探讨却是不充分的，因为他忽视了更为基础的社会结构层面，即“差”背后的“序”。

在多年前的一项研究中，我曾以阎云翔的相关论说为基础，对横向社会关系与纵向社会结构的差序格局进行过贯通性的解释。大体而言，乡土中国（乃至传统中国）的差序格局，其实包含着横向社会关系和纵向社会结构两个紧密相关的向度。就像社会关系向度的差序格局形成了

[1] 陈映芳指出，将传统社会单性化为“乡土社会”，并非费孝通的本意。这种取向之所以出现，既归“社会学等中国社会科学的中国视野之功”，亦与近代以来中国社会科学对中国社会内部之“传统性”的意识形态性清算有关。她还进一步指出了这种“乡土社会”中国观的一些缺陷，其中之一是：这种被单性化了的中国传统性想象，容易导致人们将本来就蕴含在中国传统性内部的“非乡土”的特性，诸如城镇社会结构、城乡纠葛、（小）市民文化、商业传统，以及这些特征在现代转型过程中的问题等，想象为西方城市性、现代性植入中国的结果。参见陈映芳：《传统中国再认识：乡土中国、城镇中国及城乡关系》，载《开放时代》2007 年第 6 期。

以“己”为中心的“愈推愈薄”的差序格局一样，社会结构向度亦形成了以最高统治者为中心的差序格局。无论是社会成员所能享有的一般性特权（实际上超越法律的特权及广义法律之内的“特权性福利”），还是处于特定社会阶层的社会成员另行组织以自己为中心的“关系共同体”的能力，都随着与最高统治者关系的疏远而“愈推愈薄”。[1]质言之，社会关系层面的差序格局是在“前台”展示给世人的一个以“己”为中心的“亲亲”的“关系社会”模型，因此它更易为常人所感知，亦便于学者从文化人类学的意义上进行把握（如费孝通所做的）；而社会结构层面的差序格局则是在“后台”运行的一个以最高统治者为中心的“尊尊”的礼治社会逻辑，惟有进行社会学、政治学的社会结构分析始能将其揭示出来。不过，纵向差序格局和横向差序格局只有在分析的意义才能区分开来，在实践中它们是相互交缠在一起的。正是两者之间的相互交错，共同为我们塑造了一种“尊卑有别”“爱有差等”的差序格局，使国人较为普遍地形成了既重视地位、又看重人情的特权文化（“人上人”）观念和自我主义取向。显然，这种差序格局是与现代法治的内在要求背道而驰的。首先，纵向差序格局的存在是对人格不平等的事实认可，既违背了现代社会立法正义的基本原则，亦为位高权重者将法律沦为政治、人情乃至私利的工具打开了方便之门。其次，正如费孝通亦指出的，横向差序格局的存在使得社会成员普遍具有自我主义取向[2]，极不利于规则意识和公民精神的化育，进而极大地侵蚀了法治中国的文化和社会基础。

如果上述分析是成立的，那么所谓“法治中国的可能性”在城市化的历史进程中，便在很大程度上转化为了这样一个历史课题：如何避免

[1] 参见拙文:《“特权文化”与“差序格局”的再生产：对差序格局的阐发兼与阎云翔商榷》，载《社会科学战线》2008 年第 11 期。

[2] 参见费孝通:《乡土中国 生育制度》，第 28—29 页。

在城市社会形成“传染性的差序格局”[1]？也即是说，如何避免适应于乡土社会文化和社会生态的差序格局在城市社会蔓延开来，进而侵蚀法治中国的社会基础？

（三）功能替代与文化变迁：探究“法治中国可能性”的建设性路向

本章的研究，就将回应这一理论课题。我将沿着前述研究思路和研究取径，将上述问题置于城市化进程中社会治理秩序之完善的动态结构中予以把握。借用罗伯特·默顿（Robert Carhart Merton）“结构功能主义”的说法，我将探讨城市化进程中某些社会制度和机制（特别是“社会基础秩序”）的建构所形成的“功能替代”（functional substitution）对于文化变迁的促进作用。

面对上述历史课题，前述“文化论”解释模式倾向做出否定性的回答：由于独特的法律文化基因使然，中国在城市化过程中形成“传染性的差序格局”，不但在所难免，抑且可能是无可变改的文化宿命。如前所述，这种“文化论”解释模式受到了历史研究中盛行的整体主义社会观的影响，并在很大程度上预设了“文化的不可变迁论”。从学术传统上看，这种解释模式其实共享了——以马林诺夫斯基和拉德克利夫·布朗等为代表的——功能主义文化人类学的某些理论预设，即默顿所谓的“社会之功能一体的设定”（postulate of the functional unity of society）、“泛功能的设定”（postulate of universal functionalism）与“不可或缺性

[1] 此处所谓的“传染性的差序格局”，受到了美国学者加拉格尔（Marry Elizabeth Gallagher）“传染性的资本主义”（contagious capitalism）概念的启发。在分析中国劳资关系的当代变化时，加拉格尔引入了这一概念，用以分析全球化时代外国直接投资的传染性影响何以带来了中国劳资关系的变化。参见［美］加拉格尔：《全球化与中国劳工政治》，郁建兴等译，浙江人民出版社2010年版，第11页以下。

的设定”（postulate of indispensability）。正如默顿指出的，“这些设定主张：第一，标准化的社会活动或文化事项对（整个）社会或文化体系是有功能的；第二，（所有）这些社会或文化事项都履行某种社会功能；以及第三，因此这些事项是不可或缺的”[1]。前述“文化论”解释模式的极端版本，在很大程度上可以拆解为如下三个相互关联的命题：中国法律文化中的差序格局或关系逻辑，不但在整个中国社会发挥着独特的文化功能（“社会之功能一体的设定”），抑且其运作过程的各个环节，均发挥着（正面的）文化功能（“泛功能的设定”），故而，它对中国社会的运行（乃至中国人的文化认同）来说是不可或缺的（“不可或缺性的设定”）。质疑法治中国可能性的所谓“谢遐龄诅咒”，就在很大程度上体现了这种极端版本的“文化论”解释模式。所谓“谢遐龄诅咒”，其基本结论是：中国社会的性质自古至今都属于伦理社会（人治社会），而且（在未来几个世纪以内都）不可能变成理性主义社会（法治社会）。其基本的理论依据，是如下两个相互关联的论断：其一，“中国社会中人与人之间的社会关系是直接性的”（即前述帕克所谓的“首属关系”）；其二，“估测在未来的几个世纪中不会转变成间接性的”。之所以如此，乃是因为中国社会中的直接性社会关系模式，发挥着独特的文化功能。在中国社会中，“同级之间、上下级之间的‘合作态度’相当重要，也就是说，同事之间必须有许多面对面的交往，以及大量的感情投入。职务规定的行为一般都须通过良好的感情关系才能执行。……人与人之间的关系实质上是直接的，间接性（中介）反而成为社会组织运作的障碍”[2]。

---

[1] 参见［美］莫顿：《显性功能与隐性功能：现代社会学功能分析导引》，载［美］帕深思、莫顿等：《现代社会学结构功能论选读》，黄瑞祺编译，（台湾）巨流图书公司1981年版，第39页。

[2] 参见谢遐龄：《中国社会是伦理社会》，载《社会学研究》1996年第6期。

前文已指出，文化论的解释模式在很大程度上陷入了“文化决定论”和“文化的不可变迁论”的窠臼之中。之所以如此，与它预设了功能主义文化人类学的“社会之功能一体的设定”、“泛功能的设定”及“不可或缺性的设定”紧密相关。事实上，默顿在批判功能主义文化人类学的三大设定时，即分别指出了其所内在的三大缺陷：形成“过度整合”（over-integration）的“社会形象”；排他性地聚焦于文化现象的正面功能，忽视了其所形成的“反功能”（dysfunction），从而忽视了某种文化现象因发挥“反功能”而产生调试性变迁的可能性；排他性地聚焦于履行特定功能的现存结构，忽视了履行同种功能的其他结构存在的可能性，即忽视了其他结构中（甚至同样发挥此项功能的）“功能对等项”（functional equivalents）、“功能选择项”（functional alternatives）或“功能替代项”（functional substitutes）的存在空间。正如默顿指出的：

> “正如同一事项可以有多种功能，因此相同之功能也可以为多种事项，以不同方式来履行。在此，功能需要（functional needs）乃是当作特定之社会结构能够有所变异的一个限度，而不是决定因素。换言之，履行某种功能的结构，可以有一个变异的范围。”[1]

由是观之，如果说某种文化现象所发挥的“反功能”使得文化的变迁具有了必要性，那么新的结构中“功能对等项”“功能选择项”或“功能替代项”的存在，则为文化的调适性变迁提供了可能性。功能主义在人类学和社会学的理论演进已然表明：是把握了文化和社会变迁的默顿式“结构功能主义”，而非漠视文化和社会变

[1] 参见［美］莫顿：《显性功能与隐性功能》，第48页。

迁的功能主义文化人类学，更好地把握住了文化和社会之结构变迁的复杂机理。

结合本章的关切来看，如果说，旧有的文化现象（“差序格局”）遵循原生结构（乡土社会和传统社会）之运行逻辑而在新的结构（城市化的现代社会）中开始发挥着“反功能”，那么通过新的制度和机制之建构（与城市化相适应的“社会基础秩序”）所形成的“功能对等项”，则可以替代该文化现象在新的结构中所发挥的功能，并会因这种功能替代而抽空旧有文化现象的运作逻辑或再生产机制，从而促进法律文化的调适性变迁。任何对法治之理想抱持坚定信念的论者大概都不会否认，差序格局以及与之相适应的文化现象在现时中国正发挥着默顿意义上的“反功能”，即形成了“削弱一体系之顺应或适应，而为我们观察到的后果”[1]。正如前文已指出的，差序格局的“反功能”至少体现在两个方面：其一，形成了社会结构层面的人格不平等；其二，导致社会关系层面的自我主义（伦理特殊主义），不利于规则意识和公民精神的化育。显然，它之所以发挥着这种“反功能”，根源于结构本身的变化：由城市化驱动的现代化进程已然形成了新的社会结构，而这种新的社会结构所依托的生产方式、生活方式、人际关系格局等诸方面，均迥异于差序格局所原生的乡土社会。毋庸讳言，此处对差序格局之“反功能”的认定，包含着一种规范性立场。要想探寻可对其进行功能替代的功能等价物，我们必须进一步探究差序格局在这种“反功能”背后所实际发挥的文化和社会功能，即功能主义人类学所乐于探究的那种回应了特定社会之文化需求的功能。所谓的“功能替代”，所替代的恰恰是这种运作机理或再生产机制层面的功能。其所呈现的逻辑是：即使如功能主义人类学所主张的，所有的文化现象均发挥着独特的文化和社会功能，那么通

[1] 参见［美］莫顿：《显性功能与隐性功能》，第67页。

过特定社会制度和机制之建构所实现的“功能替代”，就可以抽空该文化现象的再生产机制，从而引导、促进其朝着更为可欲的方向变迁。显然，与（排他性地）聚焦于既存结构之解释的社会科学研究（特别是法律社会学、法律人类学）相比，此种蕴含了结构（文化）变迁的取向是一种更具有建设性的研究路向。

本章的研究就将秉承这种建设性的研究路向。我试图论证：社会结构层面的人格不平等与社会关系层面的自我主义，固然是中国式差序格局在城市化（现代化）背景下所发挥的“反功能”，但只要通过某些“社会基础秩序”的建构所实现的社会正义和社会建设之实质性推进，我们完全有可能纠偏、甚至消除这种局面，进而形成与法治中国相适应的人格平等和公民精神。其中，社会正义的推进（普惠性社会保障制度的建立），既有助于社会成员人格平等的实现，亦助益于公民精神的化育（一）；社会建设（包括社会组织建设和现代信用体系建设）的推进，则可以更直接地规约差序格局的自我主义取向，从而有助于公民精神的化育（二）。贯穿于本章论述的，正是默顿式结构功能主义“以功能替代促进文化变迁”的逻辑：普惠性社会保障制度的建立，所替代的是差序格局（在关系共同体成员间）实际发挥的经济互助功能；社会组织建设和现代信用体系建设的实质性推进，所替代的则是差序格局实际发挥的“人格化忠诚”（personal loyalty）和“人格信任”（personal trust）功能。

一、城市化背景下的社会正义与法治中国

（一）城市化、社会保障与社会正义

从学术传统来看，社会正义的理论依据主要是由实践哲学（道德哲学、政治哲学和法哲学）提供的。实践哲学对社会正义的论证，多从规范性的视角进行。譬如，左翼自由主义和社会民主主义话语多从个体权利（特别是社会经济权利）的角度进行论证，共和主义话语则多从“共同善”视角证成社会正义的正当性。这种论证固然能证成社会正义的正当性依据，但却极易被贴上意识形态化的标签，进而以“中国特殊论”为据予以否定。社会理论视角的论证则可以避免上述困境，因为它不是从抽象的权利或“共同善”证成社会正义的道德正当性，而是着眼于社会变迁（现代化）的普遍逻辑论证社会正义的历史合理性。这就需要我们超越文化情境的局限，深入到现代化（特别是城市化）所导致的社会结构之普遍转型的逻辑中，去探求社会正义的理论依据。

从社会理论视角来看，城市化必然会带来家庭职能乃至整个社会结构的转型，并呼唤着社会正义的历史性出场。

第一，城市化必然带来的家庭生产职能的萎缩乃至丧失，使得城市社会的家庭已不足以应对现代社会的诸种生活风险，进而呼唤国家承担必要的经济职能，特别是社会保障职能。阿伦特曾以“家庭的衰落与社会的兴起”来考察现代公共领域的形成。在她看来，现代社会的产生其实是“社会”接管了原属“家庭”之经济职能的产物，这使得“家庭的

衰落与社会的兴起”几乎是同一历史进程的两个不同侧面。[1]涂尔干则以家庭的衰落与法人团体的兴起，描述了现代化所带来的社会经济组织形式的变化。[2]冯友兰亦以“生产的家庭化”和“生产的社会化”，敏锐地把握住了传统社会与现代社会生产方式的区别：“在生产家庭化的社会里，人之依靠社会是间接的。其所直接依靠以生存者，是其家。但在生产社会化的社会里，社会化的生产方法打破了家的范围。人之所直接依靠以生存者，并不是家，而是社会。”[3]阿伦特、涂尔干和冯友兰眼中的上述变化，其实是与城市化相伴而生的。在乡土社会，基本延续传统的“男耕女织”式生活，尽管不能确保生活丰裕，但由于家庭仍然具有直接面对自然的生产职能，以家庭为单位的生产可以基本满足家庭成员的最低生活需要。一旦被裹挟进城市化的进程，农村居民即完全被吸纳进社会化大生产系统中，其家庭也不再具有生产职能，而只能听凭自主的经济系统的任意摆布。哈贝马斯曾这样描绘社会化大生产的城市社会：

> “私人维持、扩大并予以流传的任务，是集商品所有者与一家之主的身份于一身……随着家庭基础的丧失，以及家庭财产被不属于家庭的个人收入所取代，家庭除了丧失了（其在很大程度上已经丢掉的）在生产过程中的功能以外，也失去了服务于生产的功能。家庭财产（特别是在我们这个时代）被还原为个人的工资和薪水收

[1] See Hannah Arendt, *The Human Condition*, (Chicago & London: The University of Chicago Press, 1958), pp.38-40.

[2] 参见［法］涂尔干：《社会分工论》，渠东译，生活·读书·新知三联书店 2000 年版，第 29 页以下。

[3] 转引自梁漱溟：《中国文化要义》，上海人民出版社 2005 年版，第 27—28 页。

入，这就使得家庭失去了应急和养老的可能性。”[1]

在这样的背景下，国家履行必要的经济职能，特别是社会保障职能，就成为现代国家的基本特征。因为家庭生产职能的萎缩，势必会使社会成员对国家产生这样的期待，即他们所面临的生活风险可以由行政权力的调度，“也就是可以通过福利国家（正以预防性或回应性的方式变得积极）的再分配措施，而得到规范性的驯服”[2]。

第二，与城市化相适应的现代市场经济体系，内在地趋向于效率至上的资源配置方式，而这种资源配置方式既使失业成为现代社会突出的社会问题，亦使得贫富分化的“马太效应”愈加显著。城市化的进程在很大程度上就是市场不断“脱嵌”于社会的历史过程，是市场手段在资源配置中越来越占据主导地位的过程。[3]而现代市场经济的运行以资源的稀缺性为预设前提，因此所谓市场配置方式，就是要把稀缺资源配置给能让其效用最大化的对象（不限于人）。因此，它至少会从如下两个方面导致失业成为普遍而又突出的社会问题：首先，那些适应市场竞争的能力有所欠缺的人，自然会成为劳动力市场竞争中的落败者；其次，机械化、信息化等先进生产技术的大规模引进，使得劳动者不得不“与机器赛跑”，进而使大量不能追随技术革新脚步的劳动者成为“结构性的失业者”。[4]不惟如此，晚近以来的经济社会学理论，特别是其中的

[1] J. Habermas, *The Structural Transformation of the Public Sphere*, trans., T. Burger, (Cambridge, MA: MIT Press, 1989), p.155.

[2] See J. Habermas, *Between Facts and Norms: Contributions to a Discourse Theory of Law and Democracy*, trans., William Rehg, (Cambridge, MA: MIT Press, 1996), pp.404-405.

[3] 波兰尼（Karl Polanyi）对现代化所导致的“市场脱嵌于社会”的历史社会学考察，其实也适用于我们对城市化的分析。参见［匈］波兰尼：《巨变：当代政治与经济的起源》，黄树民译，社会科学文献出版社 2013 年版，第 145 页以下。

[4] 参见［美］布林约尔松、麦卡菲：《与机器赛跑》，闾佳译，电子工业出版社 2014 年版，第一章。

市场社会学理论，已经对市场本身的不平等结构进行过社会学分析。尼尔·弗雷格斯坦（Neil Fligstein）的“市场场域理论”认为，“稳定的市场意味着存在着一个企业等级体系，凭借这个等级体系，主导企业可以在市场上实施某种控制观”，即那种规定了市场结构及市场竞争方式的共享文化。[1]乔尔·波多尼（Joel Podolny）引入了“地位”概念以把握市场结构的不平等，其研究发现：由于产品或服务的质量难以被完美的观察到，“地位”作为质量的信号，在市场竞争中发挥着重要作用。它不但使得高地位行动者提供特定质量产品的成本（交易费用、广告费用、财务成本乃至人力成本）更低，抑且常常使其具有更大的能力来设置游戏规则（特别是制定产品或服务质量的标准），从而使得市场竞争呈现“赢家通吃”的格局。[2]市场的这种不平等格局，在金融市场表现得尤为突出：金融市场“以钱生钱”的营利模式，不仅是现代社会贫富差距不断恶化的一大元凶，其对信用的高度依赖也内在地有利于信誉良好的优势行动者对金融市场的垄断。[3]这些优势地位者维持市场不平等结构的手段，既符合市场机制的一般原理，也大都符合所在国家的法律规定，因此是“合理合法”的。正是这种“合理合法性”，使得2011年爆发的“占领华尔街运动”出现了社会运动史上的尴尬局面：尽管其声势不可谓不浩大，但这场运动却找不到具体的反对对象，而只把矛头指向了抽象的“华尔街”。然而，这种符合市场逻辑的收入，却现实地带来了“赢家通吃”的局面，进而形成了贫富差距的“马太效应”。面对失业和贫富分化的严重问题，政府所能做的，除了增加教育、培训等公共投入外，就是利用再分配的各种手段，既对过高收入或垄断性收入进

[1] 参见［美］弗雷格斯坦：《市场的结构：21世纪资本主义社会的经济社会学》，甄志红译，上海人民出版社2008年版，第231、16—17页。

[2] 参见［美］波多尼：《地位的信号：对市场竞争的社会学研究》，张翔等译，格致出版社、上海人民出版社2011年版，第31—33页。

[3] 参见陈志武：《收入差距为什么在恶化？（上）》，载《经济观察报》2012年7月16日。

行适当规制，亦通过社会保障确保低收入者的基本的、体面的生活。[1]

由此可见，任何社会（与文化无关）只要迈入城市化的进程，都会面临着严重的社会正义问题，进而呼唤政府规制和现代社会保障制度的历史性出场。

（二）社会结构层面的差序格局及其对法治中国的挑战

上文的分析，只讨论了城市化的普遍逻辑，并未涉及中国的文化情境。如果把视角转向中国，随着城市化的进一步推进，社会正义问题将显得更为迫切，因为我们在很大程度上已经面临着社会结构层面差序格局的既定存在。

现时中国的社会结构，在很大程度上已经形成了一种复合型的差序格局。这主要表现在：第一，由户籍制度所固化的城乡二元结构，使得城乡居民在公民与政治权利、经济权利和社会文化权利诸方面均存在着较大的差异，进而使得城乡这种生活空间的差异与身份差别联系了起来，形成了一种“空间性的差序格局”。[2]第二，中央国有企业、地方国有企业、民营企业等依据其所有制性质、重要性等形成了身份上的差序，从而形成了“主体性的差序格局”。[3]第三，更为重要的是，以社

[1] 参见［美］凯斯·R. 桑斯坦：《权利革命之后：重塑规制国》，钟瑞华译，中国人民大学出版社2008年版，第11页以下。

[2] 参见陆学艺：《破除城乡二元结构 实现城乡经济社会一体化》，载《社会科学研究》2009年第4期；成兴涛等：《城乡二元结构下农民权利现状分析及对策思考》，载《南方论刊》2009年第5期。《国家新型城镇化规划（2014—2020年）》，特别是《国务院关于进一步推进户籍制度改革的意见》（2014年7月30日）的出台，迈出了中国户籍制度改革的实质步骤，但其成效还有待实践的进一步检验。

[3] 参见熊万胜：《市场里的差序格局：对我国粮食购销市场秩序的本土化说明》，载《社会学研究》2011年第5期。

会管理阶层为中心的差序化社会福利安排的存在[1]，已使得差序格局在整个社会结构层面延续下来，进而形成了“阶层性的差序格局”。从社会学的视角看，空间、主体和阶层分别对应着人的生活环境、谋生方式和阶层归属，几乎涵盖了社会成员从家庭出身、人生奋斗到人生结果等先天和后天的所有人生要素。这种“空间—主体—阶层”三位一体的差序格局的存在，使得中国人几乎时时被嵌入由“身份”所划定的社会结构中，无疑为城市化进程的顺利进行和法治中国的实质性推进，提出了时代挑战。

转型中国的城市化进程，不但遵循着城市化的普遍逻辑，抑且受到了既有的社会结构层面差序格局的制约，并因此对社会正义及法治中国的实现带来了极大的难题。在现代社保制度缺位的情况下，大量涌进城市的居民为了回应城市生活中的诸种生活风险（即前述由于家庭生产职能的萎缩乃至丧失，使得单个家庭已不足以面对的失业、疾病、养老等生活风险），除了设法跻身社会结构中的优势职业和优势群体以外，其最佳的行动策略就是建立与在既有社会结构中占据优势地位的人群之间的“恩—报”关系（人身依附关系），也就是通过血缘、地缘、业缘及“拟血缘”（如“认干亲”“拜把子”等）关系建立的超越于单个家庭的关系共同体，共同回应城市生活中的诸种风险。正是遵循这样的逻辑，现时中国的城市社会已在很大程度上形成了“传染性的差序格局”，即复制了费孝通意义上原本与乡土社会相适应的差序格局。这种差序格局，不但延续了乡土社会的基本逻辑，抑且其运行基础已由“伦理”发展为“伦理—情感—利益”的三位一体，很大程度上成为纯粹的

[1] 参见董海军、郭云珍：《中国社会福利分层：一个多维结构视角的分析》，载《中共天津市委党校学报》2010 年第 1 期。

利益交换的工具。[1] 从理论上看，由于“面子”(face) 及其象征的一般性特权，是影响关系共同体运行逻辑和规模大小的主要变量[2]，社会结构的差序格局（“尊尊”)，就与费孝通意义上的社会关系层面的差序格局（“亲亲”）紧密地联系起来。在这种实际上“亲亲、尊尊”的差序格局面前，法治让位于礼治就是合乎“情理”的逻辑。由于法律难以突破“尊尊”的礼治原则，它不惟难以制约位高权重者，进一步被他们遵循“亲亲”原则的关系逻辑所取代，也就是顺理成章的事情了。明乎此，我们也就不难理解法治中国建设的瓶颈之所在了。

（三）城市化背景下社会正义对于法治中国的特殊意义

社会正义既是现代社会—政治秩序和法律秩序的价值追求，对中国这样有着差序格局传统的国家来说，它更是具有特殊的意义。

首先，它有助于消解导致人格不平等的社会结构（社会结构层面的差序格局)，进而可以为法治中国的实现奠定平等的社会结构基础。如前所述，现代法治预设了社会成员之间的人格平等。梅因（Henry · S. Maine)“从身份到契约”的论述，已成为法律学人理解法制现代转型的经典论说。在“从身份到契约”这种社会组织形式转型的背后，其实是社会组织机制的演化，即平等化的“尊严”取代差序化的“荣誉”成

[1] 参见陈俊杰、陈震:《“差序格局”再思考》，载《社会科学战线》1998 第1期；卜长莉:《“差序格局”的理论诠释及现代内涵》，载《社会学研究》2003 第1期；杨善华、侯红蕊:《血缘、姻缘、亲情与利益》，载《社会学》2000 第 3 期；肖瑛:《差序格局与中国社会的现代转型》，载《探索与争鸣》2014 年第 6 期。

[2] 参见［美］成中英:《脸面观念及其儒学根源》，欧阳晓明译，载翟学伟主编:《中国社会心理学评论》第 2 辑，社会科学文献出版社 2006 年版，第 36 页；黄光国:《儒家关系主义：哲学反思、理论建构与实证研究》，（台湾）心理出版社有限公司 2009 年版，第 83 页以下；翟学伟:《中国人的脸面观：形式主义的心理动因与社会表征》，北京大学出版社 2011 年版，第 127 页以下。

为现代社会的组织机制。[1]与“荣誉”内在地要求优先权和差别对待不同，“尊严”则基于对个体人格的平等认可，具有显著的平等主义和普遍主义取向。显然，差序格局的社会组织基础正是“荣誉”，而现代法治则要求社会建立在“尊严”原则之上，即对人格平等的社会认可。相反，所有非法治社会都实际上预设了人格的不平等。因为它们要么承认了法律之内的不平等人格，要么默认了超越于法律之上的人格的存在。惟有当一个社会实际上把每个个体或团体都作为法律下的平等人格予以平等对待的时候，作为社会“公意”之宣告的法律始能排除社会权力和国家权力的恣意干扰，进而得到平等的适用和遵守。而根据黑格尔的著名论断，“人格权本质上就是物权”，人只有在占有必要财产时才能作为理性而存在。[2]孟子“民之为道也，有恒产者有恒心，无恒产者无恒心”(《孟子·滕文公上》)、“无恒产而有恒心者，唯士为能”(《孟子·梁惠王上》)等经典论说，事实上亦表明了财产相对于普罗大众人格独立的必要性。故此，为了确保社会成员的人格平等，现代国家具有确保社会财富平等分配的道德义务，特别是实施国家层面社会保障的政治责任。正是看到了财产权对于个体人格的构成性的塑造功能，法哲学中基于“人格财产权”的“新财产权”理论认为，接受国家的社会保障，并不是接受国家的馈赠，而是公民的一种财产权；同时，为了避免某些人凭借财富优势形成对他人人格尊严的挑战，国家有义务通过再分配和市场规制等举措重新配置财产权。[3]罗尔斯晚年所阐发的“拥有财产的民主”(property-owning democracy)理论，亦遵循着同样的逻辑。因为在他看来，“产权民主”既有利于确保社会“最不利者”的人格尊

[1] 参见[加]泰勒：《本真性的伦理》，程炼译，上海三联书店2012年版，第57页。

[2] 参见[德]黑格尔：《法哲学原理》，邓安庆译，人民出版社2016年版，第89、92页。

[3] See Charles A. Reich, The New Property, *The Yale Law Journal*, Vol. 73, No. 5 (Apr., 1964): 733-778.

严，亦助益于防止具有优势地位的社会成员形成实际上超越于法律的人格（即防止社会中的小部分人控制整个经济，从而间接或直接地控制政治生活和法律实施）。[1] 由此可见，通过社会保障和市场规制等“产权民主”化的举措促进社会正义，既可以抽空差序格局内部人身依附的物质基础，亦有助于公民人格平等的真正实现，进而可为法治中国的实现奠定基于“尊严”原则的社会结构基础。

其次，它有助于公民精神的化育，进而可以为法治中国奠定深厚的公民美德基础。从系统理论的视角看，现代社会形成了“功能分化”（functional differentiation）的社会结构，即经济系统、行政系统及法律系统等各社会功能系统，均遵循自主的逻辑运行而形成的领域分化的社会结构。所谓法治，正是功能分化条件下法律系统自主运行的外在表征。差序格局的存在，则使得遵循“贤能主义”或“优绩主义”（meritocratic）逻辑的“阶层分化”（stratification differentiation）与基于关系共同体的“条块分化”（segmental differentiation）[2] 相互交叠，使法律极易受到地位和人情的耦合性干扰。它既形成了行政系统主宰社会的格局，亦在事实上形成了许纪霖所谓的“生活世界对系统的逆向殖民化”（有别于哈贝马斯所谓的“系统对生活世界的殖民化”），即“亲亲”的伦理特殊主义侵入社会功能系统之中，使得人们习惯于“在平等的契约空间中拉关系，在严肃的法治秩序中讲人情”[3]，从而使得亲亲友友的关

[1] 罗尔斯之所以提出有别于“福利国家”的“产权民主”模式，根本目的并不是满足社会成员的物质需求，而是确保社会成员自尊的基础，即确保其具有平等的人格。参见杨晓畅：《罗尔斯后期正义理论研究》，上海人民出版社 2014 年版，第 283—284 页。

[2] 社会理论家卢曼（Niklas Luhmann）早期区分了“条块分化”的社会、“功能未完全分化”的社会与“功能分化”的社会，并将它们分别对应于基于亲缘关系的古代社会、国家出现后的前现代高度文明社会和现代社会，后来又将“功能未完全分化”改称“阶层分化”。参见［德］卢曼：《法社会学》，宾凯译，上海人民出版社 2013 年版，第 189 页以下；［德］卢曼：《社会中的法律》，郑伊倩译，人民出版社 2009 年版，第 236 页。

[3] 参见许纪霖：《儒家孤魂，肉身何在》，载《南方周末》2014 年 9 月 4 日。

系逻辑取代了社会功能系统的运行规则。正如费孝通所言，由于差序格局的存在，“中国的道德和法律，都因之得看所施的对象和‘自己’的关系而加以程度上的伸缩”，“一定要问清了对象是谁和自己是什么关系之后才能决定拿出什么标准来”。[1]显然，这种自我主义的伦理特殊主义取向，既与法治的普遍性要求背道而驰，亦极不利于法治所依赖的伦理普遍主义（公民精神）的培养。正如亚里士多德早就指出的：“即使最完善的法制，而且为全体公民所赞同，要是公民们的情操尚未经习俗的教化和陶冶而符合政体的基本精神（宗旨）……这终究是不行的。”[2]

然而，依我个人鄙见，社会正义的推进可能通过消解差序格局内部的互助机制而促进伦理普遍主义（公民精神）的化育。

从一般意义上看，社会正义的推进有助于促进社会团结（social solidarity）。著名道德哲学家和政治哲学家布莱恩·巴里（Brian Barry）曾一阵见血地指出：“究其实质，一个高度不平等社会的社会病理在于不平等对于社会团结的毁灭性影响。”[3]他进一步指出：

> “公民的团结感是由共同的制度（common institutions）和收入分布锻造的——收入分布的幅度要足够狭窄，从而可以通过对金钱的占有摆脱对教育系统、健康保健系统、治安和其他公共服务系统（这些系统是运气欠佳的公民同伴被迫依赖的）的依赖，使人们没有某种理由相信他们被排除于共同份额之外。”[4]

对中国而言，我们还面临着自己的特殊情势。这集中体现在：现

[1] 费孝通：《乡土中国 生育制度》，第36页。

[2] [古希腊] 亚里士多德：《政治学》，吴寿彭译，商务印书馆1965年版，第280—281页。

[3] Brian Barry, *Why Social Justice Matters*, Malden, MA : Polity Press, 2005, p.183.

[4] Brian Barry, *Culture and Equality: An Egalitarian Critique of Multiculturalism*, Cambridge, MA: Harvard University Press. 2002, p.79.

时中国“贤能主义”取向的公共政策，不但固化了差序格局的社会结构，抑且实际上助长了差序格局内部的经济互助功能，进而为伦理特殊主义的滋养提供了深厚的物质基础。经济学家陈志武曾以隐性的金融契约”分析了“养儿防老”的儒家伦理实际上承担的金融功能。[1]事实上，不惟依托传统儒家伦理的“养儿防老”，包括现时中国更常见的基于利益交换的“礼尚往来”，都在实质上以“隐性金融契约”的逻辑承担着经济互助的社会功能：通过此时的（物质性）投入，换来彼时的（物质性）回报。在普惠性的社保制度缺位的历史条件下，现时中国的差序格局很大程度上发挥着社会保障的替代性功能，即通过关系共同体内部的经济互助共同回应城市生活的诸种风险。显然，旨在促进人格平等的现代社保制度的确立，有助于替代差序格局内部的互助机制，并将公民对亲情、人情等的依赖转移为对国家的依赖，从而逐步化育出现代法治所呼唤的公民精神，培养公民对国家及其所制定的法律的感情。可以想见，如果公民在面对各种切身的生活风险时主要是依靠关系共同体成员的济助而度过难关的，这只会进一步强化其对关系共同体成员的情感依赖（人情依赖），而对国家及其制定的法律的感情，仅能依凭朴素的爱国情愫和对制裁的恐惧来维系，当然是相当脆弱的——当不法行为受到处罚的几率不大时（如有关系共同体成员的强势庇护、不法行为较为普遍或执法不严时），他或她自然倾向成为一个“机会主义的违法者”（opportunist offenders）。

对社会成员普遍缺乏公民精神的国度来说，若没有相应的制度安

[1] 参见陈志武:《金融的逻辑》，国际文化出版公司2009年版，第197页以下。事实上，儒家伦理所具有的这种“金融功能”，并不为中国所独有。在研究日本现代化的过程时，诺曼分析了日本家庭在社会保障缺位、工资水平较低的情况下，对实现日本经济现代化所做出的独特贡献（参见［加］诺曼:《日本维新史》，姚曾廙译，商务印书馆1962年版，第160页）。尽管他没有引入儒家伦理进行分析，但显然正是从儒家伦理衍生而出的家庭成员之间的“通财之义”，确保了人们在工资低下、失业频繁的情况下可以拥有最低的生活保障。

排对伦理特殊主义的运作机制实行“功能替代”，我们只能听任其“花样翻新”的肆虐，不可能形成法治所内在需要的伦理普遍主义文化。普惠性现代社保制度的建立，意味着首先要破除各种具有“赢家通吃”色彩的差序化社会福利分配或再分配安排，并通过“平权行动”（affirmative action）、“积极歧视”（positive discrimination）、“赋权”（empowerment）等公认行之有效的制度性举措纠偏社会分配的不平等局面。普惠性的现代社保制度是一种可以替代差序格局的互助功能、滋养伦理普遍主义（公民精神）的社会“基础秩序”。它在实质上体现了现代社会国家与公民之间的交换机制：国家用社会保障可以换来公民对政治统治的忠诚、对法律体系的认同，进而有助于赢得政治的合法性及公民对法律的普遍遵守。

二、城市化背景下的社会建设与法治中国

（一）城市化、“社会资本”与社会建设

从1910年代孙中山率先将“社会建设”列为《建国方略》中的三大历史任务之一，到20世纪三四十年代孙本文的大力提倡，再到近十年成为当代中国的“国家景观”和“新改革共识”，社会建设作为中国现代国家建设主要议程的历史地位已经获得广泛的认可。[1]当下知识界（特别是社会学界）的相关研究，多一般性地探讨社会建设的理论范式，或者从中国具体的社会问题入手讨论中国社会建设的思路。本章拟引入

［1］参见周晓虹：《社会建设：西方理论与中国经验》，载《学术月刊》2012年9月号；李友梅等：《当代中国社会建设的公共性困境及其超越》，载《中国社会科学》2012年第4期。

"社会资本"（social capital）的概念，分析城市化背景下社会建设对于社会成员的"去陌生化"、公民精神的化育，进而对法治中国的促进作用。

"社会资本"的概念最早由美国社会改革家汉尼芬（L.J. Hannifan）于1916年提出，用以呼吁人们对复兴"社区参与"（community involvement）的重视。[1]但直到社会学家詹姆斯·科尔曼（James Coleman）和政治学家帕特南（Robert·D.Putnam）将这一概念复活以来，它才真正成为人们关注法律发展、政治发展乃至经济发展的重要理论工具。我遵循帕特南的思路，把"社会资本"界定为相对物质资本和人力资本的资本形式，具体指由社会网络及其相关的互信、互惠规范所构成的，影响社会治理绩效的一种良性社会关系格局。[2]前述亚里士多德关于公民情操影响法治质量的论说，以及托克维尔关于"民情"影响美国民主绩效的经典论说，都可视为社会资本影响治理绩效的早期理论渊源。帕特南的系列研究，特别是把意大利南北治理绩效的差别归结为社会资本之差异的著名论说，则为我们认识社会资本的政治功能、法律功能乃至经济功能提供了最为系统的理论依据。正如帕特南指出的，社会资本与公民美德、互惠信任、社会合作、集体归属感和集体行动有着紧密的联系，"就像是一把螺丝刀（物质资本）或者大学教育（人力资本）可以提高（个体和集体）生产力一样，社会关系对个人和群体的生产力也有影响"[3]。

城市社会是一个不同于乡土"熟人社会"的"陌生人社会"，人际

[1] 参见［美］帕特南主编：《流动中的民主政体：当代社会中社会资本的演变》，李筠等译，社会科学文献出版社2014年版，第2页。

[2] 参见［美］帕特南：《让民主运转起来：现代意大利的公民传统》，王列、赖海榕译，江西人民出版社2011年版，第195页。

[3] 参见［美］帕特南：《独自打保龄球：美国社区的衰落与复兴》，刘波等译，北京大学出版社2011年版，第7页。

互动的匿名化、陌生化是其典型特征。城市社会人际关系的匿名化特质，无疑对城市治理乃至国家治理带来了极大的挑战。相较于熟人化的乡土社会，陌生化的城市社会更容易诱发各种机会主义行为。[1]因此，如何预防各种机会主义行为的发生，是现代（城市）社会社会建设的要旨所在。对现代社会的公共治理而言，我们其实无需期待公民的道德行为均符合康德式“出于义务”（*aus Pflicht*, from duty）的较高要求，只要“合于义务”（*pflichtmäßige*, conform to duty）的行为就可以基本确保社会的良序发展。正如哈贝马斯指出的，与现代社会相适应的是一种“后习俗道德”，而它所面临的最大问题之一是动机不足。由于世界的“除魅”及宗教—形而上学世界观的崩塌，人们缺乏足够的动机资源（如传统社会的超越性资源）实施道德行为。“每一种后习俗的道德，都要求与那种不受质疑的、已确立并被视为当然的生活形式保持距离。与具体的伦理生活相分离的道德判断，不再直接带有将这些判断转化为行动的动机性力量。”[2]这其实意味着：尽管道德律令被期待具有康德意义上的自律性（无条件性），但现代道德实践却常常具有他律性（有条件性）。故此，从道德社会学的视角来看，道德行为的产生在现代条件实则有赖于“他律”，特别是小共同体成员的（软性）监督。换言之，即使假定人们都是“道德的机会主义者”（moral opportunists），那么必要的监督也可以促使其实施合乎道德的行为。对现代（城市）社会而言，

[1] 在法学理论中，强调城市环境对违法行为的影响及预防，最典型的要属CPTED(Crime Prevention Through Environmental Design，通过环境设计预防犯罪）理论。关于 CPTED 理论及其演化，可参见杨英姿：《国外城市社区空间环境与犯罪关系理论研究综述》，载《现代城市研究》2011 年第 2 期。

[2] J. Habermas, Law and Morality, trans.Kenneth Baynes, in SM McMurrin (ed.), *The Tanner Lectures on Human Values*, Volume 8, (Salt Lake City: University of Utah Press, 1988), p.245. 根据哈贝马斯最常见的使用习惯，此处引证把原文中的“后传统”（post-traditional）改为了“后习俗”。

这种软性监督的根本途径，就是通过特定社会机制使社会成员（重新）置身于“去陌生化”的主体间性格局中，从而促使人际之间形成丰厚的社会资本。

依我个人鄙见，就城市化背景下中国社会建设的紧迫性而言，社会组织建设与现代信用体系建设是一个可以达到“去陌生化”效果的两种基础性的制度安排。其中，前者有助于社会成员之间形成可以促进公民精神乃至公民美德化育的“再熟人化”格局，后者则可以通过外在监控实质上达到“去陌生化”的效果。与之形成鲜明对照的是，城市社会的“传染性差序格局”，尽管也是一种“去陌生化”格局，但却是以关系共同体为边界的“再熟人化”格局，只会强化关系共同体内部的情感依赖，极不利于公民精神的培育。社会组织建设和现代信用体系建设，可以分别替代关系共同体内部的“人格化忠诚”和“人格信任”，引导社会成员将其忠诚和信任的对象转向抽象且非人格化的（impersonal）社会功能系统，进而培育起法治中国所内在需要的公民精神。

（二）城市化背景下社会组织建设对于法治中国的特殊意义

在现代社会科学中，市民社会理论和社会资本理论为社会组织建设提供了基本的理论依据。在早期的讨论中，论者多一般性地讨论社会组织及其形成的社会网络对社会整合、社会团结乃至民主成长的促进作用。但晚近以来，随着讨论的深入，人们已发现并非所有的社会组织都会起到正面的促进作用。譬如，英国社会理论家乌斯怀特（William Outhwaite）在研究苏东转型时发现，“更加紧密和排他性的网络（如家族和种族网络），虽然可能具有同质性更强和凝聚力更大的内部关系，但也可能会产生派系或分化冲突”[1]。因此，在转型中国的社会组织建设中，我们必须对社会组织的性质进行定位。

考虑到社会的良序发展，特别是考虑到可对社会资本的提升起到直接的正面推动作用，我们可以根据社会组织的类型设定不同的标准。就当下中国而言，尤要重视两类社会组织的建设：社区和（非政治性的）志愿社团。前者是一种地缘性联合，社会联系本身较为紧密，可依据较高的“良善社会”（good society）标准建设，旨在促进“良善社会”内在需要的公民美德：团结、诚信、友善、宽容、同情等。[2]后者主要是一种志趣联合，在当下中国发展尤为薄弱，为鼓励其蓬勃发展，可依据最低的“文明”标准推进，即只要符合现代文明社会的最低标准（如不危害公共利益和组织外成员的正当权益等），就可以大力发展。显然，以“良善社会”理念推进的社区组织、以“文明”理念推进的（非政治性）志愿组织，均可对社会资本的提升起到正面的推动作用，进而可为法治中国的形成奠立深厚的公民美德基础。

首先，社会学家和政治学家的相关研究已经表明，社区和（非政治性的）志愿社团对社会资本的培育具有不可替代的作用。托克维尔早就指出：“人只有在相互作用之下，才能使自己的情感和思想焕然一新，才能开阔自己的胸怀，才能发挥自己的才智。”[3]社区和（非政治性的）志愿社团，就是现代社会中人际互动的主要社会组织机制。作为一种地缘性聚合，社区可以最为便利地为社会成员提供持续的直接交往和

---

[1][英] 威廉·乌斯怀特、拉里·雷：《大转型的社会理论》，吕鹏等译，北京大学出版社 20111 年版，第 195 页。帕特南亦有类似看法，参见［美］帕特南：《独自打保龄球：美国社区的衰落与复兴》，第 11—13 页。

[2] 为使各种社会组织成为公民美德的滋育场，美国社会理论家和政治哲学家埃兹奥尼（Amitai Etzioni）主张以“良善社会”理念改造市民社会理论。参见［美］艾伯利主编：《市民社会基础读本：美国市民社会讨论经典文本》，林猛等译，商务印书馆 2013 年版，第 152—173 页。

[3][法] 托克维尔：《论美国的民主》下卷，董国良译，商务印书馆 1988 年版，第 638 页。

互动的空间。只要导之以“良善社会”的理念，并通过团结性、仪式性活动的制度化推动，它就可以转型为承载“首属关系”的生活空间，从而滋育“良善社会”所需要的公民美德。正如英国社会学家霍普（Paul Hoppe）指出的：“地方社区是我们形成社会资本和人际互信的基地或中心”，通过邻里交往和社区活动形成的社会交往和互动，“在人际之间可以形成一定程度的信任、合作和友谊关系——即社会资本形式。这些社会资本形式的力量尽管有限，但一旦形成，就可能会突破地方社区的拘囿而延伸到广大的社会中去，从而不至于让我们在生活中与陌生人接触时处处采取一种小心提防的态度”。[1]

作为一种志趣性联合，志愿社团也可以较为便利地为社会成员提供持续的直接互动的机会。只要以“文明”理念为基准，并通过常规性、协作性活动的制度化推动，它就可以成为承载“类首属关系”的交往形式，进而为整个社会提供丰厚的社会资本。美国政治学家阿尔蒙德（Gabriel · A.Almond）和维巴（Sidney Verba）对美国、英国、联邦德国、意大利和墨西哥等五国的实证研究表明：

> “组织的成员身份，无论这个组织是不是政治性的，都跟个人政治能力的提高和政治活动的增加有关。跟非组织成员相比较，组织成员似乎更接近我们所说的民主的公民。这种公民是有能力、积极的，并且能公开地表达自己的意见。”[2]

帕特南进一步解释说，参与志愿社团“培养了参与人合作的技巧和

[1] 参见［英］霍普：《个人主义时代之共同体重建》，沈毅译，浙江大学出版社 2010 年版，第 90 页。

[2]［美］阿尔蒙德、维巴：《公民文化：五个国家的政治态度和民主制度》，张明澍译，商务印书馆、人民出版社 2001 年版，第 259 页。

在集体劳作中共同分担责任的意识”。以非政治性的合唱团和观鸟俱乐部为例，它们也会对社会资本起到正面的促进作用：“参加合唱团或鸟类观察俱乐部可以使人们学会自律和欣赏成功的合作带来的喜悦。”[1]社区和志愿社团，之所以可以对社会资本的培育起到正面的促进作用，根源于道德具有效能的如下社会机理：第一，作为非正式性规范，道德惟有依托正式的社会机制始能为自己找到坚实的社会基础；[2]第二，正如社群主义/共同体主义论者所阐明的，“没有外部的强化，良知就容易侵蚀”，因此团体成员之间的相互沟通和认可有助于强化社会成员的道德确信；[3]第三，“礼源于俗”，经验性的道德内容惟有依托习俗所积淀下来的“先验”文化心理结构始能获得稳固的基础。[4]显然，作为一种可以为团体成员提供持续的直接互动机会的正式社会机制，社区和志愿社团有利于其成员在持续的直接互动中形成道德确信，进而有助于把这种道德确信积淀为一种优良风俗。

就中国情境中差序格局的运行而言，社区和（非政治性）志愿社团建设，亦有助于消解差序格局内部的“人格化忠诚”，进而有助于滋育公民精神所内在要求的“非人格化忠诚”（impersonal loyalty）。如前所述，现代社会是一个功能分化的社会。正是这种功能分化使得经济、行政、法律等社会功能系统具有韦伯所说的“非人格化”特征，从而使得社会功能系统依据自身的目的合理性逻辑运行。因此，现代社会必然呼唤其成员对各个社会功能系统的非人格化忠诚——正是这种忠诚，构成了公民对国家之政治忠诚的社会基础。经济紊乱、行政无序、法治不彰的根源，很大程度上即根源于社会成员对经济、行政、法律等社会功能

[1]参见［美］帕特南：《让民主运转起来》，第102—103页。

[2]参见［美］艾伯利主编：《市民社会基础读本》，第160—161页。

[3]参见［美］艾伯利主编：《市民社会基础读本》，第157页。

[4]参见李泽厚：《哲学纲要》，北京大学出版社2011年版，第16—21页。

系统非人格化忠诚的欠缺。从这个视角来看，中国式的差序格局正好强化了非人格化忠诚的对立面：关系共同体内部成员的人格化忠诚。正是由于关系共同体成员之间的“恩—报”关系建立在人格化忠诚基础之上，不但使得由差序格局所划定的关系共同体在很大程度上成为内部认同强烈、外在边界牢固的利益共同体，抑且使得其成员极易形成“他者即地狱”“非我圈内其心必异”的社会心理，对“概化的他者”（generalized others）缺乏基本的友善。而无论是社区还是（非政治性）志愿社团，都具有相当程度的开放性，新成员的不断加入使得组织成员始终处于一种“去人格化”的动态结构中。同时，它们又是一种“去陌生化”的社会机制。正是这种“去陌生化”与“去人格化”的合二为一，使得它们可以打破传统社会网络（差序格局）“去陌生化即人格化”的运行逻辑，进而可以成为亲缘性关系（以家庭为代表）与非人格化关系（以现代国家及其功能系统为典型）的连接纽带和转化中介。在其名著《独自打保龄球》中，帕特南把非团体性地打保龄球（如和朋友一起去打保龄球）界定为“独自打保龄球”，并认为这种运动方式不利于社会资本的培育。在他看来，通过团体打保龄球“需要一大群熟识的人经常参加，确实代表了一种持续性的社会资本形式”，这是因为“有组织的参与活动似乎一直在反复灌输公民活动的技能以及伴随一生的利他主义精神”。[1]显然，通过社区和（非政治性）志愿社团的活动，社会成员可以通过彼此之间紧密的协作和互助培养利他主义品格。其中，对整个社会的正常运行而言，最重要的是普遍互惠和诚信。正如帕特南指出的：

> “紧密的特殊交流网络能够巩固一种有效的普遍互惠。如果两个有可能合作的人身处一个内部紧密联系的社会之中，他们就很有

[1]参见［美］帕特南：《独自打保龄球》，第123、134页。

可能在未来的某个时候相遇，或者通过传言了解到彼此的情况。因此，对他们而言，声誉事关重大，肯定要比从金钱欺骗中得到的好处更有价值”。

相反，“如果一个社会的组织结构变得涣散，它传递和维持声誉的效率就会减弱，它支撑诚信、普遍互惠、单薄信任等规范的力量也会衰落”[1]。对城市化背景下的转型中国而言，社区和（非政治性）志愿社团中存在的那种融“去陌生化”与“去人格化”于一体的人际关系格局，显然既有助于替代差序格局内部因“人格化忠诚”产生的“人格化信任”，亦可以涤除或消弭人们在差序格局中形成的自我主义取向，进而可为法治中国的形成提供普遍互惠、相互信任的新型社会关系格局。

（三）城市化背景下现代信用体系建设对于法治中国的重大意义

基于法治发达国家的治理经验，本章所谓的“现代信用体系”是就其广义而言，即以公民身份证号码和组织机构代码为编码，并以公民和组织的财产登记为基础而建立起来的统一社会信用代码制度，主要包括财产（特别是不动产）登记制度、现金控制制度、社会征信系统等。其中，财产（特别是不动产）登记制度旨在掌握社会成员的财产状况；现金控制制度旨在监控整个社会的现金流向；社会征信系统（包括信用档案系统、信用调查系统、信用评估系统、信用查询系统、失信公示系统等）则旨在监督社会成员的信用状况。对一个健全的现代信用体系而言，社会征信系统是核心，财产登记制度是基础，现金控制制度是保障。在现代社会，财产是信用的主要载体。因此，如果缺乏健全的财产

[1] 参见［美］帕特南：《独自打保龄球》，第150、151页。

登记制度，社会征信系统将不能真实反映社会成员的信用状况。建立现代信用体系的目的在于，从国家层面监控现代（城市）社会匿名化交往中极易出现的各种机会主义的失信行为。现金流动是最容易因其交易的“在场性”而逃避第三人监控的交易方式，因此也是最容易规避信用监控的交易方式。因此，如果缺乏现金控制制度，社会征信系统将只会陷入被动登记的局面，难以起到主动监控失信行为的积极作用。[1]

引入“现代信用体系”，很大程度上预设了一种较为悲观的人性论，是对人性幽暗的积极的制度化防御。依我个人鄙见，即使假定社会成员在缺乏有效监控的情况下都是（潜在的）“机会主义的违法者”，那么现代信用体系的建立也势必会形成法律实施的激励机制，诱导其将违法的外部成本内在化，从而使其自觉选择守法这一对整个社会最优的行为。事实上，现代（城市）社会的诸多违法行为，大都与既有社会信用监控体系的极不完善密切相关。关系共同体成员的庇护通常建立在利益输送基础之上，而现实中的利益输送常常体现为现有信用体系无力监控的现金交易或股权交易等。其他违法行为，也多与既有信用体系无力获取其财产状况、无法查询其失信前科等密切相关。在这个意义上，中国情境中以差序格局为依托的违法行为，其运行逻辑其实与世界上大多数国家并无二致，都是信用体系不完善情境下的机会主义行为。显然，现代信用体系的建立，有助于从积极防御的角度规约社会成员的机会主义行为，进而可为法治中国的形成奠定深厚的社会公德基础。

首先，现代信用体系的建立，有助于增强违法行为在信息上的“可观测性”（observability）和“可验证性”（verifiability），进而有助于提

[1] 第十二届全国人大一次会议（2013 年 3 月）通过的《国务院机构改革和职能转变方案》明确提出：要“建立以公民身份证号码和组织机构代码为基础的统一社会信用代码制度”“建立不动产统一登记制度”。但不仅未纳入现金控制制度，亦未把不动产登记制度与社会信用代码制度统合起来。可见，本章所提倡的现代信用体系在中国已经开始建立，但仍亟待完善。

升人们对法律的“系统信任”。根据被信任对象抽象程度的不同，卢曼区分了信任的两种基本类型：“人格信任”和“系统信任”（大体对应于韦伯所区分的“特殊信任”和“普遍信任”）。其中，前者是对特定人或人格品质的信任，后者则主要是指基于对货币、权力等普遍性沟通媒介的信任而产生的对经济系统和行政系统的信任。[1]由于法律系统是现代经济系统和行政系统的组织手段，因此，人们对经济系统和行政系统的信任常常以对法律系统的信任表现出来，并体现为对法律系统的“系统信任”。在功能分化的现代社会，正是对法律系统的“系统信任”构成了法治的基础。然而，从信息经济学的视角看，系统信任却面临着比人格信任更为复杂、也更为严重的“信息不对称”问题。在系统信任的情形下，不仅执法者和司法者面临着“一对无限多”的监督局面，在立宪体制不完善（如权力制约体制和司法审查制度缺位）的情境中，他们本身的违法行为更是常常面临着无人监督的局面——换言之，守法作为对国家的信用（对法律系统的信任承诺）极易面临“公地悲剧”（the tragedy of the commons）的难题。因此，确保法律的普遍有效性面临着更为严重的信息不对称问题。换言之，了解并惩处违法行为需要更大的“信息成本”。正如张维迎指出的，信息成本的巨大使得法律的有效性，实际上取决于违法行为在信息上的“可观测性”和“可验证性”。[2]显然，在大数据时代，建立一种包含财产（特别是不动产）登记制度、现金管理制度和社会征信系统等在内的国家层面“全息可见”（holographical）的现代信用体系，势必将极大地提高违法行为在信息上的“可观测性”和“可验证性”，并极大地节约全社会违法监控的信息成本，从而

[1] 参见［法］卢曼：《信任：一个社会复杂性的简化机制》，瞿铁鹏、李强译，上海人民出版社 2005 年版，第 50 页以下。

[2] 参见张维迎：《信息、信任和法律》，生活·读书·新知三联书店 2003 年版，第 196—198 页。

有助于提升人们对法律的系统信任。

其次，现代信用体系的建立，有助于抑制关系共同体内部的“人格信任”在简化社会复杂性方面对“系统信任”的功能替代机制，进而助益于法治中国的实现。从社会学的视角来看，信任的必要性根源于其对社会复杂性的约减作用。根据卢曼的分析，信任关系通过三种方式简化了现代社会的复杂性：作为一种有风险的态度，信任以一种处理经验的内在安排替代了外在世界的复杂性；作为个体社会化的成就，人们自婴儿期以来对信任关系的不断检验和学习；作为对失信行为的敏感反应，信任方借助各种细微的符号暗示决定着是否继续施以信任。[1]然而，由于现代社会的“信任并不关涉到关于事情的基本真相，而是关涉到复杂性简化的成功”，其信任基础已变得具有反思性：“它以超越可利用的信息为出发点，然后将信任反思地置于信任形成的机制当中。”[2]这就产生了卢曼所说的“对信任的信任”。它大致包括三种情形：信任自己的信任；信任他人对自己的信任；信任其他人也像自己一样信任第三方。就作为第三方信任的系统信任而言，它之所以会产生对“信任的信任”，是因为现代社会的系统信任其实也是一种抽象的人格信任，“即对系统能力的信任，信任系统在一定限度内保持相同的条件或效力的能力”[3]。依据卢曼及韦伯的分析框架，对法律的信任，无疑是基于简化社会复杂性之需要而产生的一种系统信任或普遍信任。然而，作为一种系统信任，对法律系统的信任“建立在这种事实之上，即其他人也信任，而且对信任的这种共同拥有成为有意识的”[4]。因此，它必然产生“信任的信任”，即信任其他人也同样对法律系统持信任态度——换作博弈论的说

[1]参见［法］卢曼：《信任》，第34页以下。
[2]参见［法］卢曼：《信任》，第91、88页。
[3]参见［法］卢曼：《信任》，第90页。
[4]参见［法］卢曼：《信任》，第92页。

法，对法律的信任必须构成一种“纳什均衡”，即给定其他人所有人信任法律，每个人都有积极性信任法律。若不能产生这种“信任的信任”，社会成员就将丧失对整个法律系统的信任，进而“转向其他功能相当的复杂性简化策略”。[1]对差序格局内部关系共同体成员的信任，便可视为人们在不信任法律时，所选择的一种“功能相当的复杂性简化策略”。这种人格化的特殊信任，尽管有悖于现代社会的文明趋势，但却发挥着复杂性简化的替代性功能。从卢曼式系统功能主义的视角来看，法律的社会功能在于通过提供“规范性的行为预期”以简化社会的复杂性，只不过由于法律所提供的行为预期在时间性、社会性和事实性等维度上均被一般化，它可以为社会提供一种“一致地一般化的规范性行为预期”（congruently generalized normative behavioral expectations）[2]。但正如“礼失而求诸野”的情形一样，在法律不被信任的情境下，关系网络等非正式制度同样可以提供“规范性的行为预期”，并“实际上起到法律的作用”。[3]可见，差序格局内部的人格信任是在法律作为社会功能系统丧失“系统信任”后，人们为了简化社会复杂性所采取的行动策略。显然，现代信用体系的建立，有助于重建人们对法律系统的普遍信任，进而有效地抑制人格信任（关系共同体内部的相互信任）对系统信任（对法律系统的信任）的功能替代机制，从而为法治中国的形成奠定坚实的社会公德基础。

---

[1] 参见［法］卢曼：《信任》，第 94 页。

[2] See Niklas Luhmann, *A Sociological Theory of Law*, trans., Elizabeth & Martin Albrow, (London: Routledge & Kegan Paul, 1985), p.77.

[3] 参见苏力：《法治及其本土资源》，中国政法大学出版社 1996 年版，第 8 页。

三、代结语："立人"与法治中国的三大"社会基础工程"

从中国现代法律秩序的建构来看，我们不但应把超越差序格局视为中国法律文化之"转进新生"的内在要求，抑且应把它视为中国现代转型之"立人"议程的重要内容。

人是具有高度有限性的存在物，这种有限性指向了人本能地具有"爱有差等"的情感有限性，乃至在本性上具有"利他主义的有限性"，即倾向把满足个人欲求（包括情感欲求和利益欲求等）放在更优先地位的。休谟较为系统地论述了人的这种有限性，特别是人之情感的条件性。他写道："爱可以单独地被另外一种关系，即我们自己和对象之间有关系，刺激起来；或者更恰当地说，这种关系是永远伴有其余两种关系的（即印象和观念的双重关系，引者注）。……关系越弱，这种感情的程度也就减弱。"[1]事实上，早在1700年前，斯多葛学派哲学家希罗克洛斯（Hierocles）就洞察到了人之情感的有限性和条件性：

> "我们每一个人都如其所是地被许多圆圈完全包围着，有的圈小，有的圈大，大圈套着小圈——基于其相对于彼此的差序安排（different and unequal dispositions）。最内层的第一个圆圈是一个人围绕着几乎是圆心本身——即他自己的心智——划出来的。这个圆涵盖了身体及为了保全身体而获取的东西。因为它事实上是一个最小的圆圈，几乎接触到圆心。接下来，第二个圆圈离圆心稍远并包围着第一个圆，它包含着父母、兄弟姊妹、妻子和子

[1]［英］休谟：《人性论》（下册），关文运译，商务印书馆1980年版，第388—389页。

女。在第三个圆里，有叔伯舅姑婶姨、祖父母和外祖父母、甥侄及堂表亲。下一个圆圈里包括其他亲戚，再接下来是乡亲邻里，继而是同宗同祖，同城居民、邻城居民、本国同胞依次继之。最外层且最大的那个圆，包含着其他所有圆圈，是整个人类形成的圆圈。”[1]

所谓的差序格局，正是这样一种爱有差等的格局，即情感随着关系之疏远而愈加稀薄的人际关系格局。以“五服”为代表的儒家伦理规范，把这种差序格局正当化为一种“九族五服”的礼治秩序，乃至“准五服以制罪”的法律规则。然而，从道德普遍主义的视角来看，这种爱有差等的差序格局实为人之情感有限性的表征。正是为了超越和克服这种有限性，希罗克洛斯继而指出：

“对一个品性良好的人来说，要恰当对待每个群体，把每一层圆圈都拉向圆心，满怀热情地把外围的圆转化为内层的圆，便是其任务之所在。……像对待第二圈层的人那样对待第三圈层的人，进而像对待第三圈层的人那样对待我们的其他亲属，是我们义不容辞的责任。虽然血缘上的疏远会使感情淡化，但我们必须尽力吸纳他们。如果能通过自己的作为缩减与每个人之间关系的疏远，我们便走上了正确的道路。”[2]

[1] A. A. Long & D. N. Sedley, *The Hellenistic Philosophers Vol. 1: Translations of the Principal Sources with Philosophical Commentary*, (Cambridge: Cambridge University Press ,1987), p.349. 如果将希罗克洛斯的这一论述与梁漱溟的相关论说对照起来看，便不难发现人之情感有限性所具有的跨文化之普遍性。正如梁漱溟指出的，“伦理本位者，关系本位也”。“伦者，伦偶，正指人们彼此之相与。相与之间，关系遂生。家人父子，是其天然基本关系，故伦理首重家庭。父母总是最先有的，再则有兄弟姊妹。既长，则有夫妇，有子女，而宗族戚党亦即由此生。”（梁漱溟：《中国文化要义》，第 84、72 页。）

[2] A. A. Long & D. N. Sedley, *The Hellenistic Philosophers*, p.349.

在这个意义上，所谓的差序格局及其衍生而来的亲亲的人际关系格局和尊尊的社会结构，其实并不具有多少“中国性”。它在实质上是（具有普遍性的）人之有限性的外在表征——即使具有“中国性”，它亦是应当超克的对象，而不应成为塑造现代中国文化认同的文化资源。

我们或许可以把人的情感，大致分为两类：基于情分的情感与基于情操的情感。如果说前者出于人的本能，那么后者则需要社会化过程的不断修养始能习得。显然，一个良序社会乃至良善社会，固然需要在人们之间鼓励基于情分的情感，但更需要培育基于情操的情感。对一个良序社会来说，这种情操大可不必是完全超越于个人主义的品格，譬如佛教的“无我”品格或者毫不利己、专门利人的革命理想主义品格。毋宁说，只要社会成员普遍具有公共精神和规则意识，就足可确保包括法律系统在内的社会功能系统的良好运行——质言之，它就可以使各个社会功能系统的运行超越前现代“条块分化”和“阶层分化”的逻辑，并牢固地建立在“功能分化”的基础之上。

就中国现代法律秩序的建构（乃至整个现代转型）来说，所谓“立人”之历史课题和发展议程便指涉这一层面的问题。从良序社会的要求来看，现代中国所立之“人”，不是——至少首先不是——具有各种美德的“道德人”（moral man）（如践行儒家“成人之道”的君子），而是具有公共精神的“公共人”（public man），即充分尊重各社会功能系统的自主运行逻辑且具有公共自主性、积极投身于公共参与的公民——正是遵循这样的思路，本书把转型中国“立人”之课题定位为“培育具有公共精神和规则意识的公职人员（政治家、公务员、法官和检察官等）、培育具有公民美德且积极参与社会合作的公民”。

从法律社会学的视角来看，惟有顺利完成现代条件下“立人”之课题，我们始能为法治中国建立深厚的社会基础。道理很简单：如果国家公职人员不带头依法而行，社会成员普遍欠缺规则意识，我们不可能建成法治社会。

本章正是聚焦于“立人”之课题，把关注点放在了法治中国的社会基础。为此，我从“城市化”这一对转型中国社会结构和社会关系的变化具有根本影响的历史逻辑和时代背景出发，以如何避免“传染性的差序格局”在城市社会的固化为基本关切。这种关注点的“下移”，既旨在突破法律之“内在视角”的局限，亦体现了我对法律之社会性的深刻体认。正如马克思所强调的：“社会不是以法律为基础的，那是法学家们的幻想。相反地，法律应当以社会为基础。”[1]正是从法律的这种社会制约性出发，我认识到：由各种社会条件共同塑造的结构化情境的变化，完全有可能更新社会成员的行动平台，进而通过诱导其行为模式的变迁而促进法律文化的改易更化。

从社会理论的传统来看，本章所遵循的大体是默顿式结构功能主义“以功能替代促进文化变迁”的逻辑，即通过社会基础秩序所形成的功能替代，既克服差序格局在城市化进程中所发挥的“反功能”，也引导它朝着更为可欲的方向发展。如果说，通过把“文化”还原到其在地性的运作逻辑（而非依凭直觉性的文化想象）可以充分把握其再生产机制，那么进一步把它归置到现代社会政治秩序的运行机理（而非诉诸排他性的文化情结），则可以洞察到促进其发生调适性变迁的逻辑。在很大程度上可以说，正是这种“以功能替代促进文化变迁”的动态化视野和建设性立场，使我们可以同时超越前述“价值论”批判模式、“制度论”建构模式对中国情境的视而不见，特别是

[1]《马克思恩格斯全集》第6卷，人民出版社1961年版，第291页。

“文化论”解读模式所预设的文化本质主义：中国法律和西方法律，具有完全不同且无法通约的本质。本章的研究恰恰表明：尽管现代法治在西方最初产生时有其犹太—基督教的特定文化渊源，但我们完全可以从现代社会关系和社会结构的特质入手，通过把握其普遍演化逻辑及相应的公共治理对策，找到替代那些特殊文化渊源的社会政治条件（社会制度和机制条件），进而在促进中国法律文化变迁的同时，为“规则之治”的现代法治在中国的生根奠定深厚的社会基础。

我对社会正义和社会建设（社会组织建设和现代信用体系建设）的关注，正是在分析现代社会关系和社会结构之特质的前提下，通过把握其普遍演化逻辑及相应的公共治理对策而找到的基本社会政治条件。依我个人鄙见，由社会正义、社会组织建设和现代信用体系建设所塑造的这种新的结构化情境，有可能通过抽空“传染性差序格局”在中国城市社会的运行逻辑而压缩其运作空间，进而引导特权文化（“人上人”观念）和自我主义等相悖于规则意识的法律文化的正向调适性变迁。

由社会正义和社会建设（社会组织建设和现代信用体系建设）所形成的新型社会秩序，其实属于孙立平所说的“社会基础秩序”的范畴，而这种全新的“社会基础秩序”的建立则可以为社会成员提供崭新的行动平台。在这个意义上，就像道路建设是城市建设的基础工程一样，推进社会正义事业、加强社会组织建设和现代信用体系建设，堪称城市化背景下法治中国建设的三大“社会基础工程”——其中，推进社会正义是前提，社会组织建设是基础，现代信用体系建设是保障，三者相辅而行、缺一不可。通过这三大“社会基础工程”的实质性推进，我们就有可能在确保社会成员人格平等的基础上，引导其公民精神乃至公民美德的化育，从而在避免“传染性差序格局”在城市社会固化的同时，为法治中国的形成奠定深厚的社会基础。苟能如此，中国的法治社会之梦庶不致遥不可期矣。

2014 年 9 月 28 日初稿于国福路教师公寓
2014 年 10 月 14 日二稿于国福路教师公寓
2015 年 1 月 7 日三稿于国福路教师公寓
2017 年 4 月 6 日四稿于沪北寓所
2017 年 6 月 5 日定稿于复旦光华楼

下篇

正义的中国情境与情境化的正义观

从社会组织原则来看，从传统到现代的转型体现了“善”与“正当”之关系的历史性翻转：传统社会以激发人的“优越意识”（*megalothymia*）为基础、以奖励人的“荣誉”为机制而组织起来，因而以“善优先于正当”为组织原则；现代社会则以激励人的“平等意识”（*isothymia*）为基础、以捍卫人的“尊严”为机制组织起来，体现了“正当优先于善”的组织原则。罗尔斯之所以把“正义”视为现代社会秩序的首要美德（现代政治 / 法律秩序的首要价值），即根源于“正当”在现代社会的优先性：“正当”在道德世界的优先性，转化为政治社会的规范性要求，便体现为“正义”在现代政治 / 法律秩序中的优先性。

根据一种流行的理解，不同于“善”因与个体的价值观（伦理认同）相联系而必然是情境主义 / 特殊主义的，“正当”则体现了人类的道德共识，因而具有“去情境化的”普遍性。相应地，“正义”作为政治社会的一种“硬价值”（hard value），所蕴含的规范性要求（如罗尔斯正义“二原则”所蕴含的平等自由的优先性、机会公平、差别原则）具有跨文化的普遍性。遵循这种普遍主义的正义观，特定时空的政治与社会—历史情境，与其说是制约正义理论之建构的“内生变量”（endogenous variables），不如说是具有普遍性的正义理论所要回应或解决的问题。显然，在这种论说取向中，转型中国的政治与社会—历史情境不会整全性地进入论者的视野。至多，与社会正义有关的各种社会情境，可能会成为论者阐述其社会正义理论的实践参照，但政治情境和历史情境等实践约束条件一般不会成为其思想根据。

然而，强调“正义的中国情境”，其实蕴含着我对这种论说取向的纠偏。它把“转型中国的正义”作为研究论题，旨在推进“根据中国的理论建构”，在根本上预设了实践哲学和社会科学研究的“本土化”（localization）取向。

从总体上看，正如我在本书导言及第四章已指出的，与现代社会

“后习俗的道德意识结构”相适应的道德普遍主义，是程序性的道德普遍主义（规范证成程序的普遍性），而不是实体性的道德普遍主义（规范内容的可普遍化）。因此，即使诉求正义的普遍性，这种普遍性也应优先指向程序正义，而不是实体正义。

更具体地看，本篇第六章揭示的罗尔斯平等自由优先性原则对于特定文明条件的依赖，实际上从当下最有影响的正义理论的内在理路出发，充分展现了正义理论对于特定时空之情境的依赖。本篇第七章对“道德世界”与“政治社会”、“规范的正当性”与“规范使用的正当性”、“正义命令的绝对性”与“正义规范的情境性（有条件性）”等区别的厘清，则更进一步表明了政治社会之正义的情境依赖性。如果说，道德世界的“正当”可能具有超越文化情境的普遍性，那么政治社会的“正义”则必然是“敏感于情境的”。这在根本上，乃因为：特定时空的政治和社会—历史情境，是某个政治共同体之为政治共同体（而非道德共同体）的前提条件，很大程度上构成了政治共同体实现其内部之社会正义的出发点。从正义本身的价值特性来看，它内在地指涉一种复合的价值结构：它关涉经济、政治和文化诸领域，并在实质上涉及我们对自由、平等和民主等现代性价值的整全性确认。因此，正义之规范性要求证成和确立的过程，其实是将自由、平等、民主等价值平衡和整合为一个相互兼容、互为支援之价值结构的过程。由是观之，即使我们认可某种普适性的正义理想，只要我们想深入把握其可落实于制度和实践层面的具体规范性要求，特别是将其内含的多种（互相抵牾的）价值整合为一个相互兼容、互为支援的价值结构，就势必要参照特定政治共同体的政治与社会—历史情境。

把“转型中国的正义”作为研究论题，意味着转型中国的政治与社会—历史情境将整全性地进入了本书的研究视野，并被视为制约转型中国社会正义理论解释力或有效性的内生变量。据我个人体会，转型中国的正义问题，并非任何既有的正义理论的一个注脚或范例，而是有着自身情境化的问题面向和理论逻辑。从实践哲学（特别是政治哲学和法哲学）角度来看，这就要求我们放弃对任何既定的理论模式的意识形态性遵奉，而代之以自主的理论建构，也即是要从转型中国的结构化情境出发，进行介入性的学理分析和实体性的理论建构。惟其如此，我们始能建构兼具规范性、针对性和可行性的政治哲学和法哲学理论。

据我个人理解，转型中国与正义（特别是社会正义）有关的结构化情境，至少表现在三个方面。

第一，转型中国正义问题的共时性。由于正义本身指涉一种复合的价值结构，转型中国问题的共时性突出体现在正义问题上。转型中国正义问题的共时性，所指涉的乃是这样一种结构化情境：不同于政治正义问题、经济正义问题和文化正义问题，大致历时性地成为西方发达国家的“正义议程”，它们在转型中国是共时性存在的正义议程，需要我们“毕其功于一役”地予以回应。

我们该如何从学理上回应转型中国正义问题的这种共时性？本篇第六章，试图对此进行探索性的研究。为了将其转化为一个可深入把握的论题，我对研究思路做了两个方面的限定：其一是引入了另一个与转型中国正义问题的共时性有关的结构化情境，即我识别出来的可称为“反正义的公平”的典型正义观念；其二是将研究目标定位为对“底线正义”的研究。经由这两个限定，本章的研究最终呈现为从转型中国的某种典型正义观念出发，对“底线正义”诸原则的探究。它对转型中国正义问题共时性的回应，仍一以贯之地体现了我所主张的中道理性的取向：通过从学理上分析“反正义的公平”观念这种制约正义实现的（某种文化观念上的）结构化情境，特别是通过探究其生成机理和超克方向，同时通过参照现代转型的“进行时”（正在以文明型国家、超大规模型国家和社会主义政党—国家等为实践约束条件下探求“另类现代性”道路)、重大正义事项的“未决性”及转型中国作为“非丰裕社会”的发展条件等其他结构化情境，最终在“底线正义”的框架内，妥善确立不同正义议程之间的优先性规则。

第二，转型中国正义问题的整体性。所谓“转型中国正义问题的整体性”，指涉这样一种结构化情境：转型中国某一领域、世代等的正义问题，与另一领域、世代等紧密相关；若不把这些相互关联的面向整体关联起来，我们便难以确立可资评价的正义法则或正义规范。譬如，高房价是否合乎正义？要想深入把握这一问题，我们必须把它归置到转型中国的特定情境中，特别是把高房价不仅视为经济领域的问题，还将其同可溯源于政治领域的原因及其在社会领域所产生的影响等关联起来。这就需要我们采用一种关联性的视角。

本篇第七章试图对转型中国正义问题的整体性，进行实体性的理论建构。我不但引入了“关联性正义”的概念，抑且力图把它建构为一种较为立体且丰满的正义理论模式。为了给“关联性正义”奠定厚实的政治哲学基础，我首先从学理上探讨了“关联性正义”所依托的“情境化的正义”及其理论依据，特别是政治社会之“正义”不能还原为道德世界之的“正当”的理据。在本章的主体，我基于对转型中国正义问题所依托的复杂关联性结构的分析，建构了中国情境中“关联性正义”的主要关联向度，以及与之相适应的“关联性正义”评价法则。按照关于马克思主义联系观的一种庸俗化理解，世间的万事万物都是相互联系的。沿着这样的思路，所谓的“关联性正义”，不啻为一种无甚意义且无法把握的论调。要回应这样的问题，我们就需要在某种相对中观甚或宏观的层次上，把握“关联性正义”的诸关联向度，而不是纤悉无遗、但背本趋末地去把握各种互相关联的细微事项。然而，要进行这种中观甚或宏观的层次上的把握，如何避免关于“关联性正义”的论述沦为没有支点而又缺乏逻辑的论说，又是需要熟思审处的问题。我对这一问题的把握，秉承这样的思路：力图从纷繁复杂的乱象中，洞察到转型中国正义问题之关联性的枢机所在。据我理解，在转型中国，社会的正义关切主要是围绕国家权力展开的，而这种正义关切，不但体现为对国家权力本身的关切，抑且关涉对其对其他领域之影响的关切。鉴于此，本章以国家权力为中心，围绕国家权力的运行目标、运行过程及其对其他领域的支配，分析了转型中国正义问题在三个向度、六个方面的关联性，并阐述了与之相对应的“关联性正义”评价法则。

第三，与文化正义有关的中华民族多元一体格局。在现代社会，政治共同体内部的文化正义，在实质上关涉其集体（共享）文化认同确立的正当法则。从文化上看，转型中国之为“转型”，恰恰在于其正处于现代文化未定型的状态——也即是王庚武所谓的“经未定”的状态。[1]对西方发达国家来说，秉承自由主义的国家中立性原则，它们在文化领域形成了放任主义的文化模式。因此，所谓的集体（共享）文化认同，在很大程度上是经由时间之流自生自发形成的。那么，转型中国应当确立怎样的文化认同建构法则？

本篇第八章试图探索性地回答这一问题。据我个人理解，要深入把握此问题，我们必须引入与此直接相关的一个结构化情境，即费孝通所谓的“中华民族多元一体格局”。作为一种文化—社会结构，中华民族多元一体格局是将转型中国的两大“元结构化情境”——中国作为拥有“轴心”文明遗产之文明型国家的文化条件与中国作为拥有大一统传统之超大规模型国家的社会条件——关联起来的核心环节：它表征着中国作为文明型国家和超大规模型国家，具有内在丰富的文化结构和内在复

[1] 石岸书整理：《香港大学原校长王赓武清华畅言：“经”未定，“史”可为》，载《北京青年报》2016 年 11 月 4 日，第 B11 版。

杂的社会结构。面对此种文化的丰富性与社会的复杂性相互叠加的复合结构，我们显然不能将政治自由主义的国家中立性原则，未经任何反思和转化地移用为转型中国文化认同建构的正当法则。正是出于这样的考虑，本篇第八章不但把中华民族多元一体格局，作为把握转型中国文化认同建构的结构化情境，抑且试图把“共同政治文化范导下的国家中立性”，阐发为转型中国文化认同建构的正当法则；其中，所谓“共同政治文化”，即以政治统一为核心的政治文化。

本篇的研究，其实贯穿着共同的理论关怀和学术立场：以凸显正义的“中国情境”为出发点，并建构与之相适应的一种情境化的正义观。其所体现的基本认识是：政治社会的“正义”不能还原为道德世界的“正当”，相反，它必须与特定政治社会的各种结构化情境相适应，并积极回应这些结构化情境（而不仅仅是被动受制于它们）。这种情境化的正义观，仍体现了我在本书第四章阐述过的情境主义立场：“反思性的情境主义”。其所体现的政治哲学立场是：我们应当把诸如“正义”这样的现代性价值与其具体的规范性要求及相应的制度和实践模式区分开来。惟其如此，我们始能超越关于当下中国发展的各种意识形态化的无谓争论，进而为已内嵌于中国的现代化实践但仍待继续推进的那种兼具现代性和中国性的“另类现代性”道路，保留充分的想象和探索空间——相反，当下知识界所谓的“左”“右”对峙，不过是将现代性的价值理想与特定时空的实践约束条件完全对立起来的结果：前者信奉封闭的“中国特殊论”，压缩甚或否认了现代性的价值理想对社会政治实践的范导空间；后者秉持去情境化的普遍主义立场，无视甚或否定了政治社会的特定结构化情境对现代性价值理想之价值形态（具体规范性要求）和实现方式（制度和实践模式）的制约空间。

第六章　从“反正义的公平”到“底线正义”

——基于转型中国一种典型社会正义观念的政治哲学分析*

“以近现代经济生活为基础，结合中国传统和现实经验构建一个比 Rawls 更优越的自由平等公平正义的政治原则和体制，却是一个非常复杂、需要论证、极具创造性的大理论课题。”

——李泽厚**

** 李泽厚:《回应桑德尔及其他》，生活·读书·新知三联书店 2014 年版，第 45 页。

引论：转型中国社会正义问题的历史规定性

（一）两种研究路向

“社会正义”（social justice）问题既

* 本章初稿全文首发于《人大法律评论》2016 年卷第 3 辑（总第 22 辑），法律出版社 2017 年版，第 57—123 页；其中第一节“‘反正义的公平观’与转型中国的正义问题”，曾发表于刘建军等:《转型中国的正义研究》，格致出版社、上海人民出版社 2016 年版，第 80—92 页。本章的初稿，系复旦高研院 2014 年“年度主题”（转型社会的正义：价值建构与制度建设）学术工作坊项目的研究成果，其最初思想曾在“政治哲学与当代中国”（中国人民大学哲学系，2014 年 7 月）、复旦高研院 2014 年度主题“转型社会的正义”学术席明纳（2014 年 9 月）中宣读或主讲。在这些及其他场合，袁翀、李鸣鹤、顾肃、姚大志、郭苏建、刘清平、周濂、葛四友、吴冠军、杨晓畅、姚选民诸君提出了有益的批评或建议。特别是，慈继伟先生不仅在百忙之中认真地阅读了拙文，还澄清了他自己的相关思想、提示了相关文献信息，并提醒我注意对“底线正义”之含义的界定，以及对差别原则之性质、对当下“金融资本主义”时代“占有性个人主义”之强化等的把握；马华灵学友则提醒我结合晚近正义理论关于“个人责任”的论说界定“道德上应得”的确切含义。他们的建议使得拙文论述更加严谨和完善，谨此申谢；当然，文责自负。本章关于罗尔斯、哈贝马斯、涛慕思·博格、德沃金等文字的引证，使用的是英文版本，但同时参照了相关中译本，感谢何怀宏、何包钢、廖申白、姚大志、万俊人、童世骏、曹卫东、顾肃、冯克利、信春鹰、吴玉章等译者的贡献。

是现时中国最突出的社会问题之一，亦是亟需结合转型中国的结构化情境（政治与社会—历史条件）进入介入性学理分析和实体性理论建构的重大理论课题。综观中国知识界对此问题的研究，大体形成了两种研究路向。

第一种是规范性的政治哲学路向。从自由主义左翼（如罗尔斯的公平正义论、德沃金的资源平等论、阿玛蒂亚·森的能力平等论）到自由主义右翼（如诺齐克的持有正义论、哈耶克的否定性正义观），从社群主义（如沃尔泽的复合平等观、麦金太尔和桑德尔的德性正义观等）到共和主义（如佩迪特的新共和主义正义观），从批判理论（如霍耐特的承认正义论、南茜·弗雷泽的正义三元论）到分析马克思主义（如 G. A. 科亨的分配正义观、凯·尼尔森的激进平等主义正义观），几乎所有的西方正义理论都能在中国找到学术知音，成为论者把握中国社会正义问题的理论凭借或学理参照。这种政治哲学路向的研究，又大致可分为两类：较为常见的取向，是从西方理论出发的“拿来主义”研究。它们多以“××× 正义理论 / 思想及其对中国的启示”为思路铺陈开来，一般先介绍或分析西方某种或多种正义理论 / 思想，再以此为依凭阐述对认识或回应中国社会正义问题的启示。在此类研究中，西方的某种或某些正义理论 / 思想未经转化地径直成为论者把握中国社会正义问题的理论工具。[1] 还有一类是近年来兴起的具有“中国本位”取向的研究，即以中国情境中的某种特殊要素对某种西方正义理论提出质疑或指出改

[1] 这类研究可谓汗牛充栋，较有代表性的有：童世骏《当代西方正义理论对中国的三大启示》（《探索与争鸣》2011 年第 11 期）一文借鉴罗尔斯正义理论、霍耐特、南茜·弗雷泽的承认正义理论及社群主义、文化多元主义的正义思想，对转型中国的公平与效率、再分配与承认、政治统一性与社会多元化等关系进行了研究；徐贲《分配正义和群体认同：社会正义在中国》（《当代中国研究》2003 年第 4 期）一文借用沃尔泽的“复合平等观”对中国的社会正义问题进行了分析；邓正来《中国语境中的社会正义问题：序〈转型中国的社会正义问题〉》（《法制与社会发展》2013 年第 5 期）一文借用霍耐特的“承认正义观”分析了转型中国的社会正义问题；等等。

进方向。譬如，万俊人基于中国情境对罗尔斯正义理论视野中正义制度的公共实践运作（或实践条件）之缺位进行了研究，并探讨了其中蕴含的政府和公共管理部门及其管理者的政治道德问题及公民的正义美德、正义行为动机问题等。[1]

第二种研究路向，是情境化的社会科学路向。例如，张静领导的学术团队采用定性经验分析方法，对2006年以前中国社会成员的正义观念进行了较为全面的社会科学研究，其视野中的正义观念包括：当人们采用是否公正做出评价时，通常使用何种根据，其中是否存在共识性的核心价值、原则及影响其正义感的因素是什么；在不同的领域和事项，人们的评价标准是否存在差异；在社会变迁和转型过程中，人们的正义观念是否以及发生怎样的变化；等等。与规范性的政治哲学路向不同，这种研究不是从某种正义理论出发，而是从中国的历史及现实经验出发所进行的研究。而且，研究者已充分认识到“把公正原则视为普遍性的、而非具有历史（文化）特殊性的论题进行讨论，从而使我们在理解某个具体情境下的公正原则时，往往有削足适履之感”[2]。

毋庸置疑，以上两种研究路向，对于我们厘清和把握转型中国社会正义问题的复杂性都颇具启发意义，但亦有其内在的限度。下文将以转型中国社会正义问题的独特历史规定性条件为依凭，阐述它们对这些条件的忽视。在此，我想先一般性地简要勾画它们（特别是政治哲学中的“拿来主义取向”）所存在的问题。

“拿来主义”取向，是研究者最便利、也最容易想到和做到的，甚

[1]参见万俊人：《罗尔斯问题》，载《求是学刊》2007年第1期。
[2]参见张静主编：《转型中国：社会公正观研究》，中国人民大学出版2008年版，第52页。

至已成为中国学者研究西方思想时的一种研究习性。[1]但这种直接舶取西方某种正义理论 / 思想讨论中国社会正义问题的做法，其实在很大程度上放弃了对转型中国社会正义问题的深入思考，难免会造成“南橘北枳”式的情境错位，从而陷入“张冠李戴”般的“问题误置”（借用秦晖的说法）。值得注意的是，部分西方正义理论（如社群主义的正义理论），尽管本身是情境主义取向的，但它们实质上根植于一个更为根本的“元情境”（meta-context），即主要基于西方特定的文明发展条件和现实境况所进行的阐述。一旦未经反思或不加转化地照搬至中国情境，我们事实上即把它视为普遍主义的，进而失去了原有的情境主义特质。这里的关键在于：情境主义应该是一种方法论，而不是一种“世界观”。当情境主义本身适用的“元情境”发生根本变化时，原本在其他情境属情境主义的理论模式势必会丧失其情境主义的特质。新兴的“中国本位”的政治哲学路向，无疑更具中国情境的自觉性；但由于多是局部性的研究，难免有片面化的局限。情境化的社会科学路向，由于过于贴近特定时段、特定领域或特定事项的正义问题，则不免有缺乏宏观把握的碎片化（fragmentation）倾向。

（二）转型中国社会正义问题的三大历史规定性

本章拟从正义的情境性出发，对转型中国的社会正义原则进行探索性的研究。让我们先从转型中国社会正义问题所依赖的结构化情境——

[1] 笔者本人就曾直接借用佩迪特的“无支配的自由”来分析转型中国的社会正义问题[参见拙文:《迈向一种政治哲学化的法律哲学：从韦伯的得失和中国法学的时代使命说开去》，载《华中法律评论》（第 1 辑 · 第 2 卷），华中科技大学出版社 2008 年版，特别是第三节“迈向一种根据中国的政治哲学化的法律哲学”]。在笔者攻读博士学位期间，由于多数同门都专治西方思想方面的研究，在博士论文开题或答辩时，评审老师提出最多的建议就是结合中国情境阐述对认识中国相关问题的启示。

即历史规定性条件——谈起。

将正义理论与特定时空的政治与社会—历史情境相结合，是建构正义理论的关键所在。法兰克福学派的第三代领袖霍耐特（Axel Honneth）曾提出了“正义论作为社会分析”的著名主张，并试图“以社会理论去发展一种正义思想”。正如他指出的：“在制约当代政治哲学最大的一些局限中，其中有一个局限就是它与社会分析的脱节，这使得哲学只能定位在纯粹规范性的原则上。”[1]因此，要建构适合于转型中国情境的社会正义理论，必须建立在对转型中国的“社会分析”基础之上。依此看来，转型中国的社会正义问题，至少具有如下三个独特的历史规定性条件——而这些结构化情境正是前述两种研究路向所普遍忽视的。

第一，现代转型的“进行时”，需要我们为中国追寻兼具现代性和中国性的“另类现代性”道路，保留必要的想象和探索空间，同时兼顾理论建构的开放性、针对性和可行性。从理论上看，中国追寻另类现代性道路的必要性在于：西方既有的现代国家建设模式，不符合中国作为超大规模型国家的政治和社会—历史条件。其可能性则在于：中国作为文明型国家具有可能“接榫、吸纳、转化乃至超越”西方现代性模式的丰厚文化资源。[2]从实践历史上看，现时中国在苏联模式和西方模式之外，正在探索的中国特色社会主义道路，溯源于孙中山所开启的“既非复古、也非西化”的中国式现代国家建设道路。[3]鉴于这种“既非复

[1][德]霍耐特：《自由的权利》，王旭译，社会科学文献出版社2013年版，第9页。

[2]时下论者的诸多论述，亦多以超大规模型国家和文明型国家为理据，但常常人为地压缩了理论对实践的规范性范导空间，很大程度上具有邓正来所说的“以‘有效’或‘可行’来取代‘善’和‘正当’”的取向。作为一种规范性的研究，本章只是建议保留中国追寻“另类现代性”的想象空间，但并不把它视为为既定秩序或制度安排辩护的理由。换言之，它旨在探求一种具有前瞻性和开放性的中国现代社会—政治秩序和法律秩序。

[3]参见郑永年：《中国模式：经验与困局》，浙江大学出版社2010年版，第65页。

古、亦非西化同时超越苏联模式”的“另类现代性”道路仍在进行中，我们的理论建构应为此保留必要的想象和探索空间。前述研究路向，特别是“拿来主义”的政治哲学路向，很大程度上把西方所面临的问题当作中国自己的问题，恰恰忽视了转型中国的社会正义所依赖的这一更大情境。从法哲学的视角来看，转型的“进行时”其实意味着：亚里士多德关于法治的两大理想要素——“规则之治”与“良法之治”——应当同时成为我们的法治追求。换言之，维护社会—政治秩序和法律秩序的相对刚性，与促进其朝着符合“良序社会”乃至“良善社会”[1]的要求发展，应同时成为我们的法治诉求。为顺应这一共时性的正义追求和法治追求，同时增强理论模式对于中国情境的指涉能力和言说能力，转型中国正义理论的建构，应当兼顾开放性（规范性）、针对性和可行性。所谓“开放性（规范性）”，是指我们要为中国现代社会—政治秩序和法律秩序的建构保留充分的提升空间；所谓“针对性和可行性”，是指理论建构应当契合于中国现代转型的独特政治和社会—历史条件，并具有制度和实践层面的可行性。

第二，转型中国社会正义问题的共时性和整体性，需要我们把经济领域、政治领域和文化领域的正义问题统合起来进行研究。依我个人

[1] 从学理上看，“良序社会”（正义社会）的理念一般主张“正当优先于善”，即认为社会—政治秩序的正当性是理想社会秩序的根本。因此，它多为自由主义论者所接受。“良善社会”的理念，一般主张“善优先于正当”，即认为促进善观念的生长以确保社会—政治秩序的可欲性，是理想社会秩序的基础。因此，它多为社群主义/共同体主义、共和主义或保守主义论者所偏爱。大体说来，我们可将两者的区别解读为对理想社会的载体理解不同：前者主要落实为国家的制度体系，并进一步体现为国家和社会进行制度建构的政治责任和道义责任；后者主要体现为个体的道德义务或社会的团结机制。在西方语境中，良善社会理念主要是作为良序社会理念的补充（而非替代）而存在的，即是对前者的修补性、改良性的主张。在转型中国的情境中，鉴于现代性问题的共时性存在，上述两种理想社会的理念都应进入我们的视野中。但值得注意的是，我们需结合现时中国独特的政治与社会—历史条件，去建构转型中国“良序社会”乃至“良善社会”的具体规范性要求，而不可径直把西方论者的主张照搬过来。后文关于转型中国“底线正义”规范性要求的表述及其理由，将充分说明这一点。

鄙见，经济领域的分配正义、政治领域的参与平等和文化领域的认同平等，构成了现代社会正义问题的主要方面。[1]对西方国家来说，政治上的参与平等问题、经济上的分配正义问题和文化上的认同平等问题，大致是沿着历时性的自然时间逐步凸显出来的。大致来说，参与平等主要是西方工业社会时期所面临的正义问题，分配正义是工业社会后期，特别是1960年代以来的“后工业社会”更为凸显的正义问题，认同平等则是1980年代以来随着文化多元主义思潮的兴起始被列入现代社会的正义议程之中。然而，所有这些正义议程，都共时性地存在于转型中国——此即为转型中国正义问题的“共时性”。更一般地说，现代性问题的共时性存在，是几乎所有后发国家现代化进程都面临的共同挑战。所谓正义问题的“整体性”，是指某个领域、世代等的

[1]美国批判理论的代表人物南茜·弗雷泽（Nancy Fraser），提出了统一于“参与平等”的“三元正义观”，即“3R模式”，也即是经济领域的“再分配”（Redistribution）、政治领域的“代表权”（Representation）和文化领域的“承认”（Recognition）。这种统合了经济正义、政治正义与文化正义（承认政治）的正义观，较为全面地把握住了现代复杂社会的主要正义领域及其道德直觉。但依我个人拙见，相比“代表权”和“承认”，“参与平等”和“认同平等”更能把握政治正义和文化正义的“规范性基础”（normative foundation）。如果我们把“参与平等”限定为政治参与或公共参与方面的平等，而不是南茜·弗雷泽所说的参与社会生活的平等，那么它更应成为政治正义的规范性基础，而不是正义概念的“最大公约数”。相较于“代表权”常常与特定的政体模式关联起来，“参与平等”既更具有普遍主义特质，对于非西方国家的政治正义问题，亦更具有情境相关性；相较于“承认政治”常常与文化多元主义、黑格尔主义、社群主义/共同体主义等特定思潮或取向相联系，“认同平等”同样更具有普遍主义特质，亦更能把握文化正义的道德直觉。再者，将“承认政治”（“为承认而斗争”）与“分配正义”并列起来，尽管最大限度地兼顾了学术传统和学理逻辑的延续性，但却牺牲了理论视角的一致性：前者是从个体化（主体中心视角）视角对个体行为正义的评判；而后者则是从社会（主体间性）视角对社会正义的把握。是故，为了确保理论视角的一致性，同时为了增强理论模式相对于中国情境的指涉和言说能力，我个人主张把南茜·弗雷泽的“三元正义观”，修正为经济领域的分配正义、政治领域的参与平等和文化领域的认同平等。关于南茜·弗雷泽的“三元正义观”，可参见［美］南茜·弗雷泽：《重构全球化世界的正义》，载［美］奥尔森：《伤害＋侮辱：争论中的再分配、承认和代表权》，周穗明译，上海人民出版社2009年版，第271—282页；Nancy Fraser (et al.), Recognition, Redistribution and Representation in Capitalist Global Society: An Interview with Nancy Fraser, in *Acta Sociologica*, Vol. 47, No. 4, Recognition, Redistribution, and Justice (Dec.,2004):374-382.

正义问题与其他领域、世代等的正义问题交缠在一起的情形。譬如，需要把政治体制的完善与分配正义关联起来，才能全面把握后者并为之找到建设性出路的情形。[1]显然，前述两种政治哲学路向及社会科学路向的研究，均忽视了转型中国正义问题的这种共时性和整体性特质。

第三，转型中国由正义议程所决定的重大正义事项的未决性（unsolvedness），需要我们仍将视角聚焦于“社会基本结构”层面。所谓“正义事项”（matters of justice），是指正义规范、原则或法则所适用的社会、政治或法律事项。所谓“正义议程”（agenda of justice），是指因社会普遍存在的正义关切或国家主动为之的正义谋划而（应）列入政治和法律议事日程的正义事项。显然，一个社会的正义议程决定了何种正义事项应当受到重视。根据罗尔斯的著名观点，社会基本结构的正义是首要的正义。罗尔斯曾对“社会基本结构”做了如下界定：它是指“一个社会的主要政治、社会和经济建制（institutions），以及它们是如何融合为一个世代相续的社会合作统一体系的”[2]。基于对正义领域的前述理解，我们可以对这一定义稍加修正如下：社会基本结构是指一个社会主要经济、政治和文化建制，以及它们是如何融合为一个世代相续的社会合作体系的。如果说，西方发达国家社会基本结构层面的正义议程主要是修补性的，那么，转型中国则更具有制度建构的紧迫性。西方发达国家已经建立起了符合现代性基本要求的社会基本结构，所面临问题的是如何将其建设成为一种更符合正义要求的良序社会乃至良善社会；而我们不但面临着同样的正义课题，抑且面临着进一步建构现代社会基

[1] 关于转型中国正义问题的整体性，我将在本书第七章讨论，此处不拟申论之。

[2] J. Rawls, *Political Liberalism*, (New York: Columbia University Press, 1996), p.11.

本结构的历史任务。借用吉登斯的术语，如果说西方发达国家经由数百年的现代性进程已然在社会基本结构层面落实了“解束政治”（emancipatory politics）的基本成就，现在面临的主要是与自我认同有关的“生活政治”问题，那么“解束政治”和“生活政治”是我们需要同时回应的历史课题。前述社会科学路向的研究，最大的缺憾就是未能把视野放在社会基本结构层面。

（三）研究定位、研究起点与研究思路

基于上述分析，转型中国社会正义的理论建构，其实应至少同时满足如下三个条件：（1）从正义问题的共时性和整体性出发，（2）聚焦于社会基本结构层面，（3）坚持“底线正义”（bottom-line justice）视野。“底线正义”之必要，既旨在为正义的较高要求保留充分的规范性空间，亦旨在为中国追求“另类现代性”的道路保留必要的想象空间和探索空间。

然而，本章并不打算直接把对转型中国社会基本结构的分析作为出发点，而拟代之以社会基本结构制约下的某种典型正义观念。依我个人鄙见，这是与转型中国的正义议程更具有相关性的一个结构化情境。这种研究起点（经验参照点）的选择，主要基于如下两方面的考虑。

第一，尽管既定社会基本结构为社会行动提供了基本的结构条件，但如果不考察行动者的相应表现（特别是其正义观念），仍不足以揭示出转型中国社会正义问题的紧迫性、严重性和复杂性。正如后文将要揭示的，这种紧迫性、严重性和复杂性，在很大程度上即体现为某种极端且激进的社会正义观念与“缺失正义的”（justice-deficient）社会基本

结构之间的高度紧张。用社会理论的术语讲，“施动者”（agents）[1]与“结构”（structures）在正义事项上的冲突，构成了转型中国社会正义问题的主要结构化情境。因此，社会成员作为“施动者”的正义观念及其与社会基本结构之间的互动，是把握转型中国社会正义问题的一个恰当的经验参照点。

第二，一个社会的主导正义观念既是其“正义之条件性”的具体表现，亦是引发社会正义问题的社会心理基础，具有相当程度的情境依赖性。正如哈贝马斯指出的，与现代社会相适应的是一种“后习俗道德”，而它所面临的最大问题之一是动机不足。由于世界的“除魅”及宗教—形而上学世界观的崩塌，人们缺乏足够的动机资源实施道德行为——这种动机资源，在传统社会是由宗教整全性教义或道德、哲学整全性学说（comprehensive doctrines）提供的。“每一种后习俗的道德，都要求与那种不受质疑的、已确立并被视为当然的生活形式保持距离。与具体的伦理生活相分离的道德判断，不再直接带有将这些判断转化为行动的动机性力量。”[2]这其实意味着：尽管道德律令被期待具有康德意义上的自律性（无条件性），但现代道德实践却常常具有他律性（有条件性）。换言之，“道德的机会主义”（moral opportunism）在很大程度上构成了现代人在道德实践中的普遍道德行为模式。正是沿着这样的思路，慈继伟提出了“正义的条件性”的著名观点：作为一种介于纯粹利他主义

[1] 在社会—政治理论的学术传统中，“agent”（施动者）和“actor”（行动者）是略有区别的两个概念。一般来说，前者多为吉登斯、布迪厄、哈贝马斯等左翼社会理论家所偏爱；后者源于韦伯，并尤为符号互动论、文化解释论等关注行为（behavior）背后之文化蕴含（动机或意义关联等）的论者所偏好。因此，后者有“理解社会学”或“解读性社会学”（Interpretive Sociology）的背景，但亦常被认为带有“意识哲学”或“主体哲学”痕迹。由于不属于细致的社会理论研究，本章对两者暂不作区分。

[2] J. Habermas, Law and Morality, trans. Kenneth Baynes, in SM McMurrin (ed.), *The Tanner Lectures on Human Values*, Volume 8, (Salt Lake City: University of Utah Press, 1988), p.245. 为使行文统一起见，此处引证把原文中的“后传统”（post-traditional）改为了“后习俗”。

与纯粹利己主义之间的品德，正义所依赖的个体行为动机具有“实践条件性”或“基于利益的条件性”，即“他人普遍遵守正义规范是每个人遵守正义规范的前提”[1]。然而，正义动机的条件性，不但是基于利益的条件性，抑且是基于观念的条件性。关于“观念”（idea）与“利益/旨趣”（interest）对个体行为的影响，韦伯有一个著名的说法：诚然，“直接支配人类行为的是物质上与精神上的利益，而不是观念。但是，由‘观念’所创造出来的‘世界图像’（world images），却常如轨道转辙员一样，决定着利益动力所驱动的行动沿着何种轨道运行”[2]。对此，哈贝马斯进一步将其分解为四个命题：

> “1.‘利益的动力’推动了行为的产生；2.但这种动力通常只在实际上有效的规范性调节（normative regulations）的范围内发挥作用；3.规范性调节的有效性，依赖于可以为之提供支持的那些观念所内在具有的说服力；4.这些观念的实际说服力，亦依赖于它们在某种给定情境被提出来时，所具有的可进行客观评价的奠基和证成潜力。”[3]

就社会正义问题而言，它固然与现存的某些社会不义或不公侵害社会成员的利益有关，但它之所以能够形成捍卫正义的社会行动，既与社会成员诉诸的正义观念所提供的证成力量密不可分，亦与这种观念所塑

[1] 参见慈继伟：《正义的两面》（修订版），生活·读书·新知三联书店2014年版，第20、15页。

[2] 参见［德］韦伯：《韦伯作品集V：中国的宗教 宗教与世界》，康乐、简惠美译，广西师范大学出版社2004年版，第477页。此处根据英译本对译文进行了调整，见M.Weber, *From Max Weber: Essays in Sociology*, H. Gerth and C.W. Mills (eds.), (New York: Oxford University Press), 1946, p.280.

[3] J. Habermas, *The Theory of Communicative Action, Vol.1: Reason and the Rationalization of Society*, trans. T. McCarthy, (Boston: Beacon Press, 1984), p.193.

造的道德心理体验密切相关。就前者来说，上述分析其实已表明，社会成员要想使自己的利益抗争获得道义上的支持，“必须与证成规范有效性主张的观念结合起来”[1]。就后者来说，具有不同正义观念的社会成员，可能会对同类性质的社会现象具有不同的道德心理体验，从而产生完全不同的社会评价（道德和法律评价），并促发不同的社会行动和社会后果。譬如，同样一种具有歧视意味的行为、习惯或制度，在一个礼治文化根深蒂固的社会（如日本）大概不会产生严重的社会后果，在一个普遍主义的平等观念深入人心的社会（如美国）极可能会引发宪法诉讼，而在一个社会成员普遍具有机会主义平等观念的社会则可能触发抗争性的社会行动。个中的差异，固然与社会基本结构（特别是宪制架构）的差异有关，但在社会现象与社会行动、社会后果之间起中介作用的，却是不同的社会正义观念及其塑造的不同道德心理体验。

基于上述分析，本章拟以转型中国的某种典型的社会正义观念为研究起点，通过分析其与社会基本结构等的互动，探究超克这种观念的“底线正义”诸原则。这种典型的社会正义观念，即上文提到的“机会主义的平等观念”。为了便于理论把握，我将其进一步定性为“反正义的公平观”（the idea of fairness-against-justice），并在整合相关理论论说的基础上，对之进行学理上的勾画，同时结合中国情境分析其两种存在形态及其“话语”特质和机会主义特性（一）。对于这种相对扭曲的观念，既有论者习惯于采用基于启蒙理性的道德批判立场。然而，这种取向尽管可以澄清是非，但却不足以探究其生成机理和改进方向。本章拟在探究其生成机理的基础上进行建设性的探讨。考虑到正义的情境依赖性，本章拟继续采用我一直主张的“政治哲学建构与社会—历史

[1] See J. Habermas, *Between Facts and Norms: Contributions to a Discourse Theory of Law and Democracy*, trans. W. Rehg, (Cambrige, Mass.: MIT Press, 1996), p.69.

分析相结合”的研究取径，也即是在一定程度上将前述规范性的政治哲学路向与情境化的社会科学路向结合起来的研究路向。鉴于本章的研究起点是社会观念，我将部分借鉴福柯式的话语分析方法，将社会观念视为一种“话语”(discourse)，进而探究其“如其所是”的生成机理，即:“旨在重新发现……在何种历史先天性基础上，在何种确定性要素中，观念得以呈现，科学得以确立，经验得以在哲学中被反思，合理性得以塑成，以便也许以后就会消失。”[1]我将秉承福柯话语理论的一个基本命题：话语既是被社会（知识）建构起来的，又以“真理”的面目在话语实践中形成了“话语控制”的“权力”关系。但作为一种建设性的探讨，我将舍弃福柯式考古学或系谱学路径所呈现的社会批判立场，而拟从“话语”的内在要素入手，探讨“反正义的公平观”的生成机理(二)。最后，我将从“反正义的公平观”的存在形态和生成机理出发，探讨有可能促使这种观念发生正向调适性变化的“底线正义”诸原则(三)。

一、“反正义的公平观”与转型中国的正义问题

（一）何谓“反正义的公平”？

作为社会—政治秩序和法律秩序的首要美德，“正义”历来被人们珍视，但亦面临着众说纷纭的论说局面。据我个人阅读所及，罗尔斯式的“作为公平的正义”(justice as fairness)与约翰·凯克斯(John Kekes)的“应得正义论”这两种相互补充的理论模式，尤其值得我们重视。依我个人鄙见，他们都以相对精致的理论框架把握住了可贯通经

[1] 参见［法］福柯:《词与物：人文科学考古学》，莫伟民译，上海三联书店 2001 年版，第 10 页（前言）。

济、政治和文化等主要正义领域的价值取向或规范性空间。

自罗尔斯《正义论》出版以来，平等主义的“作为公平的正义”，即成为人们论说正义的主流理论模式。这种理论模式聚焦于社会基本结构的正义，同时把“公平”作为正义概念的根本要求，形成了“作为公平的正义”的模式，并以平等主义的取向进行阐释。在首次提出“作为公平的正义”时，罗尔斯在开篇即指出：“在正义的概念中，根本的理念（fundamental idea）是公平的理念。”[1]在晚年重述其正义理论时，他又明确指出：“作为公平的正义是一种平等主义的观点。”[2]因此，罗尔斯几乎把“正义”“公平”“平等”作为同等价值指向的概念加以运用——尽管他形成了独特的理论阐释方式，特别是通过“平等自由原则”“公平的机会平等原则”和“差别原则”把自由、形式平等和实质平等有机地统合了起来。这种理论模式的特质是：它既把社会基本结构的正义作为正义的首要问题，又把它作为先于“应得”（desert）的制度前提予以确认。罗尔斯认为，“应得”预设了特定社会合作体系的存在。[3]他明确主张：“在公共生活中，我们需要避免使用道德应得的观念，而代之以属于某种理性政治观念的事物。”[4]他所找到的这种政治观念，就是“合法期待”（legitimate expectations）：“一个正义体系回答了人们被授予何种资格的问题；它亦满足了他们以社会制度为基础的合法期待。”[5]可见，罗尔斯把符合正义要求的社会基本结构，视为评判“应得”与否的制度化前提和标准。如果考虑到法律秩序是现代社会基本

[1] J. Rawls, Justice as Fairness, *The Journal of Philosophy*, Vol. 54, No. 22 (1957): 653.

[2] J. Rawls, *Justice as Fairness: A Restatement*, E. Kelly (ed.), (Cambridge, Mass.: Belknap Press of Harvard University Press, 2001), p.130.

[3] See J. Rawls, *A Theory of Justice* (revised edition), (Cambridge, Mass.: Belknap Press of Harvard University Press, 1999), p.89.

[4] J. Rawls, *Justice as Fairness*, p.73.

[5] J. Rawls, *A Theory of Justice*, p.273. 本章下文引证该书 1999 年的修订版，均采用简写，若是 1971 年版本则以“(1971)”标出，请注意识别。

结构的根本表征，我们可以说罗尔斯仅仅认可法律上的“应得”，而把道德上的“应得”排除于视野之外。借用一个含义丰富的德语词汇“*Recht*”（正当、法律、权利、法权等）来表达，罗尔斯其实在主张“*Recht* 先于应得”的意义上，把道德上的“应得”排除于正义的关切之外。从罗尔斯的整个理论体系来看，这也可以从作为其政治自由主义三大理念之一的“正当优先于善”之理念中，合乎逻辑地推导出来：（道德上的）“应得”如果不能从属于（法律上的）“正当”或“权利”[right（s）]，它不过是多元善观念的文化表征而已，即一种罗尔斯意义上的“背景文化”。正是在这个意义上，凯克斯指出：“罗尔斯的正义观是平等主义的。他试图提供对应得在其中不起重要作用的正义概念的一种解释。”[1]

为了纠偏罗尔斯式正义观忽视（道德上的）“应得”的平等主义取向，凯克斯主张将正义理解为“一致性”与“应得”的结合，同时把“应得”明确界定为道德上的应得。凯克斯认为，在正义的两大要素中，“一致性要求类似的情况类似地对待，不同的情况不同地对待。应得提供了评价相似性和差异性的基础”[2]。他不但主张“应得内在于正义”（应得是正义的实质要素），抑且把“应得”明确限定为道德上的应得：应得的基础“就是与接受者的道德上的优点或缺点相称地分配利益和伤害。道德上的优点和缺点被理解为就人们的特性、关系、协议或行为而言，使它们适合他们应当得到的相应的利益或伤害”[3]。之所以把道德上的“应得”纳入正义范畴，是因为凯克斯不但坚信任何建设性的政治哲学都要“保护一个社会的成员能够在其中过他们自己的良善生活的条件”，抑且认为“一个社会的良善依赖于生活于其中的人们的生活的

[1] [美] 凯克斯：《反对自由主义》，应奇译，江苏人民出版社 2003 年版，第 176 页。
[2] [美] 凯克斯：《反对自由主义》，第 169 页。
[3] 参见 [美] 凯克斯：《反对自由主义》，第 169 页。

良善”[1]。因此，正如凯克斯自我期许的，他旨在为一种“保守主义—多元主义”政治哲学提供学理上的辩护。如果说，罗尔斯试图为建构良序社会（或正义社会）所承诺的社会基本结构提供政治哲学论证，那么凯克斯则力图为这种社会基本结构填充更具实质性的道德内容。

我在此无意偏护任何一种具有特定取向的政治哲学，而拟开展“问题导向的”研究。前已论及，转型中国正义问题具有三大历史规定性：兼具现代性和中国性的中国现代社会—政治秩序和法律秩序，仍处于正在形成的历史进程中；正义问题的共时性和整体性；社会基本结构层面之正义的未决性。这些历史规定性条件，其实为转型中国正义理论建构所依赖的思想资源，提出了一个方法论上的要求：它应当是“切己的”，而不是“排他的”。[2]换言之，我们应从转型中国的问题出发进行自主的理论建构，而不是想当然地地用任何既定的理论模式“裁剪”转型中国的正义问题。前文关于现代转型之“进行时”对理论建构的要求，启示我们：无论是罗尔斯对正当（社会—政治和法律）秩序本身的坚守和确认，还是凯克斯关于良善社会的更高道德期待，都应进入转型中国正义理论建构的规范性视域中。如果从法治的视角来看，亚里士多德所吁求的“规则之治”与“良法之治”，应同时成为我们的法治追求。其中，“规则之治”是形式正义的要求，旨在确保法律秩序（或社会基本结构）成为保障社会正义的刚性秩序；“良法之治”则是实质正义的要求，旨在确保法律秩序（或社会基本结构）本身不断趋近正义社会（良序社会）乃至良善社会的要求。

为了使“正义”的内涵更具有中国情境的相关性和针对性，本章基

---

[1] 参见［美］凯克斯：《反对自由主义》，第281页；［美］凯克斯：《为保守主义辩护》，应奇、葛水林译，江苏人民出版社2003年版，第1页（导论）。

[2] 参见慈继伟：《中国政治哲学需要自己的“议事日程”》，载钱永祥主编：《思想 第13辑 一九四九：交替与再生》，（台湾）联经出版事业股份有限公司2010年版，第210页。

本遵循凯克斯的思路，将“正义”总体上操作性地理解为“一致性和应得的结合”；但在对“应得”的理解上，则统合罗尔斯和凯克斯的观点，将其视为法律标准与道德标准的统一，即法律上应得与道德上应得的统一。换言之，这里的“应得”（dues）是乔尔·范伯格（Joel Feinberg）意义上的，它是法律“权利”（rights）与道德“应得”（deserts）的统一。[1]依我个人鄙见，如果像凯克斯那样把“应得”仅限于道德上的“应得”，不但不足以揭示转型中国正义问题的复杂性，反而会遮蔽这种复杂性。对转型中国来说，社会成员的正义观不但常常背离了道德上的“应得”，抑且常常违背了法律上的“应得”，即法律权利。在转型中国，所谓的“比坏心理”以及在这种心理下发动的诸多抗争行动，非但把道德抛在九霄云外，甚至连法律也屡遭践踏——这正是违背法律上“应得”的典型例证。因此，惟有把“应得”视为法律标准和道德标准的统一，进而将其共同纳入“正义”的内涵之中，我们始能对转型中国的各种违反“应得”要求的正义观进行深刻反思，从而廓清建构中国现代社会基本结构的问题性质和努力方向。

是故，我所理解的正义，是形式上的一致性与实质上的应得的结合。[2]借用乔尔·范伯格的话说，它是“比较原则”（comparative principle）与“非比较原则”（noncomparative principle）的结合：正义

---

[1] See J. Feinberg, Non-comparative Justice, *The Philosophical Review*, Vol. 83, No. 3 (1974): 300.

[2] 值得注意的是，将正义理解为形式上“一致性”与实质上“应得”的结合，并不完全等同于将其理解为形式正义与实质正义的结合——惟有在“一致性”符合“应得”要求的良序社会，两者始能二而一地对应起来。为了反衬出“形式上的一致性”可能导致的“反正义”，本章保留形式正义（规则之治）本身的正义属性，并把它与实质正义（良法之治）共同作为正义之实质要素——“应得”——的基础。把“一致性”与“形式正义”区分开来，旨在表明：一致性尽管常常是形式正义的典型形式，但亦会成为滥用形式正义的表现。后文详论的那种“反正义的公平观”，正体现了这一点：那些在公平（一致性）名义下进行的各种抗争行动，常常既违背了违反实质正义的“应得”要求，亦违背了形式正义的“应得”要求。

的“比较原则”要求，类似情形类似对待，不同情形不同对待；正义的“非比较原则”则要求，个体应当根据其应得（法律权利或道德应得）予以对待。[1]其中，一致性（比较原则）界定了正义的形式要素，依赖于对同等情况或不同情况的比较；应得（非比较原则）则界定了正义的实质要素，提供了对这些同等情况或不同情况进行评判的标准，包括法律标准和道德标准。两者一道，构成了“正义”的完整内涵。不符合一致性（比较原则）要求者，是“非正义的”（unjust）；不符合应得（非比较原则）要求者，是“反正义的”（unti-just）。相应地，我把“公平”主要理解为一种形式性、关系性的范畴，即大体对应于正义之“一致性”（比较原则）要求的范畴。换言之，它天然地导向平等主义，仅要求在社会成员之间形式上做到“同等情况同等对待，不同情况不同对待”，而无涉评价这些“同等情况”或“不同情况”的实质标准。从“公平”（一致性）与“正义”的关系来看，如果前者可以通过后者所蕴含的“应得”的进一步检验，那么两者就是高度一致的，即表现为“合乎正义的公平”；反之，则是一种“反正义的公平”。因此，“正义”提出了比“公平”更高的规范性要求（normative requirement）。所谓“反正义的公平”，即是指仅主张“同等情况同等对待，不同情况不同对待”，但实质上违反“应得”要求的一种平等观念。[2]

---

[1] 参见 J. Feinberg, Non-comparative Justice: 297-338；[美] J. 范伯格：《自由、权利与社会正义：现代社会哲学》，王守昌、戴栩译，贵州人民出版社 1998 年版，第 106 页。关于“比较原则”与“非比较原则”之间的关系及其实践运用，可参见 R. H. Levine & R. Pannier, Comparative and Noncomparative Justice: Some Guidelines for Constitutional Adjudication, *William & Mary Bill of Rights Journal* ,Volume 14, Issue 1 (2005): 141-192.

[2] 不同于罗尔斯式的“作为公平的正义”，本章所谓的“反正义的公平”是在凸显“公平”与“正义”之区别的前提下，专为描绘转型中国的某种主导正义观念而提出的，其批判意义大于建构意义。从本章研究的内在理路看，它其实具有某种临时性，为后文将要进一步构建转型中国“底线正义”诸原则提供了基本的问题意识。

（二）"反正义的公平观"：典型个案与存在形态

让我们先从近年来曾引起广泛关注的两个公共事件谈起。

一是发生在湖北钟祥的围攻高考监考老师的事件。2013年5月8日，在湖北钟祥市第三中学高考考点，由于不满外地监考老师"不通情理"、监考太严，上千名家长和考生围攻监考老师，引发了群体性事件。在记者采访抗议者时，听到最多的一句话是："我们要的是公平，不让作弊就没法公平。"在他们看来，作弊似乎已成为他们获得公平对待的一种权利。他们不无冤屈地说到："考试作弊在中国很普遍，所以强迫他们的孩子无法作弊就是对这些孩子不公。""有钱有权人家的孩子，通过关系打点好，能抄到答案。普通人家的孩子，花大价钱买了答案，没打通关系，作弊工具被收走，仍然抄不到。"[1]

另一个是曾引发广泛关注的"张艺谋超生事件"。作为国际知名导演，张艺谋婚外超生了三个孩子，被媒体曝光后被罚收社会抚养费748万元。在此事件发酵的大半年时间（2013年5月—12月）里，人们几乎都怀着"围观"的心态，一边倒地支持政府部门对其进行严肃查处，有媒体甚至在头版刊发"寻人启事"强迫张艺谋正面回应。在此事件中，人们不再诉诸法律之外的理由，无论是民间的讨论还是官方的回应，"法律面前人人平等"成为人们共同采用的评价标准。

[1] 参见雷磊等：《"不作弊，不公平"：一个高考"强"县的养成》，载《南方周末》2013年6月20日，第A1版；萧辉等：《教育名城钟祥的高考"舞弊战"》，载《新京报》2013年6月20日，第A23版。

初看起来，这两个事件似乎风马牛不相及。特别是，在上述两个事件中展现其正义观的人群不但不是重合的，抑且常常是对立的。大体来说，第二个事件主要体现了常以“启蒙者”自居的主流知识精英（特别是公共知识分子）的价值立场，第一个事件所呈现的“无公德的个人”（阎云翔语）则多见于被前者视为启蒙对象的普罗大众之中。然而，只要我们拨开由“精英—大众”这种二元化模式所造成的认知迷雾，便可发现其正义观的同构性。在表面上对立（违法 vs. 守法）的背后，它们其实共享着同一种正义观。

首先，它们都在根本上诉诸“公平”这一价值立场，所不同的只是为“公平”所寻找的证成依据（justifications）有所差异：泛道德意义上的“同等情况同等对待”vs. 法律内的“同等情况同等对待”。后者似乎不言自明，这里需要对前者略加说明。一般来说，“同等情况同等对待，不同情况不同对待”，是正义之一致性原则的典型表现，也是形式正义的基本要求，其道德基础源于对人格平等的承认，即把人视为平等者（treating people as equals）[1]。那些主张“抄袭权”的人们所诉诸的理由是：为数不少的其他人可以通过“找关系”或抄袭知道高考答案，为公平起见，他们也有权抄袭。尽管通过抄袭获得较高的分数严重违反了实质性的道德和法律规范，但是主张“同等情况同等对待”却仍符合某种形式上的道德直觉，因为它在形式上符合“把人视为平等者”这一人格平等的要求——这种符合形式上的道德直觉但违反实质性道德规范的情形，我们可以称之为“泛道德的”。这种情况其实表明：道德直觉

[1] 德沃金区分了“把人视为平等者”（treating people as equals）与“平等地对待每个人”（equal treatment）。前者涉及人格平等或机会均等，后者涉及实质平等或结果平等。一般来说，后者更具实质意义，但前者更为基础。See R. Dworkin, *Taking Rights Seriously*, (Cambridge, Mass.: Harvard University Press, 1977,) p.277.

主义（moral intuitionism）是不可靠的。后文将会阐明：以直觉主义的方式把握正义原则，亦是很不充分的，不免有理不胜辞的缺憾。

其次，它们都放弃了对这种一致性（同等对待、公平或比较原则）之正当性基础（应得）的进一步追问，因而在根本上都是“反正义”的。一致性是正义的形式要素，但“应得”作为正义之实质要素，为一致性原则的运用提供了道德或法律标准。当且仅当这些“同等情况”或“不同情况”所蕴含的权利或义务，对可供比较的多方当事人来说都是其道德或法律上“应得”的，它才是符合正义的。正是这种共享的“应得”，构成了比较这些“同等情况”或“不同情况”的共同道德基础。约翰·基恩（John Kean）在阐发乔尔·范伯格“非比较原则”与“比较原则”的关系时曾指出，如果说“非比较原则”关涉的是根据其应得对待人们的问题，并且如果对某个个案中应得的计算（calculation）自然地导向了某个适用于所有类似情形的一般性正义规则，那么遵循这一规则的每一种情形就都受到了同等对待，即同时也遵循了“比较原则”。[1]因此，如果某个行为主体（S1）从违反“应得”的诉求中获利，另一个行为主体（S2）以“类似情况类似对待”为由，而主张另一项同样违反“应得”的利益，此时即使形式上符合正义的一致性（比较性/公平）原则，这种主张也是违反正义的：由于双方都违背了“应得”要求，我们势必无法从中推导出可适用其他同等或类似情形的一般性正义规则。前述第一个事件中所谓的“抄袭权”，便是这种情形。即使他们的主张在道义上具有某种“公平性”，但由于双方都严重违背了“应得”要求，他们都是严重违反正义的。事实上，如果一个社会可以允许人们竞相（“公平”地）做邪恶的事情，非但正义早已隐没，它甚至根本就

[1] See J Kean, Justice, Impartiality and Equality: Why the Concept of Justice Does Not Presume Equality, *Political Theory*, Vol.24, No.3 (1996):380.

不配称为“人类”社会！第二个事件所体现的正义观之所以也是“反正义”，乃因为它同样放弃了对应得（即“同等对待”的正当性基础）的追问。如果进行这种追问，“生育权”这种超越于法律的道德权利，显然可为评判限制生育的法律或制度是否合乎正义提供依据。在此，我不拟就限制生育的制度是否合乎正义展开讨论，对本章来说，指出它有待正义规范的检验就足够了。这里的关键在于：对现代法律秩序仍待建构的转型中国来说，我们不能仅以“法条主义”（legalistic）的态度对待正义问题，法律本身及其产生方式是否合乎正义，同样亦应进入我们的视野。对一个“良法之治”仍待实现的法律秩序来说，如果拒斥既有法律体系之外的权利，我们势必将失去不断趋近“良法之治”（良序社会乃至良善社会）的可能性。

综上所论，我们可以将它们所共享的这种公平观从学理上定位为“反正义的公平观”。从分析的角度，我们可以根据其理由类型和证成依据，区分出这种观念的两种基本形态：“法律外的反正义的公平”和“法律内的反正义的公平”。两者大致对应于前述两个典型个案，其区别可见表 1。

表 1：“反正义的公平观”的两种形态

	理由类型	证成依据	反正义的表现
法律外的“反正义的公平”	表面上“泛道德”，但实质上“反道德”的理由	同等情况同等对待	既不符合法律上的“应得”（权利），也不符合道德上“应得”
法律内的“反正义的公平”	法律理由	法律面前人人平等	不符合道德上的“应得”

（三）“反正义的公平观”：话语特质与机会主义特性

这种“反正义的公平观”由知识精英和普罗大众共享的事实，既在很大程度上反映了它在现时中国的普遍性，亦表明其开始具有福柯意义上的“话语”特质。如果连（主流的）知识精英都不但无力反思、抑且不自觉地维护某种观念，这足以说明它已开始成为表征着“真理”和“权力”的“话语”。正如福柯所言，“话语”的形成意味着：“我们只能按照某些特定的具体方式（而不是其他方式），针对某个特定的社会对象或实践（譬如，疯癫）写作、言说和思考。”[1]

在很大程度上，正是“反正义的公平观”对抗争实践的“话语控制”，造就了转型中国“反正义局面”的循环出现。慈继伟曾指出了“正义局面的脆弱性”，即他所谓的“非正义局面的易循环性”：“如果社会上一部分人的非正义行为没有受到有效的制止或制裁，其他本来具有正义愿望的人就会在不同程度上效仿这种行为，乃至造成非正义行为的泛滥。”[2]不过，依我个人鄙见，“非正义”的表述，并不足以揭示转型中国情境中这些行为或现象的性质；毋宁说，它们是“反正义的”，即违反“应得”（法律权利和道德应得）的。因此，我主张把慈继伟所指称的这种现象改称为“反正义局面的易循环性”。[3]慈继伟从一般性的

---

[1] A. McHoul & W. Grace, *A Foucault Primer: Discourse, Power and the Subject*, (London: Taylor & Francis e-Library, 2002), p.31.

[2] 慈继伟：《正义的两面》，第1页。

[3] 在对本章初稿进行邮件回应时，慈继伟指出：“我大体是在我们说‘非法’（违反法律）的意义上，使用‘非正义’这一术语的。就我的目的来说，我之所以偏好‘非正义’而不是‘反正义’，是因为我想使自己避免陷于某种过于强烈的关于正义的实质性观念中。因此，‘非正义’仅仅意味着偏离了某个特定时空可接受的正义规范（无论这些规范碰巧是什么内容），而不是违背了任何较强烈意义上的正义。这大体上等同于当我们说‘非法’的情形：其只要求所涉之‘法’大体是可接受的，即不是‘恶法’。”（转下页）

视角出发，以“相互性”（特别是作为反应性态度的“愤恨”）来解释“反正义局面易循环”的道德心理基础。如果结合转型中国的情境，我们可以说，正是这种具有话语特质的“反正义的公平观”，极大地助长了现时中国“反正义局面的易循环”。如果说，“相互性”（特别是“愤恨”）解释了个体实施同样或类似反正义行为的心理动机，那么“（反正义的）公平”则使这种道德心理有了正当化的“外衣”。

转型中国反正义局面的循环出现，大体上遵循着这样的道德心理学逻辑：（1）其他人的行为违背了道德或法律上的“应得”，并从中获得“份外”的收益；（2）行为人因为没有获得同等情况下的“份外”收益而产生愤恨；（3）为平息内心愤恨，行为人以“公平对待”为由要求或期待获得同样或类似的收益。正是这种“反正义的公平观”，使行动者在把内在的“愤恨”转化为外在的抗争行动时有了泛道德的证成依据。政府当局或管理部门之所以最终向行动者的抗争妥协，与其说是同情其内心的“愤恨”，不如说是认可了“公平”对待这一正义之形式要素的有效性。因此，正是人们对“反正义的公平观”的共同认可（换言之，“反正义的公平观”对抗争实践的“话语控制”），造就了实践中反正义局面的循环出现。现实中大量出现的因有人插队而纷纷不再排队、因有人“种房子”获得拆迁补偿而纷纷“种房子”、因有人靠“走后门”获利便想方设法“走后门”、因某些阶层或职业实际上享有违反正义的特权，便设法跻身某些阶层或职业……诸如此类的事例，正是这种“反正

（接上页）此处采用“反正义”这一术语，绝不是要否认慈继伟关于“非正义局面易循环”之洞见的学术价值。相较于慈继伟的理论言说更追求“去情境化”（decontextualized）的普适性，本章的论述更具有中国情境的自觉性和相关性；而且，本章试图建构适于中国情境的正义理论模式，它势必更具有实质性的正义关怀。因此，我所谓的“反正义”，既容纳了慈继伟所洞察到的正义现象，亦预设了对“正义”的某种实质性理解，即将其理解为“一致性”与“应得”的统一——尽管如后文指出的，我对“应得”的理解限定于“正当”，而不是把它与某种更具实质性的“善生活”观念关联起来。

义局面易循环”的典型例证。

这种“反正义的公平观”，在实践中还具有显见的机会主义特性，即体现为一种机会主义的平等观。在实践中，诉诸法律理由（法律内的“同等情况同等对待”）并非为知识精英所独有，它亦会成为社会成员（特别底层民众）实施抗争行动的策略性、“权变性”（contingent）理由。相关的经验研究表明：在现时中国的抗争实践中，行动者关注的核心并不是采取何种抗争手段，而是抗争手段的最终成效。“在目的主义的指导下，行动策略的价值并不在于自身，而在于其对实现利益诉求的贡献程度。”[1]因此，法律理由（所谓的“依法抗争”）和泛道德的理由（所谓的“依理抗争”），常常根据自我利益最大化的需要，交替成为人们的证成依据。这便使得“反正义的公平观”具有显见的机会主义特性：对行动者来说，重要的不是是否真的“公平”，而是在“公平”的名义可以获得何种收益。正如于建嵘指出的，在社会抗争行动中，我们觉得愤怒，甚至不是因为我们觉得不公平，“而是因为我们觉得自己处在不公平中的不利位置，我们愤怒的目的不是为了消灭这种不公平，而是想方设法让自己处在不公平中的有利位置”[2]。在这里，“观念”与“利益”之间的互动，其实是以“利益”为基础的；或者说，“观念”本身具有最大限度的形式性和开放性，并随着“利益”最大化的需要被填充进不同的实质内容。“事实有利讲事实，法律有利讲法律，事实和法律都不利就拍桌子。”（If you have the facts on your side, pound the facts. If you have the law on your side, pound the law. If you have neither on your side, pound the table.）——这句教导讼师的西方法谚，似乎已

[1] 王军洋：《权变抗争：农民维权行动的一个解释框架》，载《社会科学》2013年第11期。

[2] 参见于建嵘：《中国最危险的恰恰是百姓的思维方式》，https://www.douban.com/group/topic/3647 9864/，最后访问时间：2018年3月10日。

成为转型中国普通民众进行社会抗争的普遍策略。这种机会主义的抗争策略，与“反正义的公平观”所具有的证成力量交叠在一起，既使得“反正义的公平观”本身具有了机会主义的特性，亦进一步恶化了前述“反正义局面易循环”的乱象。如果说，“反正义的公平观”的“话语”特质为“反正义局面的易循环”提供了泛道德的证成依据，那么其机会主义特性则可能使这种“易循环性”跨越反正义行为的可比较范畴，从而以行动者自认为更有利的其他方式表现出来。前述“抄袭权”的事例正体现了这种机会主义特性：由于不能以有权有势者的方式获得“份外”收益，“抄袭”被诉求者认为是获得“公平对待”的最便利方式。

毋庸置疑，这种“反正义的公平观”是一种极端且激进的正义观念。“反正义”（即违反“应得”要求）本身，正是其极端性和激进性的表现。在很大程度上可以说，正是这种“反正义的公平观”的“话语”特质和机会主义特性，带来了转型中国社会正义问题的复杂性：它既使各种社会抗争行动具有了泛道德的证成依据，亦加剧了“反正义局面易循环”的乱象。

二、“反正义的公平观”的生成机理

“反正义的公平”观是如何形成的？它遵循着怎样的生成逻辑？接下来，我们就将探讨这一问题。

福柯的话语理论为我们提供了分析的起点：

> “任何话语都可以被看作包含着许多可以相当容易辨识出的成分：对象（其研究或产生的事物），操作（operations）（对待这些对象的方法和技术或方式），概念（在学科中可以常规地发现并可

> 能构成该学科的独特语言的术语和观念），以及理论选择（那些在学科内可以获得的不同假设、理论甚至可能是假说，并且可能会强制——比如说——物理学家在相对论与量子力学之间做出‘抉择’的倾向）。”[1]

福柯对“话语”要素的上述揭示，为我们分析“反正义的公平观”提供了一个认识框架。它启示我们：可以从其言说方式、概念体系、理论取向及所塑造的对象入手，探究话语的生成机理。进一步来看，上述四个方面大致分别对应着促使某种观念得以形成的思想渊源、意识结构、话语基础和“背景制度”[2]（即社会基本结构）。换言之，一种政治观念（或具有政治性的社会观念），常常是由思想渊源、意识结构、话语基础和背景制度（社会基本结构）共同塑造而成的。其中，思想渊源可以通过提供政治观念的历史逻辑或认识起点，塑造其言说方式（操作）；意识结构可以通过限定其认知框架而限定其概念体系的性质（概念）；话语基础可以通过证成其正当性基础而确立其理论取向（理论选择）；背景制度则可以通过社会基本结构的限制而塑造其实践运作逻辑，从而使其以特定形态呈现出来并产生某种社会后果（对象）。

大体来说，中国文化中的机会公平传统、20世纪人民共和革命所形成的“后习俗的”道德意识结构、当代中国实践哲学中的权利话语及当下中国缺失正义的社会基本结构，分别为“反正义的公平观”的产生提供了思想渊源、意识结构、话语基础和背景制度。

---

[1] A. McHoul & W. Grace, *A Foucault Primer: Discourse, Power and the Subject*, p.44.

[2] 此处的“背景制度”（background institutions），借自于罗尔斯。但我在本章中只赋予它中性含义，并不具有罗尔斯常常赋予的合乎“作为公平的正义”之要求的意蕴。

（一）仁爱、机会公平与“反正义的公平观”

不言而喻，中国文化的“大传统”是儒家，但究竟是儒家中的何种传统占据主导地位，却需要进一步辨析。在这方面，如果与同属儒文化圈的日本对比，就能更清楚地凸显出中国儒文化的特色。已有论者指出，与日本的儒文化更注重“礼”（及其被神道教转化而来的“忠勇”）不同，中国儒文化更注重“仁”。[1] 从历史上看，儒学在日本德川—江户时代（1603—1867 年）臻至鼎盛，并直接参与了现代日本人文化心理结构的塑造。李泽厚曾分析了日本以“和魂汉才”的精神，吸纳朱子学和阳明学所导致的后果：“在中国儒学，不管是朱子学或阳明学，都是‘仁’重于‘礼’，对内在心性的主动塑造和要求远重于对外在规范的严格遵循和顺应。”被神道教改造的日本儒学则是“礼”重于“仁”，“它虽然输入了朱子学和阳明学，但其神道教与经验论结合所致力的是外在理性的建立，即对行为规范、姿态仪容等礼文细节的坚决确立和严厉执行”。[2] 由此，便导致了中国儒学重“仁”与日本儒学重“礼”的文化分野。正如本尼迪克特（Ruth Benedict）在名著《菊与刀》中指出的：“在中国，忠孝是有条件的，忠孝之上还有更高的道德，那就是‘仁’……统治者如果不‘仁’，人民可以揭竿而起，反对他。”但“中国伦理学的这一前提，日本从未接受……事实上，‘仁’在日本是被排斥在伦理体系之外的德目，丧失了它在中国伦理体系中所具有的崇高地

[1] 参见陈来:《简论东亚各国儒学的历史文化特色》，载《北京大学学报》（哲学社会科学版）1999 年第 1 期；牛建科:《试析儒学与日本神道的关系》，载《孔子研究》2010 年第 6 期；等等。

[2] 参见李泽厚:《中日文化心理比较试说论稿》，载氏著:《历史本体论 · 乙卯五说（增订本）》，生活 · 读书 · 新知三联书店 2008 年版，第 308、309 页。

位。”[1]可以为此提供佐证的是：传统中国大大小小的农民起义不计其数（仅宋代就达数百次之多），由农民起义引发的改朝换代不绝如缕，屡见史乘；而日本的农民起义不仅少之甚少，且从未出现过由农民起义改朝换代的历史。

传统中国儒家的仁爱观，在政治上集中体现为“仁政观”或张灏所谓的“天德本位的政治观”。依张灏之见，儒家“天德本位的政治观”，是先秦儒家承继周初的天道观而来。这种政治观认为，政治权力的源泉是天命，天命的传受端视德行为准（即所谓“以德配天”），而德行与权力的结合便是造成理想社会的基础。[2]儒家这种“天德本位的政治观”，在孟子和荀子那里得到了更激进的发展。孟子的“仁政”思想（特别是“暴君放伐论”）和荀子的“从道不从君”思想（特别是对“汤武革命”的正当化），既确立了“道尊于势”“德尊于位”在儒家中的正统地位，亦赋予了儒家以革命精神，奠定了中国革命传统的道义基础。从政治哲学上看，他们其实赋予了社会成员类似于社会契约论所赋予的“反抗权”（right of resistance），即对违背公共利益（社会契约）的政治统治进行反抗的权利。正如牟宗三指出的：“孟荀俱以汤武革命为合法，俱以桀纣为独夫。革命的根据在天命、受命。天命之根据在积德。积德而民归之、天应之，是即天命之也。德衰而失民，则天废之矣。”[3]加之，改朝换代后重建王朝的历代统治者又多以“顺乎天而应乎人”的“汤武革命”之名义确立其革命或反叛的正当性，使得汤武革命在传统中国实际上具备了历史正当性基础。正如冯天瑜指出的，中华“元典所洋溢的革故鼎新精神，尤其是对背弃民众的最高统治者予以革除、更替的战斗

[1] 参见［美］本尼迪克特：《菊与刀：日本文化的类型》，吕万和民等译，商务印书馆1990年版，第82、83页。

[2] 参见张灏：《宋明以来儒家经世思想试释》，载氏著：《幽暗意识与民主传统》，新星出版社2010年版，第81页。

[3] 牟宗三：《政道与治道》（增订新版），（台湾）学生书局1987年版，第13页。

精神，在中国形成一种传统，并构成中国历史进程的一个必要环节。这大不同于有着‘万世一系’的天皇制度的日本的情形”[1]。

儒家的仁政思想，不但使人民反抗暴政的权利得以正当化，抑且使中国形成了注重机会公平的文化传统。“汤武革命”通过革除天命否定了皇权的专属性，它既为“人民的出场”（尽管是几百年或几十年一次的出场）提供了正当依据，亦在一定程度上确保了皇权归属的公平性，即所谓“天下归之之谓王，天下去之之谓亡”[2]。而且，在经典儒家的构想中，“尊贤使能”是实行仁政的必要条件，这又极大地促进了文官选拔的机会公平。孟子云：“尊贤使能，俊杰在位，则天下之士皆悦，而愿立于其朝矣。”[3]荀子亦说：“虽王公士大夫之子孙，不能属于礼义，则归之庶人。虽庶人之子孙也，积文学，正身行，能属于礼义，而归之卿相士大夫。”[4]正是为了使尊贤使能的选拔机制制度化，中国在隋唐时期形成了较为完备的科举制。作为现代文官制度的最早渊源，科举制的确立使中国在等级化的帝制政体内部，形成了注重机会公平的文官选拔机制。科举制的尊贤使能，把政治资源的分配建立在后天的贤德（而不是在先天的身份）之上，极大加剧了社会的阶层流动，推动了“平民社会”的形成。正如钱穆指出的，随着科举制的完善和士族门第的消除，中国自宋代以后就成为了一个“纯粹的平民社会”，“除却蒙古满洲易主入主，为特权阶级外，其升入政治上层者，皆由白衣秀才平地拔起，更无古代封建贵族及此后门第传统之遗存”。[5]以科举制为代表的文官选拔制度，使中国在“亲亲尊尊”的礼治文化之外形成了“贤贤”的仁政传统。对照同期的犹太—基督教文明、伊斯兰文明、印度文明，包括日

[1]参见冯天瑜：《元典：文本与阐释》，文津出版社 1993 年版，第 27 页。

[2]《荀子·正论》。

[3]《孟子·公孙丑上》。

[4]《荀子·王制》。

[5]钱穆：《中国学术思想史论丛（六）》，（台湾）东大图书公司 1978 年版，第 213 页。

本文明，这种“贤贤”的文官选拔制度，堪为中华文明独有。

总之，儒家的仁爱思想，既否定了皇权的绝对专属性（汤武革命），亦确保了政治资源的相对开放性（科举制），使机会公平进入中国人的文化心理结构中。最能体现这一点的，莫过于“王侯将相宁有种乎？”这一农民起义的著名口号。这是一种典型的注重机会公平的观念：它不反对等级制本身（“王侯将相”），所质疑的只是谁成为等级制的受益者（“宁有种乎？”）。如果说，鼓励“学而优则仕”的科举制，确保了皇权和平统治时期的机会公平，那么奉行“承天命者为王”的汤武革命，则在一定程度上确认了皇权更替时期的机会公平。

不难发现，正是这种只重形式、不重实质的机会公平观念，为作为话语的“反正义的公平观”提供了思想渊源。从现代的眼光看，那种只看重机会公平、不过问这种公平所依附的制度安排是否正当的做法，本身就是一种“反正义的公平”。在很大程度上可以说，正是这种积淀为文化心理结构的机会公平观念[1]，塑造了“反正义的公平观”作为“话语”的言说方式：它使得人们倾向从“机会公平”（而不是“应得”）的角度看到各种正义事项，并极易激发人们对各种社会不公现象的不满情绪和反抗行动。“凭什么他可以……，我就不可以……”——这种在社会抗争中经常出现的句式，不过是在以现代的方式在表达“宁有种乎”的不满。

[1] 针对当前中国人正义观念的社会科学研究表明：相对结果公平，人们更看重机会公平，特别是在工作和社会政治领域。参见孟天广：《转型期中国公众的分配公平感：结果公平与机会公平》，载《社会》2012 年第 6 期；张静主编：《转型中国：社会公正观研究》，第 71—75 页。

（二）人民共和革命、“后习俗”的道德意识与“反正义的公平观”

20世纪中国的人民共和革命，以新民主主义革命和社会主义革命的方式落下帷幕。作为中国历史上最深刻的革命，人民共和革命使中国社会—政治秩序和法律秩序，建立在新的“观念水位”（刘瑜语）之上：自由、平等、民主等现代性观念，开始成为中国现代社会—政治秩序和法律秩序建构的观念平台。

哈贝马斯通过对科尔伯格（Lawrence Kohlberg）个体道德发展理论的“社会进化论转译”，认为人类道德意识的发展大致经历了三个阶段，即：从新石器时代的“前习俗道德意识”、早期文明和发达文明的“习俗性道德意识”，到现代文明的“后习俗道德意识”。[1]所谓“后习俗的道德意识”，主要具有两个紧密相关的特征：基于原则的道德与普遍主义的道德。从习俗层次向后习俗层次演化，意味着道德认知的基本概念，从“规范”（norm）转向了“原则”（principle），即道德行为不再是“规范导向”的，而变成了“原则导向”的。它意味着道德意识开始具有反思性，即开始用普遍主义的原则来审视规范（包括法律规范和道德规范）的正当性。罗尔斯也曾基于科尔伯格等相关理论，在区分“权威的道德”、“社团的道德”和“原则的道德”的基础上，把“原则的道德”作为良序社会的成员获得正义感、进而接受正义原则的道德范型。正如罗尔斯指出的：“一旦一种原则的道德被接受，人们的道德态度就

[1] 科尔伯格在William Mcdougall（国内译作“威廉·麦独孤”）和皮亚杰相关研究基础上，提出了个体道德意识发展的“三层次六阶段”理论，尤以第六阶段的“后习俗层次”著名。关于哈贝马斯对科氏理论的“社会进化论转译”的研究，可参见拙著：《合法律性与合道德性之间：哈贝马斯商谈合法化理论研究》，复旦大学出版社2012年版，第58—68页。

不再纯粹地与特定个体和群体的福祉和赞许（approvals）相联系了，而是由某种与这些偶然条件无涉而被选择出来的正当观念塑造而成的。"[1]尽管"后习俗的道德"或"原则的道德"在哈贝马斯、罗尔斯那里的论说要点（现代社会的道德意识结构 vs. 具有正义感的人所具有的道德范型）和学理旨趣（推演商谈理论的社会理论基础 vs. 推导正义原则的道德心理学基础）等略有殊异，但将其视为现代人的道德意识范型，却是他们共享的认识前提。如哈贝马斯所言，现代社会"后习俗"道德意识结构的形成，意味着如下观念开始出现：

> "法律规范在原则上对批判开放且需要证成的观念；行动的规范与行动的原则之间的区别；依据原则创制规范的观念；基于具有规范性约束力的规则达成合理一致的观念（以及第一次使得契约关系之产生具有可能性的契约观）；对法律规范的普遍性与可证成性（justifiability）之间关系的洞察……。"[2]

哈贝马斯特别强调：不管个体成员是否实际上具备这种"后习俗的"道德意识，但现代社会基本结构的运行，特别是民主制度的设立，体现了这种道德意识。

现代社会之所以形成这种"后习俗的"道德意识结构，主要源于如下两大历史契机：其一，文化和社会的合理化为此创造了条件。一方面，世界的"除魅"所导致的宗教—形而上学世界观的瓦解，使得道德本身脱离了原有的"具体伦理实体"（concrete ethical substance），从而获得了一种普遍主义的证成基础；另一方面，经济系统和行政系统的运

[1] J. Rawls, *A Theory of Justice*, p.416.

[2] J. Habermas, *The Theory of Communicative Action*, pp.260-261.

行开始建立在遵循目的合理性的自主逻辑之上，并以同样遵循目的合理性逻辑的法律为组织手段，从而使整个社会的运行有了普遍主义的基础。其二，随着自然法的法定化，特别是法国革命和美国革命的立宪实践及其全球示范效应，普遍主义的道德原则不但已经（以宪法中的人权或基本权利原则）进入法律系统之中，抑且开始扎根于人们的道德意识中。

哈贝马斯关于现代社会“后习俗”道德意识结构的认识，为我们分析 20 世纪中国的人民共和革命提供了新的视角。可以说，人民共和革命已经使中国形成了一种“后习俗的”道德意识结构。

第一，人民共和革命在性质上是现代政治革命。李泽厚和汪晖曾分别用“反资本主义的现代化”和“反现代性的现代性”，来指称毛泽东社会主义革命和建设模式的现代化特质。应当说，这种把握是准确的。从毛泽东本人的定位来看，所谓“新民主主义革命”，其实是一种“新式的特殊的资产阶级民主主义的革命”，它既要为“资本主义扫清道路”，也要“替社会主义创造前提”。[1] 因此，新民主主义革命本身就是中国在现代条件下的民主革命，只不过它最终走向了与西方式宪政民主不同的另一种民主模式。毛泽东与黄炎培关于以民主跳出“兴亡周期率”的著名谈话表明，人民共和革命所回应的仍是如何穿越“历史三峡”（唐德刚语）的问题，即从帝制到民治的社会政治秩序的大转型。

第二，人民共和革命的立宪运动，确立了自由、平等、民主等主流现代性价值在现代中国的宪法地位。从法理上看，1954 年制定的《宪法》标志着人民共和革命立宪事业的完成。“五四宪法”既确认了中国作为“人民民主国家”的国体及人民大表大会制的政体，亦确认了“中

[1] 参见《毛泽东选集》第 2 卷，人民出版社 1991 年版，第 647 页。

华人民共和国公民在法律上一律平等”，还确认了选举权和被选举权、言论、出版、集会、结社、游行、示威等公认的现代政治权利或自由。因此，经由立宪运动的确认，一系列体现现代精神的普遍主义道德原则，已经以公民基本权利的形式进入现代中国的宪法文本之中。这一立宪实践与欧美通过资产阶级革命后的立宪运动，在促进“后习俗”道德意识结构的形成方面，具有类似的历史成效：经由“自然法的法定化”过程，它们都以宪法权利的形式确认了一系列普遍主义的道德原则（现代性原则）。

第三，如果说，毛泽东时代曾试图重建一种新的习俗性的道德体系，那么改革开放以来的世俗化进程，则已经使中国正式形成了一种“后习俗的”道德意识结构。毛泽东时代的社会主义建设模式，以“无产阶级专政下继续革命”为宗旨，以新中国建国领袖的权威为动员力量，以阶级斗争为动员手段，以无产阶级新文化（共产主义道德）为依托，试图为中国重建一种“斗私批修”“又红又专”的“人间像”；但在实践中却为我们造就了“专政斗争下的人间像”[1]，客观上亦给中华民族带来了严重的灾难。改革开放以来的“拨乱反正”，使中国社会重新迈入了世俗化的快速进程，即韦伯—哈贝马斯意义上文化合理化和社会合理化的进程。这主要表现在：随着世界观的除魅（尤其是对领袖之个人崇拜的破除及相应的自我意识之觉醒），文化日益合理化；随着“八二宪法”的颁布、社会主义市场经济体制的建立及依法治国

[1] 此处的“人间像”借自于徐复观，是指文化主体的精神品像，即“通过自觉或不自觉的熏陶教养习俗等”塑造而成，并“以性格、情操、思考方法、生活意味、生活形态等为其内容”。徐复观认为，“文革”时期的思想改造就是“人间像的改造”，但带来了“专政斗争下的人间像”，其包括五个不同的侧面：一是“凶顽的人间像”；二是“两面人的人间像”；三是“斗鸡中的人间像”；四是“入者主之，出者奴之”的“主奴人间像”；五是“在上者‘顽钝无耻’、在下者‘苟且偷生’的人间像。”参见徐复观：《徐复观全集：论文化（二）》，九州出版社 2014 年版，第 885—888 页。

方略的确立，遵循目的合理性逻辑的科层制（行政系统）、经济系统和法律系统开始确立起来。这一高速世俗化的进程，为现时中国“后习俗道德意识结构”的确立，奠定了文化和社会基础：不是（习俗性的）道德规范本身，而是各种普遍主义的道德原则，开始在人们的道德意识中占据主导地位。

可以说，正是这种“后习俗的”道德意识，为作为话语的“反正义的公平观”提供了道德意识结构，进而限定了其话语概念所依凭的道德认知框架。“后习俗的”道德意识结构，是由一系列普遍原则塑造的一种道德意识结构，由于各种普遍原则之间可能存在张力，它并不能确保从这种道德意识出发的道德直觉和道德判断一定是真正合乎道德的。在这个意义上，“反正义的公平观”正是从“公平”原则出发而违反了“正义”原则的情形。不同于“前习俗层次”的“规则服从视角”（rule-obeying perspective）和“习俗层次”的“规则维持视角”（rule-maintaining perspective），“后习俗层次”的道德意识采取的是一种“立法或规则创制视角”（the legislative or rule-making perspective）。[1]因此，从认知功能上看，“后习俗的”道德意识结构提供了一种关于规则的反思性、批判性的认知框架。当行动者所秉持的普遍性原则与既有规则发生冲突时，其对普遍性原则的激进坚持常常会导致“公民不服从”（civil disobedience）的发生。[2]“我就是不服！”“一定要讨个说法！”——这些在抗争实践中经常出现的言辞，正体现了行动者因激进坚持诸如“公平”这样的普遍性原则而产生的“公民不服从”。

---

[1] See J. L. Tapp & L. Kohlberg, Developing Senses of Law and Legal Justice, *Journal of Social Issues*, Vol. 27, No. 2(1971): 69.

[2] See J. Habermas, *Justification and Application: Remarks on Discourse Ethics*, trans. C. Cronin, (Cambridge, Mass.: MIT Press, 1993), p.161.

（三）权利话语与“反正义的公平观”

如果说，中国文化中的机会公平传统和现时中国“后习俗的”道德意识结构，分别为作为话语的“反正义的公平观”提供了认知操作方式和概念框架，那么当代中国实践哲学中的权利话语，则为其提供了“理论选择”取向，即倾向以意识形态化的“权利”来看待各种正义事项。

此处所谓的“权利话语”，有意地兼顾了“话语”一词的丰富含义。它既是指关于权利的某种理论话语，也是指权利作为一种（福柯意义上的）话语。换言之，它是指为权利的意识形态化提供学理支持的某种理论模式或理论取向。在当代中国，道德哲学和政治哲学分别从“义务论”（deontology）和自由主义视角对“正当”或“权利”之哲学基础的阐扬，特别是法哲学中“权利本位论”的盛行，促进了权利话语的产生。

“权利本位论”，是张文显、张光博、郑成良等论者于1980年代末、1990年代初提出的一种理论模式，迄今仍是中国法哲学的通行学说。必须承认，“权利本位论”无论对于中国法学摆脱“阶级斗争范式”的支配，还是对于中国法哲学摆脱“幼稚”之名，乃至当代中国的权利启蒙，都阙功甚伟。然而，它也在客观上对现时中国权利话语的形成起到了塑造作用。这主要表现在：由于忽视了对权利之正当性基础（justifications）的法哲学追问，它客观上为权利的意识形态化打开了方便之门。

“法学是权利义务之学”（耶林语）；对现代公民来说，权利堪称“王牌”（trumps），“它可以克服为了追求整个共同体的某个目标而做出政治决定时所依赖的某种背景性证成”[1]。正是看到权利在现代法学/法律中的基础地位，中国法学家提出了“权利本位论”的主张：

[1] See R. Dworkin, “Rights as Trumps” , in *Theories of Rights*, J. Waldron (ed.), (Oxford: Oxford University Press, 1984), p.152.

“在现代法哲学中，权利是更根本的概念，是法哲学的基石范畴，无论是法学理论，还是法律实践，都应当以权利为本位。”[1]作为一种理论模式，“权利本位论”具有如下三个鲜明特征：

第一，作为改革开放的“拨乱反正”在法学领域的（延迟）反映，“权利本位论”承载着独特的学术使命。其主要论辩对象是毛泽东时代支配（实质是取消）中国法学的“阶级斗争范式”。因此，通过确立“权利本位论”，并把“阶级斗争范式”作为“义务本位论”的典型进行反思和批判，便是合乎逻辑的结果。

第二，作为对民国以来法制现代化学说的接续，“权利本位论”承载着现代启蒙功能。在很大程度上可以说，当代中国的“权利本位论”所做的，其实是为权利在中国现代法学 / 法律中的地位进行“正名”的工作，因此它在性质上是一种中国的法制现代化学说。已有论者指出，早在民国时期，权利本位就已在义务本位、社会本位、义务先在、权利义务并重乃至权利权力中心等多种观念中脱颖而出，成为那时的法学通说。[2]因此，当代中国的“权利本位论”，在很大程度上接续了民国时期的法学传统（尽管论者几乎没有引证民国时期的相关研究成果，而是自起炉灶重新立论），并在实际上承载了现代启蒙（特别是权利启蒙）的社会功能。

第三，“权利本位论”不是从法律的实践约束条件（转型中国的政治和社会—历史条件）出发的一种权利理论或法律理论，而是对中西方现代法哲学主流学说的一种学理总结和提炼。由于前述学术使命和现代启蒙的功能定位使然，“权利本位”论者并没有建构中国权利理论或法学理论的自觉意识，而是通过将现代法哲学主流学说提炼和整合为“权

[1]张文显：《法哲学范畴研究》（修订版），中国政法大学出版社 2001 年版，第 342 页。
[2]参见童之伟：《20 世纪上半叶法本位研究之得失》，载《法商研究》2000 年第 6 期。

利本位论”，对抗“阶级斗争范式”、引领当代中国的权利启蒙。

正是源于上述历史局限，“权利本位论”主要集中于对权利重要性的一般性呼吁及对权利概念、权利义务关系、权利分类等法学命题的一般性探讨，并没有基于转型中国政治和社会—历史条件，对权利的正当性基础进行法哲学阐释。这就使得“权利本位论”总体上呈现出“重视权利启蒙，忽视追问权利正当性基础”的倾向。作为一种主流的权利学说，如果欠缺对权利之正当性基础的法哲学追问，它势必会为权利的意识形态化打开方便之门。此处所谓的“意识形态”，指称的是“意义与权力之间的互动关系”，即“特殊情况下意义服务于建立并支持系统地不对称的权力关系的方式”。[1] 因此，“权利的意识形态化”，指向了权利观念的绝对性、封闭性和不可置疑性，即它已成为福柯意义上表征“真理”和“权力”的“话语”。然而，权利本身是有待证成的，即有待追问其正当性基础。惟有从法哲学角度追问权利的正当性基础，我们始能确认某项权利（如前文提到的“抄袭权”及所谓“恋爱权”“亲吻权”“悼念权”云云）是否存在或者是否应当存在；亦惟其如此，我们始能对如何“合目的地”行使权利、避免权利滥用，提供充分的法理依据。如果说，权利的启蒙可以迎合某种权利诉求“所具有的经济的、眼前的和个体的维度”，那么对权利正当性基础的法哲学追问，则可以凸显该权利“所具有的道德的、长期的以及社会的内涵”。[2] 显然，“权利本位论”视野中权利正当性基础的缺位，在客观上助长了权利话语的形成。

一言以蔽之，正是与“权利本位论”相适应的权利话语，为“反正

[1] 参见［英］汤普森：《意识形态与现代文化》，高铦等译，译林出版社 2005 年版，第 7 页。

[2] 参见［美］格伦顿：《权利话语：穷途末路的政治言辞》，周威译，北京大学出版社 2006 年版，第 226 页。

义的公平观”提供了话语基础：它使得人们在抗争实践中，倾向以一种意识形态化的权利，主张自己的抗争诉求。“……是我的权利，我才不管……”——这种在抗争实践中经常出现的话语，再清楚不过地表明：人们在权利与责任、权利与道德乃至权利与法律的关系中，倾向于选择“权利”，从而放弃了对权利之正当性基础的道德追问。

（四）缺失正义的社会基本结构与“反正义的公平观”

上文的分析，从行动者的视角分析了“反正义的公平观”形成的思想渊源、意识结构和话语基础，但如果不从“结构”的视角分析社会基本结构与行动者的观念之间的互动，我们不但不能完整地理解“反正义的公平观”的生成机理，抑且常常会对这种观念采取一味批判的消极态度，而不是深入反思、力促改进的积极立场。

“正义”是关涉社会基本结构的一项综合性的价值，它关涉经济、政治和文化诸领域，并在实质上涉及我们对自由、平等和民主等现代性价值的整全性确认。换言之，“正义”内在地指向了一种现代性的价值结构，要求我们在社会基本结构层面对自由、平等和民主等现代性价值进行整全性的确认。同时，“正义”本身又是一个规范性要求很高的概念。它就像数学中的“无穷大”（∞）一样，只可无限趋近，从未充分实现：我们对“正义的期望常常在经历了对现实应当与正义相一致的失望后残存下来，因为正义不是对任何人类社会的描述，而是激发对现存社会的改进的一种理想”[1]。在很大程度上可以说，正义的这种非现实性，正是它的价值所在。正因从未充分地实现，它永远构成了对现存秩序的规范性范导。从这样的视角来

[1] 参见［美］凯克斯：《反对自由主义》，第161页。

看，尽管过去三十余年的经济发展，已使中国的社会正义有了更高的发展基础，但现时中国的社会基本结构仍是缺失正义的。这主要表现在如下三个方面。

第一，经济领域的“分配正义”问题亟待解决。尽管关于我国改革开放以来“基尼系数”的变化趋势一直缺乏权威的准确数据，但它越过0.4的国际警戒线并居高不下，却是各方都认可的事实。不过，收入差距的扩大只是表象，其背后的社会结构性因素更值得重视。从社会结构层面来看，转型中国分配正义的难题，至少表现在两个方面：其一，阶层边界的相对定型化、阶层内部认同及阶层意识的形成，已使得收入分配的机会公平性受到严峻挑战。[1]论者基于“收入流动性”（即同一个人不同时期的收入在同一群体收入分配中位置变化的强弱）的量化研究，较为直观地揭示出了转型中国机会公平所面临的结构性挑战，譬如：目前中国的收入流动性要远远小于改革开放初期水平；底层居民和中间阶层的上向流动空间收窄；城乡间和地区间收入流动性很弱；等等。[2]其二，转型中国不但已形成了以国家与社会管理者阶层为中心的社会阶层结构和差序化的社会福利安排[3]，抑且在相当程度上对以农民为代表的“最少受惠者”（the least advantaged）阶层形成了社会福利的

[1] 参见孙立平：《失衡：断裂社会的运作逻辑》，社会科学文献出版社 2004 年版，第 84—85 页；刘精明、李路路：《阶层化：居住空间、生活方式、社会交往与阶层认同》，载《社会学研究》2005 年第 3 期。

[2] 参见王洪亮等：《中国居民获取收入的机会是否公平：基于收入流动性的微观计量》，载《世界经济》2012 年第 1 期。

[3] 参见陆学艺主编：《当代中国社会阶层研究报告》，社会科学文献出版社 2002 年版，第 43—60 页；陆学艺主编：《当代中国社会建设》，社会科学文献出版社 2013 年版，第 256—258 页；董海军、郭云珍：《中国社会福利分层：一个多维结构视角的分析》，载《中共天津市委党校学报》2010 年第 1 期。

排斥机制[1]，仍未形成可有效避免“利不欲其遗于下，福必欲其敛于上”（黄宗羲语）的普惠性社会保障制度。

第二，政治领域的“参与平等”问题有待突破。“参与平等”既是现代民主的内在要求，亦是政治正义的基本表征。尽管尼采—施特劳斯一脉的右翼论者常常敌视“参与平等”，但不可否认的是，在人民主权时代，它仍堪称现代政治和法律合法化的基础。这在根本上是因为，政治决定或法律的“承受者”（addressee）作为“创制者”（author）——即政治决策或立法过程的参与者——的同意，是其具有合法性的根本保障。在现代条件下，由参与平等所确保的良好政治参与，常常会面临着政治或非政治因素的挑战。比如，如果立宪架构未能充分形成巴里·温加斯特意义上的“开放进入体系”（即现实的政治秩序形成了政治资源的“限制进入体系”），那么参与平等就具有政治或制度上的障碍。再如，如果民众普遍缺乏政治参与的传统，如果一个社会贫富分化十分严重、社会成员处于被撕裂的状态，公民政治参与的能力和意愿也会受到显著的影响。显然，对中国来说，如何确保政治领域的参与平等仍有待历史性突破。[2]

第三，文化领域的“认同平等”问题已浮现出来。作为一个“跨体系社会”（汪晖语），现代中国形成了费孝通所说的“中华民族多元一体格局”，并在很大程度上呈现出“政治一体，文化多元”的格局。但近

[1] 这主要表现在：农民被排斥在多种社会保障和福利之外；农民被排斥在最低生活保障制度之外；农民和农民工享受不到失业保险；在教育、卫生方面，农村、农民仍受到明显排斥（参见毛振华主编：《社会福利与社会建设》，社会科学文献出版社 2010 年版，第 55—56 页）。另一方面，尽管新颁布的《国务院关于进一步推进户籍制度改革的意见》（2014 年 7 月 24 日），在原则上取消了农业户口和非农业户口，但城市户籍的准入限制，仍在实质上制约了农村居民获得公平经济机会的条件。在这个意义上，我们还在一定范围内存在着经济机会的社会排斥机制。

[2] 无论是汪晖所谓的“去政治化的政治”，还是康晓光所谓的“行政吸纳政治”，均指涉当下中国政治参与所面临的挑战。

年来，随着新疆、西藏等民族问题的凸显，以及儒家思潮的复兴，转型中国的文化正义问题已浮出水面。如何建构与中国现代政治秩序相适应的文化秩序，变得日益重要且迫切。抛开主流的马克思主义文化不论，我们至少面临两大问题：其一，如何从国家层面处理好华夏文化与少数族群文化之间的关系。特别是藏传佛教和中国伊斯兰教，它们拥有自身独立的教义或学说体系，在历史上也未曾被华夏文化完全同化，与华夏文化共同构成了中华文明的组成部分。其二，如何处理好华夏文化内部儒家文化与非儒家文化（如佛教、道教及不认同儒家的人所认同的其他文化）之间的关系。[1]

如果说文化正义问题，特别是经济正义问题常常是作为“反正义的公平观”的社会结构—社会心理基础及诉求对象（话语对象）而存在的，那么“去政治化的政治”（汪晖语）则为它提供了基本的政治结构情境。

在分配正义领域，社会阶层结构的相对定型化、差序化的福利安排及对“最少受惠者”的福利排斥机制，不仅是分配正义缺失的典型表现，亦极大地限制了机会公平的真正实现。它们不但严重地限制了底层社会成员上向社会流动的空间和渠道，抑且使他们极易产生被“相对剥夺”(relative deprivation）的社会心理，从而为“反正义的公平观”的形成奠定了社会结构—社会心理基础。借用罗伯特·默顿的话来说，人们对是否公平的“自我评价依赖于人们把自己的状况与其他被认为可与他们比较的人们的状况所做的评价”[2]。因此，当人们认为与他具有同等资质甚或资质更为平庸的人，由于家庭出身更好而获得更好的发展前景时，他们自然会生发出一种“相对剥夺感”；而如果他们被完全挡在了

[1] 关于转型中国的文化正义问题，详见本书第八章的讨论。

[2] 参见［美］默顿：《社会理论和社会结构》，唐少杰等译，译林出版社 2008 年版，第 52 页。

机会的大门之外，这本身就构成一种现实的剥夺。正如罗尔斯指出的：

> “如果某些职位不是基于公平的基础向所有人开放，那些被排除在外的人感觉受到了不公正对待就是正当的，即使他们从那些被允许占据这些职位的人的较大努力中获利。他们的抱怨可以获得证成，不惟是因为他们得不到像财富和特权这些职位的外在奖赏，更是因为他们被禁止体验那种从熟练、忠实地履行社会责任中获得的自我实现感。他们被剥夺了一种主要形式的人类善。”[1]

关于这种“相对剥夺”与社会抗争（乃至“反正义的公平观”）的关系，逻辑较为显明，也已引起论者的广泛重视[2]，在此不拟申论。

接下来，我将着重探讨为人们所忽视的政治领域的问题。依我个人鄙见，它对“反正义的公平观”更具有建构性和塑造性：如果说，分配正义的缺位可以解释“公平”诉求产生的社会结构—社会心理基础，那么，政治领域参与平等的缺失，则在很大程度上可以解释这种“公平”诉求何以以“反正义”的面目呈现出来。

一般来说，在一个良序社会，权利既具有平等性（公平性），又具有正当性，两者一道共同勘定了“群己权界”，从而形成了权利和合共存的良好局面。对权利平等性的保障，有待于法治的完善；对权利正当性基础的不断确认，则有赖于公民美德的养习。然而，惟有依靠公民在公共自主的实践中的不断养习，我们始能为现代社会公民美德的培育提供深厚的社会基础。惟有在“主体间性”的公共自主实践中，公民始能

[1] J. Rawls, *A Theory of Justice*, p.73.

[2] 例如，参见刘欣：《相对剥夺地位与阶层认知》，载《社会科学》2002年第1期；张贤明：《论当代中国利益冲突与政治稳定》，载《中国政治》1996年第6期；郭星华：《城市居民相对剥夺感的实证研究》，载《中国人民大学学报》2001年第3期；等等。

就权利的正当性基础这样的道德问题，达成道德共识、形成道德确信，从而形成与良序社会相适应的公民美德。

如前所述，与现代社会相适应的是一种“后习俗的道德”。它使现代道德脱离了罗尔斯所说的宗教整全性教义、哲学和道德整全性学说而获得了普遍主义的证成基础，但也使其面临着动机不足的难题，即人们在自律的情况下，缺乏足够的动机资源支持其实施道德行为。这种境况，为现代道德提出了一个根本挑战：我们必须找到形成道德共识的适当机制，一方面为社会成员据有的普遍主义原则找到合适的对话和沟通平台，另一方面促使人们形成道德共识和道德确信。现代社会回应这一问题的门径，就是通过主体间性的政治机制（如民主选举制度和公共商谈机制）和社会机制（如社区和志愿性社团），使公民置身于“去陌生化”“去原子化”的互动情境中，从而在公共自主的实践中形成道德共识和道德确信、培育公民美德。实践哲学和社会科学的诸多研究，已经充分证明了这一点。正是从“后习俗道德”的证成层次出发，哈贝马斯既建构了旨在以公共商谈形成道德共识的商谈伦理学，也建构了旨在以政治公共领域的“商谈民主”促进法律和政治秩序合法化的法律与民主商谈理论。把公共自主与公民团结、公民美德紧密联系起来，尤为公民共和主义和公民人文主义所重视。现代公民共和主义的奠基人卢梭，从一般性的视角对政治组织形式与公民美德之间的关系，做出了如下评断：

> “我意识到，所有的事物都在根本上与政治相联系，并且无论创立什么样的原则，人民都只能是他们政府的性质将他们塑造成的那样。因此，什么是可能的最好政府这个大问题，在我看来，就还原为这样的一个问题：何种政府性质最适于造就出最具德性、最开

明、最聪慧且最好（这里的‘最好’取其最广义）的人民？”[1]

文艺复兴时期的意大利公民人文主义者萨卢塔蒂（Coluccio Salutati），则高度概括了公共生活与公民美德的关系：公共生活是神圣的，因为它“所紧随的既是对美德的践习，亦是兄弟之爱的必要性”[2]。托克维尔亦明确指出：“公民精神是与政治权利的行使不可分的。”[3]他写道：“当使公民们全都参加国家的治理工作时，他们必然走出个人利益的小圈子，有时还会放弃自己的观点。”“一旦人们都去参加公共的工作，每个人都会发现自己不能像最初以为的那样可以离开他人而独立，而为了得到他人的帮助，自己就得经常准备帮助他人。”[4]沿着类似的思路，阿伦特在其公共领域理论和行动理论中系统阐述了公共领域中的“行动”对于公民团结的重要意义。当代公民共和主义论者，则明确主张从“自治”（self-rule/self-government）或“自主”（autonomy）的角度理解自由（即“积极自由”），并特别强调了公共自主对于培育公民美德的重要性。在他们看来，“参与一个能够把握自己命运的政治共同体的治理需要一些人类特有的能力——判断力、协商的能力、劝说的能力和行动能力，如果没有政治参与，这些能力将永远处于蛰伏状态”[5]。因此，公共政治参与有助于公民培养服务于“共同善”和“公共善”的各种公民美德。以帕特南（Robert · D.Putnam）的社会资本理论为代表，社会

[1]［法］卢梭，《忏悔录（第二部）》，范希衡译，人民文学出版社 1985 年版，第 500 页。此处引证，根据英译本对译文进行了调整，见 Rousseau, *The Confessions of Jean Jacques Rousseau*, trans. W. C. Mallory, (London: Reeves and Turner, 1861), p.339.

[2] See C. Salutati, “Letter to Peregrino Zambeccari”, in R. G. Witt (ed.), *The Earthly Republic*, (Philadelphia: University of Pennsylvania Press, 1978), p.111.

[3]［法］托克维尔：《论美国的民主》上卷，董国良译，商务印书馆 1988 年版，第 270 页。

[4]［法］托克维尔：《论美国的民主》下卷，第 630 页。

[5]［美］桑德尔：《民主的不满：美国在寻求一种公共哲学》，曾纪茂译，江苏人民出版社 2008 年版，第 423 页。

科学论者基于西方国家的治理经验亦发现：志愿社团、社区等社会层面的公共自主，对于培育社会资本和公民美德、提升治理绩效具有巨大的推动作用。[1]

再把视野转向中国，我们就不难理解“反正义的公平观”产生的原因了。与现代社会“后习俗的”道德意识结构相适应的，大体是桑德尔所说的“跌宕不羁／无拘无束的自我”（unencumbered self）。因为他／她以普遍性原则为武器，把权利作为王牌，把正义视为首要美德，同时作为实践理性的参与者，“不受先祖所给定的价值秩序的限制，自由地建构正义诸原则”[2]。如果“跌宕不羁的自我”处于一个“去政治化”的背景制度中，他／她势必没有机会通过**主体间性**的公共自主实践形成道德确信、培育公民美德，进一步堕落为“无公德的个人”便是顺理成章的事情了。同时，由于已经受到各种普遍主义原则的洗礼，在他／她自认为受到不公正待遇而产生“愤恨”，或者对其他人遭遇的社会不公产生“义愤”之时，以对普遍主义原则（如公平）的激进解释为泛道德的证成依据，而发起实质上有悖于正义的抗争或抗议行动，便是合乎逻辑的结果。所谓“反正义的公平观”，就可以放在这种“结构”与行动者互动的视角来分析。当下中国“去政治化”的政治结构，在很大程度上构成了这种极端且激进的正义观念形成的背景制度。在这种“去政治化”的政治结构中，公共自主实践的缺位，使得个体据有的普遍主义原则（对权利平等性的诉求）与社会内在需要的正义规范（对权利正当性

[1] 参见［美］帕特南：《让民主运转起来：现代意大利的公民传统》，王列、赖海榕译，江西人民出版社 2011 年版；［美］帕特南：《独自打保龄球：美国社区的衰落与复兴》，刘波等译，北京大学出版社 2011 年版；［美］阿尔蒙德、维巴：《公民文化：五个国家的政治态度和民主制度》，张明澍译，商务印书馆、人民出版社 2001 年版；［英］霍普：《个人主义时代之共同体重建》，沈毅译，浙江大学出版社 2010 年版；等等。

[2] See M. Sandel, The Procedural Republic and the Unencumbered Self, *Political Theory*, Vol. 12, No. 1 (1984): 87.

的追问）之间缺乏制度化的对话、沟通和转换渠道，从而使得个体极容易形成以激进化的普遍主义原则，看待各种正义事项的思维定式和行动取向。因此，在很大程度上可以说，正是这种“去政治化”的政治结构，在很大程度上塑造了作为话语的“反正义的公平观”的实践运作逻辑，从而使其以“反正义”的面目呈现出来。

三、转型中国的“底线正义”诸原则：超克“反正义的公平观”

前文对“反正义的公平观”的分析，依赖于我个人对转型中国社会正义的观察和体认。这种观察的经验参照点，不是放在社会正义问题本身之上，而是聚焦于与社会正义问题形成互动关系的某种典型正义观念。这种体认的要点，不是从“观察者”的视角进行“居高临下”的外在道德批判，而试图从“参与者”的视角“同心同理”地理解这种正义观念的内在生成逻辑。之所以有这种体认，是因为我秉持一种更为积极、也更具建设性的立场：正义的问题，要靠不断趋近正义来解决。因此，即使面对某种病态的正义观念，其存在形态和内在生成逻辑，亦包含着我们不断趋近正义的契机。在本节中，我将基于前文分析，尝试建构转型中国“底线正义”诸原则，从而引导“反正义的公平观”的正向调适性变迁。

（一）如何超克“反正义的公平观”？

前文研究表明，“反正义的公平观”之“反正义”，体现为违反法律上的“权利”和道德上的“应得”。相应地，其包括两种存在形态：“法律外的反正义的公平”和“法律内的反正义的公平”。对“反正义的公平观”生成机理的分析表明，与儒家仁爱观相适应的机会公平观念、人民共和革命带来的“后习俗的”道德意识结构、当代中国实践哲学中的权利话语及现时中国缺失正义的社会基本结构，分别为它提供了思想渊源、道德意识结构、话语基础和背景制度。要想超克“反正义的公平观”，我们必须从上述存在形态和生成机理出发，寻找相应的改进方向。

在此，我们首先有必要进一步厘清前述四种生成要素的性质和作用。大致说来，中国文化中的机会公平观念和现时中国“后习俗的”道德意识结构，是我们要面对的某种具有客观性质的文化心理结构或道德意识结构。其中，前者指向了中国悠久的历史文化传统，后者指向了现代中国的道德意识结构。而且，两者之间在现代条件下又形成了相为支援、互为证成的关系：传统的机会公平观念，在现代社会“后习俗”道德意识结构的塑造下，获得了更具普遍性、也更为厚实的道德基础。因此，它们与其说是我们要解决的问题，不如说是我们要顺应或疏导的文化结构。实践哲学中的权利话语，可以通过中国实践哲学（特别是法哲学）研究群体的理论自觉予以重塑；但这属于学术批评或学术实践的范畴，落在了本章的题旨之外。缺失正义的社会基本结构，将是我论述的重点。

我在“引论”中已指出，转型中国由正义议程决定的重大正义事项的未决性，需要我们仍将视角聚焦于社会基本结构层面。前文的分析表明：正是这种缺失正义的社会基本结构与中国文化中的机会公平观念、现时中国“后习俗的”道德意识结构、实践哲学中的权利话语之间的互动，为我们共同塑造了这种具有话语特质的“反正义的公平观”。如果说，机会公平观念、“后习俗的”道德意识结构和权利话语，为“反正义的公平观”提供了思想渊源（操作）、意识结构（概念）和话语基础（理论选择），那么缺失正义的社会基本结构，则为其提供了背景制度：它既为“反正义的公平观”提供了现实的社会结构—社会心理基础，亦使其以“反正义”的面目作用于正义事项（对象）。因此，如果说，前三者使“反正义的公平观”的生成具有了可能性，那么缺失正义的社会基本结构的结构性塑造，则使这种可能性变成了现实性。换言之，如果我们能够进一步推进社会基本结构的正义，特别是建构起与机会公平观念、“后习俗的”道德意识结构形成良性互动的社会基本结构，那么我们就有可能通过结构化情境的变迁，促使“反正义的公平观”正向提升为“合乎正义的公平观”。在此，我预设了一种关于观念更化或文化变迁的观点：社会基本结构层面的制度变迁，有可能引导某种与此相关的社会观念的正向调适性变化。

前文关于“反正义的公平观”存在形态和生成机理的分析，至少为我们指明了从社会基本结构层面超越这种观念的三个努力方向。

1. 保障经济正义 / 分配正义（落实“实质性的机会公平”和“差别原则”）

保障经济正义，是为了保障每个社会成员“共享人生出彩的机会”，“共享改革和发展成果”。质言之，即共同分享社会作为公平合作体系的发展成果。根据罗尔斯的第二正义原则，现代社会的经济正义（分配正义）主要由“公平的机会平等原则”（实质性的机会公平原则）和“差别原则”予以保障。大体来说，前者主要针对的是具有同等自然禀赋且对禀赋有同等利用意愿的社会成员，在面临教育和培训机会、职位和地位公平竞争时，由社会偶然性（如家庭出身）所导致的实际不平等；后者则旨在通过保障那些占有收入、财富最少的群体的最大经济利益，达到公平与效率的均衡。

机会公平的重要性，不仅源于它是中国文化中的优秀传统，更是因为它是现代社会正义的底线要求。机会公平之所以是一项底线正义要求，是因为它并不排斥“贤能主义”（meritocratic）的制度安排。它可以容纳根据“贤能”或“优点”（merits）分配职位、地位等直接影响社会分层的稀缺资源，但主张此种贤能主义的制度安排，要向所有适格的人平等开放。进一步来看，机会公平可以分为形式上的机会公平和实质上的机会公平。简言之，两者的区别在于对“平等开放”的理解不同：前者仅要求形式上的平等开放，即“一切为才能让路”或曰“唯才是举”（careers open to talents）；后者则要求做到实质上的平等开放，即“公共职务和社会地位不但要在形式的意义上对所有人开放，抑且要求所有人应当有公平的机会获得它们”。[1]换言之，国家和社会应当为社会成员追求公平机会创造必要的条件。实质性机会公平的诉求之所以会出现，是因为形式上的机会公平未能考虑到个体不能负责的社会偶然因素（如家庭出身）对其追求公平机会的能力限制。“即使所有人都有资格申请某个优越职位且所有申请都根据其优点公平地进行评判，人们可能仍坚称，真正的或实质性的机会平等要求所有人都拥有使自己变得适格（become qualified）的真正机会。”[2]借用道格拉斯·雷伊的话来说，我们不仅要从形式上进行“前途的考虑”，即保障每个人都有达到某个既定目标的同等可能性，更要从实质上进行“手段的考虑”，即确保每个人都能享有达到既定目标的同等手段。[3]正是为了避免社会偶然因素（家庭出身）对机会公平的影响，实质性的机会公平主张：“假定存在着某种自然天资的分配，那些拥有同等资质和才能且对自身资质和才能有同等利用意愿的人们，应当拥有同等的成功前景，而不管其在社会体系中的初始位置为何。”[4]简言之，就像人权保护中的“接近司法正义的权

[1] J. Rawls, *Justice as Fairness*, p.43.

[2] R. Arneson, “Equality of Opportunity”, *The Stanford Encyclopedia of Philosophy* (Summer 2015 Edition), E. N. Zalta (ed.), http://plato.stanford.edu/entries/equal-opportunity/，最后访问时间：2018 年 3 月 10 日。

[3] 转引自［美］达尔、斯泰恩布里克纳：《现代政治分析（第六版）》，吴勇译，中国人民大学出版社 2012 年版，第 176 页。

[4] J. Rawls, *A Theory of Justice*, p.63.

利”（access to justice）旨在保障公民真正获得“公正审判权”（the right to a fair trial）的权利一样，实质性的机会公平旨在确保公民真正获得“接近机会公平的公平机会”（fair access to the fair opportunity）。因此，为了实现实质性的机会公平，国家和社会不仅要消极地设定机会公平的制度安排，更要积极为人们获得“接近机会公平的公平机会”创造必要条件。

如果说，实质性的机会公平是为了保障人们参与机会公平竞争的先决条件，那么“差别原则”则旨在以“最少受惠者”的利益确定衡量社会经济不平等的正当标准。差别原则“背后的精神，既不是利益博弈，也不是彼此相欠，而是一种互相扶持和共享社会发展成果的合作关系”，它“超越了机会平等的要求，因为后者预设了人与人之间存在着一种竞争的关系，而竞争又预设了竞争者是彼此分离的”。[1]所谓“最少受惠者”，是指“那些与其他公民共同享有基本的自由权项（liberties）和公平机会，但却拥有最少收入和财富的人”[2]。因此，从一种理想的状态看，我们可以把“最少受惠者”视为在公平的社会竞争中（即满足实质性机会公平原则的条件下）落败的那些人。根据差别原则，社会和经济的不平等只有促使“最少受惠者”的利益最大化时，才是合乎正义的。因此，差别原则可视为对社会受益权（social entitlements）之“涓滴论据”（‘trickle-down’ arguments）的一种回应：“惟有当资本主义的生产关系可以促进处境最糟的人的利益时，它始能获得证成。”[3]罗尔斯的差别原则，建立在这样的理由之上：人们“同意分担彼此的命运”，因此，“只有服务于共同利益（common benefit）时，人们从自身自然和社会

[1] 参见周保松：《自由主义左翼的理念》，载氏著：《政治的道德：从自由主义的观点看》（增订版），香港中文大学出版社 2015 年版，第 315 页。

[2] See J. Rawls, *Justice as Fairness*, p.65.

[3] See P. Graham, *Rawls*, (Oxford: Oneworld, 2007), p.59.

境况的偶然性中获利”才是正当的。[1]差别原则的证成，主要依赖于三个具体理据：其一，自然偶然性（禀赋）和社会偶然性（出身）等对个人来说都不是应得的，本身不能成为分配正义的依据；其二，自然禀赋是共同体的“共同资产”（common asset），因此只有当它们按照可以使自然禀赋不足者的利益最大化的方式运用时，才是合乎正义的；其三，只有遵循差别原则，“最多受惠者”与“最少受惠者”才可以在一个公平的社会合作体系中形成互惠或对等（reciprocity）关系，即达到公平与效率的均衡状态。

从实质性机会公平和差别原则的视角来看，转型中国的经济正义亟待提升。前文分析表明，阶层的定型化已使转型中国的机会公平面临着严峻的挑战。作为形式机会公平失灵的后果，收入流动性的减弱表明人们（特别是底层民众）已很难获得上向社会流动的机会；作为实质机会公平受到挑战的表征，阶层固化的社会结构则解释了形式机会公平失灵的实质原因。所谓的“官二代”“农二代”等社会现象，便深刻反映了这种实质性机会公平所面临的挑战。在很大程度上可以说，转型中国社会正义的突出难题就体现为，一种极端、激进的机会公平观念与机会公平缺失的社会基本结构之间的高度紧张——其突出体现为底层民众倾向以一种“反正义的公平观”看待各种正义事项，从而引发诸多与社会正义有关的个体或群体抗争事件。显然，要回应这样的难题，我们必须从社会基本结构层面大力促进经济正义（分配正义），落实符合中国情境的实质性机会公平原则和差别原则。

2. 建构公共商谈（公共自主）的政治机制

公共自主对于转型中国之所以必要，不仅是因为它是民主的表征，更是因为它有助于为社会成员所秉持的“后习俗道德”找到制度化的对

[1] See J. Rawls, *A Theory of Justice*, p.88.

话和沟通平台，从而促使其在公共自主的实践中形成道德共识和道德确信，培养与良序社会相适应的公民美德。质言之，它可以通过政治结构层面的制度建设，抽空与“反正义的公平观”相适应的背景制度，从而为其转化为“合乎正义的公平观”创造结构性的条件。大体来说，公共自主包括社会和政治两个层面。社会层面的公共自主，以社区和志愿社团等为主要组织形式；政治层面的公共自主，以国家宪制层面的民主制度和公共领域的公共商谈机制为主要组织形式。社会层面的公共自主，有助于公民在持续的直接互动中形成道德确信、养习公民美德；而且，它所创造的发达社会领域，还可以作为国家与公民之间的中介，把公民之间的纠纷解决控制在国家之外的社会层面，从而避免公民动辄以一己之力直接面对国家而挑战政治合法性的治理困境。对现时中国来说，社区和（非政治性的）志愿社团，尤应进入我们社会建设的议程之中。[1]鉴于本章着眼于更具全局性意义的政治层面，我们不再涉及社会层面的讨论。

就政治层面的公共自主来说，公共领域的公共商谈机制尤为值得我们重视。除了前文反复提到的那个理由（为公民形成道德共识和道德确信、培养公民美德提供制度化的公共平台）以外，还有两个理由值得强调。

其一，广泛的公共商谈，有助于形成中国特色的、具有合法性乃至合乎正义的社会基本结构。一般来说，“正义”比“合法性”的规范性要求更高。正如罗尔斯指出的：“合法性允许某种未解决的非正义范围的存在，正义则不然”，“合法性是一个比正义更弱的理念，它给可作为之事（what can be done）施加的约束亦更弱一些”。[2]因此，一个具

[1] 详见本书第五章。

[2] J. Rawls, *Political Liberalism*, p.428.

有合法性的制度安排，其内容未必是完全合乎正义的。然而，一个经过充分的公共商谈而确立的制度安排，不管其内容是否完全合乎正义，至少从程序上看，其制定过程是具有合法性的，亦是大体合乎政治正义要求的。它符合“参与平等”这一政治正义的核心内容，因为政治正义要求允许所有人作为平等的主体参与政治生活的政治安排。[1]即使从制度安排的内容来看，借用罗尔斯的一个区分，我们也可以优先追求“根据某些境况和社会条件足够正义”（sufficiently just in view of the circumstances and social conditions），同时把“完美地符合正义”（perfectly just）作为一种理想。[2]一言以蔽之，尽管一般而言“正义”比“合法性”的要求更高，但“如果法律是具有合法性，它们就不至于太不合乎正义”[3]。而且，根据哈贝马斯等论者的社会理论分析，在“后形而上学”时代（“后除魅”的现代社会、“后神学时代”或“后经学时代”），无论是对于道德世界的“正当”还是对于政治社会的“正义”来说，其规范性标准都是主体间性的“非强制性共识”的产物——就此而言，基于程序普遍性的合法性是评判“正当”或“正义”的基础标准。对转型中国来说，对正义的上述认识尤为重要。把转型中国的正义定位为可允许根据特定的“环境和社会条件”追求某种“足够正义”（而不是“完美地符合正义”），我们就可以为超大规模型国家的社会条件和文明型国家的文化条件对中国社会基本结构的正义进行“范导和适当构建”（李泽厚语）提供运作空间，但前提是须充分保障“参与平等”意义上的政治正义，即要在政治上满足基于程序普遍性的合法化要求。

其二，作为一种无涉政治选举的民主形式，公共领域的公共商谈可

[1] 这里的界定，借鉴了南茜·弗雷泽关于“参与平等”的论述，但将其“参与社会生活的社会安排”改为了“参与政治生活的政治安排。”参见［美］南茜·弗雷泽：《重构全球化世界的正义》，第274页。

[2] See J. Rawls, *Political Liberalism*, p.428.

[3] See J. Rawls, *Political Liberalism*, p.429.

为提升中国政治和法律秩序的民主合法性（democratic legitimacy）乃至正义性，提供制度空间。作为阿伦特意义上的“显现空间”（space of appearance）和“共同世界”（common world），公共领域既为公民提供了自由、平等和民主等得以呈现的空间，亦为公民提供了形成道德共识和道德确信、滋育公民美德的对话平台。同时，如前所述，它还有助于提升政治和法律秩序的合法性乃至社会基本结构的正义性。而且，作为一种聚焦于正式决策之前的公共商谈的民主形式，这种公共领域的“商谈民主”，既无涉“选举民主”，亦不会替代国家代议机关的正式审议和决策，更会极大地提升代议机关民主审议和民主决策的公意品质。因此，面对这种具有多重正向政治功能和社会成效的制度空间，我们有什么理由不为了中国现代转型的发展大计，而建构合适的政治机制使其落实为具体的制度安排和政治实践呢?

3. 厉行法治

法治的重要性，不惟在于它是国家治理现代化的基本标志，更在于它是社会正义的制度屏障。在一个良序社会，正义应是形式正义（一致性）与实质正义（应得）的完美结合，即正义的“应得”要求（非比较原则）主要体现为立法过程对法律内容之实质正义的追求，正义的一致性要求（公平原则、比较原则）主要体现为法律适用过程中对“同等情况同等对待，不同情况不同对待”之原则的遵循。质言之，良序社会的正义（形式正义和实质正义）主要体现为“法律下的正义”（justice under law），并最终以“规则之治”（形式法治）和“良法之治”（实质法治）意义上的法治呈现出来。事实上，罗尔斯正是在这个意义上把正义限定为平等主义（一致性）视角下的正义，并主张社会合作体系（社会基本结构）的正义是作为先于应得的制度前提而存在的。对于“规则之治”和“良法之治”需要“毕其功于一役”同时推进的转型中国来说，我们显然面临着更为复杂且需同时推进的历史课题。

前文已分析了“反正义的公平观”的两种存在形态及其与转型中国社会正义问题的关系。其分析表明：这种病态正义观的形成，与中国法治不彰的困局有着紧密关系。其一，“法律内的反正义的公平”，有赖于完善“良法之治”意义上的法治，促进法律秩序本身——无论法律规范的内容，还是法律创制的程序——不断趋近正义。上文关于（实质性）机会公平和公共自主的讨论，已从“底线正义”视角讨论了这一层面的问题，此处不再赘述。其二，“法律外的反正义的公平”，则有赖于强化“规则之治”意义上的法治，即把法律秩序所确认的“权利”作为评判“应得”的刚性标准。值得注意的是，“法律外的反正义的公平”，不惟反映了秉持这种正义观的普通民众法治意识之淡薄，更反映了因部分（强势）社会成员的违法和犯罪行为未能得到及时纠正和制裁而导致的“破窗效应”。借用博弈论的说法，对法律的遵守必须构成一种“纳什均衡”，即给定其他人所有人遵守法律，每个人都有积极性遵守法律。[1]在中国这样“君子德风，小人德草”的社会，社会精英（特别是政府官员）的行为模式常常代表着整个社会的风尚，因此，他们的带头守法对确保全民守法局面的形成尤为关键。鉴于本章只是把法治作为转型中国“底线正义”的一个方面对待，而不是将其作为直接论述对象，我们的讨论将不再深入下去。

（二）经济正义（分配正义）的优先性

在确立了努力方向之后，我们就可以仿照罗尔斯的理论模式，确立其规范性内涵及其“词典式序列”（lexical order），特别是确定把何种“底线正义”的原则作为优先目标。

---

[1] 参见张维迎：《博弈论与信息经济学》，上海人民出版社 1996 年版，第 18 页。

对正义原则的确立来说，“词典式序列”之所以必要，是因为它是超越各种“直觉主义”取向的内在要求。作为一种道德和政治哲学理论取向，直觉主义认为人们的道德直觉要比抽象的理性和推理更基本，亦更可靠。然而，在理论研究中，如果诉诸直觉解决我们面对的道德和政治问题，这势必会带来道德的多元主义，甚或道德相对主义。由于各种分散的道德直觉之间存在着或显或隐的冲突，而直觉主义又放弃或无力进行关于它们之间“优先性”的思考，它势必会导致基于不同道德直觉的多元主义，乃至相对主义。用罗尔斯的话说：直觉主义“由一批首要原则（first principles）构成，而这些原则在特定情形下会给出相反的指令”，但它却“不包括任何可以衡量这些相互冲突之原则的明确方法，即优先性规则：我们只是依凭直觉，即依凭我们看起来似乎最近乎正当或正确（right）的事物来寻求平衡。或者，即使它们存在优先性规则，亦会被视为几乎是无关紧要的，对我们形成某个判断无实质性助益”[1]。

显然，无论是协调不同道德直觉之间的冲突，还是基于这种协调的需要对不同道德直觉的规范性要求进行阐述，都需要对人之理性抱持充分的信心和自觉。为了协调不同道德直觉之间的冲突，我们不但要根据特定时空的结构化情境确立优先性规则，抑且需根据这种结构化情境，对不同道德直觉的具体规范性要求进行理论阐述。在此，我将结合转型中国的结构化情境确立“底线正义”的优先性规则，并一般性地阐述首要正义原则的规范性要求，后文将对各个正义原则的具体规范性要求进

[1] See J. Rawls, *A Theory of Justice*, p.30. 依我个人鄙见，罗尔斯对于直觉主义的批评，对于那些整全性地诉求西方自由主义价值、制度和实践模式的中国自由主义论者，同样适用。譬如，周保松关于“自由主义左翼”五大理念（基本权利、宪政民主、文化多元、机会平等、共享发展）的阐述，是对现代社会政治秩序所蕴含的主要道德直觉的学理提炼，但由于既放弃了对这些道德直觉与中国情境的“切己性”思考，亦放弃了对它们之间的优先性规则的思考，其实具有罗尔斯所批评的直觉主义取向。参见周保松：《政治的道德》，第292—326页。

行探讨。

已有论者对罗尔斯“正义二原则”的序列结构相对中国情境的可适用性，进行过反思。何怀宏从中国情境出发，对罗尔斯的正义二原则进行了修正。在他看来，罗尔斯的正义二原则大致可概括为“洛克原则”和“卢梭原则”；但如果从整个现代世界——且不说人类历史——来看，还应当提出一个“霍布斯原则”，即由更早的社会契约论主要代表霍布斯所提出的“保存生命”的原则。这个原则应更具有优先性。它主要包括两方面的含义：一是任何人的人身都应受到保护，不受任何任意或非法的侵犯、伤害和杀戮；二是任何人都应得到必要的、可供生存的物质生活资料。如果说在美国那样的发达社会，“本来应该处在第一位的生命保障或基本生计问题似乎并不彰显”，那么在中国这样的转型国家，其优先性将会凸显出来。[1]慈继伟则从罗尔斯关于“自尊”与“资源和利益的分配”之关系的论说矛盾出发，敏锐地看到了差别原则适用的情境依赖性。鉴于“自尊是最重要的基本善”，因此“如果在一个社会里，收入和地位构成自尊的基础，那么，对这个社会来说，差别原则的重要性就不一定亚于最大限度的平等自由原则。也就是说，正义的两项原则不应该有固定的优先顺序，而应该根据影响自尊的具体因素来决定”[2]。

何怀宏和慈继伟的上述研究，分别从罗尔斯“正义二原则”的逻辑前提、内在理路及其相对于中国情境的适用性入手，为转型中国正义理论的建构提供了学理借鉴。接下来，我将主要从慈继伟所开掘的研究思路和论说空间出发，同时把何怀宏意识到的问题整合进来，以探究转型

[1] 参见何怀宏：《正义在中国：一个初步的思路》，载廖申白、仇彦斌编：《正义与中国：纪念罗尔斯〈正义论〉出版四十周年文集》，中国社会科学出版社 2011 年版，第 220 页。

[2] 慈继伟：《正义的两面》，第 69 页。本章对慈继伟这一论说的发掘，受益于周濂对其思想的进一步解读，请参见周濂：《正义的两面：道德心理学的，非形而上学的》，载《世界哲学》2006 年第 1 期。

中国正义原则的优先性问题。我试图论证：在前述三个努力方向中，经济正义（分配正义）在转型中国更具有优先性。

关于如何确定正义原则的优先性规则，慈继伟提出了一个学理建议，“不是像罗尔斯那样预先且一劳永逸地确定正义诸原则的某种词典式序列”，而是“应当参照自由和经济平等作为自尊之基础所负载的相对权重来解决这一问题”。[1]让我们沿着这样的思路推演下去。我拟以“三段论”式的逻辑，推导出经济正义（分配正义）在转型中国的优先性及其规范性要求的一般性倾向。

第一，在“非丰裕社会”，即人们未普遍享有必要、甚至体面生活条件的社会，财产是大多数人（普罗大众）自尊或人格的基础。慈继伟认为，罗尔斯之所以主张平等自由的优先性，所针对的是一种理想情况：自尊受到最大限度的平等自由原则的保障，完全独立于差别原则所管辖的范畴，譬如收入和地位。[2]不过，我们需要进一步厘清这种“理想情况”的准确含义。依我个人鄙见，这至少可以从如下两个层面来把握。

首先，罗尔斯将自由（而不是财产）视为自尊的基础，具有相对于特定文明发展水平的理想性：惟有在（西方发达国家接近的）文明的特定发展阶段，财产相对于自尊方始具有“边际递减”效应，同时自由相对于自尊方始具有“边际递增”效应。在分析功利主义所面对的现时社会—历史条件时，罗尔斯已经隐含地表明，他的正义理论所针对的主要是“文明的某种合乎理性的高级阶段”（a reasonably advanced stage of

[1] See Jiwei Ci, Taking the Reasons for Human Rights Seriously, *Political Theory*, Vol. 33, No. 2 (2005): 258.

[2] 参见慈继伟：《正义的两面》，第 68 页。

civilization)[1]，而不是任何文明发展阶段。所谓“文明的某种合乎理性的高级阶段”，正如何怀宏所言，是指“一个在满足了生命原则之后正在满足自由原则的社会”[2]。借用罗尔斯的话来表达，即财富超过了某个临界点后人们开始追求“在与他人的自由联合中从事有意义的工作”的社会。[3]在《正义论》1971年初版的最后一部分，罗尔斯在总结阐述平等自由之优先性的理据时明确指出：

> “随着文明状况的改善，相对自由的利益（兴趣）而言，进一步的经济和社会收益对于我们的善的边际意义在递减，而随着平等自由的践习条件更充分的实现，自由的利益（兴趣）变得更加强烈。从原初状态的观点来看，在超越某个临界点以后，为了更多的物质财富和更好的办公设施而只承认某种较少的自由，就开始变

[1] See J. Rawls, *A Theory of Justice*, p.23. 在后期借助“公共理性”（public reason）进一步阐发其正义理论的理念和制度要求时，罗尔斯除了强调立宪民主制以外，更加明确地列出了“公共理性”所依赖的五大具体政治和社会一历史条件：(1) 对选举经费和获取公共信息之方式的确保，足以使公职人员及其候选人独立于特殊的社会和经济利益；(2) 特定的机会均等，特别是受教育和培训的机会均等（没有这些机会，社会各方就无法参与公共理性的辩论，也无法为社会和经济政策进言）；(3) 满足自由主义前述第三个条件的适当收入和财富分配，即须确保所有公民获得他们理智而有效地实现其基本自由所必需的、适合各种目的的手段（缺少这项条件，那些拥有财富和较高收入的人就容易支配那些财富和收入较少的人，并日益控制政治权力，使之有利于他们自己）；(4) 通过中央或地方政府或其他社会经济政策，使社会成为最终的雇主（缺乏长远的安全感、缺乏从事有意义的工作和职业的机会，不但会伤害公民的自尊，抑且会伤害他们的社会成员感，让他们觉得自己只是被社会收留的人，并最终会导致他们的自我憎恶、痛苦和愤恨）；(5) 惠及全民的医疗保健措施（J. Rawls，*Political Liberalism*, pp.lvi-lvii.）。显然，如果说，上述条件对美国这样的西方发达国家来说确实具有“现实的乌托邦”的意义，那么对转型中国来说，它们纯然是“乌托邦”。因为其要么与中国现有的宪制架构相抵牾，要么是仍待实现的理想（特别是后四个条件）。

[2] 参见何怀宏：《公平的正义：解读罗尔斯〈正义论〉》，山东人民出版社2002年版，第66页。

[3] See J. Rawls, *A Theory of Justice*, p.257.

得、进而始终是不理性的。”[1]

可见，罗尔斯平等自由的优先性（即自由作为自尊的基础），只适用于文明的特定发展阶段，并且主要是针对西方发达国家的理论言说——即使对西方发达国家来说，罗尔斯亦特别强调了“公平正义（justice as fairness）的良序社会”的规范性范导，并不是对现实境

[1] J. Rawls, *A Theory of Justice* (1971), p.542. 值得注意的是，哈特（H. L. A.Hart）曾对罗尔斯将自由的优先性与特定文明条件相联系的理据提出了批评，认为它不能支持一种“普遍的优先性规则”，而如果不存在这样的规则，“人们似乎就不会去冒永久失去他们在日后有可能想拥有的那些自由权项的风险”，而且亦不能有效禁止“人们为了物质财富的增加而想用任何基本自由权项与之进行交换的做法”。（参见［英］H. L. A. 哈特：《罗尔斯论自由及其优先性》，邓正来译，载邓正来主编：《复旦政治哲学评论》第1辑2010年第1卷，复旦大学出版社2010年版，第23、22页）主要是为了回应哈特的批评，罗尔斯在《政治自由主义》和《正义论》1999年修订版中，重新阐述了自由优先性的理据。在专门回应哈特批评的《基本自由权项及其优先性》一文中，罗尔斯主动承认这是其阐述自由优先性的两个错误（errors）之一。他写道：“我本来不应该使用经济和社会利益的重要性相对于我们关于基本自由权项的利益边际递减的概念，我把后者理解为会随着有效践习这些自由权项的社会条件更充分的实现而变得更强烈的一种利益（兴趣）。在此，边际重要性的概念与我在第543页第四段中使用的自由的层级（hierarchy）概念是不兼容的。后一种概念建立在作为自由和平等之人的特定人格观念（certain conception of the person as a free and equal person）之上，而这种观念正是康德式的观点所需要的。我本来能够把第三段中提到的边际变化（即本引文引证的这句话——作者注），说成是反映在社会条件逐渐实现中的边际变化或逐步变化，而这些社会条件对于充分而有效地践习基本自由权项来说是必要的。但是，这些反映在社会条件逐渐实现中的边际变化，是完全不同于利益（兴趣）之边际重要性的事项。”（[J. Rawls，*Political Liberalism*, p.371 (note 84).]）尽管罗尔斯试图为自由的优先性奠定更具普遍主义色彩的基础，但他的重新阐述主要是通过把自由的优先性专断地确立为处于原初状态的人们一致认可的“最高阶的利益”（highest-order interest）而实现的，在很大程度上陷入了“同义反复”或“套套逻辑”（tautology）：因为自由是“最高阶利益”，所以自由具有优先性（J. Rawls，*Political Liberalism*, pp.131-132）。而且，即使在重新阐述的文本中，罗尔斯亦承认：“尽管关于自由的基本利益具有明确的目标，即有效确立各种基本自由权项，但这些利益并不总是具有主导性。这些利益的实现，会使得特定的社会条件及对需要和物质需求的特定程度满足成为必要，而这解释了为什么特定自由权项有时会被限制。”（J. Rawls，*Political Liberalism*, p.476.）同时，他还保留了原版其他段落中关于自由“边际递增”效应的表达：“如果足够多数的人们发现公共益品（public goods）的边际收益要大于从（转下页）

况的描述。[1]我们可以把罗尔斯所说的特定文明条件理解为加尔布雷思（J. K. Galbraith）所谓的“丰裕社会”（affluent society），即后工业时代物质十分丰裕的社会。[2]相应地，我们可以把未达到这种文明发展要求的社会，称为“非丰裕社会”（unaffluent society），即人们未普遍享有必要、甚至体面生活条件的社会。借用一个常用的哲学表达，所谓“非丰裕社会”，即大多数社会成员还在为生机奔忙、尚未摆脱外在必然性制约的社会；借用阿伦特的话来说，即社会成员还普遍受制于“劳动”（labor）之艰辛、而未享受“工作”（work）之尊严 / 荣耀和“行动”（action）之创造性 / 创生性（natality）的社会——显然，在这样的社会，人们还是必然性的奴隶，而不是自由的主人；相应地，期待以阿伦特意义上的“行动”来践行确保公共自主性的积极自由，在整个社会层面便有理由被视为第二序列的正义议程［在这个意义上，罗尔斯前述关于财富“边际递减效应”与自由“边际递增效应”之临界的论述，很大程度上可视为他对现代社会从“必然（王国）”转向“自由（王国）”之过渡逻辑的某种政治哲学把握］。如果上述理解是正确的，那么即使遵循罗尔斯的思想逻辑和内在理路，在“非丰裕社会”，财产（而不是自由）更有可能、亦更必

（接上页）市场上获得之益品的收益，那么要求政府应当找到提供给人们的方式就是恰当的。”［Cf: J. Rawls, *A Theory of Justice*, (1971), p.282; *A Theory of Justice*, p.249.］因此，总体来看，罗尔斯似乎仍摇摆于康德式的自由主义与马克思式的“物质决定论”之间，未能为自由的优先性提供完全超克了特定文明条件的理据。

［1］除了明确把“良序社会”作为其论说的规范性范导外，罗尔斯有时还以“作为公平的正义”限定“良序社会”的性质，即把“公平正义的良序社会”（the well-ordered society of justice as fairness）作为其规范性范导。譬如，在解释为什么没有把性别和种族作为偶然因素纳入正义原则考量的原因时，罗尔斯明确指出，“我们主要关心的是理想理论（ideal theory）：对公平正义的良序社会的阐释。”J. Rawls, *Justice as Fairness*, p.65.

［2］几乎与丹尼尔·贝尔“后工业社会”指称的历史时段相同，美国经济学家加尔布雷思在 1959 年出版的《丰裕社会》中，认为美国已经进入“丰裕社会”。参见［美］加尔布雷思：《丰裕社会》，徐世平译，上海人民出版社 1965 年版。

要成为自尊的社会基础。

其次，在“非丰裕社会”，如果把自由（而不是财产）作为自尊或人格的基础，具有更大的理想性：惟有极少数具有较高道德持守的人始能做到。为了阐明财产相对自尊的重要性，慈继伟曾引入斯多葛哲学关于“身外之物”与自尊的关系进行了辩证分析。不过，依我个人鄙见，从一般意义上最深刻地阐述财产与自尊关系的应当是黑格尔的法权哲学，但他使用的是另一个很大程度上可替换“自尊”的概念：人格（*Persönlichkeit*, personality）。黑格尔明确指出：“人唯有在所有权中才是作为理性而存在。”因此，“人格权本质上就是物权。这里的物（sachen）是泛义上的，即一般对自由来说是外在的东西，甚至包括我的身体，我的生命也属于这种物。这种物权就是人格本身的权利”[1]。正如 M. J. Radin 借用黑格尔的哲学洞见阐发其“为了人格的财产权”（Property for Personhood）理论时指出的，把财产权与人格联系起来建立在这样的预设之上：“为了实现真正的自我发展，即成为一个人，个体就需要对外部环境的资源有所支配，这种支配的必要保证就采取了财产权的形式。”[2]黑格尔的上述思想是在“抽象法”的语境中阐述的，自然也就没有诸如文明条件之类的限制。可以说，他其实隐含地阐述了一个全称命题：对所有人来说，“身外之物”都是人格（权）的内容和规定。不过，即使在“非丰裕社会”，将“人格”或“自尊”这种常常被赋予道德内涵的概念无一例外地与财产这种“身外之物”联系起来，似乎也有违人们的道德直觉。为了给“人格”或“自尊”保留必要的道德蕴含，我个人认为，我们可以根据孟子的相关论说，将黑格尔式的上述全称命题稍作修正。孟子曰：“民之为道也，有恒产者有恒心，无恒产

[1]参见［德］黑格尔：《法哲学原理》，邓安庆译，人民出版社 2016 年版，第 92、89 页。

[2] M. J. Radin, Property and Personhood, *Stanford Law Review*, Vol. 34, No. 5 (1982): 957.

者无恒心”[1]；“无恒产而有恒心者，唯士为能。若民，则无恒产，因无恒心。”[2]如果说只有儒家式的士君子可以做到“无恒产而有恒心者”，那么对普罗大众（“民”）来说，只能是“有恒产者有恒心，无恒产者无恒心”。如果假定罗尔斯的前述命题（即在特定文明阶段以后，财产的边际效应递减、自由的边际效应递增）是成立的，即使不考虑物质财富在“金融资本主义”时代之重要性的绝对提升[3]，我们仍可以说：在“非丰裕社会”，即人们普遍获得必要、甚至体面的生活条件之前，财产是大多数人自尊或人格的基础。换言之，麦克弗森（C. B. McPherson）所说的“占有性的个人主义”（possessive individualism）（我们可以将

[1]《孟子·滕文公上》。

[2]《孟子·梁惠王上》。

[3] 自20世纪后期以来，“金融资本主义”即金融资本主导物质财富生产过程的生产方式，已成为现代市场经济体系的主导模式。这其实意味着：资本本身在收入增长和财富积累中的重要性获得了前所未有的提升［关于金融资本主义，可参见 Larry Neal, *The Rise of Financial Capitalism: International Capital Markets in the Age of Reason*, (Cambridge: Cambridge University Press, 1993］。法国经济学家皮凯蒂（Thomas Piketty）在《21世纪资本论》中的研究，较为全面地揭示了资本（特别是金融资本）在财富积累过程中的重要性。他的研究表明：当今世界贫富差距之所以难以遏制，是因为资本收益率 r〉经济增长率 g 长期主导着经济发展过程，而这使得资本收益率恒定地高于劳动收入的增长率。正如他指出的：“如果拥有大量财富的人想办法获得较高的收益率，而中等财富只获得适当的收益，那么资本收入的不平等可能大于资本不平等本身。这一机制会使不平等成倍地扩大，21世纪尤其如此。”（参见［法］皮凯蒂：《21世纪资本论》，巴曙松等译，中信出版社2014年版，第247页）。

其理解为从物质占有中获得自尊、人格或自我认同的个体[1])，是“非丰裕社会”中大多数人的生活方式和生存形态。

第二，在“非丰裕社会”，为了确保实质性的人格平等，国家和社会有义务保障经济正义，既要充分保障公民以平等人格获取教育和培训机会、参与职务和地位公平竞争的必要物质条件，亦要充分保障“最少受惠者”人格独立所必备的生活条件。如果财产在“非丰裕社会”是大多数人人格或自尊的基础，那么罗尔斯式的“公平的机会平等原则”和“差别原则”所规范的经济正义（分配正义）事项，就可视为对公民实质性人格平等的保障。一般来说，人格平等要求“把人视为平等者”（德沃金语），形式上的机会公平就是这种人格平等要求的体现。但由于主要因家庭出身所导致的人们“接近机会公平”之物质条件的差异（财产差异），人们并不能真正获得“接近机会公平”的同等机会，从而导致实质上的人格不平等：具有同等禀赋且对禀赋有同等利用意愿的人们，不能获得同等的发展机会和成功前景。因此，为了确保实质性的人格平等，我们还应当做到“平等地对待每个人”（德沃金语）——我指的是不但要保障人们获得实质性机会公平的物质条件，抑且要确保人们

[1] 值得注意的是，麦克弗森对“占有性个人主义”的理解具有更丰富的内涵，并对此持批判态度。大体而言，他所理解的“占有”不惟体现为个人对物质财富等外在资源的占有，还体现为其对自己人身及其禀赋等内在资源的占有——其中，前者导致了消费主义、物质主义生活方式的流行，后者促使了非社会化的个人主义取向的盛行。后文所引麦克弗森对罗尔斯理论的批评意见，其实表明：他倾向以某种形式的社会主义，纠偏资本主义（自由民主制）的不足。他的这种兼顾资本主义生产方式和社会主义价值理想的稳健立场，对于正在探索“中国特色社会主义”道路的转型中国来说，具有较大的理论启发意义。后文借鉴了他对罗尔斯分配正义理论（特别是针对其非社会化的个人主义取向）的批评意见，但此处对“占有性个人主义”的理解，稀释了他对物质主义向度的“占有性个人主义”的批判立场。这种处理，乃因为我对转型中国作为“非丰裕社会”之特质，有着更自觉的情境体认：依我个人拙见，克服匮乏要比麦克弗森所批判的消费主义、物质主义（即因无止境的克服匮乏所导致的对物质欲望的无限放纵），更能把握转型中国的经济发展状况。关于麦克弗森与“占有性个人主义”相关的政治思想，可参见［英］迈克尔·H. 莱斯诺夫：《二十世纪的政治哲学家》，冯克利译，商务印书馆 2014 年版，第 131—154 页。

人格独立所必备的生活条件。

之所以明确提出要确保实质性机会公平的物质条件，主要基于如下考虑：在“非丰裕社会”，这些物质条件既直接关涉实质性机会公平的实现，亦关涉具有同等自然禀赋的人们之间的人格平等。在“非丰裕社会”，制约同等自然禀赋的人不能获得同等成功前景的，主要是物质条件以及由物质条件所决定的成长环境。如果具有同等自然禀赋的人因物质条件的缺乏，无法获得好的教育和培训条件，得不到职位和地位竞争的公平机会，从而得不到应有的成功前景，他可能两度遭遇人格的不平等对待：面对教育和培训机会时的人格不平等、面对职位和地位竞争时的人格不平等。因此，为了确保实质性的人格平等，实质性的机会平等在很大程度上要求某种结果平等，特别是确保具有同等禀赋、并且对其禀赋有同等利用意愿的人，获取教育和培训机会、参与职务和地位公平竞争所必要的物质条件。这些物质条件，有时以直接“配给”给当事人的方式表现出来（如社会保障、特定类型的奖学金等），有时以教育设施等体现出来。惟其如此，我们始能在确保实质性人格平等的意义上，做到实质性的机会公平。正如斯坎伦（T. M. Scanlon）指出的：

> “只要家庭之间存在着显著的经济不平等（就像我们熟悉的社会中所盛行的那种不平等程度），这几乎必然会影响到孩子们所受到的早期培训、他们在学校的成功以及他们与获取职位相关的竞争能力，而这种职位又同特定的报酬紧密相连。”

因此，“要获得公平的机会平等，即使不是实现‘结果平等’，也至少比我们在熟悉的大多数社会中看到的更接近于它”。建立“优良的公立学校，包括帮助贫困家庭学龄前儿童的计划，防止那种产生破坏性家庭环境的贫困，都可以以某种方式获得有意义的机会平等”。[1]

之所以明确提出要保障“最少受惠者”的必备生活条件，我同样是在人格平等的意义上主张的。一个社会的“最少受惠者”，如果没有以必备生活条件体现出来的必要财产，他们不可能享有与他人平等的人格，甚至没有最基本的独立人格，譬如依附于亲友的帮助或陌生人的施惠。一个正义的社会，或许可以允许“朱门酒肉臭”，但不应当允许“路有冻死骨”。保障“最少受惠者”的必备生活条件，不仅仅是仁爱或仁政的表现，更是正义的内在要求。正如德沃金所言，“宣称对全体公民拥有统治权并要求他们忠诚的政府，如果它对于他们的命运没有表现出平等的关切”，即没有在他们之间确保“某种形式的物质平等”，它就违背了正义的要求。[2]

第三，作为“非丰裕社会”，转型中国应当坚持经济正义（分配正义）的优先性。把中国称为“非丰裕社会”，似乎是不言而喻的。2014年，中国人均收入为7476美元，位居世界第94位，仍处于世界银行划定的中等收入国家水平。前文关于中国分配正义境况的分析表明：阶层的相对固化已使机会公平面临着社会结构层面的挑战；同时，底层民众在很大程度上被排斥于经济机会和社会福利之外。抛开社会结构层面的问题不论，中国仍存在着大量必备生活条件没有保障的贫困人口。以国家确定的人均年收入2300元（约相当于日均收入1美元，略低于联合国日均消费1.25美元的贫困标准）为标准，仅中国农村还有7000多万贫困人口。显然，中国不但是一个典型的“非丰裕社会”，抑且是贫富

[1] 参见［美］斯坎伦：《平等何时变得重要？》，陈真译，载《学术月刊》2006年第1期。此处引证根据英文版对译文进行了调整，见 T. M. Scanlon, When Does Equality Matter?, http:// www.law.yale.e du/ documents/pdf/Intellectual_Life/ltw-Scanlon.pdf，最后访问时间：2018年3月10日。

[2] See R. Dworkin, *Sovereign Virtue: The Theory and Practice of Equality*, (Cambridge, Mass.: Harvard University Press, 2002), pp.1, 3.

差距十分严重的社会。根据上文关于“非丰裕社会”自尊或人格基础的分析，我们可以说，财产构成了大部分中国人的自尊或人格的基础。相应地，为了确保实质性的人格平等，国家和社会有义务优先促进经济正义（分配正义），既要充分保障公民以平等人格获取教育和培训机会、参与职务和地位公平竞争的必要物质条件，亦要充分保障“最少受惠者”人格独立所必备的生活条件。

经济正义（分配正义）的优先性，根源于财产对于人格或自尊的构成性影响，即它构成了“非丰裕社会”中绝大多数人人格或自尊的基础。因此，相对其他正义事项而言，经济正义（分配正义）更应当成为转型中国社会正义的优先目标——事实上，这亦符合马斯洛“需求层次论”的思想：生存（生理需要和人身安全）需求，应当优先于自我实现等需求。[1]一旦认识到财产对于个体人格的构成性的塑造作用，我们就可以在保障人格平等的名义下扩展财产权的含义，即把接受国家因维护社会正义所进行的社会保障视为公民的财产权的内容。[2]

（三）转型中国的“底线正义”诸原则

走笔至此，我们可以把转型中国的“底线正义”诸原则表述如下：

[1] 不少论者以经济发展或作为集体权利的发展权为由，为不同于西方的中国或东亚人权观辩护（例如，参见［加］贝淡宁：《超越自由民主》，李万全译，上海三联书店 2009 年版，特别是第三章：“人权与‘亚洲价值’：对东西方对话的反思”）。对此，我想指出两点：第一，对一个政治共同体来说，如果其经济发展不能带来“共享发展”，那么发展本身的正当性将受到质疑。第二，我们并不能想当然地断定中国已然形成了“社会经济文化权利”优先于“公民和政治权利”的格局。如果深入分析，在“社会经济文化权利”内部，我们在很大程度上已形成了经济权利优先于社会文化权利的格局。本章只是从财产作为人格或自尊的基础出发，推导出分配正义在转型中国的优先性，并不主张再做其他的理论推演。

[2] 正如前文指出的，法哲学中基于“人格财产权”的“新财产权”理论认为，接受国家的社会保障，并不是接受国家的馈赠，而是公民的一种财产权。参见本书第五章。

经济正义（分配正义）原则：国家和社会应当保障(1)拥有同等资质和才能且对自身资质和才能有同等利用意愿的社会成员，以实质性的平等人格获取教育和培训机会、参与职位和地位公平竞争的必要物质条件（实质性的机会公平原则）；(2)以及具有奋斗志向的“最少受惠者”人格独立所必备的生活条件，而不论其自然禀赋如何（差别原则）；

政治正义原则：经济、政治与文化的不平等安排以及基于“共同善”对权利的限制，应同时满足如下两个条件：(1)在政治共同体内得到充分的民主商谈（商谈民主原则）；(2)以法律的形式确立下来，并在法律适用中平等地适用于所有人（法治原则）。

上述两个大原则、四个小原则，均形成了“词典式的序列”：经济正义（分配正义）原则总体上优先于政治正义原则；在经济正义（分配正义）原则内部，实质性机会平等原则优先于差别原则；在政治正义原则内部，商谈民主原则优先于法治原则。这种“词典式序列”意味着：如果在先的原则未获得充分满足，即使完全实现在后的其他正义原则，社会基本结构的正义性仍会受到质疑。

1. 关于实质性机会公平原则优先于差别原则

关于实质性机会公平相对差别原则的优先性，我仍大体遵循罗尔斯的理由：差别原则的适用，以实质性机会公平确保的必要经济效率和发展成就为前提——质言之，“最少受惠者”亦将从实质性的机会公平中获利。“排除这些不平等的尝试将大大干扰社会体系和经济的运行，以至于从长远看处境不利者的机会将受到更多限制。”[1]而且，同样作为基本益品，机会比收入和财富更具有普遍性基础。换言之，机会的实质性

[1] J. Rawls, *A Theory of Justice*, p.265.

平等比收入和财富的实质性平等，更容易获得道德上的证成。因为导致收入和财富差异的，不但有自然禀赋和家庭出身等不具道德评价意义的客观（偶然）因素，抑且还有个人志向等可做道德评价的主观要素——德沃金正是在这个意义上，提出了“敏于志向但钝于禀赋”（ambition-sensitive but endowment-insensitive）的著名分配原则。

一种满足了实质性机会公平原则的制度安排，我把它称为“流动性的贤能主义”（mobile meritocracy）。因此，强调实质性机会公平优先于差别原则，其实是主张：一种“流动性的贤能主义”的分配，要优越于均等主义（结果平等）的分配。它所展现的社会正义理念是：要最大限度地确保机会公平，同时国家和社会要对那些在公平机会竞争中落败的“最少受惠者”承担起基于正义（而不仅仅是仁爱）的关切。总体来看，它不过是力图在现代经济和社会条件下，实现《礼记·礼运》所向往的社会政治理想：“大道之行也，天下为公。选贤与能，讲信修睦，故人不独亲其亲，不独子其子，使老有所终，壮有所用，幼有所长，矜寡孤独废疾者，皆有所养。”

2. 关于商谈民主原则优先于法治原则

商谈民主原则优先于法治原则，根源于立法对司法（法律适用）的优先。这包括两方面的含义：第一，从逻辑或时序上看，立法先于司法。在一个具有成文法传统的国家，没有在先的立法，就没有对法律的平等适用。第二，从价值上看，立法正义优位于司法正义。其正当性依据在于，实质正义在价值上（而不仅仅是功能上）优位于形式正义或程序正义。如果法律（立法）本身是不正义或缺失正义的，那么无论多么严格地进行适用，都不能证成其本身的正当性。

树立立法正义优先于司法正义的正义理念，对转型中国有着十分重要的意义。强调立法正义对司法正义的优先，旨在否弃一种霍布斯“法律命令说”版本的实证主义法律观（工具主义法治观），恢复法律的规范性特征，特别是法律正当性、可欲性的可证成性（justifiability）和可争辩性（arguability）：法律并不是主权者的命令，而是承载了政治共同体关于何为正当之道德承担和何为良善生活之伦理想象的一种价值秩序。将法律视为主权者的命令，尽管可以高效地加快立法进程，但不但会使法律沦为政治的工具，进而牺牲作为法治之基础的法律的“不可随意支配性”，抑且会使法律本身的合法性受到挑战，从而丧失使中国现代法律秩序不断趋近正义的契机。对现代法律秩序仍待确立的转型中国来说，这无疑是一件得不偿失的事情。

3. 关于分配正义与“配给正义”

熟悉罗尔斯正义理论的人都知道，他区分了“分配正义”（distributive justice）和“配给正义”（allocative justice），并在“纯粹程序正义”的意义上定位分配正义。他认为，对收入和财富的分配，是一种没有确定正当结果但有确定正当程序的分配，即属于典型的“纯粹程序正义”的范畴。他着眼于背景制度的程序性设计，本身对结果平等抱持极大的警惕和排斥。因此，无论是公平的机会平等原则，还是差别原则，在他那里都不是针对具体个体或群体的“配给”，而是着眼于社会基本结构层面的程序性制度设计。正如涛慕思·博格（Thomas Pogge）指出的：

> “差别原则指涉的不是特定的人，譬如那些在既定的制度安排中实际上属于最少受惠者的人们。如果是那样，那么每一个社会基本结构都将违背差别原则，因为使最少受益者马上受益的制度改革总是可能的。差别原则必须依据匿名性的条件来解释：产生社会经济不平等的基本结构，必须为处于最低社会经济地位的人带来最大

化的可能利益。”[1]

依此看来，本章对实质性机会公平、特别是差别原则的阐释，具有“配给正义”的色彩。

前文已经初步交待了我如此阐释的理由。在此，我仍想重申如下：一方面，在中国这样的“非丰裕社会”，财产是绝大多数人人格或自尊的基础；另一方面，社会阶层结构的相对固化、贫富差距的持续恶化，既使得物质条件的差异成为人们利用公平机会的实质性差异的主要制约因素，更使大量“最少受惠者”阶层缺乏必备的生活条件。因此，为了确保实质性的人格平等，同时兼顾“道德上的应得”，国家和社会既要确保拥有同等资质和才能且对自身资质和才能有同等利用意愿的社会成员，以实质性的平等人格获取教育和培训机会、参与职位和地位公平竞争的必要物质条件（实质性的机会公平原则）；亦要保障具有奋斗志向的“最少受惠者”人格独立所必备的生活条件，而不论其自然禀赋如何。

如果进一步分辨罗尔斯分配正义观所预设的背景性条件，我们将更清楚地洞察到在转型中国的情境中，以“配给正义”对其“公平的机会平等”和“差别原则”的含义进行我所谓的“学理格义”的必要性。罗尔斯之所以反对“配给正义”，除了认为关于收入和财富的分配结果缺乏正当的评价标准外，还源于他对社会的定位。他认为，分配正义应当确保社会是“一个公平、有效且富有生产力的社会合作体系”：“我们拒绝配给正义的观念，因为它与作为公平的正义据以组织起来的基本理念是不相容的，即社会永远作为某种公平的社会合作体系的理念。”[2]他所

[1] See T. Pogge, *John Rawls: His Life and Theory of Justice*, trans. M. Kosch, (Oxford: Oxford University Press, 2007), pp.106-107.

[2] J. Rawls, *Justice as Fairnes*, p.50.

举的符合分配正义（很大程度上可视为差别原则）的典型事例是，NBA选秀时让上赛季排名末位的球队优先选择。在他看来，这种程序性设计既符合“最少受惠者”的最大利益，又可以确保年复一年的NBA联赛大体保持较高的竞赛水平。这种纯粹程序正义意义上的分配正义的运行，其实预设了“公平的社会合作体系”的某些必备的制度前提已然存在，并且运行良好。这就是那种遵循市场经济和立宪民主运行机理、同时建立了全民教育和普惠性社会保障制度（福利国家）的社会合作体系。在《正义论》初版中，罗尔斯在阐述差别原则的适用条件时，明确指出了几个必备的制度前提：

> “假定法律和政府法令有效地维持着市场的竞争和资源的充分利用，并通过合适形式的税收或其他任何类似事物确保了财产和财富（特别是如果生产资料的私人所有被允许）的广泛分配，并且保障了一种合理的社会最低生活水准（social minimum）。同时，假定全民教育保障了公平的机会平等，并且其他平等的自由权项也获得了保障。那么，最终的收入分配和预期模式将倾向于满足差别原则。”[1]

罗尔斯的上述自我指陈，其实表明：在不满足上述制度前提的条件下，他所表述的差别原则（即社会和经济的不平等及其附着的职位和地位，应当满足“最少受惠者”的最大利益）就是不堪适用的——至少是不充分的。仅就经济层面而论，罗尔斯的分配正义观试图在反思福利国家模式的语境中，建构与“作为公平的正义”相适应的财产分配体系，即他后来所说的“拥有财产的民主”（property-owning democracy）。但

[1] J. Rawls, *A Theory of Justice* (1971), p.87.

他至少预设了市场经济体系、惠及全民的教育和最低生活保障体系等制度前提，已然确立起来。罗尔斯所做的工作是要为福利国家适度“减负”，从而力图将其转化为世代相续的、公平的社会合作体系。[1]

然而，对转型中国来说，罗尔斯所列明的那些制度前提几乎都付之阙如。单从经济层面来看，我们基于市场经济、全民教育和社会保障的“公平的社会合作体系”不但正在形成或有待突破，抑且社会中的大量“最少受惠者”，其贫困正与这种社会合作体系形成过程的不正义紧密相关。他们要么缺乏把握实质性公平机会的物质条件，要么缺乏必备的生活条件。他们不但应当成为转型中国经济正义（分配正义）的重点关切对象，抑且在很大程度上需要“配给正义”始能解决他们深入参与社会合作的现实难题。如果说，罗尔斯的分配正义观试图为西方福利国家“减负”，那么对转型中国来说，我们更应该以社会福利为国家和社会“添责”。

在评论罗尔斯的分配正义观时，麦克弗森曾指出：“罗尔斯遵循其伦理原则对收入再分配的数量设定了某种苛刻限制，并且这种限制是被市场经济支配的结果。”

> “他的伦理性分配原则，不允许福利国家再分配的增长达到这样的临界点，即‘较多的税收如此严重地干扰经济效率，以至于当前世代最少受惠者的前景已不再提高，并开始下降’。对经济效率的检验被明确适用于‘竞争性经济’中，并且后者在逻辑上必定是一种市场完全主导的经济，在这种经济中，企业对税收增长的消极

---

[1] 与福利国家相比，罗尔斯所谓的“财产所有的民主制”同样支持最低生活保障（“差别原则规定的最低生活保障与有限功利原则所规定的，在实践中可能差别不大”），只是其出发点或理由不同：平等自由的公民积极参与社会合作体系的需要 *vs.* 基于人性的生活需要（共同的人类需要）。See J. Rawls, *Justice as Fairness*, pp.129-130.

回应降低了整个经济的生产力。这是那种古典模式的竞争性资本主义市场经济，在这种经济模式中，非人格化的市场力量决定着投资和生产力。因此，罗尔斯的伦理性分配原则不是压倒了资本主义的市场生产关系，相反是被后者所压倒的结果。并且，这确实是与他那种霍布斯式的假设相兼容的唯一立场：非社会性地（利益）最大化的个体（unsocial maximizing individuals），作为现代社会不可还原的单位。”[1]

作为西方马克思主义政治理论家，麦克弗森的上述评断，指向了罗尔斯分配正义观所预设的两个前提：市场力量的压倒性和个体存在的非社会性（即“占有性个人主义”的非社会性维度）。如果他的上述解读是正确的，我们就有必要根据国家所承诺的“社会主义”理想，对罗尔斯式的分配正义观进行某种理论上的矫正。无论我们在何种意义上理解“社会主义”，它都不应该允许市场成为整个社会中的压倒性力量，以及“非社会性地（利益）最大化的个体”的肆虐——质言之，我们必须避免卡尔·波兰尼所说的“市场脱嵌于社会”的局面。显然，要扭转转型中国已然出现的“市场脱嵌于社会”局面，仅靠“纯粹程序正义”意义上的分配正义，是远远不够的。毋宁说，正是这种分配正义观在中国情境的运用本身，迎合并纵容了“市场脱嵌于社会”。在中国这样分配正义问题如此严重的社会，如果不为社会成员之间的实质性机会公平创造必要的物质条件，如果对“最少受惠者”的必备生活条件漠不关心，那就不啻于“视社会为市场的附属品，而将社会关系嵌含于经济体制中，

[1] C. B. Macpherson, *The Rise and Fall of Economic Justice and Other Essays*, (New York: Oxford University Press, 1985), pp.12-13.

而非将经济行为嵌含在社会关系里”[1]。

4. 关于个人责任、权利限制及其他

在实质性的机会平等原则和差别原则的表述中，我在社会成员和“最少受惠者”之前，分别添加了“拥有同等资质和才能且对自身资质和才能有同等利用意愿”和“具有奋斗志向”的限制，其意有二：其一，它旨在回应晚近政治哲学家关于“个人责任”的论述；其二，它旨在呼应前文将正义视为“一致性与应得的统一”的观点。关于个人责任问题，最具代表性的论述是德沃金明确提出的“志向”（ambition）和“选项运气”（option luck）等问题，即个体应当对因自身的志向而产生的“选项运气”承担责任。德沃金据此批评了罗尔斯差别原则忽视个人责任的问题：“差别原则假定基本益品上的简单平等（flat equality）是基本的或真正的平等，而没有考虑人们在志向、品味（taste）、职业或消费方面的差异，更遑论生理条件或残障方面的差别了。”[2]前文未对“道德上的应得”进行界定。事实上，考虑到转型中国的“底线正义”要求，我更倾向从“正义”或“正当”（而不是凯克斯倾向的“善”）的角度来理解“道德上的应得”，并主张这种“正义”或“正当”应具有更为丰厚的道德内涵，即它既要具备超越法条主义的更丰富道德蕴含，亦要以更丰满的视角恰当把握个体的道德责任（个体行为正义）与社会正义的关系。质言之，我更赞同把凯克斯所说的“接受者在道德上的优点或缺点”与德沃金正义理论视野中的个体行为正义——即个体在社会正义中的道德责任——联系起来。具体来说，它主要包括两方面的含义：（1）因个人“志向”导致的“选项运气”不佳而主张的社会补偿在道德上是不应得的——其“不应得”，可从个体对自己人生选择负

[1] 参见［匈］波兰尼：《巨变：当代政治与经济的起源》，黄树民译，社会科学文献出版社2013年版，第129页。

[2] R. Dworkin, *Sovereign Virtue*, p.116.

责的道德责任中获得证成；（2）具有奋斗志向的个体，因“原生运气”（brute luck）乃至“可行能力”（capacities）不佳而主张的社会补偿在道德上是应得的——其“应得”，可以从个体的道德品质（奋斗志向）、个体相对于自身“原生运气”的不可归责性（罗尔斯意义上个体对于其自然禀赋的“不应得”或自然天资作为“共同资产”）及整个社会具有道德价值的政治理想（社会正义）等理据中获得证成。考虑到转型中国仍需通过激发社会成员的奋斗志向而使整个社会保持较高的发展水平，即使秉承基于社会正义的“配给正义”原则，也应充分考虑社会成员的个体责任问题，由其导致的不平等则是我们必须承受的代价。正如德沃金指出的：

> “我们必须承受违反平等的痛苦，允许资源的分配在任何特定的时刻都是——就像我们可以说的——敏于志向的。换言之，它必须反映出人们做出的选择对他人带来的成本或收益，比如说对那些选择投资而不是消费的人，那些消费较为节俭的人，或者那些以盈利较多的方式工作的人，必须允许他们持有从遵循自由贸易的平等竞卖（equal auction）中做出一些决定后所获得的收益。”[1]

值得注意的是，尽管罗尔斯的“差别原则”常常被认为忽视了个人责任问题，但笼统地说他忽视个人责任却是不准确的。罗尔斯对“公平的机会平等原则”的界定明显兼顾了个人责任，因为他明确把个体对自身资质和才能的“利用意愿”——大体相当于德沃金所谓的“志向”——纳入机会平等的视野中。正因此，我仍遵循罗尔斯的理解，将“拥有同等资质和才能且对自身资质和才能有同等利用意愿”，作为运用

[1] R. Dworkin, *Sovereign Virtue*, p.89.

实质性机会公平原则的限定条件。同时，为了纠偏其差别原则对个人责任的忽视，我为“最少受惠者”添加了“具有奋斗志向”的限定。

在第二个正义原则的表述中，我在“经济、政治与文化的不平等安排”之后，增加了“基于‘共同善’对权利的限制”。这一表述，并不意味着我认为对权利的限制在规范上或道德上是正当的，而是主要基于如下两方面的考虑：第一，中国作为文明型国家，特别是超大规模型国家，存在着基于“共同善”限制特定权利的某种政治必要性或“目的合理性”空间（如对生育权的限制）。第二，更为重要的是，本章所阐述的只是“底线正义”。换言之，它是前述罗尔斯意义上“根据某些境况和社会条件足够正义”，而不是“完美地符合正义”。就此而言，我们更应当遵循阿玛蒂亚·森的建设性思路：消除现实中的不义，要比坐而论道地追求完美的正义世界更为紧要。[1]因此，对转型中国来说，更具建设性的做法，或许不是从道德上质疑限制权利的正当性，而是对权利限制本身进行某种程序性限制，也即是把它放在政治正义的框架下审查，通过确保权利限制本身的合法性，提升某种限制权利的政治决策的正义品格。

有读者可能会问：如果我们像哈贝马斯那样赋予“商谈民主”以理性品质、从而赋之以特定规范性要求（如哈贝马斯所谓的“理想言谈情境”），那么，即使对西方发达国家来说，它也是一种未充分实现的政治理想，它在何种意义上是一种“底线正义”要求？据我理解，其“正义性”根源于它顺应了现代政治和法律秩序的合法化机理，即本书反复强调的“公意政治”的合法化机理：商谈民主以“受到影响者”与“商谈参与者”的同一及“受到影响者”作为“商谈参与者”的“同意”，使

[1] See Amartya Sen, *The Idea of Justice*, (Cambridge, Mass.: The Belknap Press of Harvard University Press, 2009), pp.4-8.

政治和法律秩序的合法化有了充分的“公意”基础。其之为“底线”，至少体现在两个方面：其一，作为一种程序主义的人民主权观，商谈民主不但对现代政治和法律秩序的实质性要素做出了较薄的承诺，抑且有助于为特定时空现代政治和法律秩序之实质性要素的建构提供充分的合法化基础。其二，作为一种有别于“选举民主”的民主观，它无涉普选这样更具实质性、亦更有争议性的政治议程。

有读者可能仍心存疑问：本章所建构的“底线正义”诸原则，符合前文对正义的界定——即一致性与应得的统一——吗？我想从三个方面回答这一问题。首先，一如前述，本章之所以将个人责任（志向）纳入经济正义（分配正义）的视野中，即在一定程度上回应了前文关于正义是一致性与应得相统一的界定。其次，前文已指出的，我对正义的界定是一种“操作性”的定义。所谓“操作性”，主要是指它服从于本章的问题意识，即对某种结构化的正义观念——“反正义的公平”观念——的理论把握。最后，我对“底线正义”诸原则的建构，旨在为超克“反正义的公平”观念创造社会基本结构层面的条件。所谓“底线正义”，即“根据某些境况和社会条件足够正义”。作为本章问题意识（经验参照点）的“反正义的公平”观念，就是我所识别出的与社会正义有关的某种结构化情境，即罗尔斯意义上的“境况和社会条件”。相应地，所谓的“底线正义诸原则”，正是与这种结构化情境（“境况和社会条件”）相适应的正义原则。经济正义（分配正义）原则对“应得”的重视，有助于匡正人们习焉不察的“反正义的公平观”，从而醇化出“合乎正义的公平观”。政治正义原则对公共自主（商谈民主）和法治的重视，则预设了这样的理论认识：“合乎正义的公平观”内在地呼唤公民的美德，即对权利的合目的性（正当性）运用，而这种公民美德的养习，既离不开社会成员作为法律的“创制者”对公共自主实践的充分参与，亦有赖于社会成员作为法律的“承受者”对作为“公意”之法律的充分尊重。

故此，社会基本结构层面，特别是政治结构层面的制度建设，可以抽空与“反正义的公平观”相适应的背景制度，从而为其转化为“合乎正义的公平观”创设新的结构化情境。

我把促进经济正义（分配正义）的责任主体确定为“国家与社会”，但这并不意味着我认为它们之间的责任是相当的。毋庸置疑，促进经济正义（分配正义）首先是国家的责任。这不仅是因为国家是公共资源的最大占有者，亦更有责任和能力提供公共物品和公共服务；更是因为社会能否承担起相应的公共责任，最终亦取决于国家确立什么样的社会体制。之所以也把社会列为责任主体，既考虑到了拓展社会建设空间的紧迫性，亦考虑到了把促进分配正义凝聚为全社会集体共识的必要性。本章未直接论及转型中国的文化正义问题，这一方面考虑到了该问题的高度复杂性，另一方面仍延续了“底线正义”的思路，即力图通过政治正义的制度安排确保文化正义问题。我特别强调商谈民主原则，一方面是看到了它对于公民在公共自主中形成道德确信和道德共识、培育公民美德的重要性，另一方面也同样贯穿着“底线正义”的思想：它保留了以超大规模型国家的政治条件和文明型国家的文化条件（乃至社会主义政党—国家的政治条件）对中国社会基本结构的正义进行“范导和适当构建”的运作空间，但主张把这种运作空间限制在程序上符合政治正义的范围内。此外，“法治原则”中的“法律”可做广义理解，包括宪法、基本法律、行政法规、地方性法规和部门规章，也可以把通过合宪性和合法性审查的执政党政策含括在内。

由于题旨和篇幅所限，本章仍有诸多问题未能深入探讨。我对“反正义的公平观”的把握是一种高度理论性的把握，它在多大程度上现实地存在于人们的正义观念中，仍有待社会科学研究的检验。我对经济正义（分配正义）原则的阐释，是对罗尔斯分配正义观的某种“学理格义”或“转化性创造”。这种处理方式，主要是考虑到了在有限篇幅内

“另起炉灶”的难度。我对所有正义原则的阐述，均着眼于规范性层面，并未涉及制度层面的问题。但是，我们是否有必要或可能完全撇开罗尔斯的分配正义观进行转型中国经济正义（分配正义）原则的建构？符合“底线正义”诸原则的合适制度安排应当是什么样的？诸如此类的问题，尽管在本章的题旨之外，但同样值得思考。

本章的研究完全是探索性的。它试图从转型中国的政治与社会—历史条件出发，自主地建构适合转型中国结构化情境的“底线正义”原则。这种研究取向，不是从任何既定的理论模式出发，而力图以中国现代社会—政治秩序和法律秩序的建构为理论担当，以中国独特的政治与社会—历史条件为参照，构建兼顾这种理论担当和实践约束条件的政治哲学或法哲学理论模式。然而，由于论题博大，加之本人学力不逮，其中的学理逻辑可能存在诸多跳跃、断裂甚或臆想，惟愿读者诸君不吝赐教为幸。

2014 年 10 月 9 日初稿于复旦光华楼
2015 年 6 月 27 日二稿于美国圣路易斯大学
2015 年 8 月 24 日三稿于美国圣路易斯大学
2016 年 7 月 13 日四稿于沪北寓所
2016 年 10 月 3 日五稿于沪北寓所
2017 年 4 月 20 日定稿于沪北寓所

第七章　关联性正义

——基于转型中国正义问题之整体性的政治哲学分析*

"转型社会的一大特征就是问题的整体性。中国与西方的不同在于，西方社会结构已经定型，政治、经济、文化等各个领域都具有相对的自主性，但中国正处于转型阶段，其各个领域的问题都是缠结在一起的，因此具有牵一发而动全身的整体性。"

——邓正来**

** 邓正来：《全球化时代的中国社会科学发展》，载庄立臻、库金红主编：《天一讲堂：2009》，中国文史出版社 2010 年版，第 118 页。

引论："诸正义（观）间的争斗"与转型中国正义问题的整体性

（一）"诸正义间的争斗"

"正义"不仅是一个具有道德感召力的价值，而且是被赋予了神性的价值。无论是古希腊神话中的正义女神忒弥斯（Themis），还是古罗马神话的蒙眼女神朱蒂提亚（Justitia），抑或中国神话传说中的獬豸，它们都被赋予了主持人间正义的神圣使命。与之相比，平等、自由、民主等现代性价值，似乎都不曾有过这

* 本章首发于杨国荣主编：《思想与文化》第 21 辑，华东师范大学出版社 2018 年版。本章初稿曾在华东师范大学思勉人文高等研究院"政治哲学工作坊"（第三期）宣读（2016 年 12 月 12 日）。感谢该工作坊发起人马华灵的邀请及葛四友、朱佳峰、徐峰、惠春寿诸君在讨论中提出的批评和建议。同时，马华灵还为我提供了多篇相关的文献信息，杨晓畅为初稿完善提出了建设性建议，谨此申谢；当然，文责自负。

种跨文化的神性色彩。进入现代以来，论者对“正义”的阐释尽管多不再赋予其整全性的神性色彩，但主要在康德式道德哲学的影响下，诸多论者仍倾向把“正义”（或“正当”）视为与道德上的绝对命令相联系的普遍主义价值，并因绝对命令所悬置甚或预设的上帝视角，仍保留着与神性的隐性关联。于是乎，在诸多道德哲学家和政治哲学家（特别是康德主义者）看来，“正义”不但是一种普遍主义的价值，抑且具有“去情境化的”（decontextualized）绝对性。就像霍耐特（Axel Honneth）指出的，这种康德式的正义理论“规定我们据以评判社会秩序之道德合法性的规范性原则，不是来自于既存的建制化结构之内，而须在此种建制化框架之外孑然而立”[1]。

然而，如果以这种绝对性的、普遍主义的正义观检视转型中国的诸种正义事项，我们却顿生方枘圆凿之感。不但现实中的诸多法律、制度或政策无法通过此种正义观的检验，抑且我们还常常会遭遇“诸正义间的争斗”（war of justices）。不同于韦伯所说的“诸神争斗”（war of gods）发生在多元化的价值领域（即李泽厚所说的“宗教性道德”层面），我们遭遇的“诸正义间的争斗”却是发生在公认（或被期待）可以获得主体间共识的规范领域，也就是李泽厚所说的“社会性道德”层面。一个较为典型的例证，是邓正来所说的生存权、发展权所预设的“一代人的正义观”（justice of a generation）与环境权所预设的“多代人的正义观”（justice of generations）之间的张力。[2]这种张力，在与这两种不同正义观相关的各种正义事项中体现出来，譬如小到某个个体的生存权、大到一个国家的发展权与环境保护（公民的环境权）之间的

[1] Axel Honneth, *Freedom's Right: The Social Foundations of Democratic Life*, trans. Joseph Ganahl, (Cambridge, MA: Polity Press, 2014), pp.1-2.

[2] 参见邓正来：《中国法学向何处去：建构“中国法律理想图景”的时代论纲》（第二版），商务印书馆 20011 年版，第 16 页注 2。

冲突：仅能靠伐木为生的农民，可否（不受限制地）砍伐木材？发展中国家能否走“先污染后治理”的经济发展道路？……诸如此类的问题，求诸“一代人的正义观”，还是“多代人的正义观”，会得出完全不同的评价结果。这种“诸正义间的争斗”，不惟发生在互相关联的不同世代之间，还会发生在相互关联的不同领域。譬如，我们在本篇导言提到那个问题：高房价是否合乎正义？在那些专注于经济领域的经济学者看来，只要高房价符合供求关系曲线，它便是合乎正义的。但是，那些看到高房价背后的“土地财政”、官员腐败等政治问题的政治学者，或者洞察到由其导致的居者无其屋、严重社会分化、社会矛盾突出等社会问题的社会学者，则定然会得出不同的结论。

（二）现代道德意识结构与转型中国正义问题的整体性

依我个人鄙见，以上两个事例生动地体现了转型中国正义问题的一个特质，即整体性。[1] 其要义是：转型中国某一领域或世代的正义问题，与另一领域或世代紧密相关（后文分析表明，这种关联性不限于诸领域和诸世代间的关联，还包括人际关联、国际关联诸方面）；若不把这些相互关联的面向整体关联起来，我们便难以确立可资评价的正义法则或正义规范。

总体来看，转型中国正义问题的整体性，折射出了现代社会意识结

[1] 我关于中国正义问题之整体性的认识，受到了邓正来师的启发。不过，他只是在学术演讲和学术评论中谈及了此问题，既未以正式的学术论文予以阐述，亦未以自己的理论建构回应这一问题。在谈及中国问题的整体性时，邓正来主要把它作为批判中国社会科学“唯学科化”取向的依据。他还以农民工问题为例，批判了学界因学科视野的局限而只关注农民工的维权，但忽视农民工背后的重大文化问题，特别是农民工工作地点与居住地点的分离对传统文化延续的挑战（参见邓正来：《全球化时代的中国社会科学发展》）。在本章中，我力图以更具学理性的公共关怀、更具介入性的学理分析和更具实体性的理论建构，回应转型中国正义问题的整体性。

构的复杂性：它在性质上是基于不同的普遍主义原则所导致的“诸正义（原则）间的争斗”——由于人们的正义观念多排他性地立基于某种正义原则之上，它亦体现为“诸正义（观）间的争斗”。正如我在上一章指出的，无论是西方社会还是当下中国，均共享了一种科尔伯格—哈贝马斯意义上的“后习俗的”道德意识结构，即基于原则的、普遍主义的道德意识结构。换言之，Lassman 与 Speirs 所谓的“原则化的信念伦理”（ethics of principled conviction）[1]，即以普遍主义原则作为道德确信的道德意识，成为现代道德世界的主要意识范型。正是这种道德意识结构的历史性形成，为转型中国“诸正义（原则）间的争斗”提供了意识结构条件。

慈继伟曾探讨了当代（西方）社会存在的道德冲突及由此产生的伦理多元主义。这种道德冲突和伦理多元主义的基本背景，其实就是本书反复提及科尔伯格—哈贝马斯意义上“后习俗”道德意识结构的存在。在他看来，与这种道德意识结构相适应的伦理形态可称为“弱伦理”。这种“弱伦理”，具有三个显著特征：其正当性源于社会成员关于道德的共识，而不（再）具有更高的认知性基础（如上帝）；其在自我关系上不要求禁欲，只要求个体的欲望追求不违反社会成员共同达成的互不伤害之原则；其在人我关系（人际关系）上仅仅要求做到以互利为目标的正义，而这种正义是现代社会所能要求个体达到的最高道德限度。因此，现代社会的伦理多元主义，是与虚无主义相伴生的。它们多围绕“正义”问题展开，而在原则上不牵涉社会成员善观念或人生观（conceptions of good）之间的冲突。这是因为：

[1] Lassman 与 Speirs 把韦伯那里的“*Gesinnungsethik*”（信念伦理）译为“ethics of principled conviction”（原则性的信念伦理），是颇具匠心的独到翻译：它既涵盖了韦伯那里“*Gesinnungsethik*”常常与宗教性的终极目的相联系所形成的道德原则，亦可与现代社会后习俗的道德意识所蕴含的普遍主义原则相衔接。See P. Lassman and R. Speirs (eds), *Weber: Political Writings*, (Cambridge: Cambridge University Press, 1994), pp.359-360.

“人们一旦意识到他们的道德没有形而上的认知基础因而并非天经地义的，那么就没有理由将自己的道德信念强加于人；同时，人们既然认为道德的目的不外乎调节欲望冲突，那么在起码的道德规范之外就没有必要强迫他人接受纯受个人好恶的价值观念。”[1]

然而，正如哈贝马斯指出的，这种“后习俗的道德意识”只是现代社会在法律建制上的表现和要求，即是现代条件下的良序社会对社会成员的期待，但它并不意味着社会成员均现实地具有了这种道德意识。[2]因此，表现在道德实践中，我们遭遇的更多是慈继伟所说的“非完全的虚无主义”——其所指涉的乃是这样一种情形：“一方面人们称不信上帝或不再信上帝，但另一方面他们的道德观却依赖于上帝存在这一前提，而他们本人并未意识到这一点。”[3]换言之，尽管现代社会呼唤一种“弱伦理”（后习俗的道德意识），但现代社会的社会成员却仍常常自觉或不自觉地诉诸“强伦理”（前习俗或习俗性的道德意识），即常常以某种宗教、哲学和道德整全性教义／学说，作为其道德推理和道德判断的依据。因此，尽管现代道德实践中的道德冲突多围绕着“正义”——特别是为实现各自人生观所需要的物质利益之分配正义——问题而展开，

[1] 慈继伟：《虚无主义与伦理多元主义》，载《哲学研究》2000年第5期。

[2] 哈贝马斯指出，不管个体成员是否具有这种后习俗层次的道德意识，但现代社会的法律建制体现了这种道德意识。在回答基于此视角的质疑（如“我们面临着这样一个悖论：社会具有后习俗的社会建制，而大多数成员的道德意识却停留在前习俗或习俗阶段”）时，哈贝马斯指出：“社会革新常常是由边缘化的少数人推动的——尽管他们后来在建制层面被概括或普遍化为整个社会的象征。这可以解释：为什么尽管许多成员被发现只处于道德意识的习俗阶段但现代社会的实在法必须被视为后习俗意识结构的体现。对某种后习俗法律系统的习俗化理解并不必然导致不稳定性；譬如说，它有时能够阻止那种导致了公民不服从（civil disobedience）发生之激进解释的出现。” J. Habermas, *Justification and Application: Remarks on Discourse Ethics*, trans. Ciaran Cronin (Cambridge, Mass.: MIT Press, 1993), p.161.

[3] 慈继伟：《虚无主义与伦理多元主义》。

但人生观或善观念之间的冲突亦常常会介入其间，从而使现代社会的“诸正义（原则）间的争斗”呈现为颇为复杂的景象：它常常体现为预设了人生观或善观念冲突的“正义争夺战”。

从另一方面来看，之所以会出现上述复杂情形，乃因为后习俗道德意识结构的存在，极易使人们产生罗尔斯尤为反对的道德直觉主义取向，即排他性从某种基于普遍主义原则的道德直觉出发进行道德推理、形成道德判断的取向。[1] 由于基于原则的、普遍主义的道德意识，已然扎根于社会成员的道德意识，而各种普遍主义原则不但多具有“强伦理”的宗教—形而上学认知基础，抑且相互之间又常常是扞格不入的，对那些康德意义上的“不完全的理性存在者”来说，他们便倾向从自己信奉且足以证成其利益的道德原则（道德直觉）出发，进行道德推理、形成道德判断。这种道德实践模式，就其（客观上）合乎世俗化的普遍主义道德原则来说，它体现了“后习俗的”道德意识结构；但就其（主观上）依凭某种宗教、哲学和道德整全性教义 / 学说来说，它是诉诸“强伦理”的，进而体现了前习俗或习俗性的道德意识；就其道德推理模式来说，它又是直觉主义的。在很大程度上可以说，正是这种诉诸“强伦理”资源、但依托现代社会的“弱伦理”运行机制的道德直

[1] 一般而言，道德哲学中的道德直觉主义有两个核心主张：一是道德命题的自明性（self-evident），即“对该命题的某种充分理解就足以使我们相信它”（换言之，“一个清晰的直觉就可以为我们相信该命题提供充分的证成”）；二是道德属性的不可界定性（indefinable）或非自然性（non-natural），即“否认道德属性可以在整体上通过心理学、社会学或生物学的属性来界定”。我在此无意进行道德哲学上的学理辨析，而旨在凸显转型中国道德实践中的行动取向。因此，我对“道德直觉主义”的理解，主要基于上述第一个特性，同时凸显其为部分道德直觉主义论者所强调的伦理多元主义特性，即“存在着不可化约的多元基本原则，并且任何原则相对于其他原则都不具有严格的优先性”。事实上，罗尔斯对道德直觉主义的批评也主要指向了其所导致的伦理多元主义（详见下文）。关于道德直觉主义的上引文字，See Stratton-Lake, Philip, “Intuitionism in Ethics”, *The Stanford Encyclopedia of Philosophy* (Winter 2016 Edition), Edward N. Zalta (ed.), https://plato.stanford.edu/archives/win2016/entries/intuitionism-ethics，最后访问时间：2018 年 3 月 10 日。

觉主义推理模式，造成了现代社会的“诸正义（原则）间的争斗”。然而，正如罗尔斯指出的，直觉主义的问题在于，它仅仅从某种道德直觉出发，无法协调与那些从其他道德直觉出发所形成的道德判断之间的冲突——质言之，由于无法在基于不同道德直觉的道德原则之间确立优先性规则，它无法处理不同道德直觉之间的冲突。[1]可以说，正是道德直觉主义这种独白性的直觉主义推理模式，很大程度上加剧了现代社会的“诸正义（原则）间的争斗”，并使其以不可调和的形态呈现出来。

从实践上看，为了纾解和避免独白性的道德直觉主义所带来的“正义争夺战”，现代社会形成了制度化的公共自主或公共商谈机制（如政治层面周期性的民主选举和常态性的商谈民主或审议民主，及社会层面的志愿性社团和社区等），并通过这种机制为人们达成主体间性的道德共识、形成主体间性的道德确信提供对话平台。[2]显然，如果在社会基本结构层面缺乏这种制度化的公共自主或公共商谈机制，“后习俗”的道德意识结构所导致的结果更为复杂且棘手：它可能为人们进行本位主义（selfish departmentalism）的公共言说乃至唯私主义的社会抗争，提供话语空间和辩护依据。这在转型中国关涉社会正义的社会抗争和公共言说实践中，表现得尤为突出。上一章对“反正义的公平观”的分析，已揭示了转型中国社会抗争实践中大量出现的唯私主义抗争行动，即那

[1] 罗尔斯认为，直觉主义“由一批首要原则（first principles）构成，而这些原则在特定情形下会给出相反的指令”，但它却“不包括任何可以衡量这些相互冲突之原则的明确方法，即优先性规则：我们只是依凭直觉，即依凭我们看起来似乎最近乎正当或正确（right）的事物来寻求平衡。或者，即使它们存在优先性规则，亦会被视为几乎是无关紧要的，对我们形成某个判断无实质性助益”。事实上，罗尔斯关于“正义观念”（conceptions）与“正义概念”（concept）的著名区分，在很大程度上可视为道德直觉主义的正义观与他所主张的政治建构主义的正义观所形成的不同概念模式：前者是多元的，构成了市民社会的“背景文化”；后者是一元的，是政治国家“重叠共识”的产物。上引文字，见 J. Rawls, *A Theory of Justice* (revised edition), (Cambridge, Mass.: Belknap Press of Harvard University Press, 1999), p.30.

[2] 参见本书第六章。

种以“公平”为辩护依据但实质上违反道德和法律上的“应得”、进而违反正义的社会抗争行动。在公共言说中，不少论者基于具有宗派性的利益诉求（如地区利益、部门利益、社群利益乃至阶级利益等）所进行的论说，亦常常要诉诸某种普遍主义的道德原则——在这方面，“自由”常常是那些代表着社会上层的论者乐于诉诸的价值，“平等”则常常是那些代表着社会底层或边缘社群的论者偏爱乞援的原则；但从整个社会关于正义事项的恰当把握来看，我们便陷入了由“自由”“平等”这两种普遍主义原则所引发的“诸正义（原则）间的争斗”。我们可以把这种本位主义乃至唯私主义的论说取向，统称为或主体中心（subject-centered）乃至自我中心的（self-centered）论说取向，因为他们都缺乏主体间性的向度，是一种独白式的论说取向，无视或无法通过公共商谈和公共证成的检验。在实践中，这种主体中心乃至自我中心的论说取向，又常常是与前述道德直觉主义的认知模式相互交缠在一起的：它从某种有利于捍卫主体中心乃至自我中心之利益 / 旨趣（interests）的道德直觉出发，秉持某种对之予以证成的正义观念（idea）——质言之，韦伯—哈贝马斯所说的“观念”与“利益 / 旨趣”之间的互动，在此是以后者为基础的。于是乎，表现在实践中便是“诸正义（原则）间的争斗”：由于论者多倾向从主体中心乃至自我中心的道德直觉主义出发进行道德推理，加之不同道德直觉之间不免相互抵牾，从全社会的视角来看，我们便遭遇了“诸正义（原则）间的争斗”。

（三）情境化的正义观与“关联性正义”

由以上分析可知，面对“诸正义（原则）间的争斗”，我们很难仅仅从道德普遍主义的抽象层面去把握特定正义事项；相反，我们须结合特定政治社会的情境做出更具针对性的理论建构。借用罗尔斯关于“正义观念”（the conceptions of justice）与“正义概念”（the concept of justice）的著名区分，如果说基于道德直觉主义的普遍主义视角所获致的是一种相互冲突的多元“正义观念”，那么若想获得可以在整体上对相关正义事项予以恰当把握的“正义概念”，我们必须诉诸关联性的情境化视角，把那些（可能相互冲突的）普遍主义原则，放在特定正义事项所置身其间的关联性互动情境中进行考量，从而确定立公当的正义法则。

正是基于上述考虑，本章试图阐发一种“关联性正义”（correlational justice / justice in the correlational contexts）的观念，并从规范上建构“关联性正义”视角下的诸正义法则。与普遍主义的正义观相对，“关联性正义”是一种“情境化的”（contextual/situated）正义观。这种情境化的正义观，不是社群主义 / 共同体主义式的道德情境主义所主张的那种社群 / 共同体本位的正义观，而是主张把特定正义事项放在其所置身其间的关联性情境中进行观照，从而获得与此情境相适应的正义法则。为使“关联性正义”的主张具有更为厚实的政治哲学基础，我将首先从康德式的普遍主义正义观入手，探究康德本人（及哈贝马斯）在道德哲学与政治哲学、法哲学之间所做的区分及其所蕴含的道德世界与政治社会之间的区别，以及这种区别对于政治社会之正义的情境化限制。接下来，我将在与“单向度的正义”相对照的意义上，初步界定“关联性的正义”，并在把握转型中国政治社会之复杂关联性结构的基础上，以国家权力为中心，着重阐述转型中国之正义问题围绕着国家权力的运行所形成的三个向度、六个方面的关联性。在本章的最后，我将阐述与上述三个向度、六个方面关联性相对应的关联性正义评价法则，并结合慈继伟关于正义之两面性的论述，呈现一个更为基础的“两面性”：正义命令的绝对性与正义规范的有条件性或情境性。

一、政治社会的正义 vs. 道德世界的正当

（一）康德式的普遍主义正义观

从逻辑上看，康德式的普遍主义正义观，是通过两个步骤成为现代政治哲学的主导正义理论模式的。第一个步骤：将古典道德哲学关于“何为善的生活”的核心问题纳入规范伦理学的框架下进行规约。通过把他律性的一切实践命令——即康德所说的“假言命令”，也即是“达到另外目的手段而成为善良的行为”[1]——剔除出去，康德将道德上的“正当”严格限定为基于纯粹实践理性的意志自律所形成的绝对命令。通过这种限定，康德得以使“善生活”从属于合乎绝对命令的道德生活，从而把其他类型的“善生活”——特别是牟宗三所说的由经验性的幸福原则和理性的圆满原则所引导的“善生活”[2]——排除于道德生活之外。经由此种范式转换，“正当优先于善”成为现代道德哲学的思想框架，现代道德哲学的核心问题遂变成了对如下问题的哲学回答：“我或我们应当做什么？”（“我或我们应当怎么做才是正当的？”）。所谓道德世界的正当规范，便具有了绝对性的特质。第二个步骤：将“普遍化原则”作为康德式道德绝对命令获得证成的核心原则，同时把道德世界中通过“普遍化原则”检验的“正当”（right）规范建构为政治社会的“权利”（rights）诉求和义务内容，并以此把握政治社会的“正义”问题。由于规范适用从道德世界向政治社会的跨越常常是未经转化

[1] 参见［德］康德：《道德形而上学原理》，苗力田译，上海世纪出版集团2005年版，第32页。

[2] 参见牟宗三：《心体与性体》（第1册），台北中正书局1968年版，第131—132页。

地径直进行的，政治哲学和法哲学遂成为道德哲学在政治和法律领域的延伸，从而成为道德哲学的分支（实为附庸）。经由如是推演，政治社会的“正义”问题与道德世界共享了同一种“正当”标准并具有绝对主义、普遍主义的特质，便是顺理成章的事情了。

罗尔斯的正义理论，便是这种康德式普遍主义正义观的典型代表。罗尔斯得以推演出“正义两原则”的“无知之幕”和“原初状态”，不但屏蔽了社会成员的社会地位和经济条件，抑且屏蔽了特定时空的政治和社会—历史条件。正是通过对个体与共同体之个殊化情境的双重屏蔽，并经由原初状态→宪政阶段→立法阶段→司法和行政阶段的四步推演，罗尔斯式所阐发的正义原则，既遮蔽了道德世界与政治社会的区别，亦跨越了政治社会的情境限制，并最终具有了跨文化（或去情境化）的普遍主义色彩。然而，依我个人鄙见，个体的个殊化情境与共同体的个殊化情境，却不可等量齐观：如果说个体之社会地位和经济条件的差异，是社会正义的首要关切对象，并因而尤需防患规范制定者（立法者或立约者）的本位主义取向，那么特定时空的政治和社会—历史条件，则是制约某一政治社会采取何种路径和方式实现社会正义的“结构化情境”，并因而使得政治社会的正义规范应具有“敏感于情境的”（contexts-sensitive）内在要求。更确切地说，特定时空的政治和社会—历史情境，是某个政治共同体之为政治共同体（而非道德共同体）的前提条件，很大程度上构成了政治共同体实现其内部之社会正义的出发点——之所以强调“很大程度上”，是因为从历史的观点看，特定时空的政治和社会—历史情境不应完全排除于社会正义的关切之外；换言之，它们亦应不断趋近良序社会的正义要求。这在根本上是因为：特定时空的政治和社会—历史情境，既是政治共同体建构符合自身情境之良序社会的反思性凭借，其本身亦应成为反思的对象。可以说，在社会正义的规范性要求与特定时空的政治和社会—历史情境之间，达致某种罗尔斯意义上的“反思性平衡”，是政治社会之社会正义的主要努力方向。由于特定时空的政治和社会—历史情境，构成了政治社会之社会正义的主要情境制约，政治社会的正义规范必然是情境化的。

（二）康德与哈贝马斯：政治社会 vs. 道德世界

更一般地看，政治社会并不能还原为一个道德世界，政治社会的“正义”亦不能还原为道德世界的“正当”（与此相一致，法律规范的合法性亦不能还原为规范内容的正当性，即规范内容的合道德性）。尽管去情境化的普遍主义正义理论，常常是以康德主义的面目出现的，但康德本人事实上已洞察到了政治社会与道德世界的区别。康德在道德形而上学中将“不要说谎”视为一旦违反即面临着自我取消境地的“完全义务”（vollkommene Pflicht, perfect duty），甚至连出于利他主义之善意的谎言都在道德上予以否定[1]，但在其法权哲学中却不得不容忍言论自由所必然包含的说谎自由。正如康德指出的：

> “与生俱来的自由原则，已然关涉如下授权……人们有权对他人做就其本身而言不减损于他们所拥有之物（what is theirs）的任何事情，除非他们想要接受这种减损——诸如这类事情：仅仅是与他人交流自己的思想，向他们讲述或承诺某些事情，而不管其所言是否真实且真诚（*veriloquium aut falsiloquium*［真话或假话］）；因为这完全取决于对方是否想要相信他们。”[2]

［1］See Immanuel Kant, *Practical Philosophy*, trans. & ed. Marry J. Gregor, (Cambridge: Cambridge University Press, 1996), pp.611-615.

［2］See Immanuel Kant, *Practical Philosophy*, pp.393-394.

在为这句话添加的一个注释中，康德进一步写道：

“有意地，即使是以轻率的方式讲述不实之词，通常被称为谎言，因为至少就那些精巧地复述了这些不实之词的人会被他人讥为笑柄而言，这种做法亦有害于某人。但在与法权（权利）有关的意义上，只有那种直接侵犯了他人权利的不真实，才被称为谎言。……‘他是一个说话不能相信的人’，这种有根据的传闻如此接近于把他斥为骗子的谴责，以至于属于法学的东西与必须指派给伦理学的东西之间的分界线，只能以这种方式来划分。”[1]

康德关于伦理学和法权学说的区分，在很大程度上预设了道德世界与政治社会之间的区别：前者是“内在自由”的世界，遵循着普遍化的道德原则；后者则是“外在自由”的世界，以不同主体之权利的共存为旨归。前者对应的道德判断是综合命题，要求把人格和人性视为目的；后者对应的法律判断属分析命题，对人的目的不作要求[2]。之所以出现如是分野，根源于前者对人的预设是完全的理性存在者，遵循着最为严格的理性主义精神；后者对人的预设则是不完全的理性存在者，遵循的主要是“意志论”特别是实证性的意志论。所谓的“完全的理性存在者”，是指完全以理性作为意志之惟一根据的存在者；惟有完全的理性存在者，始能超越自己的自然欲望和现实经验，遵循纯粹实践理性的基本法则，亦即使其“意志的准则（maxim）总是能同

[1] See Immanuel Kant, *Practical Philosophy*, p.394.

[2] 参见［美］曼弗雷德·鲍姆：《康德实践哲学中的法与伦理》，邓晓芒译，载《云南大学学报社会科学版》2009年第8期。

时被视为创制某个普遍法则（law）的原则。”[1]相应地，不完全的理性存在者，即无法超越自然欲望和现实经验的存在者，也即是“就其属于感官世界来说，有所需求的存在者，以致他的理性当然具有一个源自其感性方面的不可拒绝之使命，即照顾到其感官世界的利益，并根据此生和来生（如果可能的话）的幸福形成实践准则”[2]。很大程度上可以说，正是源于对人的预设不同，康德将伦理学（道德世界）和法权学说（政治社会）区分开来。正是在这个意义上，施特劳斯指出：“康德在其道德教诲中宣称，任何谎言、任何不真实的话都不道德；而他在司法教诲中却说，言论自由的权利就是撒谎和说真话具有同样的权利。”[3]

关于道德世界与政治社会的区别，哈贝马斯有着更深的体会。哈贝马斯沿着康德主义的路向建构了商谈伦理学，其核心内容是“普遍化原则”和“商谈原则”，其中前者优先于后者。在将商谈伦理学运用于政治社会时，他起初试图把“普遍化原则”优先于“商谈原则”的结构，照搬至法律和政治领域。然而，韦尔默尔（Albrecht Wellmer）等人的批评，最终让他意识到了政治社会的特殊性：不但法律规范和道德规范遵循着不同的证成逻辑，抑且法律的合法性也不能还原为法律规范之内容的正当性。[4]因此，哈贝马斯不得不调整商谈原则与普遍化原则的关系，并将后者的适用范围严格限定于道德领域，同时将民主原则视为商

[1] See Immanuel Kant, *Practical Philosophy*, p.164.

[2] See Immanuel Kant, *Practical Philosophy*, p.189.

[3] [美] 施特劳斯：《什么是政治哲学》，李世祥等译，华夏出版社 2011 年版，第 43 页。

[4] 在韦尔默尔看来，法律规范区别于道德规范之处在于如下三端：其一，“法律义务，是由当前有效的法律规范决定的；但道德规范和道德义务的有效性，则完全独立于使之生效的法令（act）而存在”。其二，法律规范是构成性规则：它不仅规定了权利义务，亦对政治实践（如议会选举）、建制（如议会）或职位（如国家元首）的形成具有构成性的作用。其三，法律规范是与外在强制之威胁相联系的规范。法律区别于道德的这些属性，使得两者在传统社会和现代社会的地位发生了逆转：“在向后传统社会转型的过程中（转下页）

谈原则在政治社会的具体表现。他最终所建构的法律与民主的商谈理论，针对政治社会的特殊性形成了较为精致的商谈结构：主要针对公民权利体系、适用于正当性原则（语义普遍性原则）的道德性商谈，针对（亚）文化共同体的集体认同、适用于本真性原则的伦理性商谈，针对具体技术性问题、适用于目的合理性原则的实用性商谈（此三者构成了实践理性的三种形态），以及因时间限制而需要的公平妥协（此种妥协还要受到前述三种商谈的规约），均进入了法律商谈的视野之中，并以具有程序普遍性的商谈原则统合了起来。换言之，不是法律规范之“语义普遍性”（法律规范的道德正当性），而是商谈主体的“程序普遍性”（语用普遍性）证成了法律的合法性。[1]哈贝马斯的学术努力，其实表明：对政治社会来说，道德普遍化原则是不充分的。正如 E. O. Eriksen 等在解释哈贝马斯的学理逻辑时指出的，这乃因为：在政治社会，“大量不同的问题必须在集体意志形成的过程中来回答。它们亦需要超越于道德实践知识的其它类型的知识。不仅那种从中立和公正的视角来回答何为正当的问题在政治审议过程中具有规范性力量，而且目的和价值的考量亦具有规范性的效果。不但义务性问题，抑且目的性问题也起着重要作用。而且，文化价值和集体目标的实现亦应该包括在规范性

（接上页）道德的‘去习俗化’，亦意味着法律的习俗化（*conventionalization* of law）。”换言之，就像传统社会的道德规范建立在未经反思的习俗基础之上，（建立在反思性基础上的）现代法律正在塑造新的习俗，乃至其本身即成为新习俗。韦尔默尔认为，在现代社会，道德与法律尽管均需诉诸“共同意志的理念”（a will of common will），但“共同意志”的形成方式不同：前者将其视为“理性存在者”（rational beings）之意志的聚合，后者则将其视为“受到影响者”（those affected）之意志的聚合——质言之，前者呼唤康德意义上符合“自主 / 自律”（*Autonomie*, autonamy）要求的理性意志，即排除了个体基于自然欲望之“任意”（*Willkür*，arbitrary will）后的意志；后者则指向了一种“实证性的共同意志”（positive common will），包含着个体基于自然欲望的“任意”。韦尔默尔的相关论述，参见 Albrecht Wellmer, *The Persistence of Modernity: Essays on Aesthetics, Ethics and Postmodernism*, trans. David Midgley, (Cambridge: Polity Press, 1991), pp.189-191, 193-194.

[1] 参见拙著：《合法律性与合道德性之间：哈贝马斯商谈合法化理论研究》，复旦大学出版社 2012 年版，第 116—121、150—153 页。

的政治理论之中”[1]。

（三）政治社会的正义 vs. 道德世界的正当

道德世界与政治社会之间的区别，在很大程度上就是邓正来所说的“想世界”和“做世界”的区别。道德世界主要由知识 / 符号系统构成，政治社会则依赖于建制化的行动系统。道德世界是社会成员通过道德知识的符号互动形成的世界，因而在根本上是由知识 / 符号系统构成的世界。政治社会则形成了建制化的行动系统，其核心包括以金钱为导控媒介的经济系统，以权力为导控媒介的政治系统（包括行政系统与以立法机关为核心的合法化系统），两者又均通过法律系统组织起来。尽管道德世界的符号系统常常会通过合法化系统对政治社会产生影响，但政治社会在总体上遵循的是目的合理性的自主运行逻辑：不仅作为现代政治社会之组织手段的法律系统，是遵循形式合理性（目的合理性）逻辑自主运行的，而且政治社会对道德世界符号系统（道德知识）的吸纳，亦在很大程度上遵循着目的合理性逻辑，即把道德知识放在政治共同体的集体目标中进行考量，并决定吸纳何种道德知识（或道德知识的组合）作为政治社会的价值愿景或“理想图景”。

道德世界与政治社会的上述区别，是一种存在论上的（ontological）区别，亦是两者的根本区别，决定了它们运行机理的不同。这种差异，

[1] See Erik Oddvar Eriksen & Jarle Weigard, *Understanding Habermas: Communicative Action and Deliberative Democracy,* (London: Continuum International Publishing Group, 2004), p.159.

至少体现在如下三个方面[1]：

第一，道德世界是一个普遍主义的共享世界，但政治社会是一个特殊主义/情境主义的自主实体。与道德世界和政治社会分别预设了康德意义的完全理性存在者和不完全的理性存在者相一致，它们亦遵循着不同的正当性（rightness）原则：前者奉行的是"普遍主义的道德原则"（universalistic moral principle），后者遵奉的是"民主的合法性原则"（democratic principle of legitimacy）。[2]这即是说，普遍主义的道德并不是评判某个政治秩序之正当性的自足标准；相反，基于政治共同体成员之"同意"的民主合法性，才是评判政治秩序之正当性的基础标准。

第二，借用帕森斯的三分法，道德现象主要是文化和个性领域的现象，政治现象则是社会领域的现象。道德世界是由各种与道德有关的文化符号及社会成员对道德文化符号的个体化据有所形成的世界，即构成了一个符号互动的世界；政治社会则指向了一种具有合法性的建制化秩序，它是为包括道德知识在内的文化再生产、社会整合（social integration）、个体的社会化等提供公共秩序平台的政治空间，即构成了一个具有系统整合（systemic integration）功能的政治实体。因此，从存在论上看，道德世界更具有私人性，政治社会则更注重共同性（当然，两者的正当性均需诉诸基于主体间性的公共性原则，即诉诸超越个体或共同体的"概化的他者"视角）。

第三，道德世界是信念世界，奉行的是韦伯所说的"信念伦理"（ethics of conviction），即忠诚于内心道德信念的行动取向；政

[1] 鉴于本章的论辩对象主要指向了康德主义的普遍主义正义观（正如前文已指出的，这种康德主义正义观未必完全符合康德本人的原意，特别是他关于道德世界与政治社会的区分），下文对"道德世界"的理解，主要指康德主义的理解，而不是涉及其他道德理论对道德世界的不同理解。

[2] See Albrecht Wellmer, *The Persistence of Modernity*, p.193.

治社会则是责任世界，推崇的是韦伯所说的“责任伦理”（ethics of responsibility），即对行动之结果负责的行动取向。或者借用施特劳斯对苏格拉底的解读，道德世界可能是一个癫狂的（mad）世界，但政治社会是一个清明（sober）和中道的（moderate）世界。[1]与此相适应，道德世界注重去情境化的正当性，政治社会则更注重敏感于情境的可行性。

如果政治社会不能还原为道德世界，那么政治社会的“正义”标准便不能等同于道德世界的“正当”规范。对政治社会来说，重要的不是其运行模式是否符合某种道德原则或者宗教、道德、哲学整全性教义/学说，而毋宁在于是否采取了合适且可行的政治手段实现了政治共同体共享的集体目标和政治理想。因此，政治社会的“正义”内在地具有情境限制。借用罗尔斯的一个区分，政治社会即使追求正义，也只能优先确保“根据某些境况和社会条件足够正义”，而只能把“完美地符合正义”作为一种理想。[2]

从另一方面来看，道德世界与政治社会的上述区别，其实要求我们必须区分“规范的正当性”与“规范适用的正当性”。将这两者相区分，预设了这样一种可能性：一个在道德上具有正当性的规范，适用于特定情境未必就具有正当性。以康德所举的说谎为例，“不要说谎”这一规范固然具有正当性，但在特定情境下，譬如当一个行凶者要我们交出藏匿在我们家中的某个朋友时，我们很难说严格遵循不要说谎的原则是符

[1] See Leo Strauss, *Natural Right and History*, (Chicago: University of Chicago Press, 1999), p.123.

[2] See J. Rawls, *Political Liberalism*, (New York: Columbia University Press, 1996), p.428. 罗尔斯提出的一个另一个类似区分是“理想的（严格遵从）理论”（“正义二原则”是在原初状态中被严格遵从的基础上而选择出来的）与“非理想的（部分遵从）理论”（关涉如何对待不正义的问题，即“正义二原则”部分被或未被遵从）。See J. Rawls, *A Theory of Justice*, pp.7-8, 215-216, 318-319.

合道德的。[1]证成规范本身的正当性，属于道德哲学的研究课题；但追问规范适用的正当性，则是政治哲学和法哲学推进介入性学理分析和实体性理论建构的主要方面。在道德世界中，我们需认可普遍主义的“规范正当性”；但在政治社会，我们则须把“规范适用的正当性”放在情境化的互动格局中去把握。

二、“关联性正义”与转型中国正义问题的关联性

前文关于道德世界和政治社会之区分的讨论，既旨在一般性地凸显政治社会之正义的情境依赖性，亦意在秉持一种“情境化的正义观”，基于转型中国正义问题的“结构化情境”，推进具有情境自觉性的政治哲学和法哲学研究——对本章来说，即推进关于转型中国正义问题之整体性的介入性学理分析和实体性理论建构。接下来，我将初步阐述“关

[1] 康德本人坚决反对一切后果主义的道德考量。在他看来，由于现实的经验具有偶然性，因此任何基于现实经验之后果的考量都必然具有偶然性，不足以成为道德行动的理由，譬如躲在家中的被追杀者完全有可能在当事人和行凶者对话时从后门走出来而遭遇行凶者，这样则可能会导致被追杀者和当事人都成为受害者。然而，尽管现实经验的确具有偶然性，但在现实的政治社会中，对社会偶然性本身（特别是社会行动或社会事件之间因果关系的概率）的把握和评估，其实是社会成员在社会化过程中习得的社会经验，进而亦构成了其道德行动的理由——就上述事例来说，鉴于被追杀者自己走出来的概率更低（因对行凶者的说谎而拯救被追杀者的概率更高），绝大多数具有正义感的人都会选择向行凶者撒谎。而且，对各种社会偶然性（特别是社会行动或社会事件之间因果关系的概率）的把握和评估，还是社会科学的研究课题，进而亦是政治社会制定法律与政策的社会依据——质言之，在政治社会中，我们必然会诉诸某种程度的后果主义，并藉此进行道德判断乃至政治决策。为了弥合康德式的义务论与后果主义之间的张力，桑德尔主张在上述事例中，当事人可以对行凶者做一个“真实但具有误导性”的陈述，如“一个小时前，我在路那头的杂货店见过她”。在他看来，这种真实但具有误导性的陈述，是“一种精心设计的措辞”，它“以某种方式对说实话的这一义务心存敬意”。与单纯的说谎相比，它包含着两种不同的动机：“保护我的朋友，同时维护说实话的义务。”（参见［美］桑德尔：《公正：如何做才好？》，朱慧玲译，中信出版社 2011 年版，第 156、158 页。）依我个人拙见，桑德尔对康德的变通性阐发恰恰表明：规范适用的正当性是具有情境限制的。

联性正义”，然后结合转型中国政治社会的复杂关联性结构，探讨转型中国正义问题之关联性的具体表现。

(一)“关联性正义”vs.“单向度的正义”

前已论及，我主张的“情境化的正义”，即“关联性正义”。我所谓的“关联性正义”，不同于某些论者所主张的“关系性正义观”(relational conceptions of justice)、“关系性平等”(relational equality)。晚近以来，诸如涛慕思·博格(Thomas Pogge)、Juliana Bidadanure这样的论者，提出了“关系性正义观”“关系性平等”的概念，但却指涉了与本章完全不同的问题意识、正义事项和含义指向。大体而言，他们都是在与分配正义观相对的意义上使用“关系性正义观”或“关系性平等”，但分别在全球正义和代际正义的论域，赋予了两者厚薄不一的内涵。博格认为，在改善全球医疗状况的论域，一种局限于承受者的分配正义视角是远远不够的，必须考察“关系性的因素”，即“取决于我们与他们所面临的医疗状况之关系是什么，比如，是我们有意造成的，还是我们不知不觉中让那些状况发生的。”在博格看来，关系性正义观与分配正义观的分殊，亦是“消极正义”与“积极正义”、“公正地对待承受者”与“在承受者当中促进一个好的分配”之间的分野。[1] Juliana Bidadanure则在代际正义论域，从社群主义/共同体主义视角挑战了流行的分配正义观念，从而赋予了“关系性平等”以更厚实的道德内涵。正如她指出的，关系性平等与分配正义的区别在于：

“分配性的平等主义者相信，(在其他事物平等的条件下)人们

[1] 参见[美]涛慕思·博格：《康德、罗尔斯与全球正义》，刘莘、徐向东译，上海译文出版社2010年版，第484、493—503页。

得到关于 X 的平等份额是正义的道德要求；而关系性的平等主义者则认为，平等的关键在于要实现人们能够作为平等者站立在彼此面前的共同体。关系性的平等主义者，极大地凸显了诸如剥削、宰制或排斥这样的压迫性关系之弊端，以解释为什么平等关乎重大。与之适成对照的是，分配性的平等主义者聚焦于关乎个体层面的益品（individuals' relative levels of goods）（无论如何理解这些益品），并追问这些益品的分配在道德上是否可以得到证成，或者某些个体是否应当获得补偿，比如由于坏的原生运气而获得补偿。”[1]

本章所谓的“关联性正义”，既不拘泥于某种特定的理论视角，亦不局限于诸如全球正义、代际正义这样特定的正义事项，而旨在阐发一种与转型中国正义问题之整体性相适应的正义理论模式。

我主张的“关联性正义”，是与中国论者中流行的一种正义观念——姑且称之为“单向度的正义”（single-dimensional justice/single-minded justice）——相对的。所谓“单向度的正义”，是指基于某种关于正义的学说（既包括基于某种宗教、道德或哲学整全性教义 / 学说的正义理论，亦包括罗尔斯这样旨在超越整全性教义 / 学说的政治自由主义论说）或者排他性地从某种关于正义的道德直觉（道德原则）出发而形成的正义观念——前文所谓的（康德主义的）普遍主义正义观，就其无视政治社会的情境限制而言，它是一种去情境化的正义观；就其排他性地立基于某种正义学说而言，它是一种“单向度的正义观”。所谓“单向度的正义”，就其忠诚于某种正义学说来说，它是心智单一的

[1] Juliana Bidadanure, Making Sense of Age Group Justice: A Time for Relational Equality?, *Politics, Philosophy & Economics*, Vol. 15, No. 3 (2016): 234-260.

(single-minded)；就其无视或排斥其他道德直觉（道德原则）来说，它是单向度的（single-dimensional）。由于诸多关于正义的学说，常常排他性地聚焦于某种道德直觉（道德原则），两者在实践中又是相互交缠在一起的，并在总体上呈现为"单向度的正义"观。与之相对，"关联性正义"的出发点，既不是任何既定的整全性教义 / 学说或理论模式，亦不是任何特定的道德直觉（道德原则），而是从特定正义事项出发，通过把握这些正义事项所置身其间的特定关联性情境而形成的一种正义观念。如果说，"单向度的正义"观常常体现为心智单一的正义观，那么"关联性正义"则是赵汀阳意义上"无立场的"（views from everywhere）：它不是不采取任何立场，而是不把任何既定立场作为预先的出发点。[1] 借用邓正来的话讲，"关联性正义"不是对正义价值"做单一性的审视和强调"，"更不是在未加反思或批判的前提下"视正义价值为当然的前提；相反，它主张对正义进行"关系性的审视或批判"[2]，并在关系性的互动情境中建构相应的正义规范或正义法则。

[1] 参见赵汀阳：《论可能生活：一种关于幸福和公正的理论（修订版）》，中国人民大学出版社 2004 年版，第 7—8 页（修订版前言）。

[2] 邓正来在阐述"关系性视角"时，将其进一步限定为"在中国现实实践之正当性依据与全球化价值示范的关系框架中建构中国自己的法律理想图景"。可见，邓正来关于"关系性视角"的论述，主要着眼于全球化时代中国和西方在世界结构中的关系格局，特别是他强调的不平等关系，即中国在世界结构中处于丧失主体性的边缘地位。然而，依我个人鄙见，如果只是着眼于"中国现实实践之正当性依据与全球化价值示范的关系框架"，而不对中国实践本身进行基于关系性视角的介入性学理分析和实体性理论建构，我们不但难以推进真正具有学术增量的政治哲学和法哲学研究，抑且极易滑向过于强调中西之别的"文化本质主义"。这是因为：邓正来所谓的"中国现实实践之正当性依据"，不但预设了中国现实实践中蕴含着与"全球化价值示范"不同的价值想象空间（在很大程度上可以说，邓正来晚年对中国发展实践中的"生存型智慧"的研究，即是他探究"中国现实实践之正当性依据"的一种学术努力），抑且具有他曾经批评苏力的"以有效 / 可行替代善和正当"之取向，在很大程度上将"中国现实实践之正当性依据与全球化价值示范的关系框架"建构为基于文化本质主义的关系框架：中国基于"现实实践之正当性依据"所形成的"法律理想图景"与西方所代表的"全球化价值示范"，具有完全不同的文化本质。（转下页）

（二）转型中国政治社会的复杂关联性结构

前文一般性地讨论了政治社会与道德世界的区别，但并未对政治社会本身（特别是转型中国的政治社会）的关联性结构进行论述。转型中国政治社会内在的关联性结构，既具有现代政治社会的一般特征，亦具有自身别具一格的特点。

大体来看，现代政治社会内在的关联性结构，至少具有如下两个特征：

第一，现代政治社会在本质上是一个关联性的复杂社会，不仅个体与个体之间形成了“社会连带”或涂尔干意义上“有机团结”的关系，政治、经济和文化诸行动领域乃至代际之间亦紧密相关。沃尔泽（Michael Walzer）之所以提出了针对不同行动领域的正义原则，正是为了避免社会成员将某一行动领域的优势转化为另一行动领域的优势，从而对其他社会成员形成宰制局面。“可持续发展”理念的出场，则是为了回应代际之间在资源分配方面的关联性结构。

第二，现代政治社会在很大程度上形成了权力主导（特别是行政主导）的运行结构，这既使政治领域的正义（国家权力的正当运行）[1]具有特别的重要性，亦使国家权力运行的全过程均成为正义的关切对象。

（接上页）上引邓正来的相关论述，参见邓正来：《中国法学向何处去》，第17页（第16页注2续）；他对苏力“以有效/可行替代善和正当”之取向的批判，参见同上，第261页；他关于“生存型智慧”的研究，参见邓正来：《“生存型智慧”与中国发展论纲》，载《中国农业大学学报》（社会科学版）2010年第4期。

[1] 为了深入把握转型中国的正义问题，本章区分了“政治领域的正义”与“政治正义”：前者指涉的是与国家权力运行目标、过程等有关的实质正义关切；后者则主要关涉评判政治秩序之正当性的程序正义标准——我将其规范性基础（normative foundation）界定为政治共同体成员的“参与平等”，相对于经济领域的分配正义（经济正义）和文化领域的认同平等（文化正义）。

为了及时且有效回应现代复杂社会的各种不确定的风险（如治安事件和犯罪行为、气候变化、环境污染、恐怖主义等），现代社会的国家权力，特别是行政权力，已伸展到社会的各个领域（包括传统上属于个人自主的私人领域），并具有高度的运行自主性。在这样的情势下，即使存在周期性的民主监控，但总体上仍不可避免地产生哈贝马斯所谓的“合法化延搁”问题，即为了确保行政系统的自主且高效运行而将政治决策和行政举措的合法化暂时悬置起来或延搁下来。[1]为了有效地规制国家权力，除了可以诉诸哈贝马斯所呼吁的常态性的“商谈民主”或“审议民主”外，便是使国家权力的运行目标及运行全过程成为正义的关切对象，即确保国家权力严格遵循具有正义品格的法律而运行。

对转型中国来说，政治社会关联性结构的复杂性，还与中国现代性问题的共时性紧密相关。作为后发现代化国家，转型中国需要同时处理西方发达国家大致按照自然时间历时性地呈现出来的各种现代性问题，如经济发展、政治民主、社会正义、可持续发展诸问题。前文提及的转型中国正义问题之整体性，既与现代政治社会普遍存在的上述关联性结构有关，更与转型中国现代性问题的共时性存在有关。现代性问题的共时性存在，必然会导致社会层面的现代性诉求（及国家层面的现代性议程）的共时性存在——从正义的视角来看，即会带来对于不同领域（如经济领域的分配正义、政治领域的参与平等、文化领域的认同平等）、不同事项［如“一代人的正义”和“多代人的正义”（代际正义）］等正义关切的共时性存在。尽管我们在实践中选择把经济发展放在更为优先的地位（“发展是硬道理”），并形成了政府主导的“发展型国家”运行模式，但这不仅不会消解政治民主、社会正义、可持续发展等其他现代

[1] See J. Habermas, *The Theory of Communicative Action, vol.2: System and Lifeworld*, trans. Thomas McCarthy, (Boston: Beacon Press, 1987), p.180.

性诉求，并且由此强化的国家权力主导的社会运行结构，还会使政治社会的关联性结构极度复杂化，从而使政治领域的正义格外凸显出来：不但其运行目标及运行全过程会成为社会的正义关切对象，抑且其本身也成为把握其他领域正义问题的关联性变量。

（三）转型中国正义问题的关联性：以国家权力为中心的分析

一旦对转型中国政治社会的关联性结构有深刻的体认，我们便会洞察到转型中国正义问题的关联性及由此呈现的整体性。

如前文所言，在转型中国，社会的正义关切主要是围绕国家权力展开的。这种正义关切，不但体现为对国家权力本身的关切，抑且关涉其对其他领域之影响的关切。基于此，我们可以把转型中国正义问题的关联性，大致划分为如下三个向度、六个方面。

1. 源于国家权力运行目标的关联性

（1）人际关联：个体行为正义与社会正义的关联

在良序社会，国家权力的运行既要保障个体行为正义，又要确保政治共同体内部的社会正义。前者关涉个体在私人领域享有"确获保障的自由"，后者指涉政治共同体的"共同善"。一般而言，自由至上主义者排他性地强调个体行为正义，社群主义者和共和主义者则凸显基于"共同善"的社会正义。譬如，哈耶克就认为："惟有人之行为才能被称之为是正义的或不正义的。"[1]与之相对，社会正义则是一种幻象，因为它把社会想象成为一个有意向性的行动者，从而犯下了"拟人化"的谬误。佩迪特则认为，一个共和主义的社会正义"要求人们在与其他人的相互关系——无论是作为个体与其他个体的关系、作为群体与其他群体

[1]［英］哈耶克：《法律、立法与自由》（第二、三卷），邓正来等译，中国大百科全书出版社2000年版，第50页。

的关系，还是作为群体与其他个体的关系——中，应当享有作为无支配的自由（freedom as nondomination）”[1]。然而，对一个良序社会来说，国家权力必须同时确保个体行为正义和社会正义：前者要求国家权力必须确保个体符合正义要求之权利义务的履行；后者要求其确保把政治共同体成员作为平等者予以平等对待——尽管各种正义理论对平等之内容及平等对待之方式的理解各有殊异。

对转型中国来说，将社会正义与个体行为正义关联起来的必要性在于：个体行为正义对个体所施加的义务，可能会免除或抵消国家权力为实现社会正义而应当承担的道德和政治责任。换言之，某些表面上符合个体行为正义的规范，其实难以通过社会正义的检验，进而损害其正义品格。或者借用佩迪特的术语，某些表面上符合个体行为正义的规范，会使个体陷入被支配的状态，从而无法使其现实地享有“无支配的自由”。譬如，“孝道入法”，即强调社会成员要履行“孝道”义务的规范。在把“善”理解为“正当”之构成性要素的意义上，它具有某种程度的正义性（至少对某些认同儒家文化的社会成员来说，具有与其自我认同相关的可欲性），从而在表面上符合个体行为正义的要求[2]；但“孝道”所包含的赡养义务（经济互助功能），事实上会免除国家为实现社

[1] Philip Pettit, *On the People's Terms. A Republican Theory and Model of Democracy*,(Cambridge: Cambridge University Press, 2012), p.77.

[2] 在当下因民法典编纂引发的讨论中，有论者提出，应当把“家”作为与“自然人”或“法人”相并列的“民事主体”——至少应当“用一个‘准法人’或‘类法人’概念，将家户、宗亲组织、私人合会、个人独资企业、合伙企业、法人分支机构等统统包括在内”。据说，惟其如此，才“更合乎国人‘以亲情为宗教，以家庭为教堂’的民族精神或国情民俗，也更有利于丰富经营形态和保护民事权益”。（参见范忠信：《编纂民法典，国应该怎样对待家？》，http://cul.qq.com/a/20161209/003362.htm，最后访问时间：2018 年 3 月 10 日。）显然，如果“家”成为现代意义上的民事主体，那就不仅仅是“孝道入法”的问题了，因为它会进一步带来“财产权主体的家庭化甚或家长化”：如果“家”是民事主体，家长（实际上即父母）成为以“家”为单位的财产权之主体，便是顺理成章的事情。果真如此，它对中国现代化进程的冲击将不堪设想。

会正义而建立普惠性的社会保障制度的道德和政治责任。从社会正义的视角来看，由于社会成员履行“孝道”义务（乃至遵循“亲亲”逻辑组建以自己为中心的“关系共同体”）的能力，是与其所处的社会阶层相匹配的，一个鼓励或要求社会成员履行“孝道”义务的规范，在很大程度上会在整个社会形成“亲亲”（别亲疏）、“尊尊”（殊贵贱）的礼治结构，不但无法有效避免形成黄宗羲所说的“利不欲其遗于下，福必欲其敛于上”之格局，抑且会在不同社会成员间现实地形成支配与被支配的局面。

由是观之，将个体行为正义与社会正义关联起来，关涉国家权力的一个运行目标：要在充分确保个体享有“无支配自由”的基础上，确立个体行为正义的标准。换言之，个体行为正义不能以人际之间形成支配与被支配的局面为代价。

（2）代际关联：“一代人的正义”与“多代人的正义”的关联

由于资源稀缺的生存性限制，现代国家不应仅仅满足于即时性生存，特别是满足于当世当代的生存和发展；相反，还应兼顾后代人的生存和发展需要。从社会正义的视角来看，这便把“代际正义”的问题提到了正义议程上来：我们须把邓正来所谓的“多代人的正义”与“一代人的正义”关联和协调起来。

关于“代际正义”，罗尔斯提出了著名的“正义的储存原则”（just savings principle）。如果我们把政治社会视为罗尔斯意义上世代相续的社会合作体系，那么正义不惟涉及如何进行单一世代内部的资源配置问题，还关涉如何安排多个世代（特别是相邻世代）的资源配置问题。因此，就当世当代来说，应当遵循“正义的储存原则”，须为未来世代的生存和发展储存必要的资源，包括各种自然资源和经济资源。正如罗尔斯指出的：“如果所有世代（也许除了较早的世代）要获益，当事人必然会同意正义的储存原则；该原则确保每一代都从其先祖那里获得其应得的事物，并为其后代留下公平的份额。”[1]

就转型中国来说，将“一代人正义”与“多代人正义”相关联的必要性在于：局限于“一代人正义”的发展观，常常会威胁“多代人正义”的实现。对像中国这样的后发现代化国家和新兴市场国家来说，为了顺利推进追赶型现代化，我们常常会选择“先污染后治理”的发展模式：现时中国严重的环境污染，特别是大城市严重的雾霾，正是这种发展模式所导致的后果。显然，惟有把“多代人正义”与“一代人正义”关联和协调起来，我们始能秉承“代际正义”的理念，促进社会成为罗尔斯意义上世代相续的合作体系。所谓的可持续发展，正是秉承“代际正义”理念所形成的发展观。

（3）国际关联：全球正义与国内正义的关联

自 17 世纪威斯特伐利亚体系将主权国家确立为国际秩序的基本单位以来，所谓的“国际社会”其实一直处于丛林状态，面临着严重的“公地悲剧”。威斯特伐利亚体系，既确立了主权平等的现代国际秩序原则，但亦在国际上合法地划定了由分立的民族国家组成的“国家之墙”。正是这种“国家之墙”的存在，使得自由、平等、民主等由启蒙运动所高扬的现代性价值，难以成为在国际层面可以制度化的政治价值。如果说，西方先发国家在 17、18 世纪盛行的重商主义代表着民族国家举全国之力抢占国际资源的努力，那么它们在 19 世纪末期、20 世纪初期所确立的全球殖民体系，则使国际社会沦为彻头彻尾的“丛林社会”。“二战”以后，随着全球殖民体系的瓦解，特别是随着联合国、国际货币基金组织和世界银行等新型全球治理机制的确立并发挥作用，国际社会朝着更为正义的方向发展，超越民族国家的全球正义作为新的正义议程，被推上了历史前台。从民族国家的视角来看，如何处理好实现国内正义

[1] See J. Rawls, *A Theory of Justice*, p.254.

和促进全球正义的关系，成为其正义事业的重要课题。

随着中国的强势崛起，中国已将此前奉行了三十余年的“韬光养晦”的外交政策调整为“奋发有为”的大国外交政策。在这样的背景下，将国内正义与全球正义关联起来，便成为把握转型中国正义问题之关联性的重要方面。晚近以来，中国在促进全球正义方面发挥着更具积极性和主动性的作用。无论是中国对第三世界（特别是非洲国家）国际援助的显著提升，还是中国主导确立的亚洲基础设施投资银行、“一带一路”倡议等新型全球治理机制，均对全球正义具有积极的推动作用。然而，面对国内尚待突破的社会正义难题（特别是收入分配的两极化、城乡二元结构、地区发展不平衡等），我们在国际层面的慷慨解囊，究竟具有多大程度的正当性？显然，惟有把国内正义与全球正义关联起来，我们始能深入把握这一问题。

2. 源于国家权力运行过程的关联性

（4）横向运行关联：执法正义、司法正义与立法正义的关联

从横向的运行来看，现代国家权力大致沿着立法权力→行政权力→司法权力运行。与之相适应，社会针对国家权力横向运行的正义关切，可分为立法正义、执法正义和司法正义。在现代国家，立法在时序上优先于执法和司法，并决定着执行和适用法律的实体内容和程序过程。因此，如果立法本身是不正义的，执法正义和司法正义就会受到挑战。因此，相对于执法正义和司法正义来说，立法正义更具有优先性。

如果说，立法相对于执法和司法的优先性在一般意义上主要体现为时序上的优先，那么对转型中国来说，由于现代法律秩序的建构仍是“进行时”，立法对于现代法律秩序的建构性、生成性作用更具有功能上的优先性。在现代成文法国家，立法堪称现代法律秩序建构的核心课题：不仅执法和司法的实体性内容源自立法对实体法的规定，并且执法、司法乃至立法的程序性规则，亦来源于立法对程序法的塑造。换言

之，对像中国这样具有成文法传统但现代法律秩序却仍待建构的国家来说，即使要完善执法程序、推进司法改革，也要首先依赖于立法，即通过立法促进执法程序和司法制度的现代化。如果进一步考虑到法律秩序在现代社会秩序的基础地位及其在现代政治秩序的枢纽地位，那么立法对于现代社会政治秩序的塑造作用，更值得重视：中国现代转型所蕴含的立国、立宪、立教、立人等时代使命，尽管本身属于中国现代法律秩序建构的"前法律"课题，但其推进和确立亦端赖于立法工作的进行。立国、立宪、立教、立人等不仅需要立法确认其发展成果，并且其破局亦常常有赖于立法先行：惟有通过立法对各种社会和政治"基础秩序"及其运行机制的建构，我们始能使国家性质（立国）、政权组织方式（立宪）、文化认同（立教）、官员品格和国民素质（立人）等，符合中国现代转型（现代国家建设）的历史性要求。[1]

由上述分析可知，要想把握与转型中国国家权力横向运行有关的正义问题，我们不但要把执法正义、司法正义与立法正义关联起来，抑且还要树立起立法正义优先的理念。

（5）纵向运行关联："输入"与"输出"的关联

要想深入把握与现代国家权力运行有关的正义问题，仅仅着眼于横向的运行是不够的，还要从纵向把握政治系统（特别是行政系统）的运行。现代政治系统（特别是行政系统）的纵向运行，大致体现为一种"输入—输出"的平衡模式，即社会成员以纳税人身份"输入"各种税金，然后再由行政系统"输出"各种组织化成就（organizational accomplishments），特别是公共物品的供给，如基础设施的建设、公共秩序的维持、社会福利的供给等。[2]现代行政系统的"输入—输出"的平

[1] 本书第四章亦有相关论述。

[2] See J. Habermas, *The Theory of Communicative Action, Vol.2: System and Lifeworld*, trans. Thomas McCarthy, (Boston: Beacon Press, 1987), p.320.

衡模式，体现了现代国家的基本运行机理：它在根本上体现了人民主权的基本原则，是确保国家权力服务于公民权利的基本要求。如果说“输入”体现了国家的财政汲取能力，那么“输出”则表征着国家的治理绩效。对现代国家来说，促进国家治理绩效与其财政汲取能力相匹配，既是衡量国家治理能力的重要方面，亦是评判国家权力运行之正义性的重要内容。这种正当性标准，既可以从以社会契约论为代表的现代政治哲学中找到理论依据，亦可以从传统中国的政治智慧（特别是儒家人文主义）中获得证成资源。在传统中国，诸如“天下非一人之天下，乃天下人之天下也”（吕不韦）、“以天下之权寄天下人共治”（顾炎武）、“天下非一姓之私也”（王夫之）这类主张，尽管未能提供具有有效性和可行性的制度和机制，但仍从规范上确立了国家权力的仁义标准，对现代国家权力的运行仍具有启发和借鉴意义。在人民主权的时代，国家不具有任何不能追溯和服务于人民的正当利益。因此，除了国家权力常态运行的正常成本外，由各种“组织化成就”所表征的治理绩效是证成国家财政汲取能力的最主要标准。如果一个国家具有强大的财政汲取能力，却无法或不能充分提供与之相匹配的“组织化成就”，那么其权力运行的正当性便会受到质疑。从这样的视角看，要想把握国家权力运行之正义性，我们必须把与行政权力有关的“输入”与“输出”关联和协调起来。惟其如此，我们始能对国家权力的纵向运行（特别是国家对社会的财政汲取）是否合乎正义要求进行道德评判。

在转型中国，随着“分税制”改革确立了以维护中央财政汲取能力为旨归的财政制度，中国的国家财政汲取能力获得了前所未有的历史性提升。晚近以来，在维护社会正义、国家宏观调整（如调控房价）等名义下，诸如遗产税、房地产税等新税种，亦被提上了税收改革的议程。如何规范国家的财政汲取、确立国家权力运行的正当性标准，是把握转型中国国家权力纵向运行之正义性的重要课题。

3. 国家权力（政治领域）与其他领域的关联性

（6）诸领域间的关联：经济领域、文化领域与政治领域的关联

对不同领域予以区分，是现代社会合理化的必然结果。韦伯的合理化理论，即蕴含着对领域区分乃至功能分化的洞察。根据哈贝马斯对韦伯理论的重构，随着世界的除魅，原来受宗教—形而上学世界观支配的价值领域，分化为认知—工具领域、道德—实践领域和审美—表现领域，并开始遵循着自主的运行逻辑。这种文化合理化，亦推动着社会的合理化运行：经济系统和行政系统开始遵循着目的合理性的逻辑自主运行。[1]可以说，领域区分和功能分化是现代社会的基本特征。沃尔泽所谓的“区分的艺术”（the art of separation），正指涉了这种特征。依沃尔泽之见，这种“区分的艺术”，既确保了自由，又保障了平等：就其促使各个不同功能领域遵循自身的逻辑自主运行而言，它确保了经济自由、宗教信仰自由、学术自由等各种自由；就其有效阻止了某些政治共同体成员将其在某个领域的优势径直转化为另一个领域的优势来说，它亦保障了政治共同体成员间的平等。[2]

然而，领域区分和功能分化只是一种理想状态，实践中它们常常是相互交缠在一起的。如果说，西方发达国家所面临的主要问题是哈贝马斯所谓的“系统对生活世界的殖民化”，即目的合理性的系统运行逻辑对生活世界基于沟通行动所发挥的文化再生产、社会整合、个人社会化等独特功能的侵蚀（也即是在性质上体现为政治领域、经济领域对社会文化领域的支配），那么转型中国不但面临着类似的问题，抑且尤为突出地面临着两大结构性难题：一是“生活世界对系统的逆向殖民化”[3]，

[1] 参见拙著：《合法律性与合道德性之间》，第73—80页。

[2] See Michael Walzer, Liberalism and the Art of Separation, *Political Theory*, Vol. 12, No.3 (August 1984): 321.

[3] 参见许纪霖：《儒家孤魂，肉身何在》，载《南方周末》2014年9月4日。

即社会文化领域的关系逻辑对行政系统和经济系统等功能系统之自主运行逻辑的侵蚀；二是“权力之脚踩住了市场之手”的问题[1]，即行政权力对经济领域的支配。第一个问题大体属于法治（形式正义）的范畴，关涉经济系统、行政系统，特别是作为其组织手段的法律系统等社会功能系统本身的完善；第二个问题则落入到了正义（实质正义）的范围内，涉及如何处理社会功能系统之间的关系，特别是如何限制国家权力对经济系统的干预问题。如果把政治领域对于社会文化领域的支配（行政系统对生活世界的殖民化）也考虑在内，那么转型中国正义诸领域的关联性，在很大程度上即体现为政治领域对经济领域和社会文化领域的支配。因此，要想把握转型中国经济领域和社会文化领域的正义问题，我们必须将其与政治领域关联起来。在国家权力具有主导地位的转型中国，如果只是采用就经济谈经济、就文化谈文化的“内在视角”，绝不足以把握正义问题的复杂性。

三、“关联性正义”的诸评价法则及其实践运用

本节中，我将基于前述三个向度、六个方面的关联性，阐述与之相对应的关联性正义的评价法则，并结合实例探讨其实践运用。

（一）源于国家权力运行目标的关联性正义评价法则

1. 人际关联：社会正义与个体行为正义的平衡

确保实现社会正义与促进个体行为正义之间的平衡，是国家权力保

[1] 参见朱学勤：《1998，自由主义的言说》，载《南方周末》1998年12月25日。

障政治共同体人际之间和合共存的关键所在，亦是把握人际关联性正义的基本法则。用权利话语来说，与社会正义相对应的主要是社会本位的各种社会权利，与个体行为正义相对应的主要是个体本位的各种公民和政治权利、经济权利（特别是财产权利）。要确保实现社会正义与促进个体行为正义之间的平衡，意味着国家要在社会本位的社会权利与个体本位的公民和政治权利、经济权利（特别是财产权）之间保持恰当的平衡。从权利保障的视角来看，与社会正义相适应的社会权利会面临着请求稀缺资源、具有不确定性、不具有普遍性、权利义务关系不够明确、关乎税收的分配等诸多争议[1]，但只要我们认为社会正义是值得追求的共同善，那么社会权利就是可欲且正当的。

社会正义与个体行为正义的平衡，是涉及两者关系的一个总原则；在特定的情境下，社会正义应当优先于个体行为正义——这种特定的情境即为个体课予义务的情形。在人际关联的正义事项中，社会正义优先于个体行为正义之法则的适用条件是：（1）某项规范、惯例或制度为个体课予了不利后果，即义务（课予义务）；（2）个体承担的这项义务，国家基于实现社会正义的道义责任和政治责任应当且可以承担（个体行为正义与社会正义的关联性）。换言之，只要某项规范、惯例或制度为个体课予了义务，而国家基于实现社会正义的道义责任和政治责任应当且可以承担此项义务，那么将此项义务施予国家要比课予个体更具有正当性。

前述关于“孝道入法”的事例，便可适用此项关联性正义法则。受教育权亦可作如是观：相对个体为确保子女的受教育权（特别是基础教育阶段的受教育权）所承担的义务（如缴纳学费等）来说，由国家基于社会正义的责任承担此种义务，更符合正义的要求。

---

[1] 参见陈宜中：《何为正义》，中央编译出版社 2016 年版，第 42—46 页。

2. 代际关联："多代人的正义"与"一代人的正义"的平衡

在代际关联方面，秉持"多代人的正义"与"一代人的正义"相平衡的正义法则，似乎是不言而喻的。如果我们像罗尔斯那样把政治社会理解为世代相续的社会合作体系，那么政治社会就应当确保"多代人的正义"与"一代人的正义"之间的平衡。因为惟有通过这种平衡所实现的代际正义，我们始能确保政治社会的社会合作体系世代相续下去，而不是形成"吃祖宗饭，断子孙粮"的代际之间不可持续的局面。从正义的视角看，要确保代际正义，就需要确保政治社会的政治决策及其相应的制度安排，在不同世代之间保持不偏不倚，使其"公平地适应于每一代的要求"，进而满足"事关人人，人人关切"（what touches all concerns all）的正义法则。[1]

秉持"多代人的正义"与"一代人的正义"相平衡的正义法则，一系列与后代人之利益有关的权利诉求、对当世代人的权利限制，便可以获得证成。譬如，环境权、动物的权利，以及为了保障环境权、动物权利而对当世代人的权利限制，如为了保护环境而征收的污染税对企业和个人财产权利的限制、为了保障动物权利而对个体饮食内容及饮食方式的限制等。

3. 国际关联：国内正义优先于全球正义

在国际关联的方面，我试图论证：就转型中国来说，国内正义相较于全球正义更具有优先性。凸显国内正义的优先性，在现时中国的盛世喧嚣中似乎卑之无甚高论，但却是值得捍卫的政治哲学主张。在促进全球正义的方面，"共同而有区别的责任"(Common but Differentiated Responsibilities）这一由（1992 年）联合国环境与发展大会所确立的国际环境合作原则，堪称兼具道德正当性和历史合理性的原则。全球正义

[1] See J. Rawls, *A Theory of Justice*, p.256.

的主要阐发者涛慕思·博格，主要基于发达国家（富裕国家）的特殊责任，阐述了其促进全球正义的道德义务。在他看来，发达国家与现时代的全球贫困，至少存在三种意义上的道德关联：

> “首先，他们的社会起点与我们的社会起点的差别，源于由一系列巨大错误构成的历史过程。历史上的不正义，包括种族灭绝、殖民主义和奴隶制，既造就了他们的贫困，也造就了我们的富裕。其次，他们与我们都依赖于同样的自然资源，而他们本应从中享有的利益，在很大程度上被没有补偿地剥夺了。富裕国家和发展中国家的精英们以相互承认的形式分割了这些资源，但却并没有为多数人留下‘足够多和同样好的’资源。第三，他们与我们共同生活在一个单一的全球经济秩序中，而这个经济秩序正在不断延续甚至恶化全球的经济不平等。”[1]

我们很容易发现，博格所列举的这些源于历史的道德关联均与中国无关，不足以论证转型中国在促进全球正义方面具有更大的责任。毋宁说，中国正是这种发展起点落后、自然资源被掠夺、全球经济秩序恶化的受害者，而不是施害者。沿着这样的思路，转型中国国内正义的优先性至少可以部分获得证成：历史上所处的不利局面，决定着中国在促进全球正义方面并不具有比发达国家更大的道德义务。如果说，基于历史合理性的理由尚不足以证成转型中国国内正义的优先性，那么政治共同体（政治社会）本身的政治理想和政治目标则可以进一步为之提供正当理由：全球正义以国内正义为基础，“中夏安，远人服”仍是政治共同体推进其正义事业的基本出发点。对此，我们至少可以从两个方面来

[1] [美] 涛慕思·博格：《康德、罗尔斯与全球正义》，第 430 页。

论证：

第一，政治共同体（政治社会）本身的政治理想和政治目标，决定了它应以优先实现国内正义为分内责任。无论是全球正义具有多么重要的道德意义，它都须遵循现时以民族国家（政治共同体／政治社会）为基本单位的世界秩序结构。而在现代条件下，政治共同体（政治社会）本身并不具有独立的、超越于其共同体成员之利益的政治理想和政治目标：惟有首先承担了其分内责任、基本实现了国内正义，政治共同体（政治社会）承担起促进全球正义的责任，方始具有道德上的正当性。我们很难想象一个未能充分承担其分内责任而履行了分外道义的人或国家，是正派的、进而合乎正义的。在这方面，“穷则独善其身，达则兼济天下”的古训，同样适用于国家。

第二，促进全球正义有赖于全球政治和经济治理秩序的重塑，进而有赖于某种超越于国族本位的世界主义理念之倡导，而任何一种世界主义理念的价值吸引力，在很大程度上端赖于其首先在倡导者所属的政治共同体内部获得较大共识，并获得现实的治理绩效。晚近以来，因应着中国的崛起，不少中国论者提出了诸如“天下体系”（赵汀阳）、“新天下主义”（许纪霖）、“新世界主义”（刘擎）这样超越于国族本位的世界主义理念。然而，从中国现代文化认同建构的角度来看，他们建构的只是一种我所谓的“典籍性的中国认同”：其只能保有与各种思想典籍（特别是中国的古典思想典籍）的关联性，但却与现时中国现代转型面临的各种“正当化压力”乃至现时中国人的文化记忆、传统中国的历史现实等均无涉，并不足以成为现代中国人的本真性文化认同。[1]必须看到，在现代转型仍待收束的现时中国，中国现代文化认同仍处于尚未定

[1] 参见拙文：《“道德—历史主义”的困境：评许章润〈汉语法学论纲〉》，载《清华法学》2016年第3期。

型的状态（即王赓武所说的“经未定”的状态），如何促进其定型化并为全球正义做出贡献，有赖于其所蕴含的价值取向首先在国内赢得国民认同、社会认许。在这方面，我们仍应从李世民转借于魏征的治国之道中汲取养分：“修文德，安中夏；中夏安，远人服。”其中包含的治国逻辑是：惟有“修文德”，始能“安中夏”；惟有“中夏安”，方能“远人服”。如果一套新的世界主义理念不能首先确保“中夏安”，期待“远人服”便是不现实的。正如许章润指出的：

> “当今华夏，虽说经济总量世界老二，但政治修明、文化建设以及一般人民之行止出处的文明修养，有待提升。因而，远人不服，也是意料中事。当然，之所以不服，不仅在于两相比较，高下立判，而且，在于国际政治中的权势转移，总是一件痛苦的事情，先发国族面对邻居的旺势，需要一段适应期。但是，即便如此，吾人须知，一个尚未完成现代转型的国族，其之参与地缘政治博弈和全球治理，必有赖国家政治走上正轨，无心腹之忧，才可伸展手脚，也才能于国际博弈中添筹加码。”[1]

（二）源于国家权力运行过程的关联性正义评价法则

4. 横向运行关联：立法正义优先于执法正义、司法正义

前文论述已经表明：在具有成文法传统但现代法律秩序仍待建构的转型中国，相较于执法正义和司法正义，立法正义不但在时序上具有优先性，抑且在功能上也具有优先性。明乎此，我们很容易得出这样的结论：在关涉国家权力横向运行关联的方面，我们应秉承立法正义优先于

[1] 参见许章润：《中夏安，远人服》，http://www.aisixiang.com/data/76517.html，最后访问时间：2018 年 3 月 10 日。

执法正义、司法正义的关联性正义评价法则。

本书上一章已经讨论过“立法正义的优先性”问题。正如我已指出的，立法正义的优先性，其实还预设了这样的理论主张：实质正义在价值上（而不仅仅是功能上）优位于形式正义或程序正义。如果法律（立法）本身是不正义或“缺失正义的”，那么无论多么严格地执行和适用，都不能证成其本身的正当性。对转型中国来说，强调立法正义对执法正义和司法正义的优先性，旨在否弃一种霍布斯“法律命令说”版本的实证主义法律观（工具主义法治观），恢复法律的规范性特征，特别是法律正当性的可证成性和可争辩性：法律并不是主权者的命令，而是承载了政治共同体关于何为正当之道德承担和何为良善生活之伦理想象的一种价值秩序。将法律视为主权者的命令，尽管可以高效地加快立法进程，但不仅会使法律沦为政治的工具，进而牺牲作为法治之基础的法律的“不可随意支配性”，而且更会使法律本身的合法性受到挑战，从而丧失使中国现代法律秩序不断趋近正义的契机。

秉承立法正义优先于执法正义、司法正义的关联性正义评价法则，我们就可以对转型中国的相关正义事项进行评判。譬如，前些年因计划生育政策的调整，社会抚养费是否应当取消面临着较大的争议。据报道，原国家卫生和计划生育委员会提出了“取消社会抚养费不公平论”：国家卫计委在回应与《社会抚养费征收管理条例（送审稿）》有关的问题时（2014年12月2日）指出：在坚持计划生育国策相对稳定的大前提下，必须坚持社会抚养费征收制度。“取消社会抚养费对响应国家号召、遵守计划生育政策的群众不公平。”[1]这种貌似秉承（形式）正义原则的论调，事实上遮蔽了一个更具前提性的关联事项：征收社会抚养费

[1] 参见《卫计委：取消社会抚养费对遵守计划生育群众不公平》，载《法制晚报》2014年12月2日。

的立法本身，是否合乎正义的要求？显然，如果该立法本身不能通过实质正义的检验，其执法正义和司法正义只能是质非文是的治理装饰，不但无益于法治的实现，抑且有悖于法治精神。

5. 纵向运行关联："输出"与"输入"的平衡

前文的论述已经表明：就国家权力的纵向运行来说，确保"输出"与"输入"的平衡是其关联性正义的评价法则。这种"输出"与"输入"的平衡，内在地要求国家权力（特别是行政权力）对社会资源的汲取特别是财政汲取（"输入"），必须与其现实地呈现的各种"组织化成就"（"输出"）相匹配。无论是现代政治哲学传统，还是传统中国的儒家人文主义政治智慧，都可以为这种"输出"与"输入"的平衡提供理论依据。在人民主权时代，即国家权力的正当性只能溯源和服务于人民利益的时代，一旦这种"输出"和"输入"处于严重失衡的状态，国家权力运行的正当性便会受到质疑。

在现代政治秩序和法律秩序中，这种"输出"与"输入"的平衡主要体现为对国家征税权的正当限制。在现代国家，为了实现这种"输出"与"输入"的平衡，普遍实行了"无代表，不征税"（no taxation without representation）的立法原则，即非经政治共同体成员的普遍同意，国家不得征收税金。这既体现了国家对公民财产权的充分尊重，亦体现了对国家权力服务于人民利益的制度保障。

秉持"输出"与"输入"相平衡的关联性正义评价法则，我们便可以对转型中国的各种税收立法进行正当性评价。以房产税为例，西方发达国家的房产税征收，除了可以从促进社会正义中获得证成外，还在很大程度上体现了"输出"与"输入"相平衡的原则：房产税除了用于国家的社会保障等之外，主要用于提升房产所在地的各种"组织化成就"，如生活环境的改善，交通、教育和医疗等基础设施的建设。显然，相较于促进社会正义这样的宏大目标，促进"输出"与"输入"的平衡，是更能为房地产税的征收提供证成理由。因为它不但更具有税收监控的可操作性，抑且更符合税收“取之于民、用之于民”的政治理想。

（三）国家权力（政治领域）与其他领域的关联性正义评价法则

6. 诸领域间的关联：国家权力正当运行的优先性

前文的讨论，已经蕴含了关于政治领域与经济领域、文化领域之关联性正义的评价法则：国家权力的正当运行具有优先性。主张国家权力正当运行的优先性，并不等同于做出如下论断：在转型中国的社会基本结构层面，政治正义（参与平等）优先于经济正义（分配正义）和文化正义（认同平等）。要深入把握政治正义与经济正义、文化正义的关系，我们必须将其同制约转型中国正义实现的各种“结构化情境”深度结合起来，譬如典型的正义观念所导致的正义问题之复杂性、正义问题之共时性、中国现代转型的实践约束条件等。[1]这在根本上乃因为：社会基本结构层面的正义诉求，关涉政治共同体的基本制度框架，须兼顾正当性与可行性。换言之，我们应当优先追求前述罗尔斯所谓的“根据某些境况和社会条件足够正义”，而把“完美地符合正义”作为一种理想。此处所谓的“国家权力正当运行的优先性”，并非针对转型中国社会基本结构而言的，而是基于关联性正义视角提出的正义法则。它具有特定的适用范围和适用条件。其适用范围和适用条件大致包括如下三端：（1）经济领域和社会文化领域存在着有待回应的正义事项；（2）这些正义事项的存在，可以找到可直接溯源于政治领域的原因，并且这种原因更具有基础性和决定性；（3）政治领域对这些正义事项的回应是缺失正

[1] 在上一章中，我从这些“结构化情境”出发，推演出了经济正义优先于政治正义的“底线正义诸原则”。

义的。在满足上述三个条件的情况下，我们就应把关注点转移至政治领域，即适用国家权力正当运行的优先性这一评价法则。譬如，前文提及的高房价是否正义的问题，即应当采用这样的关联性正义评价法则。

有必要指出的是，要充分把握国家权力的正当运行所适用的实质正义法则，我们同样需要采用关联性正义的视角，即要把它置于前述五个关于国家权力运行目标和运行过程的关联性正义法则中予以把握：在人际关联方面，坚持社会正义与个体行为正义的平衡法则（在为个体课予义务的情境下，社会正义优先于个体行为正义）；在代际关联方面，坚持“多代人正义”与“一代人正义”的平衡法则；在国际关联方面，坚持国内正义优先的原则；在国家权力横向运行方面，立法正义优先于执法正义和司法正义；在国家权力纵向运行方面，坚持“输出”与“输入”的平衡。明乎此，我们便获得了一种可称为“多重关联性正义”（multiply-relational justice）的视野[1]：政治领域国家权力的正当运行，不仅与经济领域和社会文化领域的正义事项相关联，并且其运行目的和运行过程又与诸多关联性要素相关联：人际关联、代际关联、国际关联、国家权力横向运行的关联及国家权力纵向运行的关联。在很大程度上可以说，正是这种以国家权力为中心的“多重关联性”的存在，使得转型中国的正义问题具有整体性，以及由其产生的高度复杂性。

综上所论，我们可以把“关联性正义”及其评价法则列入表 1。

---

[1] 这种“多重关联性正义”还表现在：同一个正义事项可能会同时适用多个“关联正义”原则。譬如，前述社会抚养费问题，既适用立法正义优先的原则，又可适用“输入”与“输出”相平衡的原则。

表 1："关联性正义"及其评价法则

国家权力的向度	关联的属性	关联的方面	"关联性正义"的评价法则
源于国家权力运行目标的关联性	人际关联	个体行为正义与社会正义的关联	社会正义与个体行为正义的平衡（在为个体课予义务的情境下，社会正义优先于个体行为正义）
	代际关联	"一代人正义"与"多代人正义"的关联	"多代人正义"与"一代人正义"的平衡
	国际关联	国内正义与国际正义的关联	国内正义优先于国际正义
源于国家权力运行过程的关联性	横向运行关联	执法正义、司法正义与立法正义的关联	立法正义优先于执法正义、司法正义
	纵向运行关联	"输入"与"输出"的关联	"输出"与"输入"的平衡
国家权力（政治领域）与其他领域的关联性	诸领域间的关联	经济领域、文化领域与政治领域的关联	国家权力正当运行的优先性

余论：也谈正义的两面性

慈继伟曾讨论过正义秉性（disposition）——即不依赖于正义规范之内容的正义的结构性特征——的两面性：正义命令的绝对性（正义作为建制的无条件性）与正义实现的有条件性（正义作为动机的有条件

性）。这种思想洞察，无疑对于我们深入把握正义问题的复杂性颇有启发。本章的研究其实表明，慈继伟意义上的这种两面性，实际上是一种“二阶”（second-order）的两面性，它从属于一个更为根本的“一阶”（first-order）的两面性：正义命令的绝对性与正义规范的情境性 / 有条件性。正义命令的绝对性，不能还原为正义规范的普适性：前者表征的是道德世界的（康德式）普遍主义立场，但一旦适用于政治社会，这种普遍主义的立场即要受到政治社会之运行逻辑的限制，从而必然具有情境化的特质。从正义命令的绝对性到正义规范的情境性，再到正义规范之实现的有条件性，从根本上体现了道德世界与政治社会运行逻辑的差异：更具体地说，它体现了道德哲学（道德理想）与政治哲学（政治理想）及道德社会学（道德实践）之间的视角分野；或者借用慈继伟本人的话说，它在很大程度上体现了规范性正义理论与“正义社会学”的分野。[1]

对中国情境的政治哲学研究来说，依我个人拙见，更需要我们做出学理回应的，或许不是（作为道德命令的）现代性价值的绝对性及其有效实现的有条件性，而毋宁是现代性价值之规范性要求本身的情境性。这是因为：惟有通过“学理格义”把握现代性价值之规范性要求的情境性，进而把现代性价值的绝对性进一步转化为其规范性要求的绝对性，我们始能在中国情境中探讨其有效实现的各种条件。对现代性价值之规范性要求的情境化的学理阐释，其实是以中国情境为思想根据确立“现代价值观”的过程。就其实现过程来说，这种学理阐释（“价值观”）是

[1] 在《正义的两面》的修订版前言中，慈继伟曾自我指陈：“我所关心的与其说是规范性正义理论不如说是‘正义社会学’。”慈继伟：《正义的两面》（修订版），生活・读书・新知三联书店 2014 年版，第 3 页（修订版前言）。慈继伟的正义论说，尽管预设了正义规范的情境性，但其重心不在此。譬如，他多次直接或间接地表明，正义的规范性内容是“因时因地而异”的，其理论建构“远非一般意义上的规范性政治哲学所能涵盖”。[参见同上，第 5 页、第 2 页（修订版前言）]。

现代性价值从“价值形态”过渡和落实到“制度与实践形态”的中介；但就其功能和作用来看，它其实是现代性价值在中国“落地”的逻辑前提：惟有首先对各种现代性价值的规范性要求获得共识，我们始能有效地树立对待它们的刚性态度，进而通过慈继伟所说的“社会化”过程逐渐满足其充分实现的各种条件。

以自由、平等、民主等相对单一的价值为例，尽管它们具有相对明晰的核心内涵，但惟有把它们放在特定政治社会的政治与社会—历史情境中，我们始能确定与这种情境相适应的具体规范性要求。以“平等”为例，尽管我们可以把“无差别对待”视为其核心内涵，但究竟何种意义上的“无差别对待”可视为“平等”，则需根据特定时空的政治与社会—历史情境予以证成——无论是罗尔斯关于两种意义上的“机会平等”的界分，还是德沃金关于两种性质的“平等对待”的区分，均表明了这一点。在很大程度上讲，政治哲学就是对政治价值的具体规范性要求进行学理阐释的一门学问。如果说，自由、平等、民主等相对单一的价值具有情境化的规范性要求，可能有违道德普遍主义者的道德直觉，那么正义则具有更为内在的情境化特质：正义内在地指涉一种复合的价值结构，它关涉经济、政治和文化诸领域，并在实质上涉及我们对自由、平等和民主等现代性价值的整全性确认。是故，正义之规范性要求证成和确立的过程，其实是将自由、平等、民主等价值平衡和整合为一个相互兼容、互为支援之价值结构的过程。而一旦脱离了特定政治社会的独特情境，这种平衡和整合便失去了依凭，我们只能转而听任直觉主义之智性懒惰的肆虐，甚或诉诸意识形态性的价值独断——所谓中国学术之幼稚，莫此为甚。

2015 年 11 月 9 日初稿于美国圣路易斯

2016 年 12 月 4 日二稿于沪北寓所

2016年12月15日三稿于复旦光华楼

2017年2月6日四稿于沪北寓所

2017年6月10日五稿于沪北寓所

2017年9月14日定稿于复旦光华楼

第八章　共同政治文化范导下的国家中立性

——转型中国文化认同建构的正当法则*

“非西方文化无法逃离由其积极追求但未充分塑造的现代化所导致的世俗化和多元主义世界观之挑战。它们只能通过‘另类（复数）现代性’（alternative modernities）的道路宣称自身的文化个性（cultural individuality），以对抗由西方塑造的那种资本主义世界的文化。”

——哈贝马斯**

** J. Habermas, Equal Treatment of Cultures and the Limits of Postmodern Liberalism, trans. Jeffrey Flynn, *The Journal of Political Philosophy*, Vol. 13, No. 1, 2005: 28.

引论：背景、问题与研究取径

随着以“金砖国家”为代表的非西方新兴市场国家的持续高速发展和稳定崛起，当下的世界秩序正面临着非西方世界整体崛起的“五百年未有之大变局”：我们正在迈入一种可称为“后西方秩序”（post-western order）的新型世界秩序中。[2] 作为非西方世界整体崛起的领头羊，中国的文明复兴及其世界性作为在人类现代文明史上被寄予了前所

* 本章的核心观点（“共同政治文化范导下的国家中立性”原则），直接受益于我与杨晓畅博士关于罗尔斯国家中立性原则的讨论中所获得的启发及提供的文献信息，因此我必须对她致以特别的谢意。苏州大学法学院张薇薇副教授的约稿使我得以把自己关于此论题的思考系统整理出来，而且她还对本章初稿提出了修改建议，在此一并申谢；当然文责自负。本章初稿首发于《浙江社会科学》2016 年第 1 期，另收入孙国东主编：《文化提升国家质量：中国发展的使命》，复旦大学出版社 2017 年版，第 136—167 页。收入本书时，对全文进行了较大范围的修改。

[2] 扎卡利亚（Fareed Zakaria）的《“后美国世界”》（The Post-American World）一书是对这种变局在“后冷战时代”之表征的历史把握。参见［美］扎卡利亚：《后美国世界：大国崛起的经济新秩序时代》，赵广成、林民旺译，中信出版社 2009 年版。

未有的厚望。质言之，当下非西方世界整体崛起的“五百年未有之大变局”所带来的对现代性的历史“起承”进行反思与对全球性的未来“转合”予以期待之间的相互交叠，为中华文明带来了“贡献世界”的契机。这就把现代中国文化认同的建构，推到了历史前台。因为惟有形成国民认同、社会认许和国际认可的现代文化认同，中国始能为中华文明“贡献世界”提供深厚的文化基础。

总体来看，当下知识界主要有两种关于现代中国文化认同建构的认识路向：一是以新儒家为代表的诸多论者认为应当复兴儒家道统，并把以儒家思想为核心的文明复兴视为推进世界历史进入“中国时刻”的主要文化依托。他们的另一个说法是“一个文教，多种宗教”，即儒家之教化是凌驾于诸宗教之上的“文教”。[1] 质言之，他们试图以儒家思想为核心，重建现代中国的文化认同。二是诸如“马魂中体西用”“通三统”“儒家社会主义共和国”之类的说法，提出了“打通中西马”的思路。以上两种路向尽管不乏洞见，但在实质上要么是对中华文明“轴心时代”文化遗产的情感性循守，要么是一种缺乏实体性理论建构的口号性论说，均未真正进入中国文化认同建构的“问题域”中。

任何对中国的现代转型有清醒认识的论者，大概都会同意这一判断：现代中国的文化认同，仍处于未定型的状态[2]——借用王赓武的

---

[1] 参见秋风：《世界历史的中国时刻》，载《文化纵横》2013 年 3 月号；姚中秋：《一个文教、多种宗教》，载《开放时代》2014 年第 1 期。

[2] 文化认同及作为其有效性要求的“本真性”，都是具有规范性蕴含的概念，而不是对现状的描述。根据哈贝马斯弟子、意大利政治哲学家亚历桑德罗·费拉拿（Alessandro Ferrara）的分析，集体性文化认同包括四大规范性要素：融贯性（coherence）、生命力（vitality）、深刻性（depth）和成熟性（maturity）。其中，“成熟性”意味着“在自我形象与群体的文化、社会或政治现实之间存在着基本一致性（congruency）”，而不是“沉醉于孤芳自赏的宏状形象（indulge in a narcissistically grandiose image of themselves）”；意味着它是“采取灵活且务实策略的群体”，而非“采取严苛且不切实际的防御策略的群体”；（转下页）

话说，现代中国仍处于“经未定”的状态。[1]现时中国之所以仍处于“经未定”的状态，乃根源于中国文化仍处于古今中西的“权变”之中：“经者，常也，言常道也”；一个仍处于剧烈权变之中的文化，是不可能有“言常道”之“经”的。[2]因此，考虑到中国的现代转型仍是“进行时”（“接榫、吸纳、转化乃至超越”现代文明秩序仍是未竟的事业），我们可以把“中国现代文化认同的建构”更准确地表述为“转型中国文化认同的建构”。考虑到现代中华文明内部文化体系的多元化和多样性，所谓“转型中国文化认同的建构”，其实质即是中华文明内部多元文化体系的“自我整合”问题。那么，我们究竟应如何把握中华文明在现代条件下的“自我整合”？这至少会涉及如下紧密相关的诸问题：如何认识中国现代性的历史—文化基础？如何把握中国现代性的历史轨迹？如何评估当下中国现代性的历史方位？如何理解“中国现代文化”的内涵？等等。然而，依我个人鄙见，最为基础的问题却是关涉中华文明在现代条件下“自我整合”的政治和社会—历史情境的问题，即如何把握转型中国文化认同建构所依托的“结构化情境”？前述两种认识路向之所以只能停留在情感性循守或口号性论说的层面，即根源于它们对中国现代文化认同建构之结构化情境的无视或者无法对此做出深入的学理回

（接上页）是“比其他群体更能表现出反讽性自我疏离（self-distance）的群体”，而非“充斥着‘极端热忱’（deadly earnestness）的群体”；是“实用主义导向的群体”，而非“意识形态导向的群体”。依此看来，现时中国的文化认同显然远未臻至“成熟”。费拉拿的相关论述，参见 Alessandro Ferrara, *Reflective Authenticity: Rethinking the Project of Modernity*, (London: Routledge, 1998), p.123.

[1] 石岸书整理：《香港大学原校长王赓武清华畅言：“经”未定，“史”可为》，载《北京青年报》2016 年 11 月 4 日，第 B11 版。

[2] 如果意识到现代中国文化处于“后经学”的历史—文化结构中，那么现代中国能否像宋明时期以“守经权变”的方式回应佛教挑战、重塑儒家经典之“经”那样，重新形成基于自身文化脉络之“经”，是有疑问的。关于现代中国文化处于“后经学时代”的论述，可参见陈少明：《汉宋学术与现代思想》，广东人民出版社 1996 年版，第 127—132 页；高瑞泉：《中国的现代性观念谱系》，广西师范大学出版社 2013 年版，第 15—42 页；等等。

应；而之所以如此，则在于它们要么依赖一种学科化的视角，要么未能把"问题导向"的跨学科研究深入贯彻下去。

一般而言，新儒家论者多从一种整体性的历史视角出发，排他性地强调华夏儒家道统的历史延续性，从而既遮蔽了中华文明内部文化传统的多样性，又忽视了现代转型之共通社会政治逻辑对儒家道统之历史延续性的正当性限制。换言之，他们基于一种整体性的历史—文化视角，无法看到像历史人类学、社会政治理论等其他学科视角可以洞察到的历史和社会政治现象。第二种路向的论说多出自于更具有中国情境自觉性的论者，他们多把政治哲学的既有理论和中国的显见情境简单地结合了起来，但由于缺乏对现代文明秩序和中国情境的深度比勘，他们无法深入分析转型中国文化认同建构的学理逻辑。质言之，他们未能把我所主张的那种"把政治哲学建构与社会—历史分析相结合"的跨学科研究取径真正贯彻下去。

在此，有必要对新儒家等文化论者所依赖的整体性历史学视角和前面提到的历史人类学稍加申论。一般来说，与社会学更易具有整体主义特质不同，历史学更易导向具体主义的视角，即关注特定社会区别于其他社会的基于时间的变化过程。[1]然而，由于民族国家的出现，历史学的这种国际向度的具体主义又常常会以国内向度的整体主义呈现出来，即导向"一国一社会"的整体化视野，特别是以某个核心民族的政治史为中心的历史视角。显然，这种整体化的历史视角对中国这样国内社会历史状况极为复杂的国家来说，尽管强化了本国社会与他国社会的区别，但却严重遮蔽了本国社会的内部复杂性。可以不夸张地说，晚清以还中国的历史学或文化学论者，大都处于这种整体主义与具体主义的吊

[1] 参见［英］彼得·伯克:《历史学与社会理论》（第二版），姚朋等译，世纪出版集团、上海人民出版社 2010 年版，第 2 页。

诡中，从而在避免落入“西方中心主义”社会观之窠臼的同时，常常又不自觉地陷入了“汉族中心主义”历史观之泥潭。共同的历史确乎是塑造民族国家作为“想象共同体”的核心文化资源，但究竟是何种共同历史应当成为我们的想象资源，却是把民族国家塑造为政治共同体的关键所在。其中，前者事关我们在“万国体系”中的文化不可替代性，后者则关乎国内的民族团结和政治统一。要弥补整体主义历史观的缺陷，我们须进一步借助历史人类学的资源，把“历史具体主义”贯彻到底。历史人类学所关注的核心问题之一即是强化“对无比丰富的自我图像和他人图像的认识”，[1]因此，通过吸纳历史人类学对历史中“冷社会”的研究成果，可以纠偏整体性历史视角排他性地关注历史中的“热社会”所导致的汉族中心主义倾向。

本章将继续采用“把政治哲学建构与社会—历史分析相结合”的研究取径，并力图把这种取径深入贯彻下去。换言之，我力图把政治哲学视角、历史学（文化）视角与社会学视角结合起来；但鉴于本论题较多地涉及历史分析，此处的社会—历史分析在很大程度上体现为一种历史社会学分析。这种历史社会学分析，总体上突出历史学视角与社会学视角的互补，但在进行历史分析时又注重（整体性）历史学视角与历史人类学视角的结合，从而在总体把握中国内部由历史积淀而成的社会政治结构的同时，注重对其中的普遍性要素与特殊性要素的充分把握。依我个人鄙见，费孝通所说的“中华民族的多元一体格局”，构成了转型中国文化认同建构所依托的基本文化—社会结构。从历史社会学角度把握这种格局的历史积淀过程，有助于呈现转型中国文化认同建构所依托的结构化情境。从政治哲学视角分析这种格局在现代条件下所承诺的文明

[1] 参见［瑞士］雅各布·坦纳：《历史人类学导论》，白锡堃译，北京大学出版社 2008 年版，第 11 页。

前景，则有助于廓清转型中国文化认同建构的基本轮廓和正当法则。

一、“中华民族多元一体格局”：从传统到现代

费孝通提出的“中华民族多元一体格局”，已成为把握中国政治、社会和文化结构（特别是民族—文化结构）的经典论说。由于费孝通本人并未阐明“多元一体”的确切含义，论者主要形成了两种解读倾向：其一，把汉族视为多元中的一体，认为应当强化汉文化一统中国的局面；其二，把它理解为“（民族）文化多元、政治一体”的格局。但后一种论说更符合中国的历史和现状，亦更切合费孝通的本意。关于此种意义上的“多元一体格局”，我们可以借用一些具有历史人类学旨趣的研究进行简要的历史社会学勾画，以把握其历史演变及现代转型的逻辑。

（一）中华民族“文化多元政治一体格局”的历史形成

根据苏秉琦、费孝通、许倬云等论者的研究，新石器时期中国各地不同的文化区是中华民族多元一体格局形成的起点，后经三代和春秋战国时期的多元融合汇集，及至秦汉时期初步在“多元统一”的中国疆域内，形成了中华民族多元一体的政治格局。[1]

[1] 苏秉琦的“满天星斗说”，被认为是关于我国史前时期文明起源的权威论说。该说认为，中国文明的起源似满天星斗。新石器时代的中国，大致存在六大文化区：⑴以燕山南北长城地带为重心的北方区；⑵以山东为中心的东方区；⑶以关中、晋南、豫西为中心的中原区；⑷以环太湖为中心的东南区；⑸以环洞庭湖与四川盆地为中心的西南区；⑹以鄱阳湖—珠江三角洲为中轴的南方区。这六大文化区形成了中华文明“多源性”的主干。参见苏秉琦：《满天星斗：苏秉琦论远古中国》，赵汀阳、王星选编，中信出版集团 2016 年版，第 58—62 页。其他相关论说，参见费孝通主编：《中华民族多元一体格局》（转下页）

一般认为，汉代是为汉民族奠定政治基础、为华夏文明奠定文化格局的关键时期。中原部族成为一个具有凝聚力的民族、儒家上升为国家意识形态、形成“儒法国家”的稳定治理架构、佛教作为外来文化被引入中国等诸多决定汉族及华夏文明基本形态的文化和政治要素，都是在汉代出现或完成的。如葛兆光所言，这一切都是在“杂糅”基础上“凝固”的结果。

> “秦汉一统王朝继承下来并且扩而大之的‘中国’，原本是一个杂揉了各种种族、思想、文化和地域，彼此混融交错的空间。不过，汉族‘中国’的民族认同、国家意识和文化取向，却在秦汉大一统时代，将这些杂揉的元素第一次凝固重铸起来，从《吕氏春秋》到《淮南子》的思想兼容（即所谓包容百家的‘杂家’），从《春秋繁露》到《白虎通》的思想整合（即罢黜百家的‘王霸道’），开始形成‘中国的’文化世界，而‘中国的’文化认同，也逐渐在来自‘匈奴’、‘西域’、‘西南夷’等等的压力下，开始浮现。”[1]

然而，聚焦于汉族王朝兴衰史的历史视野，并不能反映中华民族多元一体格局和中华文明形成的全貌。民族的认同，以“他者 / 异己”（the other）的存在为前提。“汉人”起初便是匈奴人等对中原部族带有

（接上页）（修订本），中央民族大学出版社 1999 年版，第 47—69 页；许倬云：《说中国》，广西师范大学出版社 2015 年版，第 19—90 页；瞿林东主编：《历史文化认同与中国统一多民族国家 第一卷》，河北人民出版社 2013 年版，第 101—113 页等；关于中华文明起源的争论，可参见王东平：《中华文明起源和民族问题的论辩》，百花洲文艺出版社 2004 年版。

[1] 葛兆光：《叠加与凝固：重思中国文化史的重心与主轴》，载《文史哲》2014 年第 2 期；另见葛兆光：《历史中国的内与外：有关“中国”与“周边”概念的再澄清》，香港中文大学出版社 2017 年版，第 129 页。

歧视性的称呼，大约到了南北朝初期才转化为汉族人的自我认同。当时及后来的历史表明：正是汉人与他者的融合，形成了中华民族多元一体的格局；也正是华夏文化与其他文化的相互交融，造就了中华文明包容天下的不凡气局。

只要超越汉族中心主义的狭隘历史视野，我们便可从汉族形成的历史节点中看到更接近史实的民族融合和文化交融景象。一方面，从中华民族后来的民族构成和政治版图来看，中国在秦汉时期完成的统一其实只是“多元统一”的一部分。正如陈连开和谷苞等论者指出的，几乎在秦汉以中原为核心实现统一的同时，北方游牧区亦形成了在匈奴人统治下的大一统局面。正是南北两个统一体的汇合，才共同完成了中华民族作为一个民族实体的历史建构。[1]另一方面，中华文明不惟是由中国境内的多民族文化汇集而成，并且在其形成时期本身就大量吸纳了其他文明的成果。考古学家对于河南偃师二里头遗址、河南安阳殷墟和甘肃张掖西城驿遗址的考古发现，距今四五千年时的河西走廊已然是东西方贸易和文化交流的孔道。作为东西方文化交融的结果，二里头文化作为华夏文明的重要源头已经广泛吸纳了中亚和西亚的文化成分。[2]以殷墟为例，正如李济所言，其青铜、矛、空头锛等来自中亚、西亚，肩斧、锡、稻、象、水牛等来自南亚。“小屯时代的殷民族，能采南国之金，制西方之矛，捕东海之鲸，游猎于大河南北，而从事征伐、文字、礼乐诸事，全东亚没有敢于它抗衡的，不是一件偶然的事。”[3]近年来关于贵霜帝国（Kushan Empire，30—375年）的研究，更充分地揭示了两汉时期东西方文化交融的繁盛局面。作为当时与汉帝国、罗马帝国、

[1] 参见费孝通主编：《中华民族多元一体格局》，第132—168、211—256页。

[2] 参见许倬云：《说中国》，第35页。

[3] 参见李济：《安阳最近发掘报告及六次工作之总估计》，载氏著：《李济文集·卷二》，上海人民出版社2006年版，第289—290页。

安息帝国齐名的王朝，贵霜帝国是中国境内的大月氏部族西迁中亚后所建立的帝国。在其鼎盛时期，它横跨中国西部和中亚地区，是当时西方文化与东方文化交融汇合的中心地带，很多西方文化要素经由贵霜的转化和过渡，传到中国，成为中华文明的一部分。[1]以佛教为例，中国目前所接受的佛教之所以与印度的原生佛教有诸多不同，即与贵霜帝国的中介作用密切相关。中国关于佛教东来的传说（“伊存授经说”“明帝求法说”）尽管不甚可靠，但均已表明了中国佛教与贵霜佛教的承继关系。从历史上看，标识中国佛教特色的大乘佛教以及独具特色的佛像艺术、阿弥陀信仰、净土观念、弥勒信仰等均源于贵霜佛教；后世特别是唐代盛行的视皇帝为佛教“转轮王”的观念，则受到了贵霜帝国丘就却（Kujula Kadphises）和迦腻色迦（Kaniska)“佛教治国”所形成的“一佛一转轮”观念的直接影响；等等。[2]由是观之，汉民族和华夏文明奠立基础的时期，亦是中华民族的多元一体格局和中华文明的开放气局形成的时期。

魏晋南北朝时期，是中国历史上的分裂时期，但也是东亚人种大融合的时期。经由空前的人种融合，“中国地区的人类组织，包括国家、亲缘和地缘族群，以及他们的文化成分，无不经历蜕变，在形成另一形态的复杂系统”[3]。

及至重新统一的隋唐，中国不但臻至文明繁盛的巅峰，抑且形成了多民族融合的繁荣局面。在再造统一中厥功至伟的所谓“关陇集团”，

---

[1] 关于贵霜帝国的形成及发展状况，参见［匈］亚诺什·哈尔马塔主编:《中亚文明史 第2卷定居与游牧文明的发展：公元前700年至250年》，徐文堪、芮传明译，中国对外翻译出版公司出版2002年版，第七章、第十一至十五章。

[2] 参见孙英刚:《转轮王与皇帝：佛教对中古君主概念的影响》，载《社会科学战线》2013年11期；康乐:《转轮王观念与中国中古的佛教政治》，载《中央研究院历史语言研究所集刊》1996年第67本第1分，第109—143页；古正美:《贵霜佛教政治传统与大乘佛教》，（台湾）晨允文化出版公司1993年版；等等。

[3] 参见许倬云:《说中国》，第103页。

其前身大多为鲜卑贵族。这使得不仅隋唐的皇帝均具有鲜卑族血统，而且有相当比例的政府高官和军事将领（如我们熟知的安禄山、史思明等）亦是胡人的后裔。诚如陈寅恪所言："李唐一族之所以崛兴，盖取塞外野蛮精悍之血，注入中原文化颓废之躯，旧染既除，新机重启，扩大恢张，遂能别创空前之世局。"[1]此外，隋唐时期还在中原以外地区设立了羁縻州，形成了"一国多制"的政治格局；李世民不惟被西部少数民族部族首领尊为"天可汗"，其昭陵墓中"十四国番君长石像"的陪葬，更充分展现了当时各民族和衷共济的盛世景象。对此，明人于慎行在其撰写的《读史漫录》中写道：

> "唐太宗臣服四夷，胡越一家，四夷酋长，半入环卫。升遐之日，皆痛哭翦发，剺面割耳，流血洒地，那史、苾契之流，至欲杀身殉葬，朝廷遣使敦谕乃止。山陵毕日，蛮夷君长为所禽服者十四人，琢石为仪，列于北司马门内，威德之盛，上古帝王所未有也。"[2]

中华民族的多元一体格局，为中华文明的多样性和开放性提供了政治前提。它使中华文明除了原生的华夏文明以外，还广泛容纳了其他异质的文明体系。这种异质的文明体系，既包括像佛教这种整体属外来的文明，也包括像中国伊斯兰文明、藏传佛教等因接纳外来文明而形成的异质文明体系，还包括中国境内原生的其他文明体系，如蒙古"长生天"文化、满族"八旗"文化等。正如王铭铭指出的，"如果说中国有

[1] 参见陈寅恪：《李唐氏族之推测后记》，载氏著：《金明馆丛稿二编》，生活·读书·新知三联书店 2001 年版，第 344 页。

[2] [明] 于慎行：《读史漫录》，黄恩彤参订，李念孔等点校，齐鲁书社 1996 年版，第 212 页。

一种文化的话，那它超出了儒家，是神话—宗教—礼仪的多元格局”。他甚至认为，这种多元格局除了族群性要素之外，“尚有神话—宗教—文明的另一些方面。‘中国’虽则如葛兰言所言侧重关系，注重以礼仪维持关系的秩序，但作为一个多民族的天下，这个世界体系兼有欧亚大陆诸文明的所有内容，构成缪勒所谓的印欧、闪米特—阿拉伯—犹太、图兰诸体系的互动—综合体”[1]。

从国家治理的角度看，中华民族多元一体格局实际上是“文化多元但政治一体”的格局[2]，这突出体现在中国政治疆域与文化疆域的错位上。尽管儒家文化曾经形成了超越于华夏或所谓“中国本部”（China Proper）的朝贡体系（或曰天下体系），但中国的藩属国大都只是在文化上皈附中国，并不是“帝力”的实际控制范围[3]；而对境内诸如新疆、西藏、蒙古等地的国家控制力，主要是靠国家认同和政治认同——

[1] 参见王铭铭：《三圈说：另一种世界观，另一种社会科学》，载《西北民族研究》2013年第1期（总第76期）。

[2] 关于这种“文化多元政治一体”的格局，赵汀阳最近主张以“万民国家”（inclusive state）来界定。他还提出了“漩涡模式”，试图对这种格局的发生学原理进行解释：中国之所以成为中国，在于早期中国为了争夺最大物质资源和最大精神资源的博弈活动形成了以中原为核心的“漩涡”动力模式，漩涡一旦形成，就具有无法拒绝的向心力和自身强化的力量，从而使所有参与者无法脱身，终于形成一个巨大的漩涡（参见赵汀阳：《惠此中国》，中信出版集团2016年版，第19—50页）。值得注意的是，赵汀阳所谓的“漩涡模式”与王斯福（Stephan Feuchtwang）基于中华文明的结构所提出的“作为向心调整过程及志向过程的文明概念”（concept of civilisation as a process of centring and aspiration），有契合之处。后者亦聚焦于中原地区所具有的独特精神资源（即赵汀阳所说的政治神学资源），但并未涉及经济资源层面的问题。他写道：“到公元前9世纪的周朝，一些青铜器内部题字的发现表明：这些题字是主人为了擢升于皇族而向祖先祈求庇佑和帮助……同样是在周朝，主要统治者第一次被称为天子。当诸国的其中一个统治者分享了这种文化（即公元前3世纪的秦国通过征服和统一文字及其他等手段而统一六国），他自称皇帝（一个半神化的头衔）并创造了一种宇宙统治，而这种宇宙统治也是一个帝国，并成为自那以后统治中国的一种理想或志向：一个文明中心也是一个政治中心。”（参见［英］王斯福：《文明的概念与中国的文明》，孙国东译，载邓正来主编：《世界社会科学高级讲坛讲演录·第1辑》，商务印书馆2010年版，第207—208页）。

[3] 像朝鲜、越南这样的藩属国，很难纳入中国的正式政治版图中，日本更不是任何意义上中国的疆域。

即政治文化，而非单纯的文化认同——维系的。从历史上看，儒家文化并未完全征服中国的边疆地区，特别是新疆、西藏等拥有独立文明体系或教义体系的少数民族地区。之所以如此，至少有如下两个历史原因。

其一，相比汉代，隋唐以后再造统一的天下秩序更具有包容性和开放性，不再致力于“变夷为夏”的文明归化，而更注重“无隔华夷”的“九州共贯”——其实质即是塑造“王者无外、天下一统”的共同政治文化。许倬云曾指出：“汉代重视的是从上到下坚实的结构，而唐代的机制则是大开大阖，来者不拒，像四方延伸。”这使得唐代形成了有极大包容性和弹性的“开放的天下秩序”。[1]正是这种不同的文化取向，使得汉唐在对待少数民族地区的政策上形成了鲜明的对比。汉武帝时司马相如晓谕西南夷的这段话，较为全面地反映了儒家公羊学建立在文明归化基础上的“大一统”思想：

“六合之内，八方之外，浸浔衍溢，怀生之物有不浸润于泽者，贤君耻之。今封疆之内，冠带之伦，咸获嘉祉，靡有阙遗矣。而夷狄殊俗之国……政教未加，流风犹微。内之则犯义侵礼于边境，外之则邪行横作，放弑其上。君臣易位，尊卑失序，父兄不辜，幼孤为奴，系累号泣，内向而怨，曰‘盖闻中国有至仁焉，德洋而恩普，物靡不得其所，今独曷为遗己’。……故北出师以讨强胡，南驰使以诮劲越。四面风德，二方之君鳞集仰流，愿得受号者以亿计。……创道德之涂，垂仁义之统。……遐迩一体，中外提福，不亦康乎？夫拯民于沉溺，奉至尊之休德，反衰世之陵迟，继周氏之绝业，斯乃天子之急务也。”[2]

[1]参见许倬云：《说中国》，第110页。
[2]《汉书·司马相如传下》。

及至唐代，尽管仍注重行政和政治上的大一统，但已不再一味坚持对边疆地区“变夷为夏”的文明归化。譬如，在对待降服的突厥的问题上，唐太宗最终采取了温彦博的建议，“全其部落，顺其土俗，以实空虚之地，使为中国扞蔽”。[1]唐太宗在总结自己的文治武功时，道出了“无隔华夷”（“混一宇内，包容华夷”）的民族平等思想：“自古皆贵中华，贱夷、狄，朕独爱之如一，故其种落皆依朕如父母。”[2]正是遵循着这样的思想，唐代建立了较为完善的羁縻制度。尽管“羁縻”二字带有文化优越论的成分（“羁，马络头也；縻，牛靷也”），但唐代在边疆地区设立的凡八百五十六个羁縻府州（与后世的土司制度一道），仍堪称现代中国民族区域自治制度的雏形。所谓“虽贡赋版籍，多不上户部，然声教所暨，皆边州都督、都护所领，著于令式”[3]，充分表明了羁縻府州在经济（财政）、政治和文化上的相对独立性和自主性。由此可见，隋唐时期的政治统一，尽管借鉴了儒家公羊学的大一统思想，但并不能将其还原为儒家文化认同。毋宁说，隋唐君主只保留了这种思想背后的中央集权和政治统一要素，但放弃了为儒家公羊学所重视的文明归化之抱负。由于隋唐以后的政治统一建立在魏晋南北朝时期东亚人种大融合和中国民族大融合基础之上，因此，此后的中华民族多元一体格局对中国来说其实更具有内在的结构稳定性。自此以还，是“王者无外、天下一统”的共同政治文化，而不是儒家道统所塑造的文化认同，开始维系着中国作为多民族政治共同体的政治统一。

其二，现代中国的政治版图直接承继于清代，而清代本身既是少数民族主导的王朝，亦是内部民族和文化结构极为复杂的多民族国家。正

[1]《资治通鉴·卷一百九十三》。
[2]《资治通鉴·卷一百九十八》。
[3]《新唐书·卷四十三下·志第三十三下》。

如葛兆光指出的：

“入关前的天聪九年（1635），已经成立蒙古八旗，崇德七年（1642）成立汉军八旗，应该说，进关之前的后金，已经是满、蒙、汉的混合帝国了。顺治元年（1644）满族入关建立大清帝国，康熙二十二年（1683）收复台湾，康熙二十七年（1688）漠北的喀尔喀蒙古归降，‘中国’由明代汉族为主的中国变成了兼有整个蒙、满、汉的大帝国；乾隆二十四年（1759）最终平定准噶尔及天山南路大小和卓尔，有了新疆（回部），中国更成为合满、汉、蒙、回为一体的超级大帝国；从明代开始到雍正时代基本实现的‘改土归流’，西南的苗、彝由原来的土司土官治理变成了国家控制下的州、府、县、厅，这时中国变成了满、蒙、汉、回、苗诸族的共同帝国；从顺治来乾隆，册封班禅、达赖，达赖到承德觐见，乾隆五十七年（1792）大清朝廷派福康安到西藏，确定金瓶掣签制度，中国更成为‘五族’（满蒙回藏汉）或者‘六族’（满蒙回藏汉苗）的国家，不再是原来意义上简单的民族（汉）和国家（中国）重叠。”[1]

因此，清代的君主不仅是汉人的皇帝，还身兼满人的族长、蒙古人的可汗乃至藏人的文殊师利菩萨等多重身份。正是依靠这种“一体多元”的政治身份，清代君主可以与汉人的儒法体系、满人的八旗文化、蒙古的“长生天”文化及藏传佛教等多元文化体系接榫起来，并有效地实施了政治统治。正如汪晖指出的：

[1] 葛兆光：《何为中国：疆域、民族、文化与历史》，（香港）牛津大学出版社 2014 年版，第 10—11 页。

“对于中原地区、蒙古、西藏、回部或西南边疆地区而言，皇帝既是他们的内部统治者（对于中原内地而言是皇帝、对蒙古而言是大汗、对满洲而言是族长、对西藏而言是文殊菩萨转世等等），也是萨林斯（Marshall David Sahlins）所谓‘陌生人—王’（stranger-king）。”

对有清一代的政治统一来说，“与其说是儒家思想，不如说是能够将儒家传统、藏传佛教、伊斯兰文化等等‘体系’综合在一起的政治文化，实现了中国的文化边界与政治边界的统一性”[1]。

（二）“五族共和”的共同政治文化与中华民族的现代建构

清季民初，随着从天下之中心变成万国之一员，中国开始以“民族国家”为政治框架开启了现代国家建设历程。在这一历史进程中，如何把握中国的民族特质、如何在现代条件下重建中华民族的政治基础，成为摆在彼时的政治精英和知识精英面前的一大历史课题。

西方现代文明所带来的“亡国、亡种、亡教”挑战，首先在汉人知识分子内部出现了强烈的文化认同危机，并出现了关于华夏文化认同符号的争论。这种争论首先体现为诸子学与儒学的竞争，后来又围绕“孔子，还是黄帝？”的问题出现了民族认同的象征之争，最终形成了包容儒学、诸子和黄帝的“国学”，始在汉族内部把民族认同的问题基本解决。[2] 于是乎，捍卫国学、“整理国故”成为一代知识分子的文化自觉

[1] 参见汪晖：《如何阐释中国及其现代》（序言），载氏著：《亚洲视野：中国历史的叙述》，（香港）牛津大学出版社 2010 年版，第 xii、xiii 页。

[2] 参见罗志田：《包容儒学、诸子和黄帝的国学：清季士人寻求民族认同象征的努力》，载氏著：《裂变中从传承：20 世纪前期的中华文化与学术》，中华书局 2003 年版，第 33—52 页。

和文化诉求。

在清王朝行将灭亡的前夜，以革命派为代表的汉人精英最初曾想以民族革命的方式完成“驱除鞑虏，恢复中华”的革命任务。然而，与之相竞争的立宪派则较早地认识到了中国民族结构的复杂性。以康有为的《请君民合治满汉不分折》（1898）、《答南北美洲诸华商论中国只可行立宪不能行革命书》（1902），梁启超的《论民族竞争之大势》（1902）、《政治学之大家伯伦知理之学说》（1903）等为代表，立宪派提出了“满汉不分”“五族合一”等主张。杨度发表于1907年的《金铁主义说》，不但是近代中国关于国家“硬实力”（经济实力和军事实力）的最深刻论述，抑且系统阐述了“五族合一”的思想。他以军事能力、经济能力、政治能力和责任心为框架，对汉、满、蒙、回、藏各族之优劣进行了细致分析，认为惟有“五族合一”始能建立“金铁主义”的中国。他写道：“今日中国之土地，乃合五族之土地为其土地；今日中国之人民，乃合五族之人民为其人民，而同集于一统治权之下，以成为一国者也。”[1]他还结合当时列强试图以实力均衡分裂中国的情势，对主张排满革命的“五族分立”可能导致的分裂局面进行了警示：

> “故中国今日而倡五族分立论，则其实惟有汉、蒙、回、藏四国之可分，而满人无土地，不能独立一国也。汉、蒙、回、藏四国中，其有立国之资格者，惟有汉族之国，若蒙、回、藏决不能组织国家，以与强邻相抗。如此，则蒙、回必入于俄。藏必入于英，满族必入于日，黄河流域必入于德，云贵、两粤必入于法，长江流域必入于英，河北一带必入于俄，而分立之四国同时俱亡，即中国全

---

[1] 杨度：《金铁主义说》，载刘晴波主编：《杨度集》，湖南人民出版社1985年版，第302页。

亡矣。此各国均势之政策所必然者也。”[1]

在立宪派的影响下，孙中山亦开始意识到中国现代国家建设的复杂性。早在1906年12月《民报》创刊周年庆祝大会上的演说中，他不惟不再提“驱除鞑虏”的口号，还主张把满人与“害汉人的满人”（满人贵族）区分开来，并以政治革命（建立民主立宪政体）限定民族革命的性质，从而终止了“排满革命”的战略和议程[2]。随着革命派所主张的“共和革命”占据了主导地位并取得了辛亥革命的胜利，孙中山的上述认识为民国初期将“五族合一”改造为“五族共和”，并使其成为中国现代民族国家建构的共同政治文化提供了最早的理论依据。

孙中山在《中华民国临时大总统宣言书》中阐明的“五族共和”思想（“汉、满、蒙、回、藏诸地为一国，即合汉、满、蒙、回、藏诸族为一人，是曰民族之统一”），为中华民族的现代建构奠定了共同的政治文化基调。这种政治文化的特质，在于政治平等与文化平等的合一。孙中山在辛亥革命后总结“五族共和”的经验时曾指出：“今者五族一家，立于平等地位，种族不平等之问题解决，政治之不平等问题亦同时解决，永无更起纷争之事。”[3]他尽管没有特别提及文化平等，但是由于民族文化平等的问题可以随时上升为政治问题，所谓的“五族一家，立于平等地位”自然就包含了文化平等，即国家不应当威胁各民族文化的不可替代性，从而致使各民族处于实质上的文化和政治不平等地位。事实上，正是有了“五族共和”作为凝聚中华民族向心力的共同政治文化，中国现代国家的建设才得以在基本承继清朝政治疆域的前提下推进起

[1] 杨度：《杨度集》，第303页。

[2] 参见孙中山：《在东京〈明报〉创刊周年庆祝大会上的演说》，载氏著：《孙中山全集》第1卷，中华书局1981年版，第324—326页。

[3] 孙中山：《在北京五族共和合进会和西北协进会的演说》，载氏著：《孙中山全集》第2卷，中华书局1982年版，第439页。

来，从而为中华民族的现代建构奠定了基本的政治版图框架。这种历史选择，使得中国的现代国家建设以“纳四裔入中华”的国家建构实现了“从天下到国家”的现代转型。[1]

值得注意的是，康有为本人并未完全接受“五族共和”的共同政治文化（在他看来，“五族合一”≠“五族共和”），但他亦逐渐认同了“五族共和”背后的各民族文化平等的理念。武昌起义后，他曾致信黎元洪、黄兴等革命党人，建议实行虚君共和，拥戴孔子后裔衍圣公为君王，但在张勋复辟前后，他自我否定了这一主张，转而拥立清朝皇帝。他写道：“吾辛亥之论尝标举衍圣公，以衍圣公而嗣素王，于汉为宜，然失内外蒙古之心，所关万里之地，万不可也。”[2]

费正清曾指出：“中国通往新秩序的替代性选择，即可以容纳各种事件的发展渠道之堤围（the banks within which the flow of events must find its channel），要比我们能够轻易想象到的更窄。”[3]依我个人鄙见，费正清所说的“堤围”，最重要的即是确保中华民族多元一体格局的政治架构。中华民族的现代建构，之所以可以基本确保政治疆域的完整性，即是因为它基本延续了传统中国实现政治统一的机理，即主要依靠共同政治文化（而不是文化认同）实现中国作为超大规模型国家的政治统一。中国在历史中形成了汪晖所说的“跨体系社会”（trans-systemic society），即是由华夏文明体系、藏传佛教文明体系、伊斯兰教文明体系等共同构成的社会。在这个超大规模的“跨体系社会”中，任何独立的文明体系对整个社会的建构来说都具有政治性的意义，但共同的政治文化却可以超越各个文明体系而成为其和合共存的“最大公约数”。换

[1] 参见葛兆光：《何为中国》，第 75—110 页。

[2] 康有为：《康有为致徐世昌（1917 年 7 月 7 日）》，载张荣华编校：《康有为往来书信集》，中国人民大学出版社 2012 年版，第 478 页。

[3] John K. Fairbank, *The United States and China* (the fourth edition), (Cambridge, MA: Harvard University Press, 1976), pp.471-472.

言之，不是任何哈贝马斯意义上“前政治的”（pre-political）[1]族群文化，而是各文化族群共同认可的政治文化，建构了中国政治统一的文化前提。对照同时期奥斯曼土耳其帝国在现代转型中分崩离析的局面，中国在民国时期所开启的民族国家之现代建构进程无疑是成功的。这其中，“五族共和”的共同政治文化厥功甚伟。

二、社会主义与“中华民族多元一体格局”的现代建构

前文的历史社会学考察，把一个不可回避的问题摆在了我们面前：我们应如何看待当代中国“中华民族多元一体格局”的政治建构？要回答这个问题，就需回答如下两个问题：如何把握1949年以后中华民族多元一体格局政治建构的历史社会学逻辑？如何把握改革开放以来中华民族多元一体格局政治重构的政治哲学前景？这其中的关键，是如何把握“社会主义”在20世纪中华民族多元一体格局之政治建构中的角色及其演化趋向？其中的难点，是如何恢复“社会主义”作为一种思想体系所具有的学理阐释空间？

---

[1] 哈贝马斯在以“宪法爱国主义”阐述现代国家的政治统一问题时，使用了“前政治的”（pre-political）这一概念指称主张把族裔性文化要素作为政治共同体建构之基础的取向。在他那里，民族（nation）属于典型的“前政治”范畴，它“可以被理解为基于语言、共享历史或共同文化这种据认为具有组织性的范畴而形成的一种前政治的集体联合形式”。See Max Pensky, Editor's Introduction, in J. Habermas, *The Postnational Constellation: Political Essays*, trans.& ed. Max Pensky, (Cambridge, Mass.: MIT Press, 2001), p.xi.

（一）“后帝制—后儒家时代”的全社会整合：社会主义作为一种新文明体系

民国时期（1912—1949 年）所进行的中华民族多元一体格局的现代建构，其实质是试图在以西方为范型的现代文明体系下建构中华民族多元一体格局的政治基础。质言之，它试图把中华民族多元一体格局纳入西方现代国家建设模式中，从而全面更新其所依托的文明平台。然而，尽管它曾在形式上完成了中国在“后帝制—后儒家时代”的政治统一，但最终却以失败告终。

民国时期的现代国家建设模式为什么失败？对此，论者提出过很多解释。其中，最著名的恐怕要属杜赞奇以国家政权的“内卷化”（involution）做出的解释。简言之，他认为，民国政府在现代国家政权的建设中，不是依靠提高自身效率来扩大财政收入，而是凭借增设机构和增设税种等扩大外延的方式来增加收入，从而导致国家财政收入的增长伴随着“盈利型国家经纪人”贪污贿赂的增长。这种增长就像黄宗智所描述的明清以来中国农业增长方式（即依靠在有限土地上投入更多劳动力而获得总产量增长）一样，亦是一种“内卷化”倾向：它既是一种“没有发展的增长”，又是固定模式（如赢利型国家经纪）不断再生和勉强维持下带来的增长。在杜赞奇看来，“共产党政权的建立标志着国家政权‘内卷化’扩张的终结”。而“共产党之所以能够如此，是因为它从基层开始建立了与国家政权相联结的各级组织”。[1] 杜赞奇的这种理解，固然可以从微观层面解释共产党政权对国民党政权的替代逻辑；但它不能解释为什么改革开放以后尽管中国基层政权在一定程度上重现了“内卷

[1] 参见［美］杜赞奇：《文化、权力与国家：1900—1942 年的华北农村》，王福明译，江苏人民出版社 1996 年版，第 240 页。

化”积病（正如杜赞奇已指出的），却仍能保持国家和社会的组织化格局。我个人认为，要想深入把握这一问题，必须从中国国家治理的历史社会学逻辑中去寻找。[1]

在其他场合，我实际上以传统中国在汉人聚集的中原地区实现政治统一的历史经验，初步阐述了传统中国全社会整合的机制及其在当下中国的历史延续。我的研究表明：传统中国作为超大规模型国家的全社会整合，主要是通过“文化整合”和“行政整合”实现的，即形成了以文化整合为主导、以行政整合为补充的社会整合机制。其文化整合是通过确保儒家具有“道统”地位的一系列制度化举措（宪制层面的“士大夫与皇权共治”体制、科举取士体制、宗族制度、士绅制度、“耕读传家”制度等）实现的；其行政整合则是由一系列法家化的制度安排（以皇权为核心、以郡县制为基础的中央集权制度、编户齐民制、保甲连坐制等）实现的。相应地，在后帝制—后儒家时代，我们主要依靠共产党“全涉型”的组织结构，实现了中国作为超大规模型国家和社会的再组织化，即通过确保共产党的党组织体系在国家机构体系、事业单位体系、社会组织体系和企业组织体系等中的核心地位，实现国家与社会跨民族、跨阶层、跨地区和跨行业的行政整合，进而力图以国家核心价值体系的构建实现全社会的文化整合。[2]现在看来，我对传统中国整合机制的把握，尽管采取了“理想类型”的方法，但仍至少有如下两个缺陷：其一，它不能完全容纳中国对西北、西南等边疆少数民族地区

[1] 陈明明从20世纪中国现代国家建设所面临的独特情境出发做出的解释，亦从另一个视角分析了这一问题。他从20世纪中国所面临的“革命与现代化”之间的张力入手，对中国“政党—国家”兴起的背景及其演化逻辑进行了较为出色的阐述，参见陈明明：《在革命与现代化之间：关于党治国家的一个观察与讨论》，复旦大学出版社2015年版，第27—61页。

[2] 参见拙文：《文明复兴与文化执政：论执政党在现代国家建设中的文化承担》，载《浙江省委党校学报》2015年第1期。

的治理经验；其二，即使是对汉人聚居的中原地区来说，它亦不太符合宋代以后中国的全社会整合机制。关于前者，前文的论述已经表明了这一点。关于后者，宋代以后（特别是明清）的全社会整合，毋宁是行政整合为主、文化整合为辅。因为它所依赖的文化资源，即使对中原地区来说，也主要是“表面上理学化但实质上法家化”的儒家。前述“王者无外、天下一统”的政治文化，正是这种行政整合所依赖的主要文化资源，而这种政治文化尽管是以官方认可的程朱理学为外在形态，但实质上建立在法家“尊君卑臣论”基础上，从而可以达到戴震所说的“酷吏以法杀人，后儒以理杀人”的政治效果。[1]即使把传统中国的全社会整合机制理解为行政整合为主、文化整合为辅，我们仍可以洞察到当代中国的全社会整合机制的历史继承性。相反，民国时期的现代国家建设模式之所以失败，即根源于它未能充分完成中国在“后帝制一后儒家时代”国家和社会的再组织化。

如何定位毛泽东时代的社会主义？依我个人鄙见，它在根本上是一种新的文明体系。其“新”体现在：它试图在复古（传统中国文明体系）与西化（西方现代文明体系）之外（或之间？），创造一种非中非西（或亦中亦西、中西之间？）的新文明体系——这种新文明体系最初以苏联模式为样板，但随着中苏关系破裂后（1960年代以后）上升到“修正主义”高度，对苏联模式进行政治和文化反思并最终走向极端的“文化大革命”，它还添加了超越苏联模式的维度。鉴于此处探讨的是中华民族多元一体格局的政治建构，我主要从价值取向（政治文化）及国家和社会层面的整合机制略加讨论。

从价值取向看，这种社会主义新文明体系试图以一种“准宗教性

[1] 参见余英时：《反智论与中国政治传统》，载氏著：《余英时文集 第2卷：中国思想传统及其现代变迁》，第303—305页。

的”（quasi-religious）无产阶级新文化（共产主义道德）为依托，为中国重建一种“斗私批修”“又红又专”的“人间像”，但在实践中却为我们造就了“专政斗争下的人间像”[1]，客观上亦给中华民族带来了严重的灾难。在国家层面，通过党委或全能型的革命委员会对国家机关体系的思想领导、政治领导和组织领导实现了国家层面的再组织化——质言之，通过国家层面两位一体的行政—文化整合，实现了中国在“后帝制—后儒家时代”国家的再组织化。在社会层面，这种新文明体系所依托的组织形式主要是集经济功能（生产、交换、分配和消费）、政治功能（政治动员、政治组织等）和文化功能（社会教育、道德教化等）于一体的全能型新型社会组织，即城镇里的“单位”和乡村“人民公社”，并通过党组织对这些全能型组织的思想领导、政治领导和组织领导实现社会的再组织化——质言之，通过“单位”和“公社”这种全能型社会组织实现的两位一体的行政—文化整合，中国在后帝制—后儒家时代完成了社会的再组织化，并构成了现时中国社会组织化的历史遗产和现实依托。

民国时期，由于“五族共和”在实践中形成了在汉地十八省与边疆地区之间显分轩轾的倾向，更由于国民政府未能在中国疆域内建立起有效的国家和社会组织模式，它最终未能形成中华民族多元一体格局的稳固政治基础。彼时，蒙古、维吾尔、藏等民族的精英在威尔逊著名的“民族自决”原则的指导下，都曾出现了自主建国的运动或意识形态（“大蒙古国运动”“泛突厥主义”等）。[2]直到新中国成立前后，这种诉求仍未消退。但中国共产党领导的新民主主义革命，在处理边疆民族问题上，既采取以阶级矛盾化解民族矛盾的方式争取到了边疆地区底层

[1] 参见徐复观：《徐复观全集：论文化（二）》，九州出版社 2014 年版，第 885—888 页。

[2] 参见冯建勇：《边疆民族精英的建国想象：以民国时期蒙疆藏为例》，载《文化纵横》2014 年 6 月号。

民众的支持，又采用“民族区域自治”制度回应并消解了边疆上层精英“自决自治”的诉求，最终成功地把它们统一纳入新中国的政治版图中。随后，通过社会主义改造乃至“文化大革命”所推动的国家和社会重建过程，以党组织为核心，通过前述政治层面的党委或革委会、社会层面的单位和人民公社等组织方式，完成了包括边疆地区在内的整个中国的国家和社会的再组织化。尽管毛泽东时代以社会主义新文明体系的建构为政治理想的发展模式，给中国带来了巨大的挫折和灾难，但从政治成效上看，我们不得不承认它对于中华民族多元一体格局现代建构所具有的政治和历史意义。由于在国家和社会层面建立了高度组织化的组织形式，它使得中华民族多元一体的格局具备了有效的整合机制，从而使其现代建构在当代中国得以完成。

（二）社会主义：从新文明体系到范导未来新文明体系的共同政治文化

由于对“社会主义”的理解发生了根本变化，改革开放以来的“拨乱反正”使国家的发展战略和发展模式有了重大的调整和转向。相应地，它亦从政治结构上对中华民族多元一体格局进行了重构。从这样的角度来看，我把改革开放以来社会主义的含义变化，概括为“从一种即刻实现的新文明体系，转变为范导未来新文明体系的共同政治文化”，即社会主义从一种即刻实现的新文明体系，变成了为新文明体系实质要素之建构提供政治范导的共同政治文化。这一变化的实质，即试图延续并强化社会主义的政治组织功能和文化凝聚功能，但延迟并淡化它的文明重塑和文化改造功能。这一变化的背后，是对中国社会主义建设的长期性和艰巨性，有了更为清醒和理性的认识。邓小平恢复共产主义的“阶段论”，并提出社会主义初级阶段的思想，为我们认识社会主义的长期性和艰巨性，提供了基本的理论依据。

具体来说，社会主义含义的转变，与邓小平开启并为继任领导人发扬的如下“拨乱反正”举措密不可分。

其一，通过把“文革”归结为“左”的错误，抽空了社会主义作为一种即刻实现的新文明体系的正当性和可行性。正如邓小平指出的：“不要离开现实和超越阶段采取一些‘左’的办法，这样是搞不成社会主义的。我们过去就是吃‘左’的亏。”[1]

其二，通过对社会主义初级阶段的国情定位，明确了社会主义作为有待建构的新文明体系的根本属性。邓小平认为：“社会主义本身是共产主义的初级阶段，而我们中国又处在社会主义的初级阶段，就是不发达的阶段。一切都要从这个实际出发，根据这个实际来制订规划。”[2]

其三，把发萌于毛泽东时代的“四个现代化”思想重新确立为国家发展的政治目标，并经过“四个现代化”（1978）→“现代化的、高度民主的、高度文明的社会主义强国”（1981）→“富强、民主、文明的社会主义现代化国家”（1987）→“富强、民主、文明、和谐的社会主义现代化国家”（2007）→“富强民主文明和谐美丽的社会主义现代化强国（2017）等认识过程，最终把“富强民主文明和谐美丽”确立为国家层面现代化建设的政治目标，从而确立了新时代“共同政治文化”的价值内涵。

其四，通过把“四项基本原则”确立为国家政治生活的基本原则，确立了当代中国“共同政治文化”的政治铁律。在四项基本原则中，坚持社会主义道路和坚持党的领导具有统领性的地位，它们分别确立了现时代中国现代化建设的道路依归和政治保障。

[1]《邓小平文选》第2卷，人民出版社1994年版，第312页。
[2]《邓小平文选》第3卷，人民出版社1993年版，第252页。

其五，1982年的全面修宪及相继的历次宪法修正案，确认了民族平等原则和民族区域自治制度、四项基本原则、富强民主文明和谐美丽的现代化政治目标等内容，并经过“发展社会主义民主，健全社会主义法制”（1978）→“建设社会主义法治国家”（1997）→“全面推进依法治国”（2012）等认识过程，最终确立了法治在国家治理现代化中的核心地位。

经由上述调整，毛泽东时代将社会主义作为即刻实现的新文明体系的做法被定位为“左”的错误，“什么叫社会主义，怎样建设社会主义”成了“还在摸索之中”的事情。[1]同时，四项基本原则和“富强民主文明和谐美丽”，作为社会主义现代化建设的政治铁律和价值目标被确立起来，从而使社会主义转变成了为未来新文明体系的形成提供政治范导的共同政治文化。

毋庸讳言，这种认识的调整是完全符合历史情境和发展需要的。无论是马克思主义还是社会主义，它们目前主要是作为一种思想体系存在的，能否在某个国家制度化为一种新的文明体系，既需要经过发展实践的充分检验，也需要获得较大范围的外部认可。毛泽东时代的做法，已经表明了它作为一种即刻实现的新文明体系的虚幻性。将其转变为范导未来新文明体系形成的共同政治文化，既充分体现了一种政治审慎品格和政治务实精神，亦充分展现了中国对现代文明体系的拥抱姿态——依我个人鄙见，后者是“改革开放”之“开放”的根本要义之所在。经由如是调整，由共同政治文化所承诺的新文明体系，便成了哈贝马斯所说的“未赋值的占位符”：它以政治铁律和价值目标限定了中国现代化道路的社会主义性质，但新文明体系的其他实质性要素则具有相当程度的开放性，有待在实践中不断地予以填实。改革开放以来对市场经济、精

[1]参见《邓小平文选》第3卷，第227页。

神文明、政治文明、和谐社会、生态文明等改革和发展议程的探索，包括时下的“四个全面”布局等，都可以看作填实社会主义新文明体系之实质性要素的实践努力。

相较于毛泽东时代，社会主义含义的这种转变，从根本上反映了政治文化的“除魅”（disenchantment）。它稀释（甚或涤除）了此前社会主义所具有的准宗教性的革命理想主义要素，使得当代中国的政治秩序开始在世俗化的平台上运行——换言之，它实现了社会主义从“云端漫步”的乌托邦想象到“贴地而行”的务实性探索的根本转向。相应地，它亦充分尊重了中华民族多元一体格局的民族—文化结构。经由如是转变，共同政治文化的价值取向突出了政治共同体的“公意”目标（富强、和谐）和具有普遍主义色彩的现代性价值（文明、民主、美丽），从而最大限度地确保了共同政治文化的“共同性”（commonality）。这种具有充分公意基础的共同性，使得这种共同政治文化更具有现代政治秩序所内在需要的政治性特质：它既不是建立在“厚政治的”（thickly-political）或“强政治的”（strongly-political）革命理想主义（如共产主义理想）之上，亦不是建立在“前政治的”族裔性文化要素（如华夏儒家文化传统）之上[1]，而是建立在政治共同体所有成员共同认可的政治目标和现代价值之上。因此，它不惟符合中华民族多元一体格局的民族—文化结构，也因对“法治”的伸张为中国以“宪法爱国主义”（constitutional patriotism）[2]的现代政治理念稳固地维持中华民族多元

---

[1] 近年来，社会主义核心价值观的提出，以一种更为积极的姿态拓展共同政治文化的内涵；其颇具包容性的话语组合，仍没脱离保持文化开放性的原则。其所倡导的社会层面和个人层面的价值观（自由、平等、公正、法治及爱国、敬业、诚信、友善），都是现代社会共同认可的价值，具有跨越族裔文化的普遍主义色彩。

[2]“宪法爱国主义”经哈贝马斯阐发后，成为处理民族国家内部处理民族和移民问题的经典理论模式。哈氏的相关论述，可参见 J. Habermas, *Between Facts and Norms: Contributions to a Discourse Theory of Law and Democracy*, trans. Williiam Rehg, (Cambridge, Mass.: MIT Press, 1996), pp.491-515; J. Habermas, Constitutional Democracy: A Paradoxical Union of （转下页）

一体格局，提供了发展空间——后者所传达的政治理念是：不是任何民族“前政治的”族裔性文化要素，而是确认了公民基本权利、共同政治文化、民族平等原则等内容，并在政治结构中给予少数民族反向歧视待遇的宪法，构成了中华民族政治统一的关键。

如果上文分析是正确的，那么那种主张将未经现代转化[1]的儒家道统确立为转型中国国家层面文化认同的论调，就是一种典型的“前政治的”立场，它把罗尔斯意义上社会层面的“背景文化”——质言之，“前政治的背景文化”[2]——直接提升为政治共同体所需要的共同政治文化。显然，这种论调不但会严重影响中国现代转型的历史进程，抑且在根本上不符合中国作为“跨体系社会”的社会政治结构，在客观上亦会为所谓的“国族一体论”[3]提供文化支持。它不但会威胁中国境内藏传佛教、伊斯兰教等其他文明体系的不可替代性，抑且极可能威胁现

(接上页) Contradictory Principles? trans. Williiam Rehg, *Political Theory*, Vol. 29, No. 6 (Dec., 2001):766-781；等等。较为系统的介绍和阐发，可参见 Müller, Jan-Werner, *Constitutional Patriotism*, (Princeton: Princeton University Press, 2007).

[1] 之所以加上“现代转化”的限定，是因为在我看来，部分儒家传统（如仁学思想特别仁政思想）的现代转化形式具有超越宗派性的族裔文化要素或罗尔斯所说的宗教、道德和哲学“整全性教义 / 学说”的可能性——换言之，它具有成为共同政治文化的可能性。然而，即使如此，为了确保各民族的文化平等，儒家传统的这种转化形式在国家层面也不宜以儒家的面目出现，而应以中国所追求的现代价值观的形式出现。换言之，即使对仍然信奉儒家的广大汉族国民来说，我们可以说它来自儒家，并可以从儒家角度进行阐释；但是，对于中国境内信奉藏传佛教、伊斯兰教等文明体系的人来说，我们断不可说它仅仅是一种儒家价值。

[2] 罗尔斯把在市民社会领域盛行的各种宗教整全性教义、哲学和道德整全性学说等视为相对于“公共政治文化”的“背景文化”。他指出：“各种整全性教义或学说——宗教的、哲学的、道德的——属于我们可称其为市民社会之背景文化的范畴。这是一种社会文化，而不是政治文化。”此处“前政治的背景文化”概念，系我对哈贝马斯和罗尔斯相关概念的整合。依我个人鄙见，这一概念可以更准确地描述那种非政治性的文化立场，特别是中国情境中诸多新儒家把具有汉族族裔性色彩的儒家文化确立为现代中国文化认同的非政治性立场。关于罗尔斯的上述引文，见 J. Rawls, *Political Liberalism*, (New York: Columbia University Press, 1996), p.14.

[3] 所谓“国族一体论”就是把中国当成“汉国”。参见胡鞍钢、胡联合：《中国梦的基石是中华民族的国族一体化》，载《清华大学学报》（哲学社会科学版）2013 年第 4 期。

代中国的政治统一性。借用纳日碧力戈的话说，蒙古语中的广义中国，*dumdadu ulus*，直译为“中之众根”，即“众根汇集于中”，是对中国作为“跨体系社会”和中华民族多元一体格局的最佳表述。[1]

相应地，那种把社会主义与儒家传统、西方文化传统并提的论者，则犯了一个根本的“范畴错误”，因为他们仍把社会主义视为一种文明体系，未能看到当下中国的社会主义作为一种新文明体系仍有待建构的历史境况。即使我们把毛泽东时代的社会主义实践视为一种新的传统，这种传统也应放在新时期社会主义共同政治文化之下予以规约。换言之，现时中国把社会主义作为共同政治文化所承诺的文明前景，是一种社会主义新文明体系，而这种新文明体系应由现代文明体系、中华文明的“轴心”文化遗产、中华文明的其他文化遗产及毛泽东时代的社会主义实践，在现时社会主义的政治铁律和价值目标的范导下形成——这既是中国特色社会主义与中华文明的“自我整合”共同承诺的文明前景，亦勘定了中国现代文化认同建构的基本框架。由于中华文明的“自我整合”是为了实现其“自我转圜”从而“贡献世界”，而现代文明体系已然确立了相对文明和进步的社会政治秩序规则，因此，要想真正实现“贡献世界”的使命，转型中国文化认同的建构必须以现代文明体系为文明“底色”。相应地，在社会主义共同政治文化范导下正在形成的社会主义新文明体系，则构成了转型中国文化认同建构的文化“特色”。正是由现代文明“底色”和社会主义文化“特色”共同塑造的现代中国文化认同，为中华文明提供了“接榫、吸纳转化乃至超越”现代文明秩序的文明前景。

---

[1] 参见纳日碧力戈：《以名辅实和以实正名：中国民族问题的“非问题处理”》，载《探索与争鸣》2014年第3期。

三、以“共同政治文化范导下的国家中立性”促进新文明体系的形成

为了实现以社会主义新文明体系“接榫、吸纳转化乃至超越”现代文明秩序的文明前景，转型中国文化认同的建构应当遵循怎样的法则？基于前文论述，我认为，“共同政治文化范导下的国家中立性”，应成为转型中国文化认同建构的正当法则。

此处所谓的“共同政治文化范导下的国家中立性”，相对于罗尔斯式政治自由主义所主张的“公共政治文化范导下的国家中立性”。依罗尔斯之见，政治自由主义国家中立性原则的经典表述是：“国家不得做任何旨在偏袒或促进任何此整全性教义（学说）而非彼整全性教义（学说）的事情，或者给予那些追求某一特殊整全性教义（学说）之人以更大的支持。”[1]但是，国家中立性原则并不是无条件地运行，它要受到公共政治文化的规约。所谓“公共政治文化”，由“某个立宪政体的各种政治制度、解释这些政治制度（包括司法解释）的公共传统以及作为共同知识的历史文本和文献组成”[2]。由公共政治文化塑造的正义观念，构成了对国家中立性的政治制约。正是有了公共政治文化及其正义观念的制约，罗尔斯式的国家中立性是一种“实质中立性”和“目标中立性”（而不是“程序中立性”），从而使国家可以对不同的善观念进行正当性评判，而不致沦于价值虚无主义之境地。[3]由此可见，即使从一种政治

[1] J. Rawls, *Political Liberalism*, p.193.

[2] See J. Rawls, *Political Liberalism*, pp.13-14.

[3] 参见杨晓畅：《罗尔斯后期正义理论研究》，上海人民出版社2014年版，第209—210页。

自由主义的视角来看，也没有绝对的国家中立性，只有近似的国家中立性。既如此，我们为什么不能从自己的政治传统中提炼出共同政治文化的核心要素，从而对国家中立性原则进行规约呢？

我把政治自由主义的“公共政治文化”（public political culture）改为“共同政治文化”（common political culture），主要是为了凸显“政治统一”之于中国的重要性。前文考察表明，中国自秦汉以来即已形成了较为稳定的中华民族多元一体格局，甚至自那时起（特别是汉武帝时期儒家公羊学“大一统”思想形成以后）“统一”便成了中国的重要政治价值——在一些论者看来，“统一”甚至是中国最重要的政治价值。[1]如果政治统一是2000多年来中国（最）重要的政治价值，那么服务于这种政治价值的共同政治文化，对于中国作为超大规模“跨体系社会”的社会结构来说，就是内在必要的。事实上，无论是传统中国的“王者无外、天下一统”，还是民国时期的“五族共和”，之所以可以在不同时期对中华民族多元一体格局予以政治建构，即根源于它们都是服务于政治统一的共同政治文化。如果社会主义的政治铁律（四项基本原则）和价值目标（富强文明民主和谐美丽）对于维系现代中国的政治统一是必要的，那么把它们作为现代中国的共同政治文化，便具有了（目的）合理性。尽管这种政治文化不具有跨文化的普遍性和公共性，但对中国这个具有悠久“大一统”传统的政治共同体来说，却具有高度的共同性。质言之，尽管它可能不具有跨文化的正当性（rightness），但对中国来说却具有可欲性（desirability）。可以说，政治统一既是现代中国政治认同的核心，亦是我们讨论现代中国文化认同的政治前提。

[1] 参见［英］马丁·雅克：《当中国统治世界：中国的崛起与西方世界的衰落》，张莉等译，中信出版社2010年版，第165页。葛兆光亦指出，“古人所谓‘天下定于一’，不管是‘定’于哪个‘一’，‘大一统’始终是古今中国的政治理想甚至梦想。从秦汉对于匈奴、隋唐对于突厥和高句丽、大宋对于辽金，到大清对于四裔，无论国力强弱，都在做大一统帝国的梦。”葛兆光：《何为中国》，第163页。

对转型中国来说，“共同政治文化范导下的国家中立性”，有着具体的规范性要求，即：在坚持四项基本原则、秉承富强民主文明和谐美丽的现代化目标的基础上，国家应最大限度地在现代文明体系、中华文明的“轴心”文化遗产、中华文明的其他文化遗产及毛泽时代的社会主义传统等多元文化之间保持中立，充分尊重公民个体化的文化权利，以推进不同文化体系之间的充分对话和融合，从而为社会主义新文明体系和转型中国文化认同的建构，创造宽松的文化条件。限于篇幅，在此择其要者阐发如下。

读者可能会有疑问：既然转型中国文化认同的建构应建立在现代文明体系基础之上，为什么国家还要在现代文明体系与其他诸文明体系之间保持中立？上文的表述，主要基于如下两个考虑：其一，国家中立性原则本身就是遵循了现代文明体系运作逻辑——即确保文化的相对自主性原则——的体现。其二，以现代文明体系为基础，预设了其内容和含义既清晰可见、亦无可争辩；但现代文明体系的普遍主义要素（如现代性价值）与特殊主义要素（如现代性价值在当代西方和转型中国的不同规范性要求、特定的制度和实践模式），对我们来说显然还有待分辨和厘清。因此，我们更应当鼓励社会成员对其展开自由的研究、对话和论辩，而不是专断地界定现代文明体系的内容和含义。

现代国家首先是一个政治共同体，其次才是一个文化共同体。传统国家普遍具有“至善论”（perfectionism）的倾向，即利用国家力量主张某些特定的文化价值，以突显人在文化、道德、艺术等方面的卓越性（Areté, excellence）。然而，随着世界的“除魅”，宗教—形而上学世界观已然瓦解，现代社会已经没有任何绝对主义的价值体系可以确保所有社会成员自觉地遵循某种特定的价值观——换言之，现代国家所面对的是韦伯所说的“诸神争斗”的价值结构和世俗化的社会情境。因此，现代国家在根本上是一个政治共同体，即把信奉不同宗教教义、哲学和道德整全性学说的公民组织和团结起来的政治机构。正如莱纳·福斯特（Rainer Forst）指出的：

> “政治共同体要比一个伦理共同体要求更少，但要比一个确保个体权利的目的共同体（purposive community）要求更多。公民之间的团结不是依赖于共同的伦理价值，而是端赖于对公民同伴属性的对等承认（reciprocal recognition），这种属性指向了公民同伴对充分授权的成员资格享有（已被实现的）权利，即具有对抗法律、政治或社会排斥的保障。”[1]

现代国家不惟依赖于政教分离的基本政治结构，还需充分尊重公民的各种权利和多元的文化结构，并为建立物质上的“丰裕社会”创造政治条件。现代国家能否成为一个文化共同体，既要以政治共同体的稳定为前提，亦取决于国家层面的公共或共同政治文化与社会层面的多元文化结构之间的良性互动。

在现代条件下，政治共同体的共享文化认同在根本上指向了社会成员匿名化的公共选择，其生成机理则根源于文化本身所具有的认知性潜力对社会成员的吸引力。首先，“认同”问题在根本上指向了个体的自主性。从词源上看，“identity”与“identify”具有同样的词源，它是基于个体的自我认同和自我归属感所形成的某种不可替代的身份特征。从学理上看，认同问题属于“伦理问题”（ethical questions），即个体或共同体在伦理生活中的价值取向，是对这一问题的回答：“什么是对我或我们而言善好的生活？”然而，不同于法律问题和道德问题的答案分别

[1] Rainer Forst, *Contexts of Justice: Political Philosophy beyond Liberalism and Communitarianism*, trans.John. M. M. Farrell, (Berkeley: University of California Press, 2002), p.235.

具有可强制的规范性和绝对的（categorical）规范性，并均对所有共同体成员具有普遍有效性，伦理问题则指向了个体存在的不可替代性，因此，其答案只能由个体自己来回答。法律规范和道德规范均是一般性的规范，“它们回答的是人们对他人如何行动才能被一般性地合法化——即考量所有被影响之人的那些已被证成的利益和需要——的问题”；“伦理价值和善观念，回答的是关涉某人自身的认同和‘对我而言’的善生活的问题”。[1]因此，“惟有当其扎根于某个人的自我理解并变成他或她质性身份（qualitative identity）的构成性要素时，伦理价值始能被考虑是对善生活问题的已获证成的回答”。[2]即使我们可以从分析的意义上区分出“伦理—存在”意义上的个体认同和“伦理—政治”意义上的集体认同，但它们在根本上均指向了个体伦理生活的自主性。

> “伦理价值的有效性模式，同时是主观性的和共同性的：惟有当某个价值可以确定我作为某个伦理共同体之一部分的身份时，它才是有效的。支持其有效性的理由，是直接诉诸——在构成了我的身份的共同关系中——我之为我的自我理解所形成的那些理由。对这些共同关系，我不能‘从外部’遵从它们，但却可以‘从内部’批判它们。除了参照我所认同的事物来提出和回答伦理问题以外，没有其他任何选择。其有效性模式是：这对我作为过去、现在及（将来）想要成为的那个人来说是好的。某个价值获得证成，是因为它赋予我的生活以意义，即为我的善生活做出了贡献”。[3]

亚历桑德罗·费拉拿亦指出：

---

[1] See Rainer Forst, *Contexts of Justice*, p.28.

[2] Rainer Forst, *Contexts of Justice*, p.235.

[3] Rainer Forst, *Contexts of Justice*, pp.260-261.

> “当我分享某种文化上的集体认同时，我把其他人主要视为拥有着与我类似信仰和价值观的某个人。在此种情形下，‘他是与我相同的某个人’意味着：人们采取与我相同的视角看待世界，并且亦与我分享关于什么使得生活圆满——亦即使得人有价值、行动正义、目的值得追求——的观点。”[1]

因此，认同或伦理问题的规范性要求，指向了个人认同的“本真性”。尽管本真性既可以趋向利他主义的自我超越，也可能导向反社会（唯私主义）的自我放纵（这正是部分论者反思或反对“本真性”理念的主要理由），但就其性质来说，它指向的是个人在伦理生活中的自主性（autonomy）和真诚性（sincerity）。“本真性”（authenticity）的希腊词源“authentikós”由“eautón”和“theto”构成，而后者在词源学上与“主题”（thesis）相关。“因此，‘本真性的’指涉‘安顿他们自己’的个体；或者更直率地说，‘把他们自己设定为主题’。”[2]正如Somogy Varga指出的，作为一种内在于现代性中的伦理理想，本真性是人们对这一问题的回答：“应当如何过一种善生活？”其规范性要求是“人们应当真实地面对自己，并过一种可表现已之为何人的生活”[3]。其次，某种文化传统能否成为政治共同体的共享文化认同，根源于其自身所具有的认知性潜力对个体的吸引力。正如哈贝马斯指出的：

> “一种传统必须能够发展出其认知性潜力（cognitive poten-

[1] Alessandro Ferrara, *Reflective Authenticity: Rethinking the Project of Modernity*, p.109.

[2] Alessandro Ferrara, *Reflective Authenticity: Rethinking the Project of Modernity*, p.15.

[3] See Somogy Varga, *Authenticity as an Ethical Ideal*, (Abingdon and New York: Routledge, 2012), p.5（此处引用未保留原文的斜体形式）。

> tial），以让其承受者确信这种传统是值得延续的；惟有个体的权利始能确保对传统之延续性的阐释性条件（hermeneutic conditions）……惟有通过个体成员拒绝了一系列真正的替代性文化之后的确认所形成的阐释性过滤器，文化群体始能将其文化遗产在代际之间不断传扬下去。”[1]

综上所论，惟有在共同政治文化的范导下形成宽松的文化环境，并充分尊重个体的文化权利，我们始能在社会成员匿名化的公共选择中形成稳固的中国现代文化认同——所谓“稳固”，其要义在于社会成员“不只是无意识地形成了某些传统性的确信和实践，而是被教导反思性地据有某种传统”[2]。

国家在不同宗教教义、哲学和道德整全性学说之间保持中立，并不排斥共同政治文化对这些整全性教义 / 学说的范导和规约。作为转型中国共同政治文化的主要内容，四项基本原则和富强民主文明和谐美丽的现代化目标，是评判各种整全性教义 / 学说之正当性的核心标准；除此之外，我们不应再额外设立其他评判标准。在宪法确认的共同政治文化之外私设其他标准的做法，既缺乏必要的公意基础，亦常常会违背宪法

[1] J. Habermas, Equal Treatment of Cultures and the Limits of Postmodern Liberalism: 22.

[2] See J. Habermas, Equal Treatment of Cultures and the Limits of Postmodern Liberalism: 23. William Galston 概括了个体拒斥某种文化认同的四个现实条件：“知识条件——人们意识到了相对于自己正在过的特定生活的替代形式；能力条件——如果追求这种替代性的生活方式看起来是可欲的，人们有能力对这种替代形式进行评估；心理学条件——特别是具备免于各种洗脑的自由，而这些洗脑导致了代表孩子利益的父母令人心痛的去洗脑化（deprogramming）努力，更宽泛地说，人们具备免于不同于纯粹物理性强制的各种强制形式的自由，而这些强制可能会导致国家代表被影响的个体，实施有正当理由的干预；最后，适应性条件（fitness conditions）——有退出意愿的个体，有能力有效地参与不同于他们想要离弃之生活的某种生活。”（William Galston, Two concepts of liberalism, *Ethics*, Vol.105, No.3, 1995：533.）显然，如果个体在满足上述四个条件的情况下还愿意选择某种文化认同，那么他的这种文化认同就是高度稳固的。换言之，如果一种文化认同的建构有效地屏蔽了上述四个条件，那么这种文化认同就是脆弱的。

所确认的言论自由、民族平等等基本权利或政治结构。

国家在共同政治文化范导下在不同宗教教义、哲学和道德整全性学说之间保持中立，对中国这样超大规模“跨体系社会”的政治统一，具有十分重大的现实意义。如果说，儒家文化在历史中形成了马塞尔·莫斯（Marcel Mauss）意义上的“超社会体系”（super-societal system），即是中国、日本、韩国等东亚儒文化圈共同接受的文明体系，那么中国本身则在历史中形成了汪晖所说的“跨体系社会”，即是由华夏文明体系、藏传佛教文明体系、伊斯兰教文明体系等共同构成的社会。除了主张有助于政治统一的共同政治文化之外，国家在文化立场上的中立，对于确保中国境内的藏传佛教、伊斯兰教等信徒的政治向心力，具有十分重大的现实意义。惟其如此，我们始能实现多元文化的“各美其美，美美与共”（费孝通语），从而为中国作为“跨体系社会”的政治统一提供深厚的社会和文化基础。

在文化开始具有反思性的现代条件下，确保多元文化（包括文化族群）在政治共同体内部的平等共存，无论是对于中国现代社会政治秩序和法律秩序的合法化，还是对于中国作为“跨体系社会”的文化繁荣，均具有极为重要的政治意义。根据哈贝马斯对韦伯合理化理论的重建，现代化其实是始于文化合理化的社会合理化过程。所谓“文化合理化”主要是指因世界观的合理化导致的文化价值领域的分化，这表现为：随着世界的除魅（宗教—形而上学世界观的瓦解），现代科学—认知领域、道德—实践领域和审美—艺术领域（即文化的认知领域、规范领域和表现领域）等开始分化为遵循着自主逻辑的行动领域。由此导致的“意义丧失”和价值多元局面，使得形式合理性（目的合理性）成为现代社会的运行原则：不仅基于形式合理性的经济系统和行政系统得以形成，而且遵循形式法治的法律亦成为经济系统（资本主义）和行政系统（官僚制）的组织手段。然而，对中国这样的追赶型现代化国家来说，由于传统的延续和西方的进逼，加之社会现代性是更为外显的现代化特征，我们常常倾向把现代化仅仅理解为社会现代性，即生产方式和行政—政治组织方式的现代化，从而忽视了文化现代性的塑造。正如钱永祥指出的："借着垄断论述和权力，国家一方面强化社会的现代性，另一方面窒息文化的现代性。莫怪乎由国家领导的现代化，最后容易走上专权体制与民族主义。"[1]依我个人拙见，文化现代性对于志在追求兼具现代性和"中国性"的"另类现代性"道路的转型中国来说，有着特殊的重要性：它既有助于促进某种中国式的社会政治秩序和法律秩序的合法化，亦助益于中国作为"跨体系社会"的文化繁荣。正如哈贝马斯指出的，文化的合理化表征着宗教—形而上学世界观的解体（即韦伯所谓的世界除魅），以及以反思性为特质的现代意识结构的形成——后者对应着一种"后习俗的"道德意识结构，即一种基于原则的、普遍主义道德意识，成为现代人道德意识的范型。在后习俗的现代意识结构下，社会政治秩序和法律秩序的合法性，不再能从任何未经反思和公共证成的事物（如文化传统、政治意识形态等）中获取，相反只能从由社会成员的"理性意志"聚合而成的"公意"——即政治共同体成员作为"自我立法者"所形成的共识——中获得；换言之，基于"共识政治"的"公意政治"，是现代社会政治秩序和法律秩序合法化的根本出路。[2]对转型中国来说，不管我们的社会政治秩序和法律秩序具有多大程度的"中国性"，其合法性只能溯源于政治共同体成员的非强制性共识，即他们作为"自我立法者"所形成的共识。"若批评不自由，则赞美无意

[1] 钱永祥:《现代性业已耗尽了批判意义吗？——汪晖论现代性读后有感》，载氏著:《纵欲与虚无之上：现代情境里的政治伦理》，中央编译出版社 2016 年版，第 367 页。钱永祥把哈贝马斯关于"文化合理化"和"社会合理化"的区分，阐发为"文化现代性"与"社会现代性"的分野，并以此为框架分析和批判了包括汪晖在内的中国论者拘泥于"社会现代性"而对现代性之批判空间的窄化。参见同上，第 359—375 页。

[2] 详见本书导言和第四章。

义”——法国剧作家博马舍（de Beaumarchais）的这句名言，同样适用于转型中国。无论是我们诉求何种程度的本真性想象（伦理认同），要想确保中国现代社会政治秩序和法律秩序的合法性，我们必须确保多元文化（包括文化族群）的平等共存，从而为政治共同体成员非强制性共识之形成创造宽松的文化条件。从另一方面来看，这种宽松的文化条件，亦是中国在现代条件下促进文化繁荣的根本保证。

> “说到底，对那些得以形成认同的生活形式和传统的保护，应当促进对其成员的承认；它并非表征着以行政手段保存人种。人种保存的生态学视角，不能转移到文化领域。文化遗产和生活形式，通常以说服那些个性结构由其形成的人们相信的方式——也即是鼓励他们富有成效地据有和发扬传统的方式——再生产着自身。立宪政府可以使生活世界文化再生产的阐释学成就（hermeneutic achievement）成为可能，但并不能对此进行保障。因为对文化遗留的保障势必会剥夺社会成员的选择自由，而这种自由在现时代对于他们是否能够据有和保存其文化遗产来说，是必不可少的。一旦某种文化变得具有反思性，惟一能够持续存在的传统和生活形式，便是此类传统和生活形式：其把成员联系起来，同时允许他们对传统进行批判性检视，并能使后世具有向其他传统学习或者转化且驶向彼岸的选择。”[1]

由此可见，在现代条件下，要追求文化繁荣，我们必须确保政治共同体内部多元文化（包括文化族群）的平等共存，从而为文化主体对传

[1] J. Habermas, *The Inclusion of the Other: Studies in Political Theory*, trans. Ciaran Cronin, (Cambridge, Mass.: MIT Press, 1998), pp.221-222.

统的批判性据有，创造宽松的文化条件。

国家在共同政治文化范导下在不同宗教教义、哲学和道德整全性学说之间保持中立，对于中国社会主义新文明体系的建构，亦具有十分重大的战略意义。国家在不同整全性教义 / 学说之间保持中立，并不排斥社会的不中立。事实上，国家的中立性之必要，恰恰是因为社会成员在文化立场上必定是有所偏好即不中立的。[1]对中国这样的“跨体系社会”来说，不同文明体系的共存已然表明了社会内部的不同亚文化群体必然皈依于不同的文明体系。由于共同政治文化已构成了中国实现政治统一的“最大公约数”，它本身已足以确保中国作为超大规模“跨体系社会”的政治统一。鉴于中国以建设社会主义新文明体系为前景的现代转型仍是“进行时”，鼓励社会成员在共同政治文化的范导下，在现代文明体系、中华文明的“轴心”文化遗产、中华文明的其他文化遗产及毛泽东时代的社会主义等多元文化中做出自主的选择或自由的阐释，有助于这些不同文明体系之间的充分对话和相互融合，从而助益于在实践中不断填实社会主义新文明体系的实质性内容。而且，前文的历史考察表明，在中华民族多元一体格局形成的时期，中华文明就表现出了包容天下的不凡气局。与之相适应，作为中国轴心文明遗产之核心的儒家思想本身，亦具有因时损益的开放性。诚如梁任公先生一百多年前就指出的：

> “彼佛教、耶教、回教，乃至古今各种之宗教，皆无可以容纳他教教义之量。……孔子则不然，鄙夫可以竭两端，三人可以得我

[1] 参见［加］威尔·金里卡：《自由主义、社群与文化》，应齐、葛水林译，上海译文出版社 2005 年版，第 260 页注 1。值得注意的是，这里所说的“中立”不是司法裁决意义上的地位中立，而是立场中立，即中立于各种宗教教义、哲学或道德整全性学说。如果在前一种意义上理解“中立”，那么相对国家必定有其价值取向以外，社会更具有中立的地位，甚至可起到对多元文化进行容纳和消化的作用。

师，盖孔教之精神，非专制的而自由的也。我辈诚尊孔子，则宜直接其精神，毋拘墟其形迹。孔子之立教，对二千年前之人而言者也，对一统闭关之中国人而言之也，其通义之万世不易者固多，其别义之与时推移者亦不少。孟子不云乎：'孔子，圣之时者也。'使孔子而生于今日，吾知其教义之必更有所损益也。"[1]

因此，即使要重建儒家道统，我们亦应秉持其因时损益的真精神，推动其在现代条件下的创造性转化和转化性创造。由此可见，就转型中国来说，在共同政治文化的范导下，保有宽松的文化环境，无论是对于保持中华文明的包容性和开放性，还是对于促进儒家思想的"转进新生"和改易更化，抑或对于当下以社会主义新文明体系"接榫、吸纳、转化乃至超越"现代文明秩序，都具有十分重大的战略意义。

就新儒家格外关心的儒家道统的重建来说，如果在社会层面倡导，不但切合现代政治的国家中立性原则，抑且可以为中国人以其特有的"生存性智慧"化解儒家义理与现代文明体系之间的张力提供运作空间。儒家义理与现代文明体系之间的张力，特别是儒家的"礼治"文化与现代社会基于人格平等的"规则之治"（法治）之间的张力，已为诸多批判儒学的论者广为阐发。但正如我在其他场合指出的，中国人基于"辩证逻辑"思维的"生存性智慧"，可以在实践中化解这种张力。相较于形式逻辑注重推理过程的单线一致性和形式统一性、推理结果的绝对性和唯一性，辩证逻辑的推理过程常常是复线进行的，其结果亦常常具有复合性。因此，中国人基于"辩证逻辑"思维的"生存性智慧"，可以为我们提供了既遵循现代价值、又传承传统价值的行动空间，从而在实

[1] 梁启超：《保教非所以尊孔论》，载氏著：《饮冰室合集第1册·饮冰室文集之九》，中华书局1988年版，第58页。

践中化解儒家义理与现代文明体系之间的张力。譬如，一个信奉儒家伦理的中国人，只要他善于阅读社会情境，并依据情境的变化适时采用不同的行动规范，完全可以在私人领域奉行仁义礼智信、温良恭俭让，在公共领域遵循人人平等、言论自由和追求真理等现代性原则，而感觉不到其中的巨大张力——这种因时随境而变的行动模式，既体现了李泽厚所讲的“度的艺术”，亦是邓正来所谓“生存性智慧”的要义之所在。这里的关键，是要分清国家与社会、公共领域与私人领域。在国家层面和公共领域，应当遵循各个社会功能系统（行政系统、法律系统乃至经济系统）自身的运行逻辑；在社会层面和私人领域，则可以最大限度地发挥儒家伦理的范导作用。[1]徐复观曾转借傅伟勋之口，认为儒家伦理在现代社会可以发挥“范导性”的作用，但不能发挥“构成性”的作用。[2]如果说儒家伦理能够发挥范导作用，那么也主要应在社会层面实现，而不是在国家层面提倡。在国家层面大力提倡儒家，对中国的政治统一、儒家的改易更化及中国的现代化大业，均是伤害——正如葛兆光所言，在国家层面，我们面对的其实是复数的文化格局，切不可做出单数的选择。[3]

关于在确保国家（或地区）文化中立的前提下，由社会（或民间）层面针对不同受众推动某种范导性认同的做法，至少有如下三个成功的治理经验，可供借鉴：其一，我国台湾地区的“社会儒教”之路。台湾地区被公认为现时代儒家传统保存得最好的地区之一。台湾走的即是“社会儒教”之路，也即是以认同儒家理念的文化或宗教团体为基础推进“风教”之治。据我个人的初步实地考察，台湾地区不仅保留了较

[1] 参见拙文：《也谈儒家伦理在现代社会中的位置》，载《东方早报》2014年9月23日，第C11版。

[2] 参见徐复观：《徐复观全集 论文化（二）》，第884页。

[3] 参见葛兆光：《何为中国》，第133页。

多的宗祠和儒家性社团，像“人间佛教”这种独具特色的佛教组织，亦在相当程度上把儒家伦理融进了佛教的教义之中，即以儒家伦理填充佛教“诸恶莫作，众善奉行”中“众善”的实质内容，从而在确保佛教教义儒家化（人间化）的同时，也在一定程度上促进了儒家的宗教化。其二，新加坡的双语行动。新加坡建国时期，李光耀所推行的“双语”行动，即把英语视为行政和工作语言的前提下，在各个族群推行相应的母语教育（对华族来说是华语或汉语，对马来族来说是马来语，对泰米尔族来说是泰米尔语）。正是因为不是采用“前政治性的”族裔性母语（如占人数75%的华人母语），而是采用了超脱于所有族裔性语言之上、代表着现代文明体系通用语言的英语作为行政和工作语言，多民族格局的新加坡既有效地维护了国家的政治统一，亦成功地融入了现代文明体系。[1] 其三，张治中治理新疆的经验。张治中认为，“为了争取新疆人民内向祖国，启发他们的祖国观念，文化建设不啻是一个精神国防”[2]；但是面对新疆复杂的宗教问题，他亦采用了由社会层面推动的做法，譬如组设西北文化建设协会，罗致一批社会贤达和文化名流出谋划策，以社会文化团体形式，展开各类文化普及工作。[3]这三种治理模式的共同点，都是保持国家或官方层面的文化中立立场，主要依靠社会的力量，针对不同受众引导某种文化认同的形成。正是这种模式，在自由主义的“文化放任主义”（cultural laissez-faire）与威权主义的“文化监护主义或文化管制主义”（cultural guardianism / cultural controlism）之间，走出了一条新路——我们姑且称之为“文化范导主义”（cultural regulativism）。依我个人鄙见，这是社会主义文化政策可资借鉴的有益经验。“共

[1] 参见李光耀：《李光耀回忆录：我一生的挑战——新加坡双语之路》，译林出版社2013年版。

[2] 张治中：《从迪化会谈到新疆和平解放》，新疆人民出版社1988年版，第100页。

[3] 参见茆永福：《张治中治疆思想研究》，新疆建设兵团出版社2011年版，第19—26页。

同政治文化范导下的国家中立性”，不但有助于社会主义新文明体系的建构，抑且裨益于社会主义文化范导主义的文化政策的形成。这种“范导”不仅体现在社会主义共同政治文化在国家层面的宏观范导，亦包括在这一共同政治文化之下，由社会层面推动的各种文化范导活动，如儒家民间团体、社会机构等针对汉族成员推动的儒家复兴活动。

本章所阐发的“共同政治文化范导下的国家中立性”，其实是一种“方法论上的国家中立性”（methodological state neutrality）或“战略性的国家中立性”（strategic state neutrality）。其战略性的方法论意义，可以从其与中国作为超大规模“跨体系社会”的政治统一、社会主义新文明体系和转型中国文化认同的建构（“接榫、吸纳、转化乃至超越”现代文明秩序）等政治目标或历史使命的参照中，凸显出来。换言之，只要我们想顺利完成上述政治目标或历史使命，那么“共同政治文化范导下的国家中立性”就是其内在要求。在这个意义上，“共同政治文化范导下的国家中立性”，是转型中国文化认同建构的正当法则（乃至根本法则）。就转型中国文化认同的建构来说，惟有在国家层面秉承“共同政治文化范导下的国家中立性”原则，我们始能“培其本根，卫其生长，使其效不期而自至”[1]，从而培育国民认同、社会认许和国际认可的现代中国文化认同。

在讨论非西方国家文化正义的正当性原则时，哈贝马斯曾指出：

> “假定非西方文化可以找到欧洲面对类似挑战时所创新的政教分离原则的功能性等价物，它们对社会现代化诸迫令（imperatives）的建设性调适至多是对异性规范（alien norms）的遵从，就

[1] 参见严复：《原强》，载王栻主编：《严复集 第1册：诗文（上）》，中华书局1986年版，第13页。

像西方宗教共同体的心智变化和去传统化（de-traditionalizing），仅仅是对自由的诸平等规范（liberal norms of equality）的遵从一样。”[1]

“共同政治文化范导下的国家中立性”法则，便可视为我为转型中国的文化认同之建构所阐发的“异形规范”。

2015 年 11 月 4 日初稿于美国圣路易斯
2015 年 12 月 21 日二稿于美国圣路易斯
2016 年 5 月 24 日三稿于沪北寓所
2016 年 10 月 6 日四稿于沪北寓所
2016 年 11 月 30 日五稿于沪北寓所
2017 年 5 月 11 日六稿于复旦光华楼
2017 年 9 月 17 日定稿于沪北寓所

[1] J. Habermas, Equal Treatment of Cultures and the Limits of Postmodern Liberalism: 28.

跋：关于“公共法哲学”的虚拟对话

为增强读者的参与感，也为了进一步呈现本书的相关背景和问题，在本书的尾声，我虚拟了一个以我为主的五人对话场景。其中，“辛佐”“龚梓”“薛玖”分别代表了可能质疑“公共法哲学”的新左派、自由主义公知和（法学）学究，“钟励”则代表了同情“公共法哲学”的中立学人，“孙国东”则代表了我本人对各种疑问或质疑的回应。

“公共法哲学”思想的形成过程

钟励：今天，我们几个人聚在一起讨论国东博士的这本新著。首先我们一起祝贺国东博士终于完成了这本书。由于我个人比较同情他的立场和取向，先由我来做一个访谈性的对话，请他介绍一下这本书的一些背景，然后我们大家再来一起讨论。我注意到你此前一直都把自己的研究称为“转型法哲学”，为什么正式出版时改成“公共法哲学”？你是何时产生了“公共法哲学”思想的？

孙国东：关于本书的书名，我先后考虑过《转型法哲学：法律的政治与社会—历史之维》《转型法哲学：转型中国的法治与正义》等。但在本书主体部分完稿时，我发现为了便于读者的把握，我更应当突出“公共法哲学”的思想立场：相对“转型法哲学”更突出问题意识和研究对象，“公共法哲学”更能凸显我的学术立场。因此，便用了现在的书名。

从“转型法哲学”到“公共法哲学”，其实并没有研究取向或实质内容方面的变化，只是为了更鲜明地表达我个人的学术立场。2014年下半年以来，由于书稿的整理和写作提上了日程，我一直在思考怎样把自己关于“转型法哲学”的思考与既有的学术传统对接起来，并在彼此的对比中展现其学术特色和学术优势。带着这样的问题，我再次阅读了麦克·布洛维关于“公共社会学”（public sociology）的论著。此前，在沈原的引介下，我接触到了布洛维的“公共社会学”思想，并买了沈原翻译的《麦克·布洛维论文精选：公共社会学》来读，但并没有意识到他的思想与我的研究有多大的相关性。再次阅读后，我发现布洛维关于社会学知识形态的‘四分法’（专业社会学、政策社会学、批判社会学和公共社会学），其实可以移植到法哲学领域，而我所主张的“转型法哲学”也可以放在“公共法哲学”的框架内。加上此前对“公共哲学”“审议民主”等思潮的了解，我发现在人文社会科学各领域，其实已经悄然兴起了一种新的转向——我把它叫做“公共转向”。于是，我开始以《迈向作为公共哲学的“转型法哲学”：法哲学的“公共转向”》为题，构思和写作本书的序言。直到2015年年底，本书书稿主体部分基本完成时，我发现“公共法哲学”其实更能展现我的学术立场，也更能把全书的内容贯穿起来。于是，我决定把正在写作的序言写成更为系统的论文，并作为全书的导言，统领全书的研究。

钟励：我注意到，全书中“转型法哲学”与“公共法哲学”几乎是交替出现的，两者之间究竟是什么样的关系？

孙国东：在写作过程中，我曾用过“作为公共法哲学的转型法哲学”这样的表达，但最终呈现给大家的是“作为转型法哲学的公共法哲学”。其实，这两种表达都是可以成立的，取决于作者想强调什么。如果突出“公共法哲学”是“转型法哲学”的表现形态，那么就会采用第一种表达；反之，则可以采用第二种表达。

我注意到，像许章润的“汉学法学论”、魏敦友所谓的“新三统论法哲学”、季卫东的“新程序主义论”等都可以称为“公共法哲学”；在将其扩展为以公共参与、公共选择或公共证成而形成“中国法律理想图景”的意义上，邓正来的“理想图景论”也可以提升为“公共法哲学”；在将“立宪”视为建构中国现代法律秩序建构的重要要素的意义上，高全喜的“政治宪法学”本身就是一种“公共法哲学”。本书所谓“作为转型法哲学的公共法哲学”，正是想以“转型法哲学”的学术形态，表现“公共法哲学”的思想关怀。

一言以蔽之，我们或许可以这样铺陈两者的关系：“公共法哲学”限定了“转型法哲学”的思想立场和价值取向，“转型法哲学”则展现了“公共法哲学”的问题意识和研究对象。所谓“作为转型法哲学的公共法哲学”，既蕴含着以法哲学的公共关怀介入中国现代转型论题的理论担当，也预设了以法律秩序的公共依托（公共参与、公共证成等）推进中国现代法律秩序建构的价值取向。换句话说，“公共法哲学”之为“公共”，不但是论题意义上的公共性，即关注的论题具有公共性，而且是指价值取向意义上的公共性，即把法律秩序视为有待公共证成的公共治理秩序。本书主张的公共法哲学，不但要从“转型法哲学”视角介入公共论题的讨论，而且旨在整合现代法哲学、社会理论、政治哲学、法社会学、法律文化或法史学等学理知识，推进实体性的理论建构，因此它力图成为兼具思想性和学术性的法哲学知识形态。

钟励：那么，你是在什么时间有了关于“转型法哲学”的研究构想和研究思路的？

孙国东：大约在 2008 年下半年，我就开始有了开展“转型法哲学”研究的一些想法，并尝试着想写一本关于这个主题的书。随后，研究思路和研究提纲一再修改，现在呈现给大家的是我目前的构想。读博士期间，我们师门同学都在研读邓正来先生的《中国法学向何处去》。我自己当时一直在思考两个问题：一个是究竟该怎样在同既有的中国法学学术传统的对比中，把握邓先生《中国法学向何处去》的研究特点？第二个问题是，我个人该如何从其中获得有助于自己法哲学研究的启示？

第一个问题，我自己当时有个概括，就是把《中国法学向何处去》同强世功的“立法者的法理学”放在一起，称为“迈向一种政治哲学化的法哲学”。第二个问题，我在研究马克思法律思想时，想用“社会—政治法律哲学路径”来概括马克思法律理论建构的路径。实质上，我是带着刚才提到的这两个问题，去把握马克思的法律思想的。所以，对马克思的解读可能有“六经注我”的特点。我当时分别写了两篇文章：一篇是当时发表的《迈向一种政治哲学化的法律哲学：从韦伯的得失与中国法学的时代使命说开去》。这是应《华中法律评论》杂志邀请，和魏敦友教授一起做的一场主题对话，那场对话的主题是“中国法哲学的建构”，延续了我们此前在法律博客上的几番学术对话。另外一篇是到西南政法大学参加第四届法学理论博士生论坛的文章，那次论坛的主题是“马克思主义法律思想及其中国化研究”。我想呈现“作为学术的马克思主义”，所以就写了一篇2万多字的文章。后来的删节版，就是随后发表的《法律哲学的社会—政治基础：论马克思法律理论建构的“社会—政治法律哲学进路”》一文。所谓的“社会—政治法律哲学进路”，实质上是我想把握和扩展邓先生法学研究路径的一个尝试。

钟励：那么，你是在什么时间形成了“转型法哲学”的研究思路的？

孙国东：对我个人来说，最终形成“转型法哲学”的研究思路，主要有三个契机。我先来说它基本成型的契机。这个契机就是邓先生《中国法学向何处去》要出版第二版。我当时受命和我的师妹——现在也是我的爱人——杨晓畅一起，编辑出版一本“评论文集”。我当时就想，一定要趁机把我这些年的阅读和思考好好整理一番，写一篇有实质性推进的序言。于是 2010 年下半年，我开始构思和写作这篇序言，最终洋洋洒洒写了七八万字，这就是这本书上篇的初稿。在这篇序言中，我已经基本形成了自己关于“转型法哲学”的研究思路，就是把政治哲学建构与社会—历史分析相结合，开展关于“中国法律理想图景”的介入性学理分析和实体性理论建构。但之所以可以在那个时候形成基本的研究思路，除了我个人的阅读和思考之外，主要与另两个学术契机有关。

一是 2008 年春夏之交，一个偶然的机会，我作为旁听生到人民大学参加了黄宗智先生主持的“社会、经济与法律的历史学研究”研修班。在大约两个月的旁听中，黄先生反复讲到，不要在意识形态层面研究中国问题，要深入开展关于中国的“社会—历史分析”。他多次向我们谈到了他对汪晖的极力欣赏，比如，他认为中国若出五个汪晖这样的学者，中国社会科学学术就可以跻身世界一流等。他还说，每个月他和汪晖都会各带几个学生，然后一起讨论与中国历史和现实有关的各种问题。黄先生的教导，让我对“社会—历史分析”有了深刻的认识，也让我下决心好好阅读汪晖——此前，我只读过他的几篇与中国现代性有关的文章，没有认真阅读过他的书。于是，我开始认真阅读汪晖在当年刚刚出版的《去政治化的政治：短 20 世纪的终结与 90 年代》，当然也包括学界对他一系列研究的正反两方面的评论意见（后来，在写作前面提到的评论文集序言时，我又认真地阅读了他的《中国现代思想的兴起》）。在阅读的过程中，我发现他的立场其实和邓先生很接近，都是想捍卫“主体性的中国”，不过汪晖走的是社会—历史分析的路子，故对中国实践有更多的介入性和针对性。在阅读关于汪晖的评论意见中，有一种意见深获我心，就是认为他忽视了中国现代转型的目标。于是，在 2008 年下半年，我逐渐产生了以“转型法哲学”推进邓先生关于“中国法律理想图景”的思考的想法。

二是入职复旦高研院后，我有幸聆听了众多知名学者的讲座或会议发言，像汪晖、秦晖、邓晓芒、赵汀阳等，与他们有了近距离的对话和讨论。人们常说，“听君一席话，胜读十年书”。对此，我深有体会。我非常感激复旦高研院在刚刚成立的几年，主办了大量高水平学术讲座和学术论坛或会议。尽管我个人为这些学术活动的主办，付出了大量时间和辛劳，但相对于我个人的收获来说，那些付出都是值得的。正是聆听了一大批中国最优秀学者的讲座和发言以后，我对转型中国的各种问题开始有了更为全面、深入的认识，也逐渐明确了把政治哲学建构与社会—历史分析相结合的研究路径。

钟励：你的思考还有没有更早的渊源？为什么邓正来先生的《中国法学向何处去》会把你的思考引向中国的现代转型，而不是其他方向？

孙国东：我的这种研究思路，其实在我读大学，特别是研究生时就已埋下了种子。读大学时，我的第一志愿填报的武大哲学基地班；但没想到竟然在我服从调剂且超过武大哲学专业分数线的情况下，被第二志愿高校的法学专业录取了。所以，刚读大学时，我其实对过于实用且专业化的法学有点排斥，总觉得它只是一个谋生的专业，既与生命无关，也与学问无关。但我碰到了我一位好的《法理学》老师。我们大一的《法理学》，是武大当时的一位在读研究生刘诚讲授的，她现在是中山大学法学院的教授。她在课堂上反复提到苏力在《法治及其本土资源》中的思想，一下子拉近了法学与我个人生活经验之间的距离。我出身草根，因此，在我个人的生活经验中，对苏力关注的“民间法”这种中国特色的文化现象，是颇有体会的。正是通过对苏力的阅读，我开始对法理学产生了兴趣，也让我开始有了法学理论本土化的一些自觉。尽管苏力后来的诸多研究已难获我心，但我必须承认他对我法学研究的启蒙意义。这对我来说，是一段无法抹去的学术成长经历。随后对《法理学》《宪法学》《西方法律思想史》这些课程的学习，让我逐渐产生了这样的困惑：为什么西方法治模式在中国会面临那么多挑战？当我们接触到人权、自由、平等、法治、正义、宪政这些理念时，很容易激动起来，然而一旦把这些价值理想同自己真实的生活世界联系起来，就会发现它们之间的区别不啻天渊。于是，一个与中国现代性有关的问题，始终萦绕在我的脑海：中国究竟该探索怎样的（法制）现代化道路？读研究生时，我曾尝试从一些比较小的课题入手，来回答这个问题。在那时，我初步形成了一个研究思路——我当时把它叫作“把法哲学的思辨与法社会学的考察相结合”，并按照这个思路完成了一些文章，比如《司法独立的法社会学反思》等。

读研究生的时候，我阅读了刘小枫的《现代性社会理论绪论》，这本书让我对“中国现代性”的“问题性”有了浓厚的兴趣。因此，我曾尝试把自己关于中国法哲学的一些思考放在“中国法的现代性问题”这个框架下讨论，并打算把它作为主题来准备硕士论文。这个主题的硕士论文，我已经写了不少篇幅。但是，2005 年 10 月下旬，邓先生带着他刚刚发表的《中国法学向何处去》到武大法学院演讲。我那个时候，已经对他的一些学术思想和教育理念有比较多的了解，但还没有认真读他刚刚发表的这篇大作。当时，这篇大作还没出书，只是系列论文。于是，在讲座开始前，我把这个系列论文装订了起来，抽时间“恶补”了一番。在演讲结束后的当天下午，邓先生还专门抽了半天时间同我们法理学、宪法学等专业的研究生、博士生进行了内部的座谈。在这次座谈会上，我高度评价了他的研究，但也提出了根本质疑。我记得当天晚上我就把当时的评论意见，整理成了一篇小文。这篇小文的题目是《“现代化”与“反现代化”：读邓正来先生〈中国法学向何处去〉》，发表在了武大法学院的一个内部刊物《珞珈法思》上。在这篇小文中，我写下了这样的话：《中国法学向何处去》是“法学界罕见的——即使不是第一篇——可以称得上研究中国法哲学的代表性学术论文”。

“之所以给出这样的评价，请注意我的两个限定：‘中国’和‘法哲学’。在我看来，以前很多论文和专著尽管冠之以‘法哲学’”之名（代表性的如张文显的专著《法哲学范畴研究》），但正如邓正来先生所言，他们大都只是为我们提供了西方的、而非中国的‘法律理想图景’；或者，尽管关注‘中国’（如苏力的法社会学研究和梁治平的法律文化学研究），但却不是法哲学的进路。”

这个评论即使放在现在，我也可以一字不改地呈现给大家。因为它的确代表了我对《中国法学向何处去》的基本评价。我对它的质疑，集中在反对“现代化范式”与现代化承诺之间的张力上。我当时还没有仔细研读艾森斯塔特他们对“反思现代性”“多元现代性”的论述，如果借用他们的分析，邓先生的努力可放在“反思现代性”框架内把握。我当时还特别引用了苏力的一句话来表明我的立场：“我们这一代都是现代主义者”。显然，我那时的质疑，同我后来关心“现代转型”的问题是一脉相承的。

话说回来，尽管我提出了严厉的质疑，但邓先生的这篇大作对当时的我的影响却是巨大的。它让我认识到我当时对“中国法的现代性问题”的把握，还太过肤浅。于是，我决定临时更换一个更容易把握的思想史题目，作为我的硕士论文主题，也就是与哈贝马斯及“沟通主义法律观”有关的题目。邓先生的那次演讲，既造就了他与我深厚的师生缘，也为我把自己的思考与他的研究对接起来提供学习机缘。这样，便有了我后来的思考方向。

钟励：你刚才说的只是你研究思路的形成过程，但凡是有过研究经验的人都知道，如何落实自己的研究思路才是关键。那么，你又是如何落实的呢？

孙国东：现在梳理起来，我最终落实自己的研究思路，主要受益于我对韦伯、罗尔斯特别是哈贝马斯的研习中获得的启示，以及受教于黄宗智先生时获得的教益。

从韦伯那里，我看到了一种将自己的学术研究和政治关怀保持适度距离，并主要致力于学理分析和理论建构的学术品格，同时我也深刻体会到了社会理论建构与历史社会学研究（关于过往的社会—历史分析）的魅力。从罗尔斯那里，我主要体会到了以创造性的理论建构承载学术和政治关怀的能力，尤其是以分析哲学的严谨确保学理建构之厚实的能力。

应当说，我个人从哈贝马斯那里获得的启示是最多的。我曾把哈贝马斯的为学品格概括为：将学究式的理论探索与思想性的现实关怀、将哲学家的自主性思考与公共知识分子的介入性实践、将对现下实践的病理性诊断与对理想社会的乌托邦想象、将普遍主义的“道德”诉求和情境主义的“伦理”担当等完美地结合起来。从哈贝马斯那里，我获得的启示主要有三点：一是中道理性的立场，也就是对现代性保持反思态度的现代主义立场；二是“问题导向”的跨学科研究视野和能力，也就是以对现代社会（特别是现代社会的意识结构和社会结构）本身的理解和建构为基础，打通实践哲学各个领域（道德哲学、政治哲学和法哲学）的视野和能力；三是理论整合的意识和能力，也就是吉登斯评价他“把许多明显从不兼容的路径中获得的观念整合到了自己的理论中”的能力。我个人对哈贝马斯思想本身的接纳和吸收，主要涉及他对现代社会意识结构（“后习俗的道德意识”“后形而上学”等）的论述，在很大程度上还包括他以这种意识结构为基础的程序主义取向和“商谈民主或审议民主”主张。

在当面受教于黄宗智先生，并仔细阅读了他的代表性论著以后，我发现邓先生的“理想图景论”其实受到了黄先生直接且深刻的影响，尤其是他编辑的《中国研究的范式问题讨论》一书。这本出版于2003年的著作，不但曾经是吉大“小南湖读书报告会”的指定阅读书目，而且其中对中国研究“范式”（规范性信念）的讨论，为邓先生在《中国法学向何处去》中关于“范式”的界定、关于“范式危机”的论述等，提供了直接的立论依据——这些都可以在《中国法学向何处去》中找到直接的引证依据。甚至，邓先生关于“理想图景论”的问题意识及含义指向，亦直接得益于黄先生。在该书收录的《学术理论与中国近现代史研究：四个陷阱和一个问题》一文中，黄先生明确阐述了萦绕于他心的一个问题：

“不过，依然有一个问题萦怀于心。大多数理论都带有一个关于未来的理想图景，比如亚当·斯密的资本主义的无限发展，马克思的无阶级的社会，以及韦伯的理性统治和社会。他们的理论甚至可能从属于他们对未来图景的设想，并且是对这些未来图景的理性化的阐述。无论如何，他们的理论与他们对未来的设想是不可分割的。换一种针对中国的理论就要求我们换一种对中国未来图景的设想。”

“如果中国本身已经为我们提供了其可能未来的迹象，那么关于中国的另一种图景将不会遇到这样的问题。但事实上，中国今天仍然在努力寻找一种中国特色的现代性。近现代中国占支配地位的意识形态根本就没有为此提供答案。清代王朝在其改革还没有充分发挥效果的时候就已经崩溃了。国民党败于中国共产党。毛泽东以一种独特的、崭新的文化构想了社会主义中国的图景，但这种图景由于‘大跃进’和‘文化大革命’而失败了。毛泽东的后继者奉行的是实用主义，他们不愿也无法提出一种远没有实现的未来图景。今天，距中国被迫与西方发生接触已经有一个半的世纪了，但是依然有一个没有解决的大问题：在现代性中，‘中国’对我们意味着什么？在现代世界中，中国文明的内容将是什么？”

不难发现，邓先生的“理想图景论”，不啻为黄先生萦绕于心的中国现代性“理想图景”问题在法哲学领域的学理推演。他进一步做的工作，就是从法哲学和政治哲学角度，限定了这一问题的性质（即他所谓的中国人的文化身份和政治认同问题），并以他所谓的“知识—法学”路径对改革开放以来中国法学的知识生产状况进行了反思和批判。

在这篇文章中，黄先生还结合自己的研究经验对中国论者运用（西方）理论时经常出现的四个陷阱进行了反思：不加批判地运用，意识形态性的运用，西方中心主义和文化主义（包括中国中心主义）。这些思想不但与邓先生关于中国社会科学自主性的思想不谋而合，而且更为深入地进入到了实体性理论建构的操作层面，对如何进行自主的实体性理论建构，更具有方法论上的指导意义。

黄先生特别强调：中国经验相对于西方理论来说，都是“悖论性”的。因此，要想开展深入的中国研究，必须超越舶取于西方的理论范式（规范性信念），并从“悖论现象”出发，建构可以解释这些“悖论现象”的概念工具乃至理论范式。在他的课堂上，他手把手教我们如何一步步地从事这种研究工作。尽管他提倡的是直接面对经验的微观或中层概念建构，但是对我以转型中国的结构化情境为参照，进行较为宏观的法哲学或政治哲学理论建构，同样具有莫大的启发意义。

可以说，哈贝马斯的跨学科视野及其所擅长的理论整合、理论建构与黄先生提倡的自主概念建构，为我最终落实“转型法哲学”的研究思路，提供了最大的学术启发。

钟励：在你的研究中，你又是如何进行学理分析和理论建构的？

孙国东：我曾有意识地把李泽厚、“两邓两晖”（邓正来、邓晓芒、汪晖、秦晖)、“萧一姚”(萧功秦、姚中秋 / 秋风)、慈继伟、阎云翔等人的相关研究，整合到自己的学理分析或理论建构中。此外，像余英时、黄宗智、葛兆光、赵汀阳、许纪霖、刘擎、郑永年、柯小刚、夏可君等学人的研究，也是我目前获益较多的思想资源。法学界中，像许章润、高全喜、季卫东、陈端洪、强世功、郑戈、华炳啸、章永乐、张龑等对中国法律问题的介入性研究，是我个人目前比较关注的。这些前辈或同辈学人的研究，有的已经进入我的借鉴、引证或批判视野中，有的可能接下来会进行回应。

通过多年的探索和研习，我个人目前形成的一个基本取向是：突出法律的政治与社会—历史之维（也就是法律的政治哲学承诺、政治制约性及社会制约性和历史制约性），通过对既有理论模式（包括西方的典型理论模式、传统及当下中国的理论模式）的转换、嫁接或整合，把哲学（包括法哲学和政治哲学）视角与社会学（包括社会理论和社会学）视角、文化（历史学、文化人类学、中国哲学等）视角结合起来。这就是我说的通过“政治哲学建构与社会—历史分析”的结合，推进“转型法哲学”的介入性学理分析与实体性理论建构。

薛玖：从学术的角度，我比较关心的是，你所谓的“公共法哲学”或“转型法哲学”在多大程度上还属于法哲学？我想，很多法学读者可能都会有类似的感觉。就像你的老师曾经面临的质疑一样，很多人会觉得你做的是一件与法学无关的研究工作。

孙国东：这个问题，我其实在本书序言和导言中已经交代清楚了，在这里我还可以重申一遍。的确，我既延续了邓先生关于“中国法律理想图景”的思考，也延续了他的跨学科视野，但我个人的思路与他并不相同。他是明确把法学作为个案，试图以法学来承载他的思想洞见和学术抱负。换句话说，法学在他那里是可以被替换的。所以，在回答别人的疑问时，他一般都会解释说：谁让我那时是法学教授呢？言外之意是，如果他当时是政治学教授，他就会以政治学为个案。在这方面，我与他的区别至少有两点：第一，我不是对法学知识生产状况的研究，而是关于中国现代法律秩序建构的研究。我在本书第一章中已经坦率地指出，即使可以采取知识社会学的研究路径（“知识—法学”路径），但如果不深入分析法律秩序（社会秩序）与法学知识生产之间的互动关系，则极易呈现为“有知识—无社会”的跛足的知识社会学研究，甚至会导致王小波曾明确反对的那种倾向，即批判知识生产者，而不是批判社会。第二，我对法律秩序本身的研究，没有把它当作是个案，而是把它当作现代社会秩序的核心。

简单地说，我把法哲学视为中国现代转型中的“第一哲学”。在这方面，我部分地借鉴了魏敦友教授的观点，他认为当下中国正处于继“子学时代”“经学时代”“理学时代”之后的“法学时代”。但我的视角和理由与他不同。我是从中国思想史与社会理论、法哲学、政治哲学等相结合的视角获得的理据：鉴于法律是现代社会秩序和政治秩序的基本治理规则，建构现代法律秩序应当成为中国现代转型的关键所在；同时，鉴于“法理世界观”这种社会世界的主导世界观，对中国人来说是一种全新的观念，实现从传统中国的“天理世界观”到现代“法理世界观”的世界观转型，是中国文化之现代转型的核心所在。

薛玖：即使你这样说，我个人还是很难理解你的这种把法哲学、政治哲学、社会理论、法社会学、法律文化等糅合起来的“大杂烩”套路。毕竟现代法律是一个“自创生系统”，它怎么可以容纳那么多非法律的要素和诉求？

孙国东：我所进行的是一种跨学科的研究，但这种跨学科不是“为了跨学科而跨学科”，它是以中国现代法律秩序的建构为基本问题意识的，跨学科只是为了这个基本问题意识服务的。简单地说，同法学界盛行的“法学的内在视角”相比，我对“中国现代法律秩序”的理解，通过“一进一退”获得了一种跨学科的视野。所谓“一进”，是指我不但关心法律秩序，而且更关心法律秩序与社会秩序、政治秩序相互交叠和深度关联的那一部分，即整个社会中具有政治意义并具有法律形式的根本秩序结构及其价值理想（理想图景、国家和社会组织原则等）——这大致对应于罗尔斯意义上的“社会基本结构”。所谓“一退”，是指通过强调法律的政治哲学承诺、政治制约性和社会—历史制约性，凸显法律的政治与社会—历史之维，从而使中国现代法律秩序的建构获得了一个它本应当具有的宏大视野。

正是通过这么“一进一退”的转换，我所看到的法律和法律秩序，不再是孤立的、封闭的法律现象，它还是社会现象、政治现象和历史文化现象。而且，在我看来，在现代法律秩序仍待建构的转型中国来说，后者更具有根本性和基础性。我在本书中反复强调：在现代法律秩序仍待建构或尚未定型的国家，我们更应当把法律秩序看作是“前司法”甚或“前法律”的社会现象、政治现象和历史文化现象。所谓“法律的自主性”或者你提到的法律的“自创生”以及相应的法律的职业化、封闭化运行，只有在现代法律秩序已经基本定型的国家才具有更大的意义。借用卢曼的话说，在现代法律秩序仍待建构或尚未定型的国家，我们更应该突出的是法律的“认知开放”（特别是立法阶段），而不是“运行闭合”。如果说，现代法律秩序的运行原理是“基于封闭性的开放性”(openness through closure)，那么在它仍待建构或尚未定型的时候，我们更应该追求“达致封闭性的开放性”（openness for closure）。

薛玖：你说中国现代法律秩序还没有成型，有什么依据吗？

孙国东：我在本书中已经阐述过我的一个基本观点：在中国现代法律秩序的建构，蕴含着“立国”“立宪”“立教”“立人”“立法”五位一体的历史课题和发展议程。其中，“立国”是“立法”的政治前提，“立宪”是“立法”是制度基础，“立教”是“立法”是文化依托，“立人”

这是“立法”的社会基础。在现代社会，这种政治前提、制度基础、文化依托和社会基础，常常又是以立法的形式表现出来，同时还直接影响着法律的实施，比如说立宪所确立的司法制度就会直接影响司法的运行等等。对当下中国来说，这五项历史课题只有“立国”得到了较为全面的解决，其他四项要么有待完善，要么仍待突破。在这四项历史课题未得到全面解决之前，我们不可能建立一个“法律的帝国”。不经过政治共同体内部开放性的全面立宪、立教和立法过程，法律不可能体现最大程度地体现政治共同体的“公意”，也就不可能将其专门交付给职业化的法律人共同体看护。

薛玖：你在书中多次提到你试图以更介入性的学理分析和更具实体性的理论建构，把邓正来先生的“理想图景论”转化为更具学理性的公共关怀。邓先生的既有研究有哪些缺陷促使你这么做？

孙国东：事实上我在前面已经谈到了邓先生“理想图景论”的学理缺陷，这里可以稍作总结。哈贝马斯曾认为，第一代法兰克福学派的根本缺陷是欠缺可承载其社会批判理论立场的深厚“规范性基础”（normative foundations）。在我看来，邓先生的“理想图景论”的根本缺陷亦可作如是观。尽管他敏锐地洞察到了当代中国缺乏属于自己的“（法律）理想图景”的病症，但却既没有基于转型中国的政治和社会—历史情境，对现时中国为什么缺乏自己的“（法律）理想图景”进行介入性的学理分析，也没有基于中国情境对如何建构“中国（法律）理想图景”、“中国（法律）理想图景”应当承诺何种价值或价值组合、这些价值或价值组合应当具有何种规范性要求等更为深入的问题，进行实体性的理论建构。质言之，由于未能提供一个可承载其学术担当的规范性理论体系，他无法使自己的公共关怀建立在深厚的学理逻辑基础之上。

之所以出现这样的问题，与邓先生“理想图景论”的内在缺陷密不可分。这种缺陷，主要包括三个方面：一是他赖以为基的“知识—法学”取径，其实是一种“有知识、无社会”的跛足的知识社会学研究，从而丧失了相对于中国法律实践的指涉性和介入性；二是他对“中国（法律）理想图景”的形成过程流露出了明显的精英主义（法律职业主义）倾向，忽视了“中国（法律）理想图景”的合法性最终依赖于公共证成这一基本的现代法律秩序运行机理；三是他把法学仅仅视为其“理想图景论”得以出场的个案，严重低估了法律在现代社会不可替代的突出地位：法律秩序是现代社会政治秩序的核心，从而法哲学乃中国现代转型的“第一哲学”。正是这三种内在缺陷的存在，使他既无法基于中国政治和社会—历史情境进行介入性学理分析，也无法进一步基于中国情境进行实体性的理论建构。

我个人的研究，不敢妄言已经完成了预期的目标，形成了一种规范性的理论体系，但至少我力图朝着这样的方向进行探索性的努力。呈现在读者面前的这本书，就是这种探索的成果。

不师新左，不法老右，自主求索

钟励：你在这本书中多次提到了李泽厚先生的那句名言：“不泥国粹，不做洋奴，努力原创。”同时，你在表达自己的学术立场时，又明确提出“不师新左，不法老右，自主求索”。能否谈谈你的这种学术立场出于怎样的考虑？

孙国东：先声明一点：这里的“新”“老”，主要是基于言语表达的简洁和工整考虑，没有任何显分轩轾的倾向。我只是想以相对简洁的表达，陈述自己的学术立场——而且，我在本书中努力实现的，恰恰是力图超越当下思想界的左右对峙。我的这种学术立场，在根本上同我对转型中国（法律）问题性质的认识有关——我把它概括为“合理但不正当与善”。同时，也是因为我对新左派和自由主义均不太满意。我用了面对成长中的叛逆少年的态度来比喻，把他们分别归结为“溺爱型”和“棒喝型”的。对这种学术立场，我其实已经在本书的不同地方都详细阐述了（详见本书序言及第三章）。

辛佐：即使假定当下中国问题的性质确是如你所概括的“合理但不正当与善”，难道我们不应该优先考虑“合理性”（而不是正当性和可欲性）吗？

孙国东：我个人认为，考虑公共政策的“目的合理性”，是政治家的天职，而不是学者的职责所在。韦伯之所以把政治家的伦理标准确定为“责任伦理”，正是基于这样的考虑。但是，作为学者，我们更应帮助政治家（包括社会大众）澄清和揭示出其中的复杂性，而不是直接表达自己的政治立场。

在这里，我想同大家分享一个与韦伯有关的故事。晚年的韦伯在当时的德国形成了一个著名的“韦伯圈”，雅斯贝斯、卢卡奇和卡尔·施米特这些后来的大家都是这个圈的成员。他们常常在韦伯家里定期聚会，讨论当时的国际国内重大社会政治问题，包括怎样从李鸿章的日记中管窥中国儒家社会的价值观，并理解中国的现状与未来等。但韦伯却立下了一个不成文的规矩：但凡有海德堡大学的学生列席时，就要一律避免对政治发表意见。在韦伯看来，老师没有权利在学生面前兜售自己的政治主张，因为这会影响到他们自己的自主判断。在我看来，这正体现了韦伯所说的“价值无涉”的要义：“价值无涉”尽管不是学术的构成性规范，但却是学术研究的范导性规范，是学者应当自觉践行的规则。否则的话，我们就是在做韦伯所说的“群众性政治家”的工作，也就是公共知识分子的工作。

钟励：在针对社会世界的言说中，没有纯粹的学术立场。我在想，你的这种学术立场的背后是不是隐藏着你个人的一种政治立场？我觉得，“中道理性”或者“中道的现代主义”（moderate modernism）似乎可以概括你的政治立场。

孙国东：“中道的现代主义”，可以基本概括我个人的政治立场。所谓“中道”，就是要在政治激进主义与政治保守主义之间保持平衡。所谓“现代主义”，指的是我个人“捍卫现代化但反思现代性”的一种立场，也就是认为中国的现代性问题要靠进一步的现代化去解决，而不是在任何复古主义的思想或文化资源中去寻找现成的答案。反映在学术研究中，这种立场就是一种霍克海默—哈贝马斯所说的“内在批判”路径，也就是遵循既有社会政治结构的运行逻辑，但同时坚决地捍卫它所承诺的理想，并对社会实践采取反思和批判态度。换句话说，要在尊重既有的政治结构中，促进政治的自我转圜。

这种立场就与新左派和自由主义区分了开来。一般来说，中国语境中的新左派具有国家主义和政治保守主义倾向，右派（自由主义）则具有个人主义和政治激进主义倾向。所谓“中道理性”的政治立场，既反对保守主义的无为妥协，又反对激进主义的激情狂飙。反对政治保守主义很容易理解，因为它放弃或者压缩了理想、理念对实践的范导空间。政治激进主义，可以说是一百多年来始终盘旋在中国上空的一个幽灵。

钟励：是的，晚清以来的中国历史就是激进狂飙的历史。如果没有太平天国的激进狂飙，晚清的地方势力就难以崛起、中央的权威就不会式微，这样晚清中国走向君主立宪的可能性就会大增（当然清朝皇帝是满人，对人口占绝大多数的汉人来说，是非常大的接受障碍），相应地，中国历史也不会花 36 年（从 1913 年孙中山发起二次革命到 1949 建立新中国）去靠军事决战重新建立一个中央权威……如果没有辛亥革命初期立宪派和国民党的激进狂飙，也许就不会出现“宋教仁被刺事件”，这样袁世凯也不会沿着威权和帝制的道路一条路走到黑，孙中山就不会探索以非西方模式的政党重新立国的道路……如果没有“五四运动”的激进狂飙，中国在《凡尔赛和约》中已经获得的利益会落实下来，中国的民族主义情绪也许不会被长期地点燃，中国民众对激进左翼思潮的接受也不会一帆风顺……那么，如果没有“文革”的激进狂飙呢？如果没有 1980 年代末的那场激进狂飙的政治风波呢？……当然，我在这里没有去进一步追问引发人们激进狂飙的社会政治原因。如果追问起来，这个问题会更复杂了。

孙国东：这里的关键是怎么看待政治。17 世纪的英国法学家库克（Edward Coke）法官，曾经把司法定位为一种“技艺理性”(artificial reason)，而不是“自然理性”（natural reason）。所谓“技艺理性”，是指“通过长期的研究、深思和经验而实现的理性的技艺性完美成就（artificial perfection of reason）”，也就是把自然的推理能力长期运用于一个特定领域而形成的能够更为敏锐地判断、处理该领域之事务的专业性观察、推理、分析、判断能力。在我看来，政治实质上也是一种“技艺理性”。只不过，与法律的封闭运行不同，政治更需要政治家协调各方政治力量、形成政治意志的沟通和组织能力。我刚才提到了韦伯所说的“责任伦理”。这种责任伦理，至少体现了政治家的如下技艺：对政治后果负责的判断力和决断力、妥协的技艺、找到实现集体目标的可行方案的技艺等。显然，与政治哲学家更关心集体目标的对错（正当与否）不同，政治家更关心政治议程在现有政治框架内是否可行——否则，他/她就是革命家，而不是政治家。在 20 世纪的政治实践中，我们反复看到各种民粹主义的激情狂飙。他们试图以各种完美主义的政治方案和政治议程，一揽子解决中国所有的问题，毕其功于一役，但由于严重脱离中国既有的社会政治结构和历史文化传统，最终给中国带来巨大的灾难。

钟励：你的这个立场，似乎延续了柏克（Edmund Burke）反思法国大革命的思路。我记得他曾指出：

> “如此之乐观的宣言就有助于对权威进行催眠；鼓励它鲁莽地对未经检验的政策进行危险的冒险；忽视使仁慈有别于愚蠢的那些做法、安排和防范措施；而没有这些，也就没有人能对政府、能对自由的任何抽象计划的有益作用负责。因为缺少了这些，他们就看到了对国家的良药会腐化变质成为对国家的毒药。”

我觉得，柏克的这种保守主义立场对当下中国来说是十分必要的。

辛佐：我基本同意这个观点，尤其是政治上的激进主义对当下中国来说，是十分要不得的。

龚梓：我不能同意你们在这里一唱一和的论调。你们忽视了一个根本问题：柏克式的保守主义是在英国盛行的。但为什么英国盛行保守主义？我想这与英国拥有人类历史上最为悠久的自由传统与宪政传统有紧密的关系。因此，对他们来说，保守主义就是保守自由传统与宪政传统。这样，它就具有了进步的意义。但是，法国和中国的情形是一样的吗？如果没有法国大革命的激情狂飙，法国能顺利迈进现代社会吗？中国革命的历史，也应当这么看。

孙国东：龚梓的这个评论是一个很有“情境敏感性”（context-sensitive）观察。但我们不能只选择对自己某种的先定立场有利的情境相关性，而应该把它贯彻到底。如果预先认定了政治激进主义的立场，再去选择对这种立场有利的论据，显然已经忘掉了我们的理论工具是有目标导向的，从而把政治激进主义随意指向的方位作为我们的目标了。如果这样的话，就犯了典型的“德克萨斯神枪手谬误”（Texas sharpshooter fallacy）：先射出子弹，然后再在子弹射中的地方画上靶心。显然，是当下中国问题所依赖的情境，而不是历史问题所附属的情境，为我当下理论工具的选择划定了目标方位。政治激进主义对于中国全面迈入政治现代化门槛时的历史意义，不能等同于它对当下中国的意义。这就需要我们对当下中国问题所依赖的情境，有更为深入和全面的把握。

辛佐：在这个方面，李泽厚关于“告别革命”，特别是汪晖关于“短20世纪的终结”的时代诊断是十分深刻的：“短20世纪”即“中国革命的世纪”（1911—1976年）已经终结。在“后革命”的时代，我们不能再重演政治激进主义的激情狂飙。政治上任何形式的激情狂飙，对中国和中国人民都是需要相当长的历史时间去消化的灾难。

我们必须看到，经历了过去的“革命世纪”，当下中国的政治架构已经建立在了现代政治的逻辑之上。有人可能会对当下中国的政党—国家有诟病，但它不过是作为现代政治组织形式的政党在中国的特殊表现形式，它所依赖的仍是现代政治逻辑。它本身是传统中国大一统格局下，国家与社会组织结构被打碎以后，脱胎于现代政治组织形式获得的一种新生命。换句话说，它是中国在“后帝制—后儒家”时代，为自己找到的国家和社会再组织化的形式。我们与其去追问这种“政党—国家”是否符合某种特定的国家和社会组织模式，不如去追问它得以产生的社会—历史依据和政治价值。

孙国东：我个人觉得，李泽厚和汪晖的时代诊断是基本准确的。但是，我们必须看到，反思政治激进主义，并不意味着一定要走向它的对立面：政治保守主义。我们要看到当前中国的国家与社会组织结构的社会—历史依据和政治价值，但还要看到它自我转圜的空间，即民主化和法治化运行的改良空间。这就是我所说的“中道理性”的立场。

这里可以顺便提一下，西方情境中的政治保守主义，由于中西方的“情境错位”，在中国完全有可能成为一种政治激进主义。我曾在《试论当代中国的“中道理性”之道》一文中，以哈耶克主义者姚中秋（秋风）为例，说明了这一点。就像格雷（John Gray）指出的：“如果一个社会中的传统不利于自由市场的形成该怎么办？如果这些传统是社会主义传统该怎么办？遇到这些问题，哈耶克又成了最典型的启蒙运动自由主义者。”

薛玖：我个人只想做“两耳不闻窗外事”的学者。因为我觉得与现实境况特别是政治有关的讨论，很容易陷入意识形态性的争论。放眼中国学界，几乎都是先入为主的意识形态立场占主导。比如说，当下的中国法学界基本上是自由主义的天下，相反，在政治学界，左派取向的声音似乎更占主导。但我个人觉得，过于关心现实境况，甚至是学界浮躁之风盛行的一个表现。因为正是这种对现实境况过于炽热的关心，使我们放弃了对真正的学术问题的关注，严重影响了学术传统的传承和积累。

龚梓：政治更注重集体目标，因此更容易走向国家主义，从而忽视对个人权利等的保障。就像许纪霖指出的，随着这些年来关于“北京共识”“中国模式”等的大规模、运动化讨论，中国的新左派普遍转向了国家主义。政治学界，几乎成了左派的大本营。

辛佐：我倒觉得，对中国这样的发展中国家来说，国家主义几乎是对我们最有利的选择。我更关心的，是法学界的自由主义倾向。我想，之所以出现这种思想状况，可能与法律更具有职业化、制度化的特点有关。这使得法律更容易在职业主义的名义下，被当作非政治性的技术规则对待，但实际上却承载着特定的价值观，比如自由主义的价值观。自市场经济改革以来，为了尽快建立与市场经济相适应的法律体系，我国进入到了规模空前的“立法时代”，尤以私法和经济法领域的立法为甚。由于没有其他经验可循，与国际接轨、向西方发达国家学习，就成了我们唯一的选择。在这个过程中，诸多实际上具有自由主义取向的法律制度在中国建立了起来。自由主义于是开始主导中国法学界的思想格局。十多年前（2005年）因制定物权法而发生的“巩献田事件”，在根本上就是对这种思想格局的挑战。近年来，以苏力、强世功、陈端洪等为代表，法学界出现了非自由主义的声音，但被人们贴上了“左派”的标签，并受到一些人的嘲弄。我觉得这对他们是很不公平的。

薛玖：你们看吧，我刚说了几句话，他们两个就“掐”起来了。

孙国东：薛玖刚才说的有一定道理。但是，我希望一定不要把大家的关注焦点引向任何与学术无关的方向，比如意识形态性的打压。我个人很不喜欢采用意识形态化的方式来看待这类问题。与其这样“站队”，不如对自己所采用的理论与中国的相关性保持反思的心态，并自觉建构真正属于中国的法律理论，以及这种理论指导下的法律制度。

辛佐：我很赞同你建构自己的法律理论的想法。这种理论必须能够与自由主义相抗衡。在过去 20 多年的“立法时代”，立法主要成了自由主义法学家的事情。他们凭借职业化的优势，打着与国际接轨的旗号，仅凭对某些法律制度和法律条文的了解，便把国外各种“先进”的法律制度移植到了中国。但是，他们搞的那一套不完全适合中国国情。比如说，中国婚姻法的规定，极大地降低了解除婚姻关系的门槛。

钟励：不过，我觉得国东博士的努力方向可能并不完全符合你的期待。你所说的“国情”，是一个含混的词，而且通常包含着主观选择性，也就是只强调某些国情。他所说的“中国情境”则更具有开放性，而且这种情境在他那里似乎只具有参照意义，并不具有根本的决定意义。因为他还从根本上预设了现代转型的政治理想。

我对婚姻法的问题正好有些研究和思考。中国的婚姻法之所以会导致现在的局面，是因为负责立法的职业法学家没有看到西方法律制度所适用的特定情境，从而使得直接舶取自由主义法律制度的立法，常常会使中国的法律实践比西方国家走得更远。婚姻法可能是这方面最典型的代表。“夫妻感情破裂”的确是世界上诸多国家采用的离婚标准，但中国至少有如下两个与西方国家完全不同的情境：第一，西方国家大多数是宗教国家，离婚除了受法律规制外，实际上还受到了其他社会规范特别是宗教规范（比如说，天主教教义）的制约。西方尽管在国家层面实现了“政教分离”，但宗教在社会层面的影响在近几十年甚至有不断强化的趋势。表现在法律上，宗教尽管在公法领域几乎没有影响，但在像婚姻法这样的私法领域，仍然发挥着十分巨大的影响。第二，西方很多国家采用的是联邦制，婚姻法通常交由各个地方立法机关因地制宜地制定。然而，在中国这样非宗教的大一统国家，一旦由国家统一制定了较为宽松的离婚规则，由于没有其他有效社会规范的补充性调整，它势必会使整个社会陷入“视婚姻为儿戏”的境地。

孙国东：我想强调的是：与其一般性地反思自由主义，不如好好反思过去20多年“立法时代”的教训，特别是好好把握法律价值、法律制度与中国情境（社会情境、文化条件、政治结构）之间的复杂关系。

对过去20多年“立法时代”的反思，可以获得的最重要的教训之一是：法律的职业化应主要适用于司法领域，在立法领域，特别是在基本法律体系建构的过程中，我们绝不能仅仅听取职业法学家的意见，而应当根据立法的不同类型，尽可能多地听取社会学家、历史学家、文化学者、政治学家、哲学家、经济学家乃至社会大众等方方面面的意见。立法是为政治共同体确立国体形态、立宪架构、价值体系（生活方式）和行为规则的神圣事业。考虑到现代社会本身的高度复杂性，法律制度与政治、社会—历史条件之间的互动关系，绝不是任何受学科视野局限的专家可以单独把握的。在现代法律秩序建构的过程中，法律人共同体对立法活动的垄断，既是对公民“自我立法”地位的僭越，也会严重伤害法律的合法性。因此，立法绝不只是职业法学家的事务，它应当成为政治共同体最重要的公共事务。事实上，这也是我为什么在本书中把“转型法哲学”定位为一种“公共法哲学”的根本出发点。现在，民法典又被重新提上了中国的立法议程，但愿中国不再重复过往的失误。

钟励：从这里是不是也可以推演出与中国法律理论建构有关的

启示？

孙国东：是的。因为我所关心的法律理论，主要是为中国现代法律秩序的建构服务的。换句话说，它主要跟立法有关，即使涉及司法，也主要与司法制度的立法建构有关，而与具体的司法过程无关。司法过程所依据的法律从属于实体法和程序法秩序的建构，司法过程本身的运行又从属于司法制度的立法建构。因此，在实体法秩序、程序法秩序和司法制度的立法建构，没有基本完成现代转型之前，探讨现代司法技术在中国的运用没有太大的意义。就像在房子还没有形成建筑方案时，就讨论房屋内部装修的问题一样，未免太过超前了。而实体法秩序、程序法秩序和司法制度的立法建构，则是建构中国现代法律秩序的主要内容。

所有法律制度，都是有价值负载的（value-loaded）。但法律的这种价值负载，根植于特定时空的社会情境、文化条件和政治结构之中，通过与它们之间的互相支援和相互配合呈现出来，并最终体现为一种文化负载（culture-loaded）乃至政治负载（politically-loaded）。因此，如果没有社会情境、文化条件和政治结构的支援和配合，一项法律制度将会失去它的价值负载作用。中国婚姻法就充分反映了这一点。法律的价值负载及其对特定时空的社会情境、文化条件和政治结构的高度依赖，为我们自主地建构转型中国的法律理论（包括法律理论指导下的法律制度）提供了必要性和可能性。事实上，这也是我在突出法律的政治与社会—历史之维的前提下，推进“转型法哲学”的介入性学理分析和实体性理论建构的根本出发点。它所预设的，是我在前面提到过的一个根本认识前提：法律的自主性应当主要适用于现代法律秩序被完整地建构起来以后，在建构现代法律秩序的过程中，绝不应该突出法律的自主性，相反，更应当强调法律的非自主性，即凸显法律的政治哲学承诺、政治制约性和社会—历史制约性。前面提到的法律职业化的界限，其实也可以从这个认识前提中推演出来的。

不过有必要强调的是，我对“中国情境”的强调并未导向各种“情境决定论”，如“文化决定论”“政治决定论”“社会决定论”等。我所秉持的是类似于刘擎“批判语境主义”的“反思性的情境主义”：特定时空的情境是反思西方现代性模式的依据，但其本身也是反思的对象。而且，这种“反思”的规范性依据不是来自某种意识形态（如自由主义），而是既来自对普遍主义的现代性理念或价值（而不是现代性理念或价值的规范性要求及与之相适应的制度和实践模式）的承认，也来自中国宪法、党章及政治纲领（如社会主义核心价值观）中所蕴含的“仍待兑现的承诺”，如自由、平等、民主、正义（公正）等——这些既承诺了中国现代转型的政治理想，也是对自由、平等、民主、正义（公正）等普遍主义的现代性理念或价值的制度化承认。因此，“反思性的情境主义”所秉持的是一种建设性的“内在批判”的路径，而不同于自由主义论者惯于采用的那种“外在批判”路径——后者的“外在批判”路径在很大程度上其实是马克思本人所反对的从话语到话语的“哲学批判”路径，主张在某种意识形态（自由主义意识形态）中寻找社会批判的规范性依据。

正是为了与我所主张的“转型法哲学”的建构相适应，我个人的学术定位还可以仿照李泽厚的那句话再加上一句：不泥学究，不做公知，努力创新。

不泥学究，不做公知，努力创新

薛玖：我想先听听你对“不泥学究”的解释。

孙国东：我所讲的“不泥学究”，是说不拘泥于学究，绝对没有任何看轻学究的意思。事实上，我个人也做了很多学究性的工作，比如我关于哈贝马斯思想的系列研究成果，就完全是学究性的。在这本书的导言中，我借用了麦克·布洛维对社会学知识形态的分类，把法哲学分做四种知识形态：专业法哲学、政策法哲学、批判法哲学与公共法哲学。我特别指出，这四种知识形态都有各自的学术价值，当然也各有其“病理学”；四者之间并没有历历可辨的界限，而且常常相互支援对方。所谓的“学究”，在法哲学领域，大致就是从事与“专业法哲学”相关的各种研究。

与“针尖上跳舞”“螺蛳壳里做道场”的学究化工作相比，我个人更欣赏思想性的工作，也就是通过自己的思想创造，一方面促进学术增量的生产，另一方面对社会实践进行范导的智性活动。这既有我个人的学术旨趣等方面的原因，也与我前面反复提到的对当下中国社会—政治秩序和法律秩序的基本判断有关。

在这本书的序言中，我曾经引用了常燕生对梁启超的一个评价。他说：“在一切未上轨道的国家里，社会需要思想家更甚于学者。一千个王国维的出现，抵不住一个梁启超的死亡的损失。”只要我们正视并承认现实，我们很容易得出这样的结论：尽管我们也许不能说现代社会—政治秩序和法律秩序在当下中国仍处于“未上轨道”的状态，但至少可以说它们仍处于远未定型的状态。有鉴于此，我们其实更需要的是法理思想家。

薛玖：你这么说，我基本理解了，但问题是：即使你把自己定位一个“法理思想家”，你有信心创造新的法理思想吗？

孙国东：我绝不敢把自己定位为一个“法理思想家”，我只是一个有点思想关怀的学者。汉语中的“思想家”，要比英语中的“thinker”具有更深的内涵。并不是所有从事智识创造的人，都能称为“思想家”；相反，它多指称那些在思想创造方面天赋异禀且成就卓著的人。因此，“thinker”的准确翻译，应该是含义更广泛的“思想者”——我注意到新近有人主张将其译为“醒客”；这尽管是一个新创的词，但堪称音义兼顾的绝佳翻译。因此，像我等资质平庸的学人，最多只能称为“思想者”或者努力做一名“醒客”的学者。换句话说，最多只能追求把我所说的“思想性的学术”和“学术性的思想”结合起来——这也是我个人以“问道且务学，言公而不党”自我期许的一个缘由所在。

我绝不敢说自己一定能创造新的法理思想或法律理论。这也是我为什么要把“介入性的学理分析”与“实体性的理论建构”放在一起的根本原因。事实上，这也是我把李泽厚先生所说的“努力原创”改为“努力创新”的原因。我个人认为，人文社会科学领域的“原创性”工作的要求太高，切不可轻言“原创”。人类有多少思想是“原创”的？就连孔子也只敢说自己是“述而不作”，更遑论我辈？思想的创造是非常困难的。我个人觉得，如果能在前贤的基础上做点滴的思想推进，就已经无愧自己作为学者的一生了。

薛玖：你的言语中似乎包含着对“学究”，尤其是对“法理学究”的不满。而且，既有的法理思想或法律理论难道不足以解决当下中国的法律问题吗？为什么要另起炉灶自己去建构呢？

孙国东：我们也许应该区分两种“法理学究”：第一种是像你这样的学究，专注于“专业法哲学”的工作，不关心自己的研究与中国法律实践的关系。对这类研究工作，我个人表示尊重。因为他们的确对中国法哲学学术传统的建构和传承，做出了不可磨灭的贡献。

但是，还存在一类比较隐蔽的“法理学究”：他们把自己定位为法律专家，一方面从事“专业法哲学”的研究工作，另一方面又自觉或不自觉地用自己研究的“专业法哲学”思想，去言说中国的法律问题。对这类“法理学究”，请容我坦率地说，这是一种智性的懒惰。

辛佐：“智性的懒惰”——我很喜欢这个评价。中国学界总有那么一批“食洋不化”的人，总是以为“外国的月亮比中国圆”。对这种“食洋不化”的人，一定要狠狠地加以批判。

孙国东：我没有你这种排他性的情绪。我更关心的是问题本身，也就是薛玖刚才提到的那个问题：既有的法理思想或法律理论，可以回应当下中国的法律问题吗？

我们必须看到，中国法学界所采用的法理思想，大多都是西方现代法理思想家创造的。它们都根植于西方的特定情境，是为了回应西方国家的特定问题而出现的。大体来说，自然法学派顺应了西方国家建构现代法律秩序的历史需要；实证法学派顺应了西方国家维持现代法律秩序的历史需要；“历史法学”适应了德国在崛起过程中保持文化不可替代性和历史延续性的文化需要；以庞德为代表的“社会学法学”则顺应了西方建构福利国家的社会需要；当代西方的各种整全性的法律理论或者专门性的法哲学思想，包括罗尔斯的正义理论、批判法学、女权主义法学、法律论证理论等，适应的是西方国家进一步完善现代法律秩序的历史需要。特别是当代西方的那些法理思想，经常被当作法哲学的前沿思想，成为了中国法律学者言说中国法律问题的理论依据。然而，我们却没看到，它们其实预设了一个根本的前提，也就是与现代法律秩序相适应的基本社会结构和政治结构已然形成。比如说，罗尔斯就明确指出，他的正义理论只适用于文明的特定发展阶段，即大体对应于“丰裕社会”的文明发展阶段；他对“差别原则”的表述，也明确预设了一些基本的制度安排——仅从经济方面来说，就包括市场经济体系、惠及全民的教育和最低生活保障体系等。我在本书第六章中专门讨论了这个问题，并尝试建构了适合转型中国情境的“底线正义”原则。还比如，西方所有与司法改良、法律论证和法律方法有关的理论，都预设了“三权分立”下司法权独立的体制已然建成。显然，这些理论的所有预设条件，在当下中国都付之阙如。

从根本上看，当下中国法律问题的“元问题”，仍是法治问题——

这正是本书中篇为什么聚焦于“法治”的主要原因。在这个“元问题”没有基本解决之前，探讨与司法技艺等有关的问题没有太大的意义——至少意义会大打折扣。这是中国法律实践与西方法律理论之间根本的“情境错位”。正是这种“南橘北枳”式的情境错位，会使我们在直接舶取西方理论时会出现秦晖所说的“问题误置”。只要对这种情境错位有深刻的自觉，我们便很容易得出这样的结论：没有任何既有的法理思想和法律理论，可以完整地回应转型中国的法律问题。其实，转型中国的其他社会、政治、经济、文化等问题，亦可作如是观。

龚梓：我想沿着您思路往下追问一个问题：正是因为中国现代法律秩序在中国还没有最终形成，难道我们不应该借鉴西方法理思想去建构与现代法律秩序相适应的社会—政治结构吗？

孙国东：我想说的是，如果一项关于法治改良的议程走向了某种政治行动，它就不属于严格的学术讨论的范畴。换句话说，它不属于亚里士多德所说的“沉思”（mediation）领域，而属于“行动”（action）。正如哈耶克关所说：“政治哲学家的任务只能是影响公众舆论，而不是组织人民采取行动。”关心政治的方式有很多种：有的人“用政治的方式关心政治”，最终成为“键盘革命家”或政治行动者；有的人“用闲谈的方式关心政治”，最终成为“饭桌革命家”；政治哲学家则应当“用学术的方式关心政治”。

龚梓：你似乎把自己定位一个学院派的学者，但问题是你关心的却是一些相当具有现实政治意义的问题。我很难想象你遵循怎样的学理逻辑。你能说说你的学理依据吗？

孙国东：简单地说，我的理论依据就是“多元现代性”或“反思性现代性”。1990 年代以来兴起的“多元现代性”“反思性现代性”思潮，是建立在否定“现代性 = 西方现代性”的基础上的，也适应了“后冷战”时代大量非西方国家推进现代化的历史需要。

龚梓：“多元现代性”“反思性现代性”这种论调，已经成了陈词滥调。问题是，它有现实依据吗？有实现的可能吗？

孙国东：“多元现代性”或者“反思性现代性”不仅是一种理论，对中国来说其实是一种已被制度化的实践。20世纪中国的实践历史，事实上已经为中国建立了“多元现代性”或者“反思性现代性”的实践道路。我曾经写过一篇思想札记，名为《20世纪中国的三次“西化契机”及其历史反转》。在这篇札记中，我已对这条实践道路进行了勾画。大体来说，辛亥革命、重庆谈判和改革开放初期，我们面临着三次“西化”时刻，也就是全面追寻“西方现代性”的时刻。但是，相应的历史发展，尤其是孙中山、毛泽东和邓小平的政治创造和政治智慧，都使这些“西化”时刻最终走向了历史反转，也就是自主探索现代化道路的实践。

按照艾森斯塔特的理解，现代性根源于人的反思性和能动性，也就是以人的反思性能动地创造理想未来的可能性。在20世纪中国“多元现代性”的实践探索中，社会主义的价值理想、俄国和苏联的社会主义建党建国模式与西方现代性价值和市场经济体制之间的互动，构成了主要的反思性资源。如果说，孙中山试图以俄国社会主义建党建国模式与部分社会主义理想（新三民主义中民生主义的部分社会主义要素），来探索落实西方现代性价值（民主、自由、平等等）的中国道路，那么毛泽东在借鉴苏联建党建国模式的基础上，结合中国的社会性质和阶级结构特点等，试图开掘出一条试图超越“卡夫丁峡谷”的“反西方现代性的现代化”道路，也就是不通过资本主义发展阶段而直接进入社会主义历史阶段；相应地，邓小平则试图在社会主义的政治理想与现代化的经济体制之间，奠定中国现代性的物质基础（社会主义市场经济的改革议程）和政治框架（“四项基本原则”）。经过孙中山、毛泽东和邓小平三大历史巨人的探索，中国的现代化道路已经走上了“多元现代性”和

“反思性现代性”的实践道路，形成一种自主的现代化道路，我把它叫作“既非复古、亦非西化同时超越苏联模式”的现代化道路。

辛佐：我觉得这个基于中国历史的把握，是准确的。既有充分的理论依据，又有历史和实践依据，可以弥补汪晖从思想史视野建构“中国现代性”的不足。

龚梓：问题是，即便这个把握是准确的，但是如果听任实践的逻辑，不等于就承认“存在即合理”吗？

孙国东：我这里只是一个非常粗浅的论述。而且，我对历史的阐释，并不想导向对实践的无谓辩护。如果那样的话，就真的具有“存在即合理”的倾向了。我个人认为，我们固然要避免“存在即合理”的倾向，但也应该避免“可欲不可行”的倾向。如果说，“存在即合理”是实践主义取向的社会科学和保守主义取向的实践哲学论者常犯的毛病，那么“可欲不可行”则是盲从西方道德政治哲学（规范性政治哲学）的论者易出的问题。所谓“新左派”和自由主义之间的争论，也可以放在这个框架内进行审视。

但是，在“存在即合理”和“可欲不可行”之外，我们有没有第三种出路？我认为是有的。其实，哈贝马斯所说的“内在批判”和罗尔斯所说的“现实的乌托邦”，就为我们指出了第三条道路，即采用哈贝马斯式“内在批判”的路径，基于中国情境推进罗尔斯式“现实的乌托邦”的理论建构，从而超越“存在即合理”的实践主义—保守主义取向，获得“可欲且可行”的规范性空间。这种“内在批判”的规范性依据（乌托邦），蕴含在中国现代转型所承诺的政治理想和价值理想中，因此它是“可欲”的、“批判”的；这种“内在批判”的实践依据（现实基础），则体现在中国现代转型的历史逻辑及其所凝结的基本政治结构中，因此它又是“可行”的、“内在”的。

龚梓：我想追问的是，这条道路不是还没有成功吗？我们仍没有建成现代国家，这是不容否认的现实。

孙国东：的确，中国在历史实践中展现的“既非复古、亦非西化同时超越苏联模式”的现代化道路，不仅还没有成功，而且仍需要依靠理论家的想象力和政治家的政治智慧去突破困局。我在那篇札记的最后，曾经写下了这样的话：

> “尽管改革开放以来我们在经济体制方面对‘苏联模式’进行了清算，但袭自苏联的集权社会主义制度却仍未根本松动。在未形成超越苏联模式的现代国家治理体系之前，‘西化’思潮仍是威胁现有发展道路的一股潜流。因此，如何建立‘既非复古、亦非西化同时超越苏联模式’的现代国家治理体系，仍是亟待突破的历史课题。”

我想，这段话可能是辛佐不愿意读到的，但是这也体现了我和你之间的区别。

龚梓：既然如此，我们难道不应该借鉴西方现代性的文明成果，进一步推进中国的现代化吗？

孙国东：我没说过我们不可以借鉴西方现代性的文明成果。毋庸讳言，西方现代性的文明成果本身，也是中国现代化的反思性资源。但问题在于，如何把西方现代性作为我们的反思性资源？

我觉得，我们必须深刻把握“现代性≠西方现代性”的内涵和要求，而不只是停留在理念或口号层面，这样很容易把这个理念本身意识形态化，从而丧失它对实践应有的范导作用。

钟励：作家、收藏家马未都曾说过“文明求同，文化存异”的话，你也曾引用刘小枫在《刺猬的温驯》中的一个观点，认为要把现代性的价值形态与现代性的制度和实践形态分开，也就是要把现代性与自由主义所承诺的特定制度和实践模式分开。自由、平等、民主、正义、法治这些现代性价值具有普遍性，属于人类“政治文明”的范畴；但与它们相适应的制度和实践模式却具有高度的文化依赖性，属于“政治文化”的范畴。我觉得，这个观点是深刻把握“现代性≠西方现代性”的内涵和要求的一大秘诀。

孙国东：但是，仅仅有这个“秘诀”是远远不够的。更为重要的是，为了真正把现代性的价值形态与现代性的制度和实践形态分开，我们必须还要进一步把现代性价值在当下西方的规范性要求，与它在转型中国的规范性要求分开，也就是要建构适合转型中国情境的独特规范性要求。在本书“上篇”第四章和“下篇”的三篇文章中，我已经分别以“法治”和“正义”为突破口，建构了它在转型中国的独特规范性要求。这个层面的细微区别，尤其应当引起思想者的重视——在我看来，看到这个层面的问题，是在中国推进政治哲学或法哲学思想创造和理论创新的关键所在。

钟励：这么看来，“普世价值论”的主张者多把当下西方对这些价值的主流阐释原封不动、不经转换地移植到了中国，从而使这些价值连同它的制度和实践模式一道“捆绑式地移植”了进来。

龚梓：我们为什么要把“把现代性价值在当下西方的规范性要求与它在转型中国的规范性要求分开”？有这个必要吗？难道这些价值的规范性要求还有中西之别？

孙国东：这个问题问得好，请容我慢慢道来。

第一，自由、平等、民主、正义、法治这些现代性价值，其内涵不仅不是自明的，而且是相互交缠在一起的，甚至相互之间存在着莫大的紧张关系。如何把握它们的内涵及其与其他价值的关系，本身就需要进行理论上的阐释。在很大程度上讲，政治哲学家或法哲学家所做的工作，就是要对这些现代性价值的内涵及其相互关系进行阐释。现代以来，无数政治哲学家或法哲学家的学理歧异，在很多时候就体现在对这些价值内涵及其相互关系的理解分歧上。关于这一点，只要稍稍了解现代政治或法律思想史，就不难明白，无需多言。

第二，对这些价值的阐释，必须从转型中国的政治与社会—历史条件出发，做出“切己”的阐释，也就是做出与中国情境高度相关的阐释。对此，只要我们对比一下它们在西方不同历史阶段、不同国家所具有的不同规范性含义，就可以理解了。比如说，在 20 世纪以前的西方，对平等的主流阐释是形式平等（人格平等、道德平等、法律平等），直到“二战”以后才普遍开始具有实质平等的内涵。还如，就“法治”来说，也有英国“法的统治”模式与德国“法治国”模式的著名区别。这其实表明：现代性价值的内涵，具有相当程度的情境依赖性。

辛佐：我补充一句。如果从形式平等的制度化的历史来看，西方走得比我们想象得要慢得多。以美国为例，女性和黑人获得平等的选举权分别是 1920 年和 1965 年，非婚生子获得平等的继承权是 1973 年，同性恋者获得平等的结婚权则是 2015 年（并且是在巨大的争议声中通过的）。

龚梓：慢着，我必须打断你们的话：难道在全球化的 21 世纪，我们可以拿西方 19 世纪的价值观说事？

孙国东：这就涉及我马上要说的第三点：对转型中国来说，要真正做出“切己”的阐释，不仅要考虑以政治与社会—历史条件表现出来的“碎片化”的情境，还要充分考虑一个更为根本、更具有整全性的“元情境”，即中国现代性问题的共时性。所谓“中国现代性问题的共时性”，其基本含义是：西方在不同历史阶段的现代性诉求在当下中国是“共时性”地存在的。

认识到中国现代性问题的共时性，就基本触及了转型中国现代性问题的复杂性。我们固然不宜直接拿西方 19 世纪的做法，为当下中国的某些法律规范和公共政策提供正当性证明，但我们必须把握真正属于中国的独特情境，以及这种情境对可行的规范性空间的制约。中国的现代化进程，尽管可以追溯至晚清（乃至宋明甚或秦代），但在政治统一条件下的全面现代化，基本上是改革开放以后的事情。如何在韦伯所说的“尾随者”（epigone）国度——即“追赶型”现代化国家——几十年的历史时段中，同时容纳并协调西方国家在几百年历程中逐步实现的现代性诉求？如果再考虑到这些现代性诉求相互之间的紧张关系呢？如果还考虑到中国十亿以上体量的国家规模、“文明型国家”的“轴心”文明遗产以及现代大一统政治架构政党—国家呢？如果进一步考虑到中国作为非宗教国家的特性呢？……诸如此类的问题，显然构成了中国现代性问题的基本情境限制。一旦对这些基本情境有了自觉的认识和深刻的体认，我们就不会再专断而又信心满满地舶取当下西方对某些现代性价值的规范性阐释了。显然，如何协调现代性的共时性诉求与转型中国政治与社会—历史条件之间的关系，是建构现代性价值在转型中国的独特规范性要求的关键所在。

钟励：结合转型中国的独特情境对现代性价值的阐释，既考验着阐释者的洞察力、想象力和创造力，也是中国思想者捍卫自身工作的不可替代性的关键。如果原样照搬当下西方的阐释，就可以回应转型中国的问题，那么这种工作就是可以替代的——因为任何具有政治哲学、法哲学兴趣和英文阅读能力的人，都可以做这样的工作。因此，如果要落实自由、平等、民主、正义、法治这些现代性价值，我们必须通过中国现代转型的政治理想与转型中国的政治、社会—历史条件之间的“反思性平衡”，去建构这些价值在中国的独特规范性要求，以及与之相适应的制度和实践模式。

孙国东：是的。事实上，我在本书正文中提到的政治文明与政治文化的区分，还可以以另一种方式表达出来：“政治价值”与“政治价值观”。前者指涉自由、平等、民主、正义、法治等现代性价值本身，属于具有跨文化普遍性的政治文明范畴；后者指涉关于这些政治价值的某种观点，也就是关于政治价值的具体规范性要求的某种观点及与之相适应的制度和实践模式，它们则属于具有情境依赖性的政治文化范畴。所谓的“普世价值论”与“反普世价值论”之争，论战的双方恰恰都未能把政治价值与政治价值观（政治文明与政治文化）区分开来：一方（“普世价值论”“宪政论”）用（西方的）政治价值观绑架了（现代）政治价值；但另一方（“反普世价值论”“反宪政论”）一味地拒斥这种政治价值观，却忘了解救被对方绑架的（现代）政治价值。打一个可能不太恰当的比方，后者的反应，就像警察把绑匪和人质一块击毙一样，过于仓促和草率而失之审慎和理性了。显然，只有区分了政治价值与政治价值观，我们才能在有效抵御西方“(政治）价值观”的同时，积极探索适合自己的政治价值观（政治价值的具体规范性要求及相应的制度和实践模式)。在我看来，通过中国现代转型的政治理想与结构化情境之间的“反思性平衡”，建构适合中国情境的政治价值观（政治价值的具体规范性要求及相应的制度和实践模式)，是中国法哲学家和政治哲学家进行介入性学理分析和实体性理论建构的关键所在。

未竟课题及其他

钟励：皮埃尔·布迪厄曾说：“我的目标是通过自己的努力，使人们不再对社会世界说各式各样毫无意义的胡话——我之所以著书立说，就是要让人们，首先是那些被授予发言权的发言人，不再能针对社会世界制造那些表面上听起来酷似音乐的噪音。”你的研究是不是也包含着这样的自我期许？

孙国东：如果抛开语境单看布迪厄的这句话，的确包含了学者独立求索、努力创造的自我期许。但我们知道，布迪厄本人所提供的是一套有激进左翼取向的理论。我个人很喜欢阅读布迪厄、福柯包括马克思这样的激进左翼所撰写的文字。他们的文字，常常会给人以“偏执的深刻”的感觉。事实上，布迪厄的这句话，曾经长期写在我个人博客的显眼位置。这当然是我年少轻狂时才会做的事。现在的我对所有针对社会世界目空一切、舍我其谁的论调，都持怀疑态度。谁又能保证你说的这一套，不是另一种“表面上听起来酷似音乐的噪音”呢？一般来说，这种“舍我其谁”的论调，不是具有激进左翼的色彩，就是具有极端右翼的倾向。如果这种论调只出现在思想领域没什么大不了，但是一旦诉诸政治行动，常常会是社会的巨大灾难。晚年恩格斯在阐发历史唯物主义时，曾经提出了一个平行四边形原理：人们创造历史的活动，如同无数力的平行四边形形成的一种总的合力。我个人秉持的“中道理性”立场，更愿意对形成社会进步的“总的合力”的可能方向——也就是平行四边形对角线指向的方位——进行建构和阐述。

龚梓：我知道你想做思想性的工作。但思想性的工作，只有面向大众，才能发挥出最大的社会影响。你这样一本只印刷几千册的书，能对整个社会产生什么样的影响？

孙国东：学术或思想的价值，绝不是依据他的阅读量来评价的。必须承认，在我们这个时代，观看艺术电影的人，肯定会比观看商业电影的人要少得多；阅读孔子和康德的人，肯定会比阅读韩寒和郭敬明的人要少得多。但我们显然不能说，韩寒比孔子更伟大。一般来说，“公知”是以大众化的方式关心一些大众话题；学者要么关心“小众”的问题，要么以“小众”的方式关心大众话题。两者之间，各有各的存在价值，应该互相尊重、相互支援。

钟励：“公知”进行公共言说所依据的就是别人创造的思想，特别是某些西方思想家所创造的思想。只不过，那些原本深奥的思想经过无数人的咀嚼和诠释，变成了可以向大众宣扬的观念或知识。在这个从思想创造到思想传扬的过程中，思想创造者处于始端，“公知”则处于末端——尽管“公知”很多时候只从二三手资料中获得了对某些思想的歪曲解读。按理说，“公知”应该对所有从事思想创造工作的人抱有敬意才对。如果没有思想创造者的工作，“公知”的公共言说岂不就成了“无源之水”？为什么不能相互尊重反而要去敌视思想者的工作呢？

龚梓：我刚才这个问题完全是善意的，是从最大限度地扩大你的思想的影响力出发的。在我看来，你采用了那么多的学术“黑话”（jargon）组织你的思想，这本身就极大地提高了你的著作的阅读门槛，会让很多读者望而生畏，甚至望而生厌。

孙国东：之所以出现所谓的学术“黑话”，与我这本书的读者定位有关，也与思想或学术创造的规律有关。一方面，就像哈耶克会为自己的《通往奴役之路》成为畅销书感到不解甚至不耻一样，我绝不期待自己的著作成为畅销书。这本书并不是一本写给社会大众的书，而是写给同行看的书。另一方面，我们不可能完全撇开既有的思想和学术传统，“闭门造车”地去创造一套全新的思想——那是所谓“民科”或“民哲”的路子，不是属于严肃的学术讨论的范畴。就像我一直努力的那样，我尝试着把“思想性的学术”与“学术性的思想”结合起来，以思想创造引领学术研究，同时以学理逻辑贯通思想创造。我想通过自己的努力沟通学术与思想，这不可避免地要把思想建立在厚实的学理基础上。正是为了衔接各种思想或学术传统，我才不得不采用大量所谓的学术“黑话”。其实，我个人已经做了一些主动降低阅读门槛的工作。我之所以在一部严肃的学术著作中收录了这篇对话体的“跋”，正是为了便于我有限的读者能够较为全面、准确地把握我的思路或想法。

龚梓：那你预期的读者是谁？对他们又能产生什么影响？

孙国东：我预期的读者，是那些有基本的法哲学、政治哲学知识储备，同时又愿意随我一道去深切而又理性地思考中国的历史、现实和未来的人。这样的人在当下世代也许不会很多，但是只要中国想要平顺地完成现代转型的预期目标，就必须主要依赖他们。因为他们是中国“公共理性”（“理性之公共运用”）的主要依托力量，而“公共理性”对中国于现代法律或政治秩序的建构来说是必备的核心要素。在我看来，当下中国的公共领域（特别是网络公共领域）已被我所谓的“基于直觉主义的民粹主义”裹挟，甚至已经成了部分民众激情狂欢的舞台，在公共领域受欢迎的言论常常那些比较极端、出格和具有鼓动性的言论。这当然是十分不理性的。

政治学家格雷厄姆·沃拉斯（Graham Wallas）在《政治中的人性》中曾经探讨过“非理性的移情作用”。举个例子，一个遭遇感情挫折的女人声泪俱下地说：“所有的男人都不是好东西”——她这么说当然是不理性的，因为更理性的说法应该是：“一部分男人不是好东西”；或者“一个叫张三的男人不是好东西”。然而，当一个女人做出这样一个非理性的全称判断时，她却可以很快捕获听者的同情。“非理性的移情作用”，可以解释很多社会和政治现象，比如说，为什么真性情的人（特别是在酒桌上表现真性情的人）更容易交到多朋友？为什么文学作品（包括影视作品）对人物性格的塑造都是性格比较极端、个性比较鲜明的类型？为什么 2016 年的美国竞选中激进的 Trump 可以一路高歌猛进，稳健的希拉里反而败下阵来？等等。在我看来，非理性不仅有“移情作用”，事实上还有“叠加效应”——我们姑且称之为“非理性的叠加效应”。为什么当一个人突然提高嗓门要和我们辩论或者吵架时，我们常常会不自觉地提高嗓门？为什么法国大革命时期获得历史舞台的政治力量越来越激进？为什么当下中国思想界和网络公共领域的左右对峙越来越不可调和？等等。在我看来，它们都与“非理性的叠加效应”有关，当然最终还是以“非理性的移情作用”为基础的。明白了这些，我们就不难理解为什么那些所谓的“公知”、“意见领袖”、在公共论说中取得较大话语权的思想者，乃至在政治普选中获胜的政治家，多秉持某种较为极端、激进的立场？显然，非理性的言论更容易激发和捕获受众的某些情感、情绪乃至情结，如民族主义情感或情结、与自身遭遇相联系的某些道德直觉等。然而，道德直觉可靠吗？这种集体不理性的局面是如何产生的？它是在怎样的历史逻辑、社会背景和政治结构中产生的？……诸如此类的问题，本身就应该成为深入研究的对象。一个严肃的学者或理性的思想者，不但不去对它进行分析和批判，反而去迎合它，是不可思议的。

钟励：在学术史上，凡是那些可以产生巨大学术影响或者社会影响的学者，都会有明确的“主义”标签。这种“主义”标签，既方便了受众的把握，也会极大地便利其思想的传播。在中国，“新左派”“新儒家”“自由主义”这样的标签，就起到了这样的效果。你所谓的“转型法哲学”，似乎只是一个研究领域，而且你本人也明确同意赵汀阳所说的“无立场”方法。你为什么没有加入一个“主义”阵营或者为自己打造一个新的“主义”标签？

孙国东：“主义”标签的产生，也与我前面提到的“非理性的移情作用”密不可分。一种理论学说，如果成为某种标签化——实质上是极端化——的“主义”，就可以借助“非理性的移情作用”迅速产生良好的传播效应，但它也同时具有了意识形态化的潜质或特质——当下中国思想界（如果我们假定存在所谓的“思想界”的话）左右两派的水火不容般的互相攻讦，就表明了这一点。我大体同意盛思吾的一个说法：思想不是“教科书上苍白的痕迹或固化意识形态的同义词，思想是流质，是活火，是生命的自我拷问，是不可能超脱活体的人而存在的，从来只有个人的思想，所谓集体的思想（意识形态）者，不过是大人物们摆弄的一些图谱，而由感受力匮乏又贪图省事的学究以各种概念和逻辑语言去填充而已”。因此，思想不是“站队”，不是“打群架”，不是“一群人的狂欢”，而是思想者基于个人的生命体验和社会政治关怀进行的言说。

“转型法哲学”的确不是一个“主义”标签，我前面提到的“中道的现代主义”算是一个标签，但它并不符合学术传统的常规用法。之所以没有加入一个“主义”阵营，或者另行打造一个属于自己的“主义”标签，一方面是想在纷繁复杂的中国问题面前保持一种审慎和谦卑，另一方面想保持一种我所秉持的理性品格。

如果非要找到一个可以表明我思想立场的标签，“公共法哲学”可能更合适，也更具有学术色彩。“公共法哲学”，不仅是章学诚意义上的“言公”之学，还可以恢复法律秩序作为公共治理秩序的面目，从而增强法哲学对转型中国公共事务的介入性的学理言说能力。而且，经过我的界定和转化，它还可以与“专业法哲学”“政策法哲学”“批判法哲学”形成既互相区别又相互支援的关系。我之所以相对偏爱“公共法哲学”这个标签，因为它只是表明了一种学术旨趣意义上的思想立场，而不是像各种政治意识形态那样，指向的是一种封闭性、排他性的政治立场。

在我看来，要研究中国问题，保持对真实世界的好奇心，远比预先皈依某种政治立场重要。中国历史中的实践进程和当下中国实践中所呈现的历史逻辑，既超过了目前已知的几乎所有思想或理论模式的认识范围，也蕴含着思想创造和理论创新的契机。

辛佐：我记得苏力曾经把转型中国的法律实践，当作在中国推进法学学术创新的“富矿”。他主要是从相对于西方法治模式的中国法律实践的丰富性这个角度来讲的。你在本书上篇提到的非西方世界整体崛起的“五百年未有之大变局”，对中国学者的学术创新来说，也堪称一个“富矿”。我觉得中国学者一定要抓住这个历史机遇，争取创造属于中国的学术话语体系，并使这种话语体系走向世界，在国际上争夺关于中国问题的话语权。

孙国东：我完全同意，当下中国是思想创造和理论创新的“富矿”。但我个人觉得，它包含着更为丰富的内容，你刚才提到只是其中的一个方面，而且还不是最为基础的方面。

我个人认为，当下中国体现了多种历史契机的“起承转合”，这主要表现在三个方面：

第一，世界范围内现代性本身的“起承转合”，也就是辛佐刚才提到的非西方世界整体崛起的“五百年未有之大变局”，在当下给中华文明提供的历史契机，即对现代性历史的“起承”进行反思与对全球性未来的“转合”予以期待之间的相互交叠，为中华文明带来了“贡献世界”的契机。第二和第三个方面，涉及的是中华文明自身不同思想传统的“起承转合”。

第二，中国自晚清以来所面临的“三千年未有之大变局”，给中国“轴心”时代文明遗产的自我超越带来的历史契机，即对中国“轴心”文明遗产的历史“起承”进行反思与对其实现自我超越的未来“转合”予以期待之间的相互交叠，为中华文明带来了实现“自我转圜”的契机。

第三，20世纪以来为回应“三千年未有之大变局”所选择的国家意识形态（马克思列宁主义）在当下为我们带来的新的历史契机，即对中国社会主义实践的历史“起承”进行反思与对其实现自我超越的未来“转合”予以期待之间的相互交叠，为中华文明带来了“自我整合”的契机。

显然，这三个方面的历史契机又是互相叠加在一起的。人类现代史上有两种与资本主义相竞争的意识形态在一些国家被制度化：法西斯主义与社会主义。法西斯主义，已成为历史遗迹，但仍具有死灰复燃的可能性。作为社会主义国家，中国在当下世界具有一个独一无二的特性，那就是我们是世界上唯一主动吸纳资本主义生产方式，同时又取得了巨大实践成效的社会主义国家。正是这种社会主义政治结构和资本主义经济要素共存一体的独特框架，使中国为人类超越“资本主义—现代性”提供了想象空间。同时，“五百年未有之大变局”所激发的对中国“轴心”文明遗产的传承期待，又把中国“轴心”文明遗产的自我升华以及这种遗产与社会主义新传统之间的思想整合推向了历史前台。可以说，当前对中国“轴心”文明遗产的重视，其实是中国崛起的国际背景“倒逼”出来的，是中华文明“贡献世界”的历史契机“倒逼”出来的。显然，建立在中华文明“自我整合”基础上的“自我转圜”，为中华文明以何种形态“贡献世界”提供了文化前提。

对中国来说，如何“接榫、吸纳、转化乃至超越”现代文明秩序，是远未完成的历史课题。总体来看，在晚清以来的历史进程中，中国“接榫、吸纳、转化乃至超越”现代文明秩序，主要是依靠实践主义的“试错”展现出来的。尽管在特定时期我们曾把某种“主义”写在自己的政治纲领和政治议程中，但是一直在根据实践中的“试错”效果不断调整“主义”的内容。改革开放以来之所以取得了巨大的发展成就，既与“中国特色社会主义”所承诺的实践主义取向密不可分，也同它所容纳的相对宽松、允许“试错”的意识形态话语空间有着紧密联系。但是，从晚清以来的历史进程和当下的历史契机来看，没有任何现成的思想或理论足以全面把握其中的复杂性。因此，如何把握“历史中的实践进程和当下实践中所呈现的历史逻辑”，是远远要比我们的想象要复杂得多的事情。正是这种错综复杂的历史逻辑和实践进程，为我们自主的思想创造或理论创新提供了学术“富矿”。同时，它也警示我们：要对实践的复杂性保持更多的好奇心和求知欲，而不是预先宣誓对某种“主义”的效忠。

钟励：我在想，有没有现成的“主义”比较充分地把握住了这种复杂性？

辛佐：显然，“中国特色社会主义”就是充分把握住了这种复杂性的理论体系。因为它可以同时容纳“轴心”文明遗产、社会主义和现代性要素，是当前中国意识形态的“最大公约数”，是我们必须长期坚持的国家指导思想。

钟励：但是，我觉得它存在的一个问题是：由于过于强调中国的特殊性，很难适应国东博士刚才提到的第一个方面的内容，也就是非西方世界整体崛起的“五百年未有之大变局”带给中华文明的“贡献世界”的契机。“中国特色社会主义”对于凝聚国内的改革与发展共识，厥功甚伟。但如果把它当作是“贡献世界”的文化软实力的话语依托，未免显得格局太小。近年来，柯华庆提出的“现代社会主义”，就是试图提升“中国特色社会主义”的话语表达。从官方的角度来看，这或许会是一个不错的选择。但是，“社会主义”的意识形态色彩太浓，似乎不太适合作为学术讨论的范畴。

孙国东：就像资本主义国家不说资本主义而是祭出了“自由主义”这面旗帜一样，社会主义国家也有必要拿出更具有学术争辩空间的话语符号来。从这个角度来看，同时考虑到中国的“路径依赖”，“现代马克思主义”可能是更好的选择。

钟励：如果沿着“转型法哲学”的思路写一本终极性著作，它应该怎样定位？

孙国东：“转型法哲学”，试图围绕转型中国“接榫、吸纳、转化乃至超越”现代法律秩序，进行介入性的学理分析和实体性的理论建构。它其实预设了两个不同层次的研究任务：一是遵循现代化（现代转型）基本逻辑的学理分析和理论建构；二是基于对现代化（现代转型）本身的反思立场的理论建构。显然，本书所做的主要是第一个层面的研究工作，也就是对中国“接榫、吸纳、转化”现代文明秩序（社会政治秩序和法律秩序）进行了部分介入性的学理分析和实体性的理论建构，并没有涉及如何“超越”现代文明秩序（社会政治秩序和法律秩序）的理论建构。在我看来，关于“转型法哲学”的终极性著作，恰恰应当主要着力于后者，这样才可能在米德意义上“不断扩大的共同体”赢得更大范围的普适性和影响力。

钟励：我们是不是可以从中国文化或中华文明自身的演化逻辑来看这个问题？

孙国东：是的。我在本书中曾把中国文化或中华文明现在面临的挑战，与佛教曾经带给我们的文明挑战进行类比。两者的性质都是中国文化或中华文明如何“接榫、吸纳、转化乃至超越”异质的文明体系的问题。从历史上看，佛教和以西方文明为源头的现代文明是中华文化在几千年的文明史上面临的最大两个外部文明挑战，而后者带给我们的挑战无论是广度，还是深度上都远胜于佛教带给我们的挑战，因为它不仅涉及生活世界的个性（自我认同和信仰）和文化（文化再生产的方式和内容）领域的根本变化，还涉及社会领域，以及以社会为背景的经济系统和行政系统运行机制的根本转型。

不仅如此，为了回应中华文明的“自我转圜”问题，在20世纪中国政治、经济和文化等领域制度化的马克思主义，其实又给我们带来了我前面提到的中华文明的“自我整合”问题，即如何整合社会主义新传统、华夏文明、主流的现代性价值及中华文明内部的其他非华夏文明要素（如藏传佛教、中国伊斯兰文化等）。

这里需注意的是，无论是马克思主义还是自由主义，整体上都属于现代文明秩序中的不同文化模式：前者大体上是非主流的模式，即以落实现代性价值中的平等（以及民主）为根本旨归的现代文化模式；后者以落实自由的优先性为旨趣的主流现代文化模式。从思想谱系上看，马克思主义的底色属于现代社会政治思潮中的左翼，而在当代西方发达国家制度化的自由主义总体上其实属于中间派，既有发展为左翼的空间（如罗尔斯式的左翼自由主义或“新政”自由主义），也有发展为右翼的可能（如诺奇克式的自由至上主义和哈耶克式的古典自由主义属于右翼）。但是，它们总体上都是从属于现代性的社会政治思潮。由此可见，中华文明的“自我整合”，其实要比我们想象得要困难得多，不但要完成现代性不同思潮间的整合，而且还要完成中国自身的不同古典性传统之间的整合，更要把两者整合成一个相互兼容的思想体系、文化体系乃至文明体系。继续拿佛教来类比的话，我们知道，中华文明花了超过 1100 年时间才完成“接榫、吸纳、转化乃至超越”佛教的历史任务；而从利玛窦来华（1582 年进入澳门）算起，我们与西方文明的遭遇迄今刚刚 400 余年。

我个人认为，我们现在所处的阶段，非常类似于唐朝时期。中央马列著作编译局以及邓正来先生、刘小枫先生、刘东先生等所做的移译西典工作，在很大程度上类似于玄奘当年所做的逐译佛经工作。无论是从马克思主义的意识形态化角度或者采取更具学术性的方式（如前些年盛行的“中国模式论”）对西方主流文化模式的批判，还是从儒家或中国文化的角度对西方主流文化模式、马克思主义文化激进主义的反思，都类似于韩愈当年所做的“劈佛”工作——只不过，我们现在面对的是现代性的“双头身”，而且这“双头”本身还是相互拉扯的。显然，这种类型的批判和反思，都只具有局部性和阶段性的历史意义。要想真正“接榫、吸纳、转化乃至超越”现代文明秩序的历史使命，我们必须能够提供替代性的文明秩序机理——就像朱熹的理学所做的思想创造工作一样。或许，要完成这样的工作，我们只能像《中庸》所说的，“百世以俟圣人而不惑”；或者如孟子所言，“五百年必有王者兴，其间必有名世者”——我当然不是期待所谓的“圣王”，而是寄希望于可挑战思想格局的“思想巨人”。

钟励：很多论者（特别是古典自由主义或“儒家自由主义”论者）无视马克思主义这个传统，甚至把与之相适应的政体结构视为一种过渡性的政体形态；但他们其实对中国作为“跨体系社会”“中华民族多元一体格局”的政治共同体结构，以及与之相适应的中国作为超大规模型国家的组织机理，缺乏深刻的体认。

孙国东：的确是这样。马克思主义（特别是列宁主义）在中国得以制度化，固然有政治博弈和军事决战等历史偶然性因素，但其背后也有着充分的历史社会学和政治社会学依据——杜赞奇关于国民政府时期政权“内卷化”的分析，已经部分揭示了这一点。单一的儒家或者自由主义模式，如果可以完成“中华民族多元一体格局”的现代建构，一百年前它们就有着比现在大得多的施展空间和舞台，但它们为什么最终都失败了呢？就儒家来说，想想康有为为什么在张勋复辟前后会放弃衍圣公，转而支持以皇帝为政治认同的核心建构现代中国，就不难明白；就自由主义来说，想想孙中山为什么在1914年创建中华革命党乃至后来“以俄为师”、开展“国民大革命”，也不难知晓。

单一的儒家方案和自由主义方案的失败，绝不能简单归结为在政治博弈和军事较量上的偶然失败，它们有着更深的政治社会学和历史社会学逻辑。如果以辛亥革命推翻帝制为思考起点，其根源在于它们都无法填补“后帝制”时代中国作为超大规模型国家的“组织化真空”，即在国家与社会的再组织化基础上实现政治统一和主权独立。如果说，儒家的问题在于它在“后帝制”的民主共和时代缺乏兼具合法性和可行性的内在组织资源，同时完成国家与社会的再组织化，那么自由主义的问题则在于其个人本位的国家和社会组织方式，在当时无法确保“中华民族多元一体格局”在现代条件下的政治统一。从另一方面来看，马克思主义之所以能够在中国制度化，则根源于20世纪出现的列宁主义建党模式，有效地填补了“后帝制—后儒家”时代中国作为超大规模型国家的“组织化真空”，也就是以共产党兼具政治和社会组织功能的“全涉型”组织结构，实现了国家与社会跨民族、跨阶层、跨地区和跨行业的再组织化，从而及时且有效地填补了传统中国由皇权专断（中央集权制、郡县制）、士大夫理政或辅政、科举取士、宗族制度、士绅制度、“耕读传家”制度等行政整合和文化整合机制消失后留下的“组织化真空”。当然，正如我在本书中指出，由此我们也面临着国家治理现代化的历史课题，也就是如何使其转型为受民主、法治监控并促进社会正义的永续国家模式。

我讲这些背景，当然不是说我所谓的“作为转型法哲学的公共法哲学”，就可以完成朱熹那样的大思想家可以完成的工作。毫无疑问，这种级别的大思想家，既是中华文明的福音，也是人类的福音，不是我等庸常之辈可以望其项背的。但我们至少可以以此为历史视野、问题意识和学术担当，做一些前提性、奠基性的工作，也就是为这种思想家最终建构“接榫、吸纳、转化乃至超越”现代文明秩序的思想体系，做一些思想和学术的铺垫工作。

薛玖：但是，这么宏大的思想创造工作与法学或法哲学有什么关系呢？它难道不是中国哲学、儒家思想、马克思主义研究的学者更应该考虑的问题吗？

孙国东：这涉及我们如何理解现代文明秩序及其对中国的挑战。我在前面提到过，现代社会政治秩序是以法律秩序为基础形成的；相应地，从中国文化的现代转型来看，它在根本上其实是一种世界观的转型，也就是我所谓的从“天理世界观”转向“法理世界观”。如果同意现代法律秩序的建构及相应的“法理世界观”的形成，是中国现代转型的核心课题，那么可以“接榫、吸纳、转化乃至超越”现代文明秩序的思想体系，应当主要是一种法哲学的思想体系——至少，法哲学应是其核心内容。

薛玖：如果这么看，你设想的“转型法哲学”的终极著作应当是什么样的？你能举出类似的著作为例吗？

孙国东：我觉得我们似乎可以拿罗尔斯的《政治自由主义》和哈贝马斯的《在事实与规范之间》作为类比。在我看来，这两本书建构了当代西方捍卫和改良现代政治秩序 / 法律秩序的主要想象空间。罗尔斯的《政治自由主义》（而不是《正义论》），以“最低纲领的自由主义”有效地回应了当代文化多元主义（“理性的多元论事实”）对自由主义政治秩序的挑战，哈贝马斯的《在事实与规范之间》则在现代性的框架内拓展了西方的民主合法化空间。如果说，罗尔斯为捍卫和改良西方现代宪政模式做出了巨大的理论贡献，那么哈贝马斯为捍卫和改良西方现代民主模式做出了突出的思想贡献。两人合在一起，为捍卫和改良西方宪政民主做出了历史性的贡献。

一本为中国现代法律秩序或政治秩序的建构服务的著作，也应该具有这样的担当和抱负。与具体制度层面的设计相比，它应该更关心的是关涉罗尔斯意义上的“宪法根本”（constitutional essentials）和“基本正义事项”（matters of basic justice）的制度原理。与学者相比，政治家显然更擅长设计制度。而且，在我看来，很多制度之所以难以建立或建立起来后难以施行，主要与这种制度背后所承诺的政治理想或价值理想，还没有获得真正的认同有着更为直接的关系。因此，从规范性层面上建构适合转型中国政治与社会—历史条件的规范性体系，是政治哲学家和法哲学家的职责所在。

薛玖：你刚才只是说到了它的基本定位，我想知道的是，如果真像你说得那样，为什么没有人能写出这样的一本书呢？它的难度究竟在哪里？

孙国东：除了个人的天赋和资质方面的限制以外，主要与诸多前提性工作有关。由于众所周知的原因，诸多需要开展介入性分析的前提性工作面临着论说空间十分有限的局面；这些前提性的工作，由于远未形成集体共识，很多时候需要做一些澄清乃至宣扬工作；同时，很少有人在与“转型法哲学”相同或类似的思想方向思考一些前提性的问题，因此，必须首先完成对一些前提性工作的研究；等等。借用我的同事陈润华兄的一个说法，要完成这样的一本书，必须首先完成一系列“清理地基”的工作，而且这种工作的展开还面临着诸多客观限制。

薛玖：天赋的问题应该不是太大的问题吧。自然天赋决定了一个学者可以达到的学术高度，但后天的努力方向及努力程度则决定着一个学者可以达到的最低水平。只要你沿着自我期许的方向努力，应该是可以无限接近地完成这样的任务的。

孙国东：其实，更难的还不是这些，而是与“普适性”有关的问题：如何把这样一种基于中国情境的理论建构提升为一种具有跨文化的普适性的学理言说？这个问题之所以会是更核心的难题，是因为只有哈贝马斯意义上的“内在批判”路径或者罗尔斯意义上“现实的乌托邦”式的政治哲学和法哲学建构，才会是兼具“可欲性”和“可行性”的学理建构。如果我们建构的只是从中国的文化典籍中寻找灵感，但与现实不涉的“乌托邦”，比如近年来关于“天下观”“天下体系”的论说，正如葛兆光批评的，它只能纯然是一种“乌托邦想象”，将极大地弱化对现实的范导作用。在本书中，我曾把这种方式建构的中国文化认同叫做“典籍性的文化认同”。这种理论建构方式，显然是要予以否定的。我们固然不必臣服于实践，但应当大致同实践的走向——至少是它的可能走向——保持一致，从而确保规范性空间的可行性。如何把握转型中国的实践走向，并建构基于中国情境的“现实的乌托邦”，同时还要确保它具备跨文化的普适性？这的确是非常大的难题。

钟励：从这个意义上说，中国人要完成这样一部著作，要比哈贝马斯和罗尔斯完成那样的著作要困难得多。他们所依托的是过去五百年内被认为具有普适性的一套价值体系。在他们之前，从霍布斯到洛克，从孟德斯鸠到密尔，从卢梭到康德，从联邦党人到托克维尔，无数先贤尽管各有歧异，但都为这套价值体系的确立贡献了智慧。

孙国东：尽管基于中国情境的理论建构面临着十分困难的局面，但在我看来，只要中国不能产生一大批可以代表现代中国价值观的政治哲学或法哲学著作，中华文明“贡献世界”就只能停留在我们的“天朝迷梦”中。显然，站在这样的高度来看，无论是我本人，还是所有其他中国政治哲学和法哲学从业者，目前所做的工作都是远远不够的。

钟励：我们这一代人恐怕是无法完成这样的著作了，但至少可以做一些你所说的“清理地基”的工作。在你看来，有哪些前提性的学术工作可以做？

孙国东：本书其实已经做了一些“清理地基”的工作，比如我对“邓正来问题”的进一步阐发、对转型中国法治观的建构、法治社会层面的“差序格局”的积极回应、对“底线正义”的探究、对“关联性正义”的建构、对文化正义（文化认同建构法则）的探讨等等，都属于这种性质的工作。接下来，至少还有三个方面“清理地基”的专题工作要做。

一是对民主和立宪主义（constitutionalism）的“学理格义”，特别是对中国情境中的“人民共和”进行介入性的学理分析乃至实体性的理论建构。尽管这一论题目前的论说空间十分有限，但它既是转型中国国家治理现代化的历史使命所在，也具有很大的理论创新空间。在这方面，把我在前面反复提到的“政治价值”与“政治价值观”区分开来，尤显必要。这就需要我们把民主立宪政体所承诺的现代政治文明精神，同它在西方国家的制度化形式（制度和实践模式）剥离开来。只有这样，我们才能建构和完善既符合现代政治文明要求、也符合转型中国实践约束条件的现代民主立宪政体。“人民共和”作为中国国名的核心内容，既表征着中国以社会主义道路推进政治现代化的独特政治模式，其所包含的“共和”精神也是可同时与政治现代性的要求、中国古典传统相接榫的政治理念。换句话说，它可能成为在中国情境中“打通中西马”的一个政治哲学突破口。如何结合中国现代转型的政治理想与其实践约束条件，对“人民共和”进行介入性学理分析和实体性理论建构，是中国情境中政治哲学和法哲学研究的重要课题。

二是关于中国文化之现代转型的研究，特别是我前面提到的以“从天理世界观到法理世界观”这个分析框架，来把握晚清（乃至宋明）以来中国人在世界观上的历史转型。此前，关于这个论题的研究，主要是在中国哲学和中国思想史领域进行的。但是，这种局限于学科视野的研究，一般都是对思想观点的罗列或堆积，既缺乏社会史维度的考察，也没能真正清理出其中的历史逻辑，并不足以把握近代中国文化转型的性质。在本书中，我已经提出了“从天理世界观到法理世界观”这个分析框架，并做了初步的分析。但仍需做更为系统的论证，其难题在于如何把握现代中国的文化转型与中国现代法律 / 政治秩序的建构之间的关系，特别是如何从思想史和社会史相结合的角度把握和论证“从天理世界观到法理世界观”在晚清（乃至宋明）以来的中国历史中的逻辑展开等。这个专题涉及前面提到的中华文明的“自我转圜”问题，对于我们深入把握中国现代转型的“思想母体”有直接的学术意义。

三是关于中国式马克思主义的思想清理和理论建构。对此，我们需要把 20 世纪以来中国的马列主义思潮，放在中国现代转型的各个历史节点中进行把握和阐释，同时借鉴西方马克思主义、现代政治哲学、中国哲学等思想资源，对它的未来形态进行理论上的建构。这方面研究的难度比较大。其核心难题在于：如何建构马克思主义与现代性的社会政治原则之间的关系？而这一难题的关键又在根本上指向了对列宁主义要素、马克思主义要素与传统文明遗产等在现代条件下的重构。除了理论上的这一难题，我们还面临着实践中的难题：一方面是如何在历史阐释的基础上，把马克思主义建构为一种首先对当下中国人具有价值吸引力的规范体系，本身面临着挑战；另一方面，我们虽然是奉马克思主义为意识形态圭臬的国家，但中国学者主要是把它当作封闭的意识形态进行把握和阐释，忽视了马克思主义自身的开放性。这个专题的研究，直接涉及前面提到的中华文明内部的“自我整合”问题，其实是建构中国现代文化认同的关键环节。

前两个专题，大体属于“接榫、吸纳和转化”现代文明秩序的问题；最后一个问题则为我们“超越”现代文明秩序提供了想象空间。对这些问题，我个人接下来应该都会展开探索和研究，也期待其他有兴趣的学人一道来推进对这些问题的深入思考。

我把“转型法哲学”的终极目标及“清理地基”的工作说出来，是想提请有着类似关怀或兴趣的读者与我一同努力。我始终相信：无论是学理探究，还是思想创造，都需要在学术共同体内部充分发扬“沟通理性”。这种“沟通理性”不仅会极大扩展学术研究的视野，更在很大程度上构成了评判学术研究“真理性”的前提——如果我们认同皮尔斯—哈贝马斯的意义上的“共识真理论”。因此，我个人特别期待和欢迎有类似关怀或兴趣的读者，对拙著及未来研究计划提出建设性的意见或建议。

如果说学术的生命在于创新，那么其创新不过是无尽思考的产物，特别是在前人（包括自己）停留之处不懈思考的产物。这种不懈思考，既在客观上受制于学术共同体在特定时间内已然获致的总体认知水平，亦在根本上决定于研究者自身的学术视野和思想能力（特别是思想创造能力）。由于时间、篇幅特别是视野和学力的限制，我目前的思考只能暂时止步于此了。如果我的这些思考是有意义的，希望我自己或其他学界同仁能够在我目前停留的地方继续思考。

2015 年 10 月 19-22 日初稿于美国圣路易斯
2015 年 10 月 24-26 日二稿于美国圣路易斯
2016 年 5 月 23 日三稿于沪北寓所
2016 年 10 月 31 日四稿于沪北寓所
2017 年 3 月 20 日五稿于复旦光华楼
2017 年 5 月 12 日六稿于沪北寓所
2017 年 10 月 27 日定稿于复旦光华楼

致　谢

本书尽管不能说是我“十年磨一剑”的产物，但的确是对我十余年来法哲学探索和研究实践的一个阶段性总结。早在大一上学期，主要源于对苏力的阅读，我便对西方法学理论与中国法律实践的情境错位，有了初步的体认。这种体认使我在武汉大学法学院读研究生时，初步形成了自己的法哲学研究取径——我那时称其为“法哲学思辨与法社会学考察相结合”。我的硕士导师徐亚文教授，在我研究兴趣形成的过程中对我的启迪和引导，在我学问人生道路面临重大抉择时对我的热忱鼓励和极大帮助，使我得以成长为今天的自己。“饮其流者怀其源，学其成时念吾师。”尽管目下的我还远未及“学其成时”，但我始终感念徐老师的提携抬爱之恩。

2006年以后，我的问学之路便与邓正来先生紧密联系起来。于我而言，邓先生既是学问导师，亦是人生伯乐。与他的深度结缘，使我的学术视野和人生阅历均有了前所未有的提升。仅就前者来说，他让我有幸徜徉在由他敢为先的学术担当、无学科的学术视野、不从俗的学术品位及不世出的组织能力共同锻造的学术世界中，既塑造了我的学术取向，亦使我逐渐找到了实现自身学术理想的路径。而且，本书阐发的“公共法哲学”，力图以更具学理性的公共关怀、更具介入性的学理分析和更具实体性的理论建构，回应他在《中国法学向何处去》中开掘出的思想空间。因此，对他再怎么表达感谢都不为过。

我所在的复旦大学社会科学高等研究院，以其跨学科、国际化的学术氛围，为我的研究提供了诸多便利。郭苏建老师、顾肃老师、刘清平老师及陈润华、林曦、王中原等同道，为我提供了持久的智识激励。特别是郭苏建老师，不但对我提携有加，抑且在为人处世方面谆谆教导，堪称我人生路上的良师益友。付清海、舒彩霞等同仁，亦给我的研究和工作提供了诸多帮助，在此一并申谢。

2013 年以来，复旦高研院建立了“年度主题”（annual theme）这种旨在进行跨学科整合的新型学术组织和运行机制，并利用这种机制推进关于转型中国的诸多战略性、前瞻性和基础性课题的研究。本书第四章和第六章，便是基于我参与 2014 和 2015“年度主题”学术工作坊成果修改而成的。因此，我要感谢高研院成员及刘建军、吴冠军、汪仕凯、赵杰、赵小斐、张冬冬、宋道雷、涂云新、李辉、王峰诸君，对本书部分早期成果的批评或建议。

我对“社会—历史分析”的重视，直接受益于黄宗智（Philip C. C. Huang）先生的教导。2008 年春夏之交，一次偶然的机会，我得以作为旁听生参与黄先生在中国人民大学主持的“社会、经济与法律的历史学研究”研修班。这次短暂的研习经历，让我对黄先生的研究取径及“社会—历史分析”的重要性，有了深刻的体认。同时，研读汪晖先生的系列论著，使我逐渐找到了对转型中国进行“社会—历史分析”的门径，并坚定了我采取“政治哲学建构与社会—历史分析相结合”之研究取径的信心。因此，我想对两位前辈的教导或启迪，致以特别的谢意。

拙著的完成，直接受益于我与吴励生、魏敦友二君长期以来的学术讨论。早在 2007 年，我即与魏敦友君就中国法哲学的建构，进行过多个回合的学术对话。入职复旦以来，我们二人又与吴励生君形成了“三方对话”的关系。他们对本书“上篇”的早期版本既给予了较高的评价，亦提出了真诚的批评，对拙稿的完善有莫大的助益。而且，他们在相关论著中都曾较为系统地回应了我早期的相关成果。吴、魏二君本是我老师辈的学者，能与他们形成亦师亦友的关系，实乃我三生之幸也。在此，亦恳请他们原谅我未能专文回应其研究成果，而是采取了更具建设性（“自己讲”）的方式，探究了我们共同关心的论题。

我想特别感谢三位学术前辈——慈继伟老师、许章润老师和阎云翔老师——一直以来对我的思想激励和学术鼓励。早在读研究生时，我便有幸得继伟老师兼职武大之便，听过一场他专为我们法学理论研究生所做的讲座。可叹我当时学术积累和社会阅历皆有限，无法充分领悟他分析和批判虚无主义的理论关怀。后来才逐渐意识到他的研究与我的关切之间，有着多么切近的距离。作为汉语世界政治哲学研究的执牛耳者，继伟老师的作品一直都给我带来了极大的智识激励和思想愉悦。本书第六章（《从“反正义的公平”到底线正义”》）初稿发给他后，他不但认真阅读了我七万余言的长文，抑且提出了颇具洞察力和建设性的意见，使我的思考更趋深入和完善。作为“当代梁漱溟”，章润老师一直是我治学和为人的榜样。他深切的政治担当、深浓的文化情怀与深厚的学术及文字底蕴，一直激励着我的学问人生之路。他不但容忍了我对他严苛的学术批评，还邀我与他领导的团队深入交流，对我的研究多有鼓励和帮助。作为汉语世界最具国际声望的人类学家，云翔老师对转型中国的人类学观察和社会学洞察，常常能让我强烈地感受到社会科学的魅力：社会科学既可以对社会现实进行描述性和解释性的把握，亦可以为社会的反思性发展保留规范性的想象空间。本书第五章的研究，既是以他的相关研究为基础，亦从他的批评意见中获益良多。

我还想特别感谢美国圣路易斯大学哲学系教授 William Rehg。作为国际著名哈贝马斯研究学者，Br.Rehg 不仅是我在美访学期间的合作导师，并且近十年来一直对我的哈贝马斯研究提供了不懈的支持和悉心的指导。在美期间，他不仅对我的研究和生活提供了诸多便利，还宽容我因研究兴趣的转移将大量时间放在了本书的写作上，使本书写作有了充分的时间保证。Rehg 还友好地邀我与爱人赴他所在的耶稣会士居住社区参观，使我们有机会与包括他在内的数位耶稣会士共进晚餐、共话哲学、共论人生——这次不寻常的经历，既让我对人的纯粹和宗教信仰的虔诚有了前所未有的直观体认，亦让我对守护自己的精神世界有了更强烈的自觉和更坚定的信心。

本书的部分内容，得益于我与两个小型学术团体成员的交流。一是由段忠桥教授作为牵头人，2013 年在中国人民大学哲学系发起成立的“政治哲学学社”。忝为学社的发起人之一，我有幸利用学社主办的学术论坛，与段忠桥及韩水法、姚大志、刘擎、任剑涛、徐向东、周保松、罗骞、周濂、葛四友、王新生、李佃来诸君深度互动。二是我在美访学期间与圣路易斯大学哲学系博士生袁翀、李鸣鹤组成的“道德哲学和政治哲学小组”——这个临时小组其实并不具有这样的名称，但却具有实质性的学术内容。在美期间，袁翀、李鸣鹤的友善和耐心，为我这样一个不会开车、亦不长于打理生活的人提供了莫大的帮助。每周五趁着去中国超市买菜的机会与他们聚在一起，就着中餐馆的饭菜纵论人生、辩论哲学的那段时光，尽管后来因交往圈子的扩大只维持了几个月，但却是我在美期间最珍贵的回忆之一——事实上，亦是我学问人生道路上最值得回味的场景之一。记得第六章《从“反正义的公平”到“底线正义”》成稿后，他们打印出来，一字一句、一段一段地与我讨论其中所涉的学理问题，细致地纠正了我的思维跳跃和逻辑错乱，对拙稿的完善起到了很大的帮助。

本书在选题、成稿或出版的过程中，还有幸得到桂晓伟、曹晋、孙笑侠、马华灵、甘德怀、王小钢、贺东航、张薇薇、张晓燕、张雺、胡春阳、桑玉成、林尚立、陈明明、唐亚林、刘季平、苏长河、陈周旺、王铭铭、舒国滢、谢晖、汪习根、姚建宗、於兴中、高全喜、杨春福、沈国明、马长山、李桂林、张小劲、景跃进、陶庆、朱德米、申建林、张光杰、王志强、侯健、郑戈、萨姆理（Samuli Seppanen）、王凤才、邓安庆、汪行福、强世功、孙英刚、熊易寒、包刚升、李辉、刘小平、邹立君、朱振、吴彦、王庆明、韩永初、杨国庆、曾誉铭、郭俊义、王勇、王峰、丁轶、张翠梅、王家国、邹益民、沈映涵、李蕾、郭杨骞、蔡宏伟、周红阳、张海斌、廖奕、沈国麟、陈乔见、张龑、蒋海松、刘练军、陈柏峰、刘拥华、翟一达、孙晶、张怡、陈军、邬红伟、叶祝弟、于浩、赵信敏、王登辉、王治政诸君的鼓励、批评或建议。

我的岳父杨华教授、岳母蒋可心教授本身亦是学者，他们不仅为我树立了为人为师为学的典范，还对我爱若己出，生活上千般呵护，事业上百般叮咛，为我提供了难得的治学环境，值得我用一辈子去感恩和回报。

我的母亲丁启英及三个姐姐和弟弟，一直宽容我专注于没有多少现世收益的梦想。尽管他们无法读懂我的文字，甚至也无法理解我选择的这种生活方式及其意义，但我们很大程度上共同面对的生活和社会环境，其实早已嵌入我个人学术研究的问题意识中。我的父亲讳孙天启，已无法再读到我的文字；但正是他所具有的士人气质及言传身教塑造了我的底色，并使我坚定地走上了他或许本应走上的问学之道。

我的爱人杨晓畅博士，作为学术讨论的理想对话者，常常能给我根本性的启发；作为拙稿的第一个读者，她亦常常能对拙稿的完善提出决定性的建议。她对罗尔斯的专精，为我深入把握其精深的正义理论提供了诸多便利——这尤其体现在本书第六章和第八章的成稿过程中。作为人生伴侣，她不但以特有的温婉、智慧和清雅，为我营造了温馨而不失浪漫的家庭环境，抑且以独具的超然、从容和本真，支持我献身于可填实生命之厚度、超越生命之长度的学问。是故，我想把这本我目前能写得最好的书献给她。

2017 年 10 月 28 日于沪北寓所

在拙稿定稿后，慈继伟、赵汀阳、许章润、季卫东、刘擎、孙笑侠、谢晖、魏敦友、郑戈等前辈认真阅读了拙稿，并撰写了中肯而不失犀利的推荐评语。他们的积极肯定，特别是慈继伟老师认为我所做的学术工作“更像是做霍布斯式的开创性努力”的溢美之词，让我既受宠若惊，亦颇感惶恐。我权当是他们对我的激励了，但愿我今后的努力能完全配得上他们的赞誉。郑戈贤兄还为拙稿的出版积极联络了多家著名出版社，尽管最终有负雅意，但其高情厚谊，仍使我铭感不忘。柯小刚贤兄为拙稿题写了书名，令拙稿增色万分。中国法制出版社马颖编辑和王雯汀编辑可贵的学术情怀和杰出的职业品质，使得拙稿得以顺利且高质量的出版。在此并致谢忱。

补记于 2018 年 10 月 20 日

推荐者说

孙国东的《公共法哲学：转型中国的法治与正义》是一部很有学术与思想价值、值得出版的书稿。作者有抱负，有思想者和公民的担当，有学术素养，有想象力，有创见，有原则，有政治成熟，有自己的声音，甚至有自己的体系至少是系统。

这部著作主要致力于“清理地基”（作者语）的工作，而中国法哲学现在最需要就是这种工作。这种工作包含对作者所说的“公共法哲学”之性质、任务及意义的澄清，包含对中国社会的相关现状和历史的理解和判断，也包括对潜在的思想资源的梳理和取舍。在这些方面，作者都做出了系统、清晰、审慎和有相当深度的思考。这种工作的性质也决定了作者必须超越狭义的法哲学，广为涉猎政治哲学、历史、政治学、社会学、历史社会学等多个领域。作者在这方面的尝试表现出了良好的专业素养、学术判断力、尤其是在思想层面的整合力和解释力。

这种“清理地基”工作的很大一部分就是提出、梳理、澄清并确定相关的问题，也就是在中国当下的情境中以“转型法哲学”的面目出现的“公共法哲学”所要应对的问题。在这个意义上，“清理地基”工作的起点必须是清醒的、审慎的“问题化”。这就是为什么作者用了很大篇幅（即整个“上篇”）确立问题的由来、性质和意义。值得商榷之处是，尽管邓正来教授在这方面的角色毋庸置疑，作者的处理方式有时显得太过个人化，最好做适度调整。

在“清理地基”的基础上，作者也做了不少相当有意义、有成效的建构。可以说，作者主要的学术范式来自于哈贝马斯和罗尔斯。他对这两位思想家的理解纯熟而不浮浅，因此远非简单的照搬而是基于中国问题和中国实际的参考和使用。在方法论和问题意识方面，作者更接近哈贝马斯，对中国已经进入但尚未完全进入后习俗道德意识（以及更广义的后形而上学知性意识）这一根本转型有准确和稳妥的把握，同时在总体上显然倾向于用哈贝马斯所说的商谈方式处理公共法哲学的根本问题。但是，这并没有妨碍作者以罗尔斯（而非哈贝马斯）的方式提出实质性的规范原则，包括在修正罗尔斯基础上提出的适用于中国国情的正义原则。值得一提的是，作者在这方面的尝试有很大难度。哈贝马斯和罗尔斯所做的工作在很大程度上是对已有的（现当代西方）政治、法律制度及文化的有选择的、规范性的提炼、发挥及延伸，这就是为什么当罗尔斯谈到 property-owning democracy 和 liberal socialism 等尚不存在的制度安排时显得苍白无力和缺乏想象力。相比之下，在某种意义上说，在当今中国的情境中做系统的法哲学理论建构更像是做霍布斯式的开创性努力，其挑战性可想而知。鉴于此，作者的建构性尝试实为不易，其成果（不论有何争议）弥足可贵。加之，作者对中国国情表现出了系统的敏感（如作者使用的“法治社会层面的差序格局”和“法治国家层面的政党—国家”等概念），更使得这种建构具有成熟的建设性和潜在的实践意义。

如果要我指出一个遗憾，那就是作者在思考公共法哲学时基本上没有考虑经济制度安排。这种做法难免会带来一些问题。比如，“永续国家”的概念，如果放到西方情境中，难免会预设资本主义经济制度的“永续”。迄今为止，尤其是“二战”之后，西方自由民主法治国家的“永续性”在经验层面上是与资本主义的“永续性”密切相连的。然而，资本主义的“永续性”是一个很有可能并不成立的预设（见 Wolfgang Streeck, Paul Mason 等），相应地，西方自由民主法治国家的“永续性”

也就成了一个问题而不是定论，除非后者具有独立性，而这又是尚待证明的。这一质疑仅供作者参考。

最后，我热情并毫无保留地推荐这部优秀的学术专著。

——慈继伟（香港大学哲学系教授）

孙国东教授的《公共法哲学：转型中国的法治与正义》一书不仅分析了法哲学的理论问题，同时还分析了中国情境，他试图调和诸种正义观之争，给出一种近乎第三条道路的正义观。其中最有新意的是提出了“关联性正义”的概念，强调了理论和实践、原则和情境之间所需的协调关系，这是一个很值得思考的问题。

——赵汀阳（中国社会科学院哲学研究所研究员）

孙国东博士的著作《公共法哲学：转型中国的法治与正义》是一部兼具学术创见与思想探索的力作。著作针对转型时期中国法治与正义的关键问题，力图通过“公共法哲学”的建构提出系统而深入的理论回应。作者体现出敏锐的问题意识、开阔的学术视野、批判性建构的理论综合与跨学科论证的水平以及用理论有效回应实践问题的能力，在青年学者中实属罕见。

尤为可贵的是，作者秉持公共理性的精神，充分介入了与当代中国思想界不同立场和流派的对话争论，使其论述反映出当代中国学界的前沿水平。这部著作因为涵盖了相当广泛的议题，在理论建构的体系化程度上或许尚未完全达到作者预期的抱负，但其深度与创见在中青年学者的作品无疑属于第一流的水准。我由衷地、毫无保留地强烈推荐这部优秀著作的出版。

——刘擎（华东师范大学政治学系主任、教授）

在一个转型社会，失范现象频现，需要通过公共哲学来重建社会的基本共识。当然，“以法为公”也是一种历史选项。还有舆论以及公约，对于公共性的界定都具有重要的意义。但在人际关系网络非常发达的条件设定下，复杂的互动过程有可能不断解构那种具有普遍性的价值体系，使得公共哲学的命题越来越碎片化、相对化。为此，我曾经提倡一种新程序主义作为在中国语境里建构公共哲学以及法治秩序的础石。国东的新书《公共法哲学：转型中国的法治与正义》以哈贝马斯的沟通行动理论为基本框架，从中国的现实问题出发，把程序民主的原理嵌入法律秩序的建构，试图演绎出中国式的公共法哲学。这样的尝试颇有雄心，也值得给予适当的关注和评价。

——季卫东（上海交通大学凯原法学院凯原讲席教授）

本书概分上、中、下三篇，起于社会—历史维度，聚焦于中国法哲学的“元问题”，而以正面回应中国转型正义的“三大结构化情境”收束。经此作业，作者旨在建构“公共法哲学”的知识形态，并阐发一种“作为转型法哲学的公共法哲学”的理论模式，而以“转型法哲学”的理论模式承载“公共法哲学”的思想立场，可谓心思周密，别开新面。

为此，作者采取政治哲学建构与社会—历史分析相结合的研究进路，力争超越当下中国的左右之争，倡行中道理性的稳健立场，既避免封闭的“中国特殊论”，亦警惕“去情境化的普遍主义”。基此，标榜“反思性情境主义”的审慎品格和“内在批判”的建设性方式，并贯通运用于致思行文。

作者循沿此径，次第提出了四大核心理论主张。此即现代社会政治秩序以法律秩序为基础，故而，法哲学堪称“第一哲学”；重点考察“前司法”甚或“前法律”的立国、立宪、立教、立法和立人等议程；“公意政治”与程序主义的人民主权观；区辨现代性价值形态与其制度和实践形态，分清现代性价值与其具体的规范性要求。——凡此种种，逐一梳理，清晰论证，时见辟论。

揣其心志，度其旨趣，凡此作业，不外旨在抉发中国转型的理论思想资源，从而建构中国现代法律秩序。作者多年沉潜于此，凝神敛智，多有心得，独树一帜。其理论视野宏大，家国忧思情见乎词，却又不失理性的冷峻。而全书结构自洽，论证有序，行文流畅，实为难得之佳作。

——许章润（清华大学法学院教授）

中国社会如今面临着公共话语撕裂、有正当性赋予能力的理论缺失的困境。自由主义、新左派和新儒家凭借直觉式的对转型中国一些关键问题的把握，各执一端，无从对话，虽然间或有策略性的结盟。一种能够超越派系斗争、立基于对中国转型实践的深度体认、而又体现着某种能够凝聚共识的价值追求的公共哲学可谓是时代之亟需。孙国东博士的这本书不仅回应了这种需求，而且回应得恰如其分。

全书从一些最为基础的共识出发，包括中国现代化进程的不可逆转性以及法治在现代“永续国家”治理体系中的核心地位等，推导出法哲学作为中国现代转型之“第一哲学”的命题。进而在此基础上顺理成章地以法哲学为枢机建构出一套统摄法律之国家前提、立宪基础、文化依托和社会基础的反思性理论体系。全书既是一种公共哲学的表达，也是一种公共哲学的实践。它主动介入了与当代有代表性的且有公共影响力的知识流派的对话，并试图在思想层面构建它们彼此之间的对话，以期贡献于“公意”之形成。由于全书格局宏大，内容复杂，在某些环节上还有论证不周之处，但这些都无法遮蔽本书作为一部有深度、有担当、有知识贡献的学术力作的光芒。

——郑戈（上海交通大学凯原法学院教授）

孙国东博士的《公共法哲学：转型中国的法治与正义》，既是对作者自己十余年法哲学研究的总结，也是对他的老师邓正来教授法哲学研究成果（特别是“理想图景论”）的阐发和推进。

该书试图在“专业法哲学”、“政策法哲学”和“批判法哲学”之外，阐发并呈现“公共法哲学”的思想立场，并以“转型法哲学”的理论模式承载这种思想立场。该书采用了政治哲学建构与社会—历史分析相结合的研究路径，对“中国法律理想图景”、中国情境的法治与中国情境的正义等三个关涉中国现代法律秩序的根本问题，进行了介入性的学理分析和实体性的理论建构，无论是对于我们深入把握中国现代法律秩序建构的法哲学原理，还是对于提升和拓展法哲学在中国公共思想界的言说能力和话语空间，都具有探索性和示范性的重大学术意义。

在该书中，作者既充分展现了对法哲学、政治哲学、社会理论、法律社会学、法律文化、历史社会学等多学科理论和知识的驾驭和整合能力，也以“内在批判”和“反思性情境主义”的建设性立场，展现了其公共担当、学术审慎、思辨理性和学理逻辑的有机统一，是结合中国情境进行自主的法哲学理论建构的可贵探索和尝试。

鉴于此，我毫无保留地推荐该书出版，并期待它能对提升中国法哲学研究的理论水平起到正面的促进作用。

——孙笑侠（复旦大学法学院教授）

孙国东著的《公共法哲学：转型中国的法治与正义》，是一部尝试对当代中国政治 / 社会 / 法律转型中哲学问题予以整全性阐述和把握的著作。作者在其先前对哈贝马斯商谈合法性理论“照着讲”的基础上，“接着讲”中国问题，以及其中独具的哲学话题，提出了“公共法哲学”这一崭新命题，并在历史视野中阐明该命题的问题意识；在“结构化情境”中，把握转型中国法律的特质；通过“反思现代性”，在流布百年、深入人心的各种政治理想和现实的“结构化情境”中寻求某种“反思性平衡”；在法律秩序建构的非自主性这一理念下，提出“认知开放但运行闭合”的法律定位……最终把其法哲学搭建在法律之外部合法性和内部自主性这样两个命题之上。在此基础上，作者揭橥“公共法哲学”与法哲学的其他理路，如知识、政治、社会、历史 / 文化、人文等统领的法哲学之间的区别，形成其独具一格、自圆其说地对当代中国政治 / 社会 / 法律转型的法哲学解释。

全书由作者已发表的几个系列的学术论文整理而来，但各篇章之间问题意识集中，逻辑关联紧密，论述由浅及深，层层递进，共同拱卫其“公共法哲学”这一主题。

什么是法哲学？这在法学界一直是有争议的问题。其中坚持内部（规范）立场的学者和外部（社会）立场的学者对该问题有并不相同的意见。在本书中，从作者“认知开放但运行闭合”的法律定位及命题中可见，他企图寻求内部立场和外部立场的某种通约、甚至结合。但不得不指出的是：或许对内部立场的观察不是其所长，或许其使命在于对社会转型这一外部立场的解释，因此，该书寻求“通约”的使命，只在某些概念和篇章中有所呈现，并未在全书中自觉地贯彻到底，甚至在“公共法哲学不是什么”的阐述中也未予重视。鄙以为，这是作者在后续研究中应予特别关注的问题。因为当下中国，不仅“公共”在制约法律，而且法律在越来越明显地结构“公共”，故法律与社会的间距与互融，内部立场与外部立场的分歧与合作，乃是公共制约法律和法律结构公共对法哲学的必然要求，也是“公共法哲学”的题中应有之义。

基于该书的创造性、前沿性、现实性以及对将来后续研究的启发性，本人愿意推荐该书出版。

——谢晖（广州大学特聘教授、中南大学法学院教授）

孙国东博士的公共法哲学建构是现代中国思想中的重大创获，它立基于邓正来教授所开掘的中国自主性立场，对法治中国问题进行了全方位透视与深度开掘，在批判普世论与特殊论的基础上，在形式主义法治观与工具主义法治观之外，形成了自己独特的功能主义法治观，倡导立国、立宪、立教、立人、立法五位一体，为现代中国人重新思考转型中国的国家建制、社会重构与文化认同提供了一个崭新的视域。晚清以来是中国现代思想出场的历史性时刻，但在近两百年的时间里，中国现代思想一直表现为反应性的特质，今天我们从孙国东博士所建构的公共法哲学这里，看到了中国现代思想从反应性走向建构性的“重大突破”，可以预期，中国现代学人以中国经验为基础建构现代法律秩序的法哲学原理应为期不远了。

——魏敦友（广西大学法学院教授）

图书在版编目（CIP）数据

公共法哲学：转型中国的法治与正义 / 孙国东著 .
—北京：中国法制出版社，2018. 11
ISBN 978-7-5093-9852-4

Ⅰ . ①公…　Ⅱ . ①孙…　Ⅲ . ①法哲学—研究—中国　Ⅳ . ① D920.0

中国版本图书馆 CIP 数据核字（2018）第 249340 号

策划编辑　马　颖　　责任编辑　马　颖　王雯汀　　封面设计　李　宁

公共法哲学：转型中国的法治与正义

GONGGONG FAZHEXUE: ZHUANXING ZHONGGUO DE FAZHI YU ZHENGYI

著者/ 孙国东

经销 / 新华书店

印刷 / 三河市紫恒印装有限公司

开本 / 710 毫米 ×1000 毫米　16 开　　印张 /34.75　字数 / 445 千

版次 / 2018 年 11 月第 1 版　　2018 年 11 月第 1 次印刷

中国法制出版社出版

书号 ISBN 978-7-5093-9852-4　　定价：119. 00 元

北京西单横二条 2 号

邮政编码：100031　　传真：010-66031119

网址：http://www. zgfzs. com　　编辑部电话：010-66034242

市场营销部电话：010-66033393　　邮购部电话：010-66033288

（如有印装质量问题，请与本社印务部联系调换。电话：010-66032926）